乡村振兴战略研究丛书

新型农业社会化服务体系建设

——以北京为例

杜洪燕　陈俊红　龚　晶◎著

Construction of
New Agricultural Socialized Service System
- A Case Study of Beijing

中国经济出版社
CHINA ECONOMIC PUBLISHING HOUSE
北　京

图书在版编目（CIP）数据

新型农业社会化服务体系建设：以北京为例／杜洪燕，陈俊红，龚晶等著．--北京：中国经济出版社，2022.9

ISBN 978-7-5136-7090-6

Ⅰ.①新…　Ⅱ.①杜…　②陈…　③龚…　Ⅲ.①农业社会化服务体系-研究-北京　Ⅳ.①F327.1

中国版本图书馆CIP数据核字（2022）第166026号

责任编辑　叶亲忠
责任印制　马小宾
封面设计　华子设计

出版发行　中国经济出版社
印 刷 者　北京九州迅驰传媒文化有限公司
经 销 者　各地新华书店
开　　本　710mm×1000mm　1/16
印　　张　28.75
字　　数　490千字
版　　次　2022年9月第1版
印　　次　2022年9月第1次
定　　价　128.00元
广告经营许可证　京西工商广字第8179号

中国经济出版社　**网址** www.economyph.com　**社址** 北京市东城区安定门外大街58号　**邮编** 100011
本版图书如存在印装质量问题，请与本社销售中心联系调换（联系电话：010-57512564）

前 言 FOREWORD

建立健全农业社会化服务，是我国农业农村深化改革的一个重要任务，是调动社会各方面力量、促进农业生产进一步专业化和现代化的一项重要措施。习近平总书记指出，“大国小农”是我国的基本国情、农情，要培育各类专业化、市场化服务组织，提升小农生产经营组织化程度。党的十九大提出，要健全农业社会化服务体系，实现小农户和现代农业发展的有机衔接。同时，党中央、国务院以及相关部委发布的一系列重要政策文件，构建、完善了促进农业社会化服务发展的政策体系。2008 年，党的十七届三中全会首次提出，建立公益性服务和经营性服务相结合、专项服务和综合服务相协调的新型农业社会化服务体系。《中共中央　国务院关于加快发展现代农业进一步增强农村发展活力的若干意见》（中发〔2013〕1 号）中再次提出，构建农业社会化服务新机制，大力培育发展多元服务主体。2017 年，原农业部、国家发展改革委、财政部联合发布的《关于加快发展农业生产性服务业的指导意见》（农经发〔2017〕6 号）进一步指出，加快培育各类农业服务组织，大力开展面向广大农户的农业生产性服务。2020 年，农业农村部发布《新型农业经营主体和服务主体高质量发展规划（2020—2022 年）》（农政改发〔2020〕2 号）强调，鼓励各类服务组织加强联合合作，推动服务链条横向拓展、纵向延伸，促进各主体多元互动、功能互补、融合发展。2021 年，农业农村部发布的《关于加快发展农业社会化服务的指导意见》（农经发〔2021〕2 号）指出，发展农业社会化服务是实现中国特色农业现代化的必然选择，是保障国家粮食安全和重要农产品有效供给的重要举措。

在政策支持和各方努力下，农业社会化服务工作取得了显著成效。比如，实现了家庭经营基础上的规模经营，提高了家庭经营的生产力水平；发掘了集体经济的潜力，提高了集体经济的生产力水平；促进了农村第三产业发展，引导了农村劳动力合理分工和转移。然而，进一步深化农村改革，还存在不少难题和制约因素，小农户发展现代农业仍然面临着“谁来种地”“如何种好地”“种地如何赚钱”等问题。农民在产前、产中、产后各环节上的许多问题解决不了，或解决不好。农业社会化服务就是针对这些问题，利用国家技术推广部门、农村合作经济组织和市场化服务组织，为小农户发展现代农业提供产前、产中和产后的各种服务。农业社会化服务体系就是由这些不同的服务组织，以不同的功能形式，为农业提供不同内容的服务的总和或者总体系统。农业社会化服务是经济行为和产业活动，农业社会化服务体系是经济部门和产业组织。农业社会化服务体系建设，从大的方面来说，就是大力发展农业社会化服务组织，尤其是要发展那些具有经济实力的服务经济实体，形成服务组织体系；不断开辟新的服务领域，发展新的服务产业，增加服务内容，形成服务内容体系；完善服务功能，提高服务能力，形成服务功能体系。

本书正是围绕农业社会化服务的组织体系、内容体系和功能体系展开研究。全书分为四部分，第一部分是关于农业社会化服务的前沿研究，主要聚焦农业科技服务体系和农业生产托管的探索与思考，分析其政策执行效果，并提出进一步深化改革、推进工作的建议。第二部分以北京市为例，总结北京市农业社会化服务体系发展的特点、经验和成效，并针对目前存在的服务体系结构调整不及时、服务市场“双散”问题突出、农业服务业发育整体滞后等问题，基于北京市发展农业社会化服务的条件约束，特别是现阶段“大城市小农业、大京郊小城区”的市情、农情特点，提出优化调整服务体系基本架构、结合农业功能定位提供服务、发挥不同服务主体特色优势、释放“北京服务”品牌价值等对策建议。第三部分是关于北京市农业社会化服务体系的专题研究，主要分析了北京市农业科技服务体系和农机服务体系的建设情况，并对平谷区、通州区、昌平区、大兴区的农业社会化服务体系建设情况进行了调研分析。第四部分是不同地区关于农业社会化服务体系建设的经验案例，共总结出北京市典型案例 23 例，全国其他地区典型案例 30 例，国外典型案例 5 例，以便为进一步完善农业社会化服务体系建设提供经验借鉴。

著　者

2022 年 3 月于北京

目　录 CONTENTS

第一部分　热点研究

第二部分　对策研究

第三部分　专题研究

第四部分　经验案例

北京篇

全国篇

第一部分

热点研究

一、北京市新型农业社会化服务体系优化调整策略

随着农村改革逐渐深入和现代农业不断发展，农业经营方式不再是一家一户单打独斗，以公益性为主导的传统农业服务体系逐渐“失灵”，并且呈现出集约化、专业化、组织化、社会化的特点，建立覆盖全程、综合配套、便捷高效的新型农业社会化服务体系已成为当前和今后一个时期发展现代农业、解决“三农”问题的重要任务，对于实现农业农村现代化和推进城乡要素融合发展具有重要意义。党的十七届三中全会首次提出，要加快构建新型农业社会化服务体系。随后党的十八大、十八届三中全会和近年来的“中央一号”文件的发布，都对新型农业社会化服务体系建设进行了部署。据农业农村部合作经济指导司统计，2017—2021 年中央财政共安排 210 亿元资金，在全国 30 个省（区、市）实施农业生产全程社会化服务试点，补助试点服务面积 1.55 亿亩，撬动社会资本投入农业服务业超过 460 多亿。可以说，构建新型现代农业社会化服务体系建设已经摆上国家的重要日程。

同时，根据《农业农村部办公厅关于全国农业社会化服务创新试点单位的批复》，北京也将于 2022 年聚焦果品、蔬菜、畜禽等主导产业，探索在经济作物、畜禽养殖、产前产后等领域和环节拓展服务的模式和方法，开展相关试点工作。该文形成的证据、观点和结论，能够及时指导北京市的试点创建工作。近年来，北京农业规模及产业结构发生了重大变化，加之互联网、大数据等技术快速应用，为之配套的农业社会化服务体系受到较大冲击，呈现服务体系结构不完整、服务市场“双散”问题突出、农业服务业发育整体滞后等问题。面临新挑战和新问题，课题组 2021 年重点走访了平谷、通州、密云、大兴等地区的社会化服务典型，与各级主管部门负责人、专业化服务组织代表，围绕首都特色新型农业社会化服务体系建设面临的问题及未来发展需求开展实地考察。通过调查研究，该文进一步缕清了北京新型农业社会化服务体系建设取得的成效和存在的问题，结合北京构建新型农业社会化服务体系面临的外部环境，特别是现阶段“大城市小农业、大京郊小城区”的市情农情特点以及产业结构调整等诸多因素，提出相关对策建议，以期为充分发挥社会化服务对北京都市农业发展的支撑作用提供新逻辑、新思路。

（一）北京市新型农业社会化服务体系建设取得的成效

新型农业社会化服务体系是以公共服务机构为依托、合作经济组织为基础，龙头企业为骨干、其他社会力量为补充、公益性服务和经营性服务相结合、专项服务和综合服务相协调的，为农业生产提供产前、产中、产后全过程综合配套服务的体系。按照新型服务体系建设要求，北京培育壮大了公益性农技推广队伍、农民专业合作社、龙头企业、科研教学机构、专业服务组织等公益性和市场化服务主体，形成了多元主体共同参与农业社会化服务的新格局。

首先，公益性服务队伍服务内容不断丰富。一是以“基层农技推广体系改革与建设补助”“阳光工程培训”等项目为工作抓手，加强农技推广队伍建设。培育新型农业经营主体带头人、种养大户、乡土专家等农业科技示范主体1280个，打造集中展示、试验示范、培训指导等多功能的农业科技服务平台和建设示范基地12个。二是发挥科研教学机构科技支撑作用，探索建立科技需求的互动机制，推进农业创新发展。例如北京市农林科学院目前已在全市挂牌成立40家“科技小院”，辐射带动周边192个村，其中包括低收入村62个，辐射低收入户1700多户，解决1300多人就业，实现农民技术培训6500余人次。

其次，经营性服务主体服务效能不断提升。一是积极培育龙头企业发展壮大，发挥龙头企业产业带动作用，为相关农业生产经营主体提供收购仓储、基地建设、农资供应、技术指导和培训、市场信息和贷款担保等各类服务。截至2020年，全市有市级以上龙头企业149家，带动全国农民合作社4590家。二是加大专业化服务组织扶持力度。目前，全市共有各类植保服务组织69家，植保从业人员1150余人，高效植保机械939台，日作业能力约66667亩；拥有各类农机服务组织及农机专业户共14003个，原值50万元以上的农机占比为63.8%，农机从业人员18728人，农机作业服务总收入1.978亿元。三是进一步强化对市级示范社的动态监测和运行分析，严格实行优胜劣汰动态管理制度。截至2020年，全市有市级示范社207家，区级示范社410家。

（二）北京市新型农业社会化服务体系建设存在的问题

1. 服务体系结构调整不及时

随着北京农业生产环境发生重大变化，本地农业规模大幅度缩减，服务体系只有及时进行调整优化，甚至超前谋划，才能实现服务业对现代农业的引领作用。然而由于服务内容多，体系繁杂，牵扯部门多且分散，加之没有明确的考核指标，政府对体系建设和发展重视不够等，使得与北京都市农业发展相配套的服务体系结构调整相对滞后。以蔬菜产业专业化技术服务为例，北京蔬菜机械化率远低于大田作物。2020 年北京粮食作物机械化率为 100%，而蔬菜机械化率仅为 50%左右，其中果类菜收获机械化率几乎为零。蔬菜生产所急需的土壤消毒、土壤替代品、水肥一体化、集约化育苗和专业化移栽等技术服务十分缺乏。

2. 服务市场“双散”问题突出

一方面是农户需求散。蔬菜产业品种较多，不同品种种植方式与技术存在较大差异，加之蔬菜种植空间分布极为分散，蔬菜社会化服务难以形成连片规模化。以日光温室为例，北京市日光温室蔬菜生产经营户众多，单户规模较小，平均每个农户的棚室面积仅有 1334 平方米左右，这种小规模的生产经营模式，传统大中型机械不能充分发挥作用，严重限制了蔬菜产业机械化的发展。另一方面是服务供给散。经营性服务主体数量少和规模小，专业化、品牌化服务能力不足，大中型服务组织比重需要提升。例如，农机作业服务“户多社少”，大中型农机合作社数量仅有 15~20 家，占比约 15%。

3. 农业服务业发育整体滞后

2018 年至今，北京服务业增加值占 GDP 的比重均高于八成，与之形成鲜明对照的是农业服务业发展严重滞后。从服务内容看，目前农户对农业社会化服务需求最高的主要是信息服务、金融服务以及销售服务，而农业社会化服务的供给则主要集中在农技培训与指导、农产品销售以及农资购买等服务。从服务环节看，单一环节专业性服务多，一体化全程式综合性服务欠缺。从服务链条看，“重技术轻市场”现象突出，服务主要集中于产前和产后，对于农民急需的市场信息提供、金融保险服务、法律咨询、品牌创建、产销对接和农村电子商务等农业社会化服务不足。

（三）北京市构建新型农业社会化服务体系的外部条件

1. 有利条件

（1）都市农业对外部服务有更强的需求

都市农业拉长了农业产业链，并引致了极大的需求，创造了适合社会化服务业发育的市场化环境，高附加值农产品和具备第二、第三产业特征的生产活动成为主要服务对象。农产品加工、农业科技推广、农业教育、农业信息咨询、农业生产资料供应、农产品物流、农村金融和农村旅游等农业关联部门，不仅为都市农业提供发展支撑，也在都市农业的发展过程中不断调整、完善，形成了有都市农业特点的农业社会化服务业。从这个方面来看，都市农业社会化服务的发展环境要远优于传统农业，具备企业化、产业化经营的市场条件。

（2）现代服务业整体发育较成熟

从发展农业社会化服务的外部环境来看，都市农业具有先行发展农业社会化服务的产业基础。都市农业依托大都市经济圈，市场机制发育较为成熟，有完善的基础设施和配套齐全的服务产业，能够为农业生产提供专业化的服务。目前中国农业社会化服务发展的总体状况仍然处于初级阶段，生产过程中所需要的各种社会化服务基本上是由第一产业内部提供，还没有形成一个外部的社会化服务市场。但是，大都市聚集了知识密集型和创新型产业，现代服务业的发展较为成熟，对发展农业社会化服务提供了良好的配套支撑。

（3）政府政策和资金支持力度大

在经济发达地区，集体经济组织和官方组织起主导作用，农民自办组织相当薄弱，服务成本一般由农村集体组织承担或由政府补贴，社会化服务甚至转化为一种“生产福利”。在农业社会化服务业发育的初期，多数服务是作为公共产品投放的，大城市政府财力雄厚，财政转移支付规模大，农业社会化服务内容更丰富。以北京设施蔬菜生产的补贴政策为例，产前有耕地地力保护补贴、绿色防控产品补贴、有机肥产品补贴、良种补贴、种苗补贴、农机补贴等，产中有绿色防控专业化服务组织补贴、农业保险、蔬菜生产面积补贴、蔬菜产量补贴、农机补贴、生产能力提升奖励资金等，产后有地头预冷、仓储保鲜补贴，采后处理初加工农机补贴等。

2. 不利条件

（1）国际国内要素成本上涨，服务价格倒挂

由于国际国内市场全面开放，加之北京国际化大都市的区位特点，导致农村人力资本、土地和资金等服务要素被“外部市场定价”，农业的土地使用成本和机会成本、生产资料价格、劳动力成本等都在不断抬升。农业社会化服务投入成本随之大大增加，社会化服务业市场发展空间被制约，加之先进技术和商业模式冲击，各类服务主体需要“抱团取暖”，探索新的社会化服务经营模式，才能在激烈市场竞争中争得一席之地。

（2）农业空间狭小，服务难以形成规模

随着非首都功能疏解，北京市农业空间格局也在发生巨大变化，土地及水资源紧缺的“双紧”约束加剧，农业生产规模持续压缩，2020 年北京第一产业

所占 GDP 比重仅为 0.3%，1333.3 公顷畜禽养殖、3333.3 公顷渔业、4.7 万公顷菜田、5.3 万公顷粮田组成的“2578”格局成为北京农业的主战场。全市农作物播种面积自 2008 年以来持续下降，其中，“十三五”期间从 177 千公顷下降到 106 千公顷，降幅达到 40.11%。主要农作物中，蔬菜播种面积也出现了明显的下滑，从 2015 年的 54.3 千公顷，下降至 2019 年的 36 千公顷，降幅达到 33.7%。

（3）种植结构变化快，结构性矛盾突出

北京市农业播种面积与结构发生较大改变，大田作物播种占比大幅度下降，设施蔬菜占比大幅度上升。2008 年至 2019 年，蔬菜播种面积占比由 21%上升至 34%，其中设施蔬菜播种占蔬菜种植面积比重由 49%上升至 89.78%；粮食作物种植面积、占比分别由 2008 年的 22.6 万公顷、70%下降至 2019 年的 5.56 万公顷、52%。大田作物需要精度低的大型机械，而设施蔬菜需要精度高的小型机械。设施蔬菜设施化程度较大田作物高，需要水肥一体化、温室大棚、防虫网等大田作物不需要的服务，传统服务组织转型升级阻力较大。

（四）完善北京市新型农业社会化服务体系的策略

1. 规划引领，优化调整服务体系基本架构

一是调整工作重心，重新确定重点服务领域。鉴于北京农业由以大田作物为主，转向以蔬菜、果品、畜禽等产业为主，北京农业社会化服务发展方向也要不断适应产业结构调整需要，逐步向多元化服务和“菜篮子”产品拓展和转型，从传统农户向各类农业生产经营主体拓展。农业社会化服务体系建设产前、产中和产后环节应“同步设计、一体推进”，从产中作业环节向产前、产后等环节及金融保险、品牌培育、订单农业、电商销售、冷链仓储、精深加工等配套服务延伸。

二是分阶段有序推进。目前，北京市农业社会化服务体系建设正处于优化调整阶段，需要进一步明确组织管理部门，强化农业社会化服务的监测与跟踪评价，适时出台相关指导意见和规划，为下一步工作定好基调、做好指南。在培育初期，要强化政府的主导作用，在资金、政策方面给予支持，无论是对服务面积的资金补贴，还是对服务主体的税收减免，都应该是对服务环节的直接支持。在培育的中后期，服务市场已初具规模，要注重对市场机制的培育，政府转移支付的资金应该转移到那些无利和微利的公益性、基础性服务项目中。

2. 分类施策，结合农业功能定位提供服务

一是因“业”制宜。北京市都市现代农业发展不仅需要社会化服务体系的

生产性功能服务，更需要农业社会化服务为其提供品牌打造、产业融合等多方面的服务。在提升农业生产功能方面，需要满足消费者对农产品的安全性需求，围绕绿色优质安全农产品开展服务。在提升农业生态功能方面，需要为农业维持城市生产平衡提供支持，提供绿色可循环技术、废弃物处理等服务。在提升农业生活功能方面，需要体现农业文化的传承性、科普性和景观服务功能，为农业生产过程可控制、可观赏提供多样化、个性化服务。

二是因“地”制宜。在耕地集中连片、农业产业规模较大的乡镇，侧重建设农业社会化服务中心、新型庄稼医院、智能配肥中心等生产服务平台，重点提供农资供应、测土施肥、统防统治、农机作业等基础性服务。在粮食和鲜活农产品主产乡镇，侧重提供农产品烘干、冷藏、仓储、加工、交易等及时性服务。在退林还耕、撂荒地复种地区，由村级组织协调，采取整村推进方式，由服务组织实行供、耕、种、防、收、销全程化管理。在商贸集散地和人口集聚乡镇，侧重建设社区综合服务中心或乡镇经营服务综合体，强化商贸流通、电子商务、文体娱乐、养老幼教、生态养生等综合服务功能。

3. 完善机制，发挥不同服务主体特色优势

一是探索创新行之有效的农业社会化服务运行机制。具体包括：创新农服中心建设机制，把农服中心建设作为产业链上不可或缺的一环，打造农业全程规模化服务主阵地；创新组织形式和服务方式，大力推广行之有效的“服务主体+农村集体经济组织+农户”“服务主体+各类新型经营主体+农户”等组织形式，以及“农资+服务”“科技+服务”“互联网+服务”等服务方式；创新用地保障机制，制定建设用地按比例用于支持农业社会化服务的制度办法；创新利益链接机制，将带动小农户数量作为支持服务主体发展的重要依据；开展试点示范创建活动，制订完善农业服务标准，规范服务行为。

二是培育多元协同服务主体。具体包括：支持农村集体经济组织发挥组织优势和统一经营功能，直接服务或组织小农户接受各类社会化服务；鼓励服务专业户、农民合作社发挥贴近农户优势，重点服务产中环节；发挥供销、邮政、电信等系统的职能优势，促进产销对接和农产品顺畅流通，引导农民进入电商市场；培育一批具有一定影响力并在市场上发挥重要作用的农业社会化服务龙头企业，树立行业标杆和服务典型；搭建专门针对农产品流通营销、金融支农、农民培训、服务主体信用的专业高效服务平台，推动服务链条横向拓展、纵向延伸。

4. 改革创新，释放“北京服务”品牌价值

一是借鉴首都服务业发展经验。2020年北京服务业GDP占比为83.8%，发达的服务业能够为农业服务体系建设带来先进的理念、人才、技术、资金。未来发展中，需要“跳出北京”发展农业服务业，参照国际标准，引领和带动京津冀区域，乃至全国的服务体系建设。充分发挥北京都市型现代农业的示范、引领、孵化功能和平台宣传优势，力争在“十四五”时期，打造新型农业社会化服务体系“北京样板”。

二是尽快发展服务型规模经营。部分学者认为土地流转的规模经营实践已经进入瓶颈期，并提出未来农业发展应以健全农业社会化服务体系为主要方向。北京同样不可能在短期内通过流转土地或者股份合作搞大规模集中经营，也不可能走一些国家高投入高成本、家家户户设施装备小而全的路子。当前，最现实、最有效的途径就是开展服务型规模经营，将先进适用的品种、技术、装备和组织形式等现代生产要素有效导入小农户生产，帮助小农户解决一家一户干不了、干不好、干起来不划算的事，丰富和完善农村双层经营体制的内涵，促进小农户和现代农业有机衔接，推进农业生产过程的专业化、标准化、集约化，以服务过程的现代化实现农业现代化。

二、论北京构建都市型现代农业社会化服务体系

（一）北京都市型现代农业社会化服务体系及其面临的机遇与挑战

1. 北京都市型现代农业社会化服务体系构成

北京农业社会化服务体系，集中体现了都市型现代农业社会化服务体系社会化、系统化和组织化的显著特征，具有鲜明的都市农业特征和首都特色。经过多年发展，北京市已基本建立健全了比较完备的农业社会化服务体系。按服务领域划分，农业社会化服务体系由公益性农业技术推广、动植物疫病防控、农产品质量安全监管、信息化、农机、农资、农业用水、农产品流通、农村金融九个部分构成，主体分为公共服务、准公益性服务和经营性服务三种类型。公共服务主体，由种植、畜牧兽医、农机、水产行业的市、区县、乡镇三级公益性推广机构组成；准公益性服务主体，包括农民专业合作组织、八大类型的农资农机社会化服务组织、农村就业服务岗位、农村乡土人才队伍四类；经营性服务主体，包括生产加工企业、流通服务企业及批发市场、农村金融服务组织。这些主体在农业服务实践中，创建出如乡镇农业综合服务中心模式、政府购买服务模式、农村乡土能人带动模式、金融合作扶持模式、院区联动模式、专业合作组织带动模式、专业市场带动模式等多种服务模式，对保障农民持续稳定增收，实现首都都市型现代农业建设目标发挥了重要作用。

2. 北京都市型现代农业社会化服务体系建设成效

（1）体系趋于健康发展

以各级政府公共服务部门为主体，农民专业化服务组织、农产品生产和流通企业为载体，其他社会力量为补充的农业社会化服务主体得到培育。各级政府主导的农业技术推广部门以及中央在京和市属科研院所、大专院校等，发挥了实施公共服务主体作用；农机、农资、宠物医院、植保、水利、林果等专业化服务组织数量不断增加，北京农业模式的农业贷款、保险、担保等农村金融体系初步搭建，农产品流通平台、流通协会等流通型服务主体有所发展，整体

带动了北京农业产业化发展。

（2）服务过程日趋完善

公益性服务和经营性服务相结合，专项服务和产前、产中、产后综合服务协调发展，初步形成覆盖农业生产全过程的服务体系。产前主要通过农民专业合作组织、农资公司、农机服务组织，发放农业生产贷款、组织供应生产资料和维修农机具等；产中主要通过农业技术推广、科研院所、大专院校等公共服务部门，重点进行技术试验示范推广、农民技能培训、病虫害防治、动物防疫和农产品质量定期检测等；产后通过流通企业、促销平台、合作组织，开展农副产品收购、加工保鲜、上市营销等。

（3）服务方式呈多元化

转变服务方式，不断创新服务模式，提高服务水平和效率。根据各级政府对农业产业的发展要求和农民服务对象的服务需求，不断创新服务内容和组织形式，加快由原来以栽培、植保、土肥为主的专项服务向生产、加工、贮藏、保鲜、配送等系列服务转变，由自上而下的单向式服务向自上而下、自下而上的双向式服务转变。公共服务的实现途径正在朝多元化方向发展，推出了科技入户、田间学校、创新团队、科技协调员等一大批受到农民欢迎的服务品牌。公共服务的覆盖面不断扩大，公共服务的普及度不断提高，公共服务的针对性、时效性和实用性不断增强。

（4）服务质量逐步提高

不断强化服务意识，建立起资源整合、政策集成、资金聚焦等服务机制。各级政府在农业服务体系建设中，不断强化服务意识，注重整合政策、科技、信息、资金等优势，注意发挥部门联动、资源整合、政策集成、资金聚焦等服务机制的作用。通过发挥农业科技、信息优势，支撑农业主导产业的优化升级，农业科技含量不断提高，科技进步贡献率远高于国内平均水平。通过强化农业执法工作，进一步理顺农业产业链条，促进农业、林业、水务行业不断创新服务体制，完善服务体制，延伸服务领域。通过搭建资金服务平台，聚焦金融资本、民间资本和农民主体投入，显著增强了农民专业合作经济组织、龙头企业的综合服务能力。

3. 北京构建都市型现代农业社会化服务体系面临的机遇与挑战

当前，北京市社会经济发展形势和环境良好，有利于构建都市型现代农业社会化服务体系。社会赋予“三农”继往开来的深刻内涵，为实现农村承接城市产业转移、公共服务均等化和促进产业不断融合的目标，建设现代农业、支持农业发展成为全社会的行动，服务体系建设面临前所未有的有利社会环境；国家和北京市出台了一系列扶持“三农”的政策，大大地调动了各级服务主体发展农业、服务农民和建设农村的积极性，激发了农民主动接受服务的自觉性，为加快服务体系建设提供了非常好的政策环境；为满足城市高端消费市场需求，发展农产品加工、休闲观光、会展等附加值产业，使农产品价格走高，进而拉动农业生产和服务需求，为服务体系建设提供良好的市场环境。“十二五”时期，是北京市实现由中等发达阶段向发达阶段迈进的重要时期，农业功能、农民观念和农村环境都将发生深刻的变化，不仅会给都市型现代农业社会化服务体系建设带来机遇，也会使其面临更大挑战。为突破农业资源和环境的“瓶颈”约束，实现农业保障首都生态环境、农产品安全供给和非常时期稳定社会的功能，对体系装备能力、综合服务能力和应变能力建设提出了更高要求；为促进农业产业结构不断转型升级，满足多种新型业态个性化服务需求，对体系创新集成能力建设提出了更高要求；为应对分散的兼业化生产方式，提高农民组织化程度、培养与农业现代化发展相适应的新型农民，对体系的组织能力建设提出了更高要求。只有充分发挥自身优势，变挑战为机遇，适应都市生产生活方式的转型和消费结构升级的需求，建设功能完备、具有首都特色的服务体系，才能真正发挥对北京都市型现代农业社会化服务体系建设的保障和推动作用。

（二）北京都市型现代农业社会化服务体系发展存在的主要问题

1. 从服务覆盖面来看，服务供给仍有缺位

与北京近郊平原地区相比，北京都市型现代农业社会化服务体系对偏远山区和半山区的服务对象服务供给不够及时。与种养殖大户、入社社员、协会会员相比，一家一户分散个体农户得到的服务比较少，全市还有30%左右的农户得不到配套服务或服务供给不够充分。

2. 从服务链条来看，服务环节仍有短板

有40%以上的农户对农产品营销、包装、储存等知识非常渴求。然而目前，全市农业服务链条上，产前、产后服务环节比较薄弱。农业服务以部门的单项服务为主，缺少按产业配套的综合服务，产前、产中、产后服务相分离。与产中服务相比，产前的生产资料供应，产后的贮藏、保鲜、加工和销售等配套服务比较缺乏，与产业化经营需求不能完全匹配。特别是产后的社会化服务缺位，不利于都市型现代农业产业链条延长，影响农业生产效率的提高和价值的转换。由于为农业各环节提供服务的各主体比较分散，加上农民自我服务的能力与水

平还不高，致使为农业产前、产中、产后提供服务的各主体之间缺乏信息沟通与服务协作，造成服务脱节。

3. 从服务内容来看，服务网络有待完善

北京农业社会化服务体系中现代化信息、物流配送、金融保险等服务网络尚不健全，距离世界城市发展要求还有一定差距。尤其是基层公共服务的缺失，导致科技入户“最后一公里”问题尚未完全解决。京郊有近80%的行政村尚未建立村级农技服务站点。公益性农业科技推广体系呈“倒金字塔”形，处于基层的乡镇级组织最为薄弱，大部分乡镇服务机构人员流动性大，基层专业技术服务人员学历和专业职称低、年龄偏大，满足不了基层服务要求。

4. 从服务手段来看，服务能力有待提升

随着社会的进步，北京郊区农业现代化、信息化服务有了较大的提升，但仍难以满足都市型现代农业发展的客观需求和京郊农民的实际愿望，农业服务手段落后、服务方式陈旧等问题在部分地区依然存在。当前，京郊农民获取信息的途径仍以广播电视、亲朋介绍等为主，应用网络、手机等现代化手段获取信息的农户尚不足20%；农业产业化龙头企业、农民合作组织等经营性主体普遍存在着服务功能不全、带动能力不强和利益联结不紧密等问题，其服务农业的广度和深度尚待进一步拓展。

5. 从服务方式来看，服务模式有待丰富

随着北京都市型现代农业专业化、商品化和规模化的不断发展，郊区广大农民对社会化服务的需求更为迫切，需要产前、产中和产后系列化的服务产品，其内容也更具广泛性和多层次性。但从北京现代农业社会化服务体系发展现状来看，服务于首都特色的、高端市场所需要的个性化、多元化服务需求尚未完全满足。传统农业科技所占比重仍较大，作物种业、设施农业、精品花卉、高档果蔬、农产品精深加工、沟域经济、农业旅游、景观设计等都市型现代新型业态所亟须的农业科技较为缺乏；便捷的科技信息化服务、有效的市场化信息保障等定位于都市型现代农业的服务供给仍明显不足。

（三）北京都市型现代农业社会化服务体系发展策略

1. 北京都市型现代农业社会化服务体系的建设定位

在战略定位上，立足首都大市场和要素集聚优势，瞄准国际城市高端形态，建设与都市型现代农业功能相协调、结构相匹配、业态相融合、具有首都特色的农业社会化服务体系，引领全国现代农业社会化服务体系建设。在功能定位上，一是全程服务。围绕现代农业产业发展，配套提供产前的规划设计、生产资料供应、设施装备、农机作业、水土资源管理等；产中的农情监测、质量安全检测、标准化推广、迎汛抗旱等；产后的采收加工、物流配送、品牌包装、上市交易等覆盖全程的服务。二是安全保障。在提高农业综合生产能力的基础上，保障首都优质、安全、绿色的农产品供应，保障宜居城市生态环境良好，保障突发事件应急响应。三是高端引领。瞄准首都高端市场，依托高端人才，提供高水平、高质量的金融保险、物流、信息、会展、文化创意等个性化、差别化服务，引领全国现代农业的服务体系建设。在职能定位上，政府公共服务部门是农业社会化服务体系的依托力量，要以广大农民和其他各类社会化服务组织为服务对象，为打造首都绿色、安全、高端的食品品牌提供现代农业科技、动植物疫病防控、农产品质量安全等服务。同时，加强政策、项目等支持和有效监管，调动各主体服务农业的积极性，引导其健康发展。农民专业合作经济组织是农业社会化服务体系的基础力量，要以其成员为主要服务对象，促进农户合作生产、联合经营，降低市场风险和自然风险，与大市场进行有效对接，提供农业生产资料购买，农产品的销售、加工、运输、贮藏以及与农业生产经营有关的技术、信息等服务。涉农企业是农业社会化服务体系的骨干力量，要以与其有利益连接的农户、产销基地为主要服务对象，为建立现代产业体系和促进产业化经营，提供物资、技术、信息、加工、销售、管理等综合性服务。其他服务组织是农业社会化服务体系的补充力量，要以农民为主要服务对象，通过不同渠道和多元化载体，提供多种形式的生产和经营服务。

2. 北京都市型现代农业社会化服务体系的建设目标

为构建起符合都市型现代农业发展要求和世界城市建设方向、有利于北京农业占领高端市场打造安全品牌的新型服务体系，要进一步完善政府公益性服务机构，加强和改进乡镇或区域性农业综合服务，面向基层广大农民，全面履行农业科技创新与推广应用、动植物疫病防控、农产品质量监管等公共服务职能；建立健全农村金融保险、农业信息、农产品流通服务网络，为都市型现代农业提供便捷高效的个性化服务。通过都市型现代农业社会化服务体系建设，扶持、培育一批代表北京水平的骨干型重点龙头企业和农民专业合作组织，全面增强优势主导产业的产业化服务和带动能力，最终形成组织保障有力、服务覆盖全程、科技持续创新、社会全面参与、确保农业健康稳定发展、农民持续稳定增收的具有首都特色的现代农业社会化服务体系。

3. 北京都市型现代农业社会化服务体系的建设内容

（1）培养基层专业技术人员和农村乡土人才，设立农业科技推广员岗位

充分运用首都农业科研、教学、推广单位和创新团队的专家资源，大力实施人才培养工程。认定一批现代农业科技培训基地，根据培训需求制订针对性强的分类、分层、分级量化培训计划。采取观摩考察、现场实操、异地研修等方式，稳步提高农业专业人才素质，建立稳定的人才培养长效机制。明确乡镇综合性农业服务中心职能，建立健全村级农业服务站基点，在以种养殖为主导产业的村设立科技推广员岗位，解决农业科技“最后一公里”问题。农村科技推广员主要负责为当地村民提供日常的农业社会化综合服务，宣传农产品安全生产技术和标准，成为农业新品种、新技术、新产品的落脚点，农业信息的传播点，农资连锁配送的经销点，农机社会化服务的网络点，党的农村政策的宣传点和农民需求的对接点，农村金融保险的咨询点，农业气象信息及灾害的发布报告点。

（2）拓展农产品现代流通服务，打造现代化农业信息平台

培育一批具有较强市场经营能力的贸易流通型龙头企业、中介服务组织，鼓励有机、绿色等安全优质农产品市场的建设。推动社区、批发市场、超市与郊区农产品标准化生产示范基地、农民专业合作组织的对接，鼓励“农超对接”和“农商对接”；鼓励发展多种形式的直供、配送、连锁服务；鼓励品牌农产品采取销售专店、产品专柜、网络营销、社区配送等多种方式建立新型销售网络。启动“北京农业”区域品牌建设工作，构建以市、区县、镇区域品牌、生态农业、园林花卉、休闲农业行业品牌、重点龙头企业、专业合作社企业品牌以及北京特色产品品牌为主体的“北京农业”品牌体系。进一步丰富“221 信息平台”，增加资源数据，保持动态更新，重点充实市场底牌的内容，完善市场底牌模块，打造集北京农产品贸易、农资农机信息、农业技术、金融等服务于一体的现代农业信息平台。要边开发边应用，建设多层次、多产业、多区域试点，组织市区县相关部门、龙头企业、农民等进行应用培训和试用。

（3）做大做强农业现代化标准化服务站，健全农村金融保险服务

支持融农资科研、生产、流通、使用、监管为一体的“五方连锁运营”新型服务模式，建立政府协调、连锁经营、技术服务、价格调控、执法监督“五大农资服务机制”，重点扶持一批带动力强的供销社、农资生产经营龙头企业、规模经营企业和邮政系统、诚信经营中小农资企业。要大力推广农机社会化合同作业机制，扶持一批规模较大的民营农机专业服务公司和农机专业合作组织。

健全农村金融保险服务。加快建立村镇银行、小额贷款公司和农民资金互助组织，加大投融资平台建设，尽快形成以农业担保公司为龙头的农业担保体系，营造良好的农村金融信用环境。完善农业再保险机制，增加农业保险险种，规范保险费率和保险责任，扩大农业保险覆盖面。

（4）支持农民专业合作组织提高自我服务能力，鼓励农业产业化龙头企业开展形式多样的服务

实施“北京市农民专业合作社示范社建设行动计划”，在全市择优培育扶持一批经营规模大、服务能力强、产品质量优、民主管理好的市级农民专业合作社示范社，按照“北京市农民专业合作社示范社建设行动计划”给予扶持，充分发挥示范带动作用。鼓励农业产业化龙头企业开展形式多样的产前、产中和产后服务。对及时有效提供技术、品种、销售等服务的农业企业，放宽条件推荐为市级产业化龙头企业。对国家级、市级产业化龙头企业扩大服务范围，提高服务质量，加大带动农户规模，优先给予奖励扶持。

三、北京农业科技服务体系的建设思路

在工业化和城镇化深入发展中同步推进农业现代化，构建城乡一体化发展新格局，是北京市“十二五”时期的重要战略任务。同步推进“三化”发展，关键是要依靠科技创新，推动农业发展方式转变和实现农业现代化。目前，北京农业科技服务体系建设在管理体制、调动社会力量等方面仍存在不足，难以满足城乡一体化发展需求。为此，本文提出了完善北京农业科技服务体系的思路。

（一）北京农业科技服务体系的发展现状

1. 坚持创新驱动，促进农业科技与产业的融合

北京市积极优化整合其科技和人才资源，搭建了以中央在京及市属农业科研院所（校）、国家工程技术研究中心、市级农业高新技术创新基地为基础的首都农业科技创新平台；强化农业基础性、前沿性科学研发，在农业生物技术、信息技术、新材料技术、物联网技术、精准农业技术等方面，抢占农业高技术领域制高点，打造全国科技创新源；以国家现代农业科技城建设为契机，积极推动科技创新成果服务于籽种产业、“菜篮子”工程、农产品物流、循环农业、农业农村信息化等都市型现代农业，以及改善民生，树立了首都科技高端引领形象，促进了农业科技与产业的进一步融合。

2. 坚持深化改革，不断完善农业技术推广体系

北京市围绕“机构定性、职能定位，重心下移、完善机制，改革建设并重、公益经营剥离”三大重点，加快公益性农技推广体系改革；明确公益性推广机构承担的八项公益性职能，健全和完善乡（镇）级综合性服务机构，落实农技推广、疫病防控、农产品质量安全监管“三位一体”职能；在全国率先推动村级全科农技员队伍建设试点工作，以此强化乡（镇）农业服务中心、村级服务站点和专业技术服务队伍的服务能力建设；实施现代农业产业技术体系创新团队、国家基层农技推广体系改革示范县、院区（校）合作等服务项目，搭建现代农业技术成果应用和转化快速通道。

3. 坚持多措并举，充分调动社会化服务主体的积极性

围绕都市型现代农业建设需求，充分调动农民专业合作组织、农民专业协会、龙头企业、高等院校、科研机构、农民经纪人、批发市场等社会化服务主体的积极性，拓宽服务领域、扩大组织规模、增强市场竞争力；启动“科技套餐”工程，整合市科协所属45家涉农科技社团及相关农业科技组织的资源，服务于北京现代农业建设。

4. 坚持城乡资源互动，引导农业科技用于农村民生

北京农业科技服务体系不但推动了都市型现代农业建设，而且面向农村民生需求，在新农村建设、生态环境保护、村镇规划、农村住宅、饮用水安全、农民健康等更广阔的领域发挥了重要作用；发挥服务体系桥梁纽带作用，将新能源、农村废弃物处理和资源化利用、农村信息化等关键技术应用到新农村建设中，改善了农村生产、生活条件。

（二）北京农业科技服务体系发展中存在的问题

1. 科研与生产脱节的问题尚未完全解决

北京高校云集、人才荟萃，有上万项科研项目，上千项科研成果，但每年科研成果转化率仅为10%~20%，且转化项目多在外地，普遍存在着“京内开花、京外结果”的现象。对农业科研单位的考核，偏重学术价值而轻视生产应用价值；科研项目选题，偏行政指导而轻市场导向，使科研成果与生产实际有脱节现象；农业科研院所（校）缺乏统一组织协调和有效合作，无法建立有效的大联合、大协作农业科技服务机制。不同领域农业科研各自为战，导致良种良法不配套、农机与农艺不协调；农业科研院校缺少相关的科技示范与推广专项经费，科技服务难以“下沉”和维持长久；对科研人员绩效考核依然比较重视学历、论文和作者的排名，基层人才获奖难、晋升难的问题依然存在。

2. 服务体系仍不完善

尽管北京市农业科技推广体系中的市、区（县）级组织比较健全，但还存在体制不顺、经费尚未得到足额保障、基层服务站点薄弱、专业队伍服务能力不强等问题。在新近的机构改革中，北京市各区（县）都相继成立了农业局，原有农业服务中心依然保留，然而区（县）农业局与农业服务中心职能交叉，存在有权无责、有责无权的问题；各个乡镇政府虽然组建了农技推广服务机构，但存在多头领导，外聘人员混岗、混编现象。部分区（县）和乡镇农技推广机构公共服务经费没有得到充分保障，部分专业技术人员不得不把精力放在创收上。一些乡镇农技服务机构办公场所破旧，科技设施和仪器装备陈旧、老化，

普遍没有相对固定的试验示范基地，不能完全满足新品种、新技术推广的要求。

3. 社会化主体服务有待强化

京郊所建立的农民合作组织、产业化龙头企业、科技示范园区等社会化服务组织，大多数为农产品买卖合同契约型、买断型或临时性的，具有较大的不稳定性，对成员利益保护不够。社会化服务组织“小、散、低”的问题比较突出，且合作组织运行依靠企业、经营大户、政府扶持的多，能独立拥有自己的加工销售企业、开展“产、供、销”一体化服务、有组织地开展批量采购活动、创建自己的品牌、有市场影响力的少。

（三）城乡一体化下的农业科技服务发展趋势

1. 农业科技创新力度必须加大

当前，北京都市型现代农业发展还面临着自然资源匮乏、环境污染问题严重、生产成本高、经济增长科技含量低、区域发展水平存在落差等一系列问题。只有加大农业科技创新力度，才能突破资源环境约束，解决污染重、成本高、效益低、发展不平衡等问题，才能确保农业的基础地位。

2. 多元化农业经营主体需要统筹协调

目前，北京市有 176 万农民，76 万劳动力，大多都在分散经营，且兼业比例高，非本地及流动人口占一定比例。北京市城乡客观存在的差异，使得农村人才队伍面临着补充少和流失大的双重制约，因此农业面临着“谁来种田”的问题。2012 年出台的《全国现代农业发展规划》提出，要从发展农业社会化服务、实行适度规模经营、培育新型经营主体和提高农业比较效益等方面下功夫。北京市社会资源丰厚，需要建立全市部门联动机制，整合资源，出台鼓励社会力量参与农业服务的政策。

3. 农业信息和产品流通渠道需要打通

农业科技人员对于农产品市场信息传输、营销技术的开发等重视程度不够，而且农民作为科技的需求者，最为关切的是所生产的产品如何销售、从什么渠道获取市场信息。只有将农民生产的产品以一个好的价钱卖掉，才能激发其利用科技的欲望和积极性。因此，强化农业信息化体系和农产品流通体系建设，促进市场信息传递，提高防范市场风险的能力，是当前农业科技发展中必须重视的一个问题。

（四）北京市农业科技服务体系建设的思路

1. 以现代农业科技城建设为核心，强化农业科技创新

集成并制定促进国家现代农业科技城发展的配套政策，推进相关政策在农

业科技城先行先试，深化探索股权激励、科技金融、农产品期货交易、农业技术交易、产权交易、代办股份转让系统、企业上市等改革试点。理顺农业科研、教学、推广与生产的关系，有效整合科技资源，建立大联合、大协作机制。要大力培育优质、高产、安全的农作物新品种和健康、专用的动物新品种，同时要重点推广新品种使用、耕地保护与节约利用、减灾增效、节水灌溉、动植物重大病虫害防控等关键性农业技术。

2. 进一步深化改革，理顺公益性农业科技服务体系

本着“权责一致、分工合理”的原则，进一步明确理顺区（县）农委、农业局、农业服务中心的行政管理和技术服务职能；继续建好乡镇农业综合服务中心，根据各镇农业面积和农业人口等情况，合理配置专职技术人员，并将编制纳入镇级农业科技服务中心；逐步实行人员准入制度，通过严格选拔，扩充基层特别是乡镇农业科技服务队伍；坚持农业推广机构的公益性和主体地位，保障公益性农技推广机构运行所必要的经费来源；大幅度提高区（县）财政用于农业科技服务体系基础设施建设资金的比例；重点支持现代农业产业技术体系建设、农业新技术和新品种试验示范基地建设、农业技术推广人员知识更新培训以及农民生产技能培训等工作。

3. 扩大农业生产经营规模，调动龙头企业积极性

按照依法自愿有偿的原则，完善土地承包经营权流转管理和服务。以区域特色产业或产品为基础，推动土地使用权向种植能手、农业科技人员、农业企业、农民专业合作社等主体流转，提高基地的专业化、标准化、集约化、规模化水平。通过新品种、新技术的引进、示范和推广，充分发挥农业科技示范园区的示范和辐射带动作用；加大对精深加工企业、食品加工企业和外向型农业龙头企业的扶持力度，提高企业的科技创新和新产品开发能力，促进农产品加工企业从量的扩张向质的提高转变。

4. 搭建农业信息服务平台，强化农产品流通服务

加快北京市农业信息资源的互通、互联和共享建设，着力提高信息的有效性、多样性和综合性服务水平；重点培育一批具有较强市场经营能力的贸易流通型龙头企业、中介服务组织，推动城镇社区、批发市场、超市与郊区农产品标准化生产示范基地、农民专业合作组织的对接；加强市场配套建设，完善仓储、保鲜、运输、检测、信息服务等功能，增强市场的聚集和辐射能力，畅通农产品进入市场的渠道。

四、北京农业科技服务体系建设的现状及发展对策

构建城乡一体化发展新格局，是北京市“十二五”时期的重要战略任务。在推进城乡一体化发展的进程中，应深刻认识科技进步在农业发展中的重要地位，加强农业科技服务体系建设，促进城乡资源互动，推动农业现代化、工业化与城镇化的协调发展。目前，国内相关领域的研究多数侧重于体系内部问题，探索解决农业科技服务体系的体制障碍和创新路径问题。在城乡统筹发展背景下，农业科技服务体系建设不再仅局限于体系内部问题，“跳出体系抓体系”将是一个重要的思维模式。为了进一步加快推进农业科技创新与推广，发挥农业科技在北京城乡一体化进程中的引领和支撑作用，笔者对北京房山、通州、顺义、大兴、昌平、密云等区（县）的农业科技服务体系建设情况展开了调研，先后与北京市农业主管部门、市属科研院所、郊区（县）农业主管部门、专业技术服务人员和农民进行座谈，并走访农业科技示范基地、农民专业合作组织、农业龙头企业等单位，在此基础上，归纳总结了农业科技服务体系建设的现状和面临的主要问题，并针对北京城乡一体化发展的需求，从体系自身建设和体系之外的环境建设等不同角度，提出了促进农业科技服务体系建设的对策建议。

（一）农业科技服务体系建设现状

1. 坚持创新驱动，发挥科技高端的引领作用

（1）建设北京农业科技创新平台

第一，北京市积极优化整合北京的科技、人才资源，搭建了以中央在京及市属农业科研院所（校）、国家工程技术研究中心、市级农业高新技术创新基地为基础的北京农业科技创新平台。第二，截至 2011 年底，北京地区拥有与农业相关的国家级重点实验室、工程（技术）研究中心、企业技术中心等 286 家，占全国的 30%以上。第三，累计认定市级重点实验室、工程技术研究中心等 632 家，企业研发机构 262 家。第四，在政府引导下探索促进科技资源开

放的共享机制，强化农业基础性、前沿性科学研发，抢占农业生物技术、信息技术、新材料技术、物联网技术、精准农业技术等领域的制高点，打造全国科技创新源。

（2）聚焦农业关键技术研发

第一，围绕北京设施农业、籽种农业、会展农业、休闲农业等都市型现代农业的发展需要，着力突破了重大关键技术和共性技术。第二，加快了新品种选育、设施育苗、环境友好栽培、病虫害综合控制、水肥营养调控、设施生产全过程机械化作业等技术的研究与应用，全面提升了“菜篮子”的整体供给保障能力。第三，开展小麦、玉米、蔬菜、瓜果、花卉、畜禽等育种创新平台建设，全力打造种业之都。第四，开展农产品保鲜综合控制、精深加工等技术的研究，提升农产品的附加值和延长产业链。第五，积极申办、举办和筹备世界种子大会、世界葡萄大会、国际食用菌大会、首届农业嘉年华、园林博览会等国际知名大会。第六，2012 年北京成功举办第七届世界草莓大会，200 家国内外企业参会（展），展出 135 个品种、17 种栽培模式、75 万株植株。第七，会展农业促进了国际间现代农业的科技交流，也促进了北京现代农业的全面发展。

（3）推进国家现代农业科技城的快速建设

2010 年 8 月，科技部与北京市联合启动国家现代农业科技城建设任务。目前，农科城“一城五中心多园”格局基本形成。其中，网络服务中心连通 20 余个农产品行情数据库和农业科技成果发布源，与 65 个国家级农业科技园区网络实现了互联；成立了农科城投资管理委员会和投资有限公司，搭建了投融资服务平台；良种创制与种业交易中心研制了世界首个水稻全基因组芯片。昌平园、顺义园和通州园共入驻企业 96 家，形成了“高端研发、品牌服务和营销管理在京，生产加工在外”的产业模式。

2. 坚持深化改革，加快科技成果推广与转化

（1）深化公益性农技推广体系改革

目前，北京在种植、农机、水产行业整合设置了 187 个综合性农技服务中心，畜牧行业设置了 175 个基层兽医站。为强化农技推广的公益性服务职能，加大了公共财政的投入保障力度，推动基层农技推广机构纳入全额拨款事业单位，履职经费纳入区（县）财政预算。为解决科技入户“最后一公里”，自 2010 年开始北京在全国率先推动村级全科农技员队伍建设试点。采取政府购买服务的方式，在 10 个远郊区（县）39 个乡镇共选聘村级全科农技员 1039 名，围绕村级主导产业开展全科医生式农业技术、信息咨询等服务，使科技资源与

生产初步实现有效对接。

（2）发挥社会化服务主体作用

第一，采取多种措施，调动农民专业合作社、农民专业协会、龙头企业、高等院校、科研机构、农民经纪人、批发市场等社会化服务主体的积极性，围绕都市型现代农业建设需求，拓宽服务领域、扩大组织规模、增强市场竞争力。第二，政府与社团组织合作启动了“科技套餐”工程，市科协所属45家涉农科技社团及相关农业科技组织借助此平台，将科技资源输送到北京现代农业建设中。第三，推行推广教授（研究员）制度，积极引导农业科研教学人才下基层为农业、农村、农民服务；至今，累计聘任推广教授（研究员）20人，推广副教授（副研究员）33人，引进和转化农业新品种、新技术、新产品205项；将农技推广服务绩效纳入专业技术资格评审和工作考核，积极引导评价标准向基层、一线倾斜。

（3）创新农技推广方式方法

实施现代农业产业技术体系创新团队、国家基层农技推广体系改革示范县、院区（校）合作等服务项目，着力解决产业技术研发、产业技术集成示范和产业技术成果落地的关键“瓶颈”和农民需求难题，建设都市型现代农业技术创新—技术熟化—技术成果扩散的快速通道。目前，已建立了果类蔬菜、生猪、观赏鱼、家禽和食用菌5支产业创新团队；大兴、密云、房山、延庆4个区（县）创建了国家基层农技推广体系改革示范县；中国农科院、市农科院与大兴区合作，连续实施了3期共29个项目。

3. 坚持城乡资源互动，强化农村民生科技

农业科技服务体系的建立，不但推动了都市型现代农业建设，而且在新农村建设、生态环境保护等更广阔的领域发挥了重要作用。

（1）科技支撑新农村建设

北京市通过推广应用新能源、农村废弃物处理和资源化利用、农村信息化等关键技术，改善农村生产生活条件。在改善农村基础设施条件和农业生产条件方面，实施了新农村“五项基础设施”和“三个起来”工程，累计投资近200亿元。“村村通”光纤网络和“村村通”有线电视目标初步实现，数字影院、数字家园、爱农信息驿站、农村文化信息共享工程基层服务站点、农民现代远程教育终端接收站点基本达到全覆盖。

（2）科技支撑绿色建设

北京实施了多项科技支撑农村生态环境改善的工程项目，打造生产清洁、

消费友好、环境优美的村民宜居家园。实施了多项科技支撑农村生态环境建设的工程项目，加快推进循环农业、有机农业、绿化美化等技术的转化和应用，打造了生产清洁、消费友好、环境优美的村民宜居家园，促进了绿色北京建设。截至2010年，全市环境优美乡镇累计达123个、生态村达1204个；创建国家级优美乡镇43个，评出北京最美乡村53个；密云、延庆两县成功入选国家生态县。

（二）农业科技服务体系建设存在的主要问题

1. 公益性农业科技服务体系尚不完善

（1）管理体制不健全

在农业科技推广体系中，市、区（县）级组织比较健全，各区（县）都相继成立农业局，原有农业服务中心依然保留。但区（县）农业局与农业服务中心职能交叉，存在有权无责、有责无权问题；虽然各个乡镇政府都建立了农业技术推广服务机构，但存在多头领导、管理体制和职责不清、外聘人员混岗混编现象，致使基层农技推广服务有缺位，技术入户（村、场）“最后一公里”问题还未能得到根本解决。

（2）专业人员服务能力不强

第一，乡镇级服务机构存在编制—岗位—人员脱节现象，人员流动性大，高素质专业人员缺乏。以动物防疫员为例，中专以上学历占14.9%，初中及以下学历占60.1%，有92.7%的动物防疫员没有系统学习兽医专业知识或缺少兽医工作经验。第二，技术服务方式单一、单调，参与式、互动式、启发式推广方法还没有得到普及，信息技术等现代化服务工具利用率不高。第三，服务领域还比较窄，重点放在产中环节，对于产前农业生产资料的采购和供应，以及产后的农产品贮藏、保鲜、加工和销售等配套服务比较缺乏。

（3）经费尚未得到足额保障

在乡镇层面，无论是专业人员配备还是经费保障，基层农业科技推广机构都处于明显劣势。部分乡镇农技服务中心经费没有充分保障，有科技推广经费挪用问题。由于经费缺口大，迫使基层推广人员不得不把主要精力致力于创收，在很大程度上影响了推广工作的开展。自20世纪80年代以来，北京市建设和装备了一批基层农技推广机构，但主要集中在区县一级，技术推广和基本建设项目也主要由县级机构承担。乡镇农技推广机构设施条件严重不足主要体现在以下几点。第一，业务用房不足。由于乡镇农技推广管理体制改革或变动，部分乡镇的机构资产流失严重，不少办公地点房屋年久失修，业务用房缺乏；绝大部分农民培训工作缺少固定培训场所（地），办公条件普遍较差。第二，仪器设备匮乏。据统计，具有简易仪器设备的乡镇农技推广机构平均不足1000家，拥有计算机、打印机、传真机和培训专用设备的不足2000家。第三，固定的区域农业试验示范基地少，且建设标准偏低，设施设备不配套，不能满足新品种、新技术推广的要求。

2. 农业科技信息化、市场化服务能力不强

（1）信息化服务存在“最后一公里”问题

农业信息化是现代农业科技服务体系的强大支撑。尽管北京的农业信息服务体系建设走在全国前列，但基层农业信息服务能力依然较弱、服务效果不理想。农民科技文化水平较低，制约其获取最新的、有价值的农业信息；部分区域农业主导产业不突出，农民组织化、标准化程度低，阻碍了农业信息发挥有效作用；信息发布缺乏统一管理，难以保证信息的针对性、时效性和准确性。

（2）社会化主体服务有待强化

京郊所建立的农民合作组织多以松散型为主，在利益分配机制上还没有真正做到风险共担、利益共享。大多数组织以技术、信息等服务为主，产后服务少，跨区域、跨行业的大型、综合性合作社等组织少。产业化龙头企业、科技示范园区等社会化服务组织尚处于成长阶段，软件、硬件配套相对滞后，新技术和新品种自主研发能力也不强，“企业+协会+农户”的生产组织模式还存在筹资困难、法律保障不力、政策措施不健全等问题。

（3）高素质的农村人才缺乏

虽然实用人才开发增长速度较快，但是年轻科技人才和高层次专业人才不足，尤其是农村经济合作组织、龙头企业中缺乏带头人和“领头雁”。北京城乡客观存在的差异，又使得农村人才队伍正面临着补充少和流失大的双重困境，目前的人才开发政策还不能全面实现广为吸引人才的目的。

3. 农业科研与生产脱节尚未完全解决

（1）农业科技管理体制不完善

现行科研管理体制下，科研院所和高等院校在农业技术推广中的地位和功能一直得不到明确。农业科研院所缺乏统一组织协调和有效合作，无法建立有效的大联合、大协作农业科技服务机制。不同领域农业科研各自为政，造成良种良法不配套、农机与农艺不协调。

（2）农业科研成果有效转化率低

对农业科研单位考核偏重学术价值而轻生产应用价值，科研项目选题偏行

政指导而轻市场导向，使科研成果与生产实际脱节，尤其是北京都市型现代农业发展急需的籽种农业、设施农业、精品花卉、高档果蔬、农产品精深加工、农业旅游、景观设计等新兴的产业技术需求还未完全得到满足。农业科研院所（校）缺少相关的科技示范与推广专项经费，科技服务难“下沉”、难维持。对科研人员绩效考核依然比较重视学历、论文和作者的排名，不太重视基层人才的实际贡献，获奖难、晋升难的问题依然存在。

（三）促进北京农业科技服务体系建设的建议

1. 理顺体系，建立健全农业科技服务体系

（1）理顺管理体制

本着“权责一致、分工合理”的原则，进一步明确理顺区（县）农委、农业局、农业服务中心的行政管理和技术服务职能。重点加强乡镇农业综合服务中心和村级技术服务岗位工作，做到专人、专岗、专用，使专业技术人员集中精力为“三农”服务。建议乡镇机构的人员、经费、资产等由区（县）级农技推广机构统一管理，在人员调配、考评和晋升中，充分听取乡镇政府意见。坚持农业推广机构的公益性和主体地位，敦促落实基层农技推广机构纳入全额拨款事业单位相关政策。

（2）加强人才队伍建设

进一步强化公益性职能履行，科学核定公益性农业技术推广机构人员编制，保证专编专用，尽量防止在编不在岗和混岗混编现象。加快推进村级全科农技员工作，力争在北京10个远郊区（县）实现全覆盖。建立健全以农户覆盖率、解决问题有效率、农民满意率为主的动态考核评价机制。采取不定期的实用技能培训和中长期综合素质培训相结合的方式，不断提高农技人员的专业技术水平、服务意识和责任意识。切实提高农技推广人员待遇水平，落实工作倾斜和绩效工资政策，提升推广人员工作积极性和主动性。

（3）增加推广经费投入

大幅度提高区（县）财政用于农业科技示范推广、基础设施建设的比例，改善基层推广机构业务用房、仪器装备、基地建设、配套交通工具等条件。选择一批重点乡镇或中心区域站，重点支持其设施设备、交通工具、现代化综合服务手段等改善，扶持一批示范展示效果好、运行管理模式新、“产学研”一体化、地点相对固定的农业新技术、新品种试验示范基地。继续推进农民田间学校、现代农业产业技术体系北京市创新团队、农业科技入户示范工程、现代农业示范园区、“科技套餐”工程等建设，并探索科技服务的新渠道和新模式。

2. 完善机制，引导社会力量参与农业科技服务

（1）加快农民合作组织建设

按照《中华人民共和国农民专业合作社法》等文件要求，完善农民合作组织章程和组织机构的建设，推动和扶持“五有”品牌农民专业合作组织发展。围绕主导产业，鼓励和支持建立产业联合社。充分发挥农业专家指导组和辅导员队伍作用，加强对农民办社的指导、培训和服务，提高合作社管理人员素质，培养懂技术、会管理、善经营的复合型人才。

（2）加快农业科研体制改革

理顺农业科研、教学、推广和生产的关系，有效整合科技资源，建立大联合、大协作的机制。研究制定北京市院（校）区合作促进办法、农业科技成果转化促进办法，促进科研院校农业科技成果转化及其与郊区农业生产和经营等领域中合作工作的进一步开展。基于都市型现代农业发展需求，建立农村实用技术普及推广专项经费，完善科研与推广并重的绩效考核机制，根据科研和技术推广人员不同的研究领域、研究层次、研究项目等实际情况确定评估难度。进一步扩大农业推广教授（研究员）制度实施范围，将研究职称评价指标的设置向一线人员倾斜，向创新人才倾斜，向农村实用人才倾斜。

（3）加大新型农民培养力度

充分利用农民田间学校教育、村级全科农技员培训、骨干农民培养等手段，开展多种形式的农民教育培训，扩大培训规模，创新培训模式，造就具有一定科技素质、职业技能和经营能力的新型农民。采取内引外联、产学联手共同开发的方式，培育种养业能手、农机作业能手、科技带头人、农村经纪人和专业合作组织领办人等农村经济发展急需的人才。实施农村农业实用人才素质提升计划，对村级组织和农民专业合作组织负责人、大学生村官进行培训，提高其带领农民群众共同致富的能力和水平。引导和鼓励大专院校涉农专业大学毕业生到农村工作，并落实相关配套政策。

3. 搭建平台，提高农业生产经营组织化程度

（1）搭建农业科技服务信息化平台

加快北京市的农业信息资源建设与整合，促进信息资源的互通、互联和共享。充分利用广播、电视、网络等现代媒体开展技术服务，采取手机短信、远程教育等现代化服务手段，着力提升信息的有效性、多样性、综合性服务水平。组建以合作组织、种养大户、运销大户为主体的信息员服务队伍，向农民及时传递各类信息。支持规模大、带动能力强的专业合作组织、龙头企业建设农产

品市场信息系统、逐步推广数字终端设备、条码技术、电子标签技术等新技术。

（2）壮大农业生产经营组织的实力

以区域特色产业或产品为基础，推动土地使用权向种植能手、农业企业集中，提升农业科技示范基地的专业化、集约化和规模化水平，落实相关政策，充分发挥农业科技示范基地的辐射带动作用。加大对精深加工、食品加工和外向型企业的扶持力度，提高科技创新和新产品开发能力，促进农产品加工企业从量的扩张向质的提高转变。由骨干企业牵头，建设内部分工协作、相互促进的行业协会，充分发挥行业协会的服务、自律、协调等职能，以整体优势，提高企业对农户的带动能力。

（3）加强农产品流通体系建设

重点培育一批具有较强市场经营能力的贸易流通型龙头企业、中介服务组织，推动城镇社区、批发市场、超市与郊区农产品标准化生产示范基地、农民专业合作组织的对接。加强市场的配套建设，完善仓储、保鲜、运输、检测、信息服务等功能，增强市场的聚集和辐射能力，畅通农产品进入市场的渠道。

（四）小结

在推动北京城乡一体化发展进程中，破解城乡二元结构，促进城乡资源互动，必须依靠科技创新。2012 年中央“一号文件”突出强调农业科技创新，未来农业发展出路在科技、潜力在科技、希望也在科技。农业科技服务体系直接面向农业和农村经济社会发展需要，是农业科技“最后一公里”的重要组成部分。因此，发挥农业科技服务体系的桥梁和纽带作用，对于实现北京农业现代化、工业化与城镇化协调发展具有重要意义。北京市委领导提出：北京的农村是拓宽战略发展的新空间，北京的农民是拥有集体资产的新市民，北京的农业是第一、第二、第三产业相互融合的新农业。新的历史时期，社会赋予了“三农”继往开来的深刻内涵。为充分发挥科技促进城乡统筹发展作用，北京的科技服务体系建设应跳出“就体系抓体系”的思维定式，坚持用城乡一体化发展理念来诠释新时期的科技服务工作。

五、新形势下北京市农业科技服务模式的探索与思考

农业作为国民经济的基础，在一国的稳定与发展中发挥着极其重要的作用。农业科技是连接农业生产与农业科研的桥梁和纽带，是支撑和引领现代农业发展的重要保障。如何应对新形势，创新北京市农业科技服务模式，促进农业科技转化为现实生产力，发挥好首都农业科技引领作用，是当前亟须解决的课题。综观当前农业科技服务相关研究，多数研究仍停留于农业科技服务体系的完善、农业科技服务模式的总结介绍，而对新形势下区域性农业科技服务模式的研究与探索相对缺乏。现以北京市农林科学院“双百对接”农业科技服务实践为例，对新形势下北京市农业科技服务的模式进行了探索与思考，以期弥补以往研究的不足。

（一）北京市农业发展新特点及北京市农业科技服务发展面临的严峻挑战

1. 北京市农业发展新特点

（1）农业功能需求日趋多元化

从国家层面来看，在“京津冀协同发展”大背景下，需要北京市率先垂范，将自身打造成国家都市农业引领区、现代农业示范区与高效节水农业样板区。从北京市自身来看，现阶段北京市居民消费的农产品中，蔬菜 30%、猪肉 32%、牛奶 54%、禽蛋 66%、禽肉 65%实现了北京市农业自给，市民对优质安全农产品的需求愈来愈旺，还需要京郊满足其逐渐增强的“养眼、洗肺、休闲”需求；农户需要先进的科技、优良的品种与精良的装备送至田间地头；涉农企业需要农业为自己提供原料、先进的生产技术示范平台、及时优质高效的服务与公平竞争的市场环境；政府需要农业在生态保护、应急保障及治理“城市病”中发挥积极作用。

（2）结构调整成为适应新常态的必然选择

当前，北京市经济社会整体上已经步入后工业化时代与发达城市化阶段，土地及水资源紧缺的“双紧”约束加剧，市场高风险与劳动力高成本的“双高”压力加剧，农业占 GDP 的比重将越来越小，这都是大都市农村经济发展的必然

趋势。新常态下，北京市农业要保证处于发展的良好态势，就必须立足北京自然资源和环境的可承载力，根据建设和谐宜居之都的要求，调结构、转方式，大力发展高效农业、节水农业、生态农业，这是北京农业在科技、资金、人才优势基础上，面临“双紧”“双高”压力所应做出的最佳选择。

（3）产业融合正成为农村经济新增长点

在北京市建设世界城市的过程中，产业融合的都市现代农业已经成为北京市的重要特色产业。2016 年，北京市观光园接待实现收入 28 亿元，同比增长 6.3%，其中农产品收入 5.9 亿元，同比增长 18.5%，占总收入的 21%。民俗游接待实现收入 14.4 亿元，同比增长 11.7%。农业会展及农事节庆活动实现收入 2.4 亿元，同比增长 42%。休闲农业、乡村旅游以及农业会展已经成为山区农民增收的重要抓手。在农产品加工方面，2014 年北京市规模以上农产品加工企业总产值达 682 亿元，与农业总产值之比为 1.6∶1，接近于发达国家的最低水平 2∶1，农产品加工业集聚形态基本形成。目前，北京市农村产业融合速度进一步加快，融合性产业正在成为农村经济新的增长点。

（4）非农收入难以保证持续增收

2016 年，北京市农村居民人均家庭经营性净收入 2062 元，同比增长 5.3%，已连续 3 年保持稳定正增长（前 2 年分别增长 7.1%和 5.6%），增收贡献率为 5.9%，而农村居民人均工资性收入 16638 元，同比增长 7.4%，增幅比上年下降 1.2 个百分点，对农民收入的贡献率为 65.9%，仍然超过经营净收入，是农民收入的第一大来源。但是由于农民就业技能普遍较低，在经济结构转型升级及 GDP 增速下滑的背景下处于弱势地位，农民工就业机会呈下降趋势，工资性收入增长变缓。同时，随着国内生产要素成本不断提高以及国际农产品价格大幅度下跌，凭借粮食增产和提价保障农民持续增收的难度不断加大。

2. 北京市农业科技服务发展面临的严峻挑战

（1）农业科技服务队伍建设有待加强

北京市现有的专职农业科技服务机构主要有农业技术推广站、水产技术推广站、农业机械监理总站、土肥工作站、畜牧总站、植物保护站、农业机械试验鉴定推广站、动物疫病预防控制中心等，尽管数量众多，但服务资源供给与需求不十分匹配，存在科技服务浪费和低效的问题。从事农业科技服务工作的人员偏少，尤其是基层农技队伍多年未获得补充与更新，许多比较有发展前景的产业及地区找不到合适的专家配对帮扶，项目实施时间一拖再拖；少数科技服务能力强、经验丰富的专家往往担负数个项目，往返奔波于各示范点之间，出现“心有余而力不足”的情况。一些中青年科研人员不了解基层，不具备独当一面进行沟通和服务的能力。

（2）农业科技服务综合能力有待提升

北京市当前的农业科技服务内容和模式需要更新，科技成果储备有待加强。在服务内容上，应围绕北京都市现代农业发展新特点：农业功能需求多样化、农业供需有待有效平衡匹配、产业融合扩大化以及非农收入逐渐降低，及时掌握农村形式和农民需求的变化，进一步加强在高效节水农业、生态农业、休闲农业、“菜篮子”产业、现代种业、优质农产品安全、农产品加工、新业态创造等领域的农业科技创新及示范。在科研成果储备上，新品种、新成果的推出缓慢，稳定性不足，老科技成果已不能满足现代产业的快速发展需要。在服务模式上，现有的农业科技服务模式主要为农民培训、技术咨询、现场展示等，无法充分调动广大农民参与的积极性和主动性。“互联网+”的深入发展，为首都“三农”工作的推动和开展带来了新契机，农业科技服务模式应打破传统思路，大胆创新，从服务对象、服务方式到体系的建设都需更新升级。

（3）农业科技服务受体信息素养水平有待提高

近年来，北京市积极发展设施农业、高效农业、工厂化农业等科技含量较高的农业，这就对农业从业者使用信息的能力有了较高的要求。据统计，2015年北京市乡村从业人员 292.8 万人，但从事农业生产的农业一线人员普遍年龄较大，文化水平不高，接受农业技术服务的基本素养较低，接受新知识、新科技的能力不强，尤其是在病虫害防控、检验检疫、大棚管理、温室环境管控等农业领域。在“互联网+”背景下，会有效利用信息科技来提高生产、管理、经营水平的新型农民较少。

（4）体制机制有待进一步创新

农业科技服务体制机制建设仍需加强。在科技服务评价上，由于科技服务成果与科技人员自身利益并不挂钩或挂钩不紧密，目标考核机制、风险责任机制、服务农业生产的激励奖励机制、晋升晋级机制缺乏或不适宜，导致科技人员科技服务的内在动力不足。在科技服务时间上，受农业科技项目周期和科研经费的限制，科研人员用于科技服务的时间和精力难以保证，科技人员扎根基层、服务郊区的长效机制仍不健全。信息沟通机制不健全。科技服务供需双方之间缺乏相互联结沟通的有效政策引导和保障机制。

（二）北京市农林科学院“双百对接”的实践

1. 主要举措

（1）统筹谋划，缜密做好顶层设计

密切衔接“调转节”、低收入增收扶贫等北京市重点政策，从全院层面策划和部署“双百对接”工作，构建院、所两级传导迅速、步调一致的组织体系和信息反馈机制。在已有北京市农委扶持资金基础上，每年从院科技惠农资金中拿出近200万元经费用于支持“双百对接”工作的开展，同时积极整合国家级、市级相关政策资源和社会化资金，形成推动“双百对接”工作合力；与10个远郊区县农委或农业局，就“双百对接”工程思路、机制进行深入沟通，营造良好的外部氛围。三年来，全院累计组织13个所（中心）、178名专家与北京市13个郊区县及津冀地区的198个基地“结成对子”。

（2）设立标准，严格筛选对接基地

本着“需求导向、重点突出”的原则，结合该院优势科技成果资源，在“双百对接”核心基地选择上，以“菜篮子”相关产业为核心，兼顾休闲农业、生态农业、循环农业、创意农业、沟域经济、农产品加工配送等新型农业业态。严格对接基地标准，要求示范基地以京郊具有一定规模、示范与辐射带动性较强的农业新型经营主体为主；从事农业生产3年以上，具备稳定的生产面积，有较为完善的农业生产基础设施和稳定的人员队伍；示范基地经济条件相对较好，能在一定程度上承担开展农业科技试验示范工作所带来的生产风险；与该院合作基础良好，基地负责人科技创新和开拓意识较强。

（3）力求成效，精心遴选对接专家

“双百对接”工作采取责任专家制，由责任专家牵头组建科技服务专家团队开展工作。要求责任专家热爱农业科技推广服务事业，具备“献身、创新、务实、钻研”的科学精神和优良的职业道德；具有副高级及以上职称，业务精通，专业能力较强。其中，推广系列专业技术人员优先推荐；具有较强的组织、协调和管理能力；每年牵头对接的基地数量不超过两个。鼓励所（中心）之间联合，组建跨所、跨学科、老中青结合的综合科技服务团队。团队在责任专家带领下，围绕基地需求，采取“责任专家+服务团队+基层技术骨干+种植养殖基地+农户”的方式，展示示范科技成果。同时，依托基地，充分发挥农业科研院所的专家优势，为基层科技服务团队培养技术人才。

（4）需求导向，强化项目过程管理

为确保“双百对接”工作务求实效，该院针对每个“双百对接”项目制定了“六个一”工作标准：“一份《项目任务书》”“一份《服务协议书》”“一支科技服务专家团队”“一个生产关键性技术问题”“一项科技成果”“一个生产技术骨干”，另外，3 年服务期满，对接基地经济效益需提升 10%。制定“需求调研—年度考核”管理制度，同时将考核工作纳入各所（中心）科技服务年度工作考核和科技人员年度工作考核体系。实施院—所（中心）两级督导制度，成立督导专家队伍在项目执行期中、期末进行定期督导和检查，各所（中心）也组织专家采取不定期方式进行督导。另外，充分发挥市、区农业及科技主管部门作用，与院共同监督、管理、规范专家与基地对接工作。

（5）奖惩分明，营造良好工作氛围

将“双百对接”工作整体纳入院科技推广服务工作考核激励体系。在每年度评选“科技惠农行动计划”团队奖、个人奖及基地奖过程中，对参加“双百对接”的工作团队、个人及基地给予适当倾斜，在申报资格、评审机制等方面制定相应优惠政策。探索“双百对接”滚动扶持制度。制定“双百对接”考核评价打分指标体系，从基地选择合理性、对接内容实用性、对接方式有效性、对接效果显著性及继续支持可行性等方面入手，对期满“双百对接”项目进行打分评议，进而根据打分评议结果情况，择优对对接效果好、实施效果显著的“双百对接”项目进行滚动支持。

2. 主要成效

（1）探索了以科研单位为主导的“一体两翼”多元协同科技服务模式

科研院所主导，统一协调优势资源，推动科技专家与示范基地紧密契合成“一体”；通过“一帮一”“点对点”的科技成果示范展示，塑造特色鲜明的科技示范点（样板、窗口）；市、区相关农口单位、其他服务组织、基层服务资源则从“两翼”辅助和协调，通过技术集成、资源整合以及多元服务主体之间的横向沟通，共同推动新型农业经营主体做大做强；辐射、带动附近其他经营主体发展，进而推动区域农业产业发展、村镇经济增长（如图 1-5-1 所示）。“双百对接”工程打破了传统的技术扩散“S”形曲线模式，服务方式“短链化”“直推式”，实现成果与需求对接及时化、精准化，有助于“双向式”信息沟通和反馈，推动科技成果快速转化。通过“双百对接”工作，以基地为支点，发挥科技“杠杆”作用，“撬动”社会资本、科研项目、人才团队等更多资源流向首都农业。截至 2016 年 8 月，通过“双百对接”项目引领，基地主动进行基础设施环境改造等直接投入 3220.23 万元，带动社会上其他投入 3551 万元，100 多个基地累计落实、承接国家和地方相关科研推广项目经费 544.64 万元，吸引了一些大学、科研机构的专家前来出谋划策。

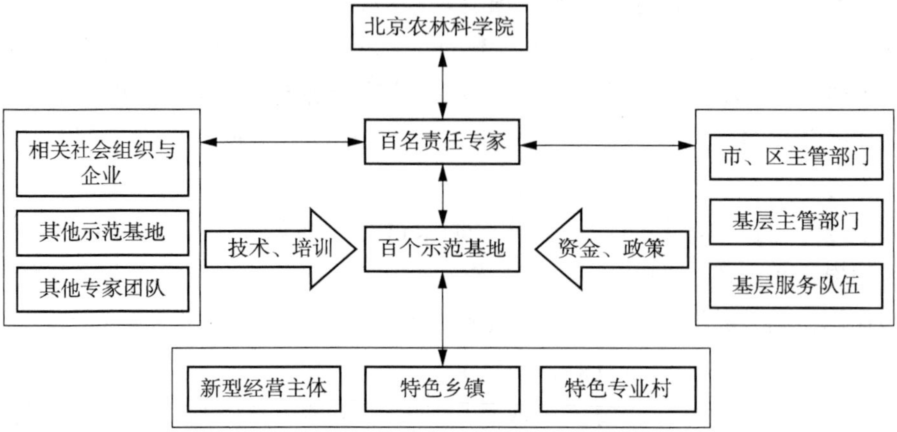

图 1-5-1 “一体两翼”科技服务模式

（2）建立了一批科农关系紧密、示范带动效应显著的基地

截至2016年底，该院通过“双百对接”累计在京郊建立对接基地198个。从基地分布区域来看，对接基地分布最多的为大兴、顺义、密云和房山，朝阳、海淀、怀柔、平谷和丰台分布最少。从基地主体类型情况来看，涉农企业78个、农民专业合作社或产销协会75个、企事业单位试验示范基地24个、“一村一品”专业村17个、种植大户4个，其中，农民专业合作社和涉农企业占基地总数的77%，属于“双百对接”工程实施的主导和中坚力量（见图1-5-2）。这些农业新型生产经营主体成为首都农业科技成果最“直接”的受益者，以对接基地为示范窗口，紧紧围绕农业生产的产前、产中和产后，因地制宜地优选和组装一批符合都市型现代农业发展需求的生产模式、关键技术、品种、标准和装备，大大提高了其生产能力和科技水平。这些基地成为该院在郊区留得住、带不走的展示窗口和前沿阵地，对首都农业发展起到了引领和示范带动作用。

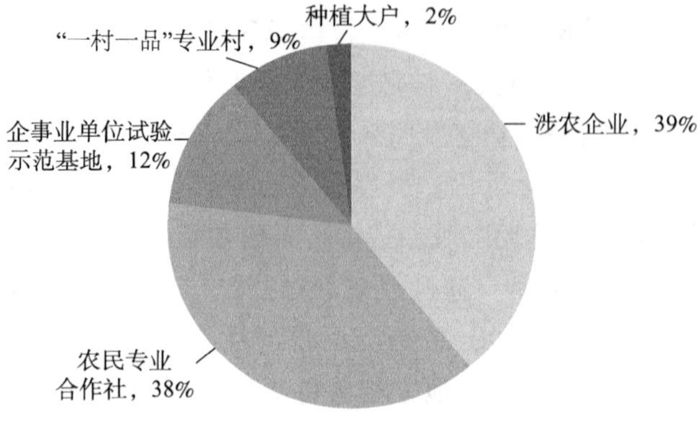

图 1-5-2 “双百对接”示范基地主体类型

（3）培养了一支扎根基层、“研”“推”兼备的专家队伍

截至 2016 年底，全院累计遴选“双百对接”责任专家共计 178 名。从年龄及职称分布来看，副高级职称以上科技人员有 8400 人，中级以下职称科技人员有 1600 人。专家平均年龄 43.2 岁，且 70%集中在 30～49 岁年龄段（见图 1-5-3）。处于 30～49 岁年龄段的中青年科技人员是该院科技服务事业发展的中流砥柱，却又往往处于事业发展“瓶颈期”。“双百对接”项目以极小资金投入，通过“一定三年”的扶持形式推动中青年科技专家深入基层，不仅促进了中青年专家在实践中积累推广服务工作经验，而且促进了其快速发现和总结出当前产业发展的技术“瓶颈”和问题，带回到实验室后又成为指导个人今后开展科研工作的方向和指南。“双百对接”工程的实施，很好地实现了推广服务和科技研发的结合，科学诠释了该院“科技创新”与“科技服务”双轮驱动的要义。另外，在责任专家带领下，所（中心）际之间合作加强，组成了一批专业能力强、具有该院服务特色的服务团队，推动了科技服务由传统“个人服务”向“团队化服务”转变，也对该院后备技术服务人才培养、科技服务事业可持续发展发挥了积极作用。

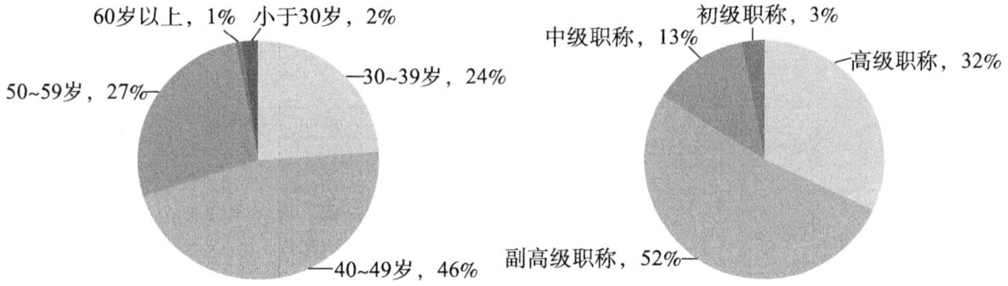

图 1-5-3　“双百对接”责任专家年龄及职称分布

（4）示范引领了一批都市现代农业

发展的新品种、新技术和新装备品种上，示范推广了 300 多种优新品种（系）（见表 1-5-1），包含林果类、瓜类廊架蔬菜、观赏蔬菜、茄果类、瓜果类、叶菜类，玉米、小麦新品种以及肉用种鸽、北京油鸡、授粉蜂、松浦镜鲤、哲罗鲜、鲜鳟鱼、墨底三色锦鲤种鱼等特色优良品种。技术上，种植业方面，示范了高效栽培模式和病虫害防控技术等，实现对接基地平均增产 10%以上，促进每户年均增收 4143.2 元；养殖业方面，示范了疫病防控、高效养殖模式等，促进每户年均增收 14279.8 元；林果花卉方面，示范了省力化高效优质栽培技术，引进了相关设施设备，促进每户年均增收 14697.1 元；大田作物方面，示范了良种繁育、种子包衣及高产节水节肥栽培技术，抗旱品种普及率达到 80%以

上，实现每户年均增收 1050.8 元（见表 1-5-2）。引进了农作物节水型作物新品种及配套技术，示范了蔬菜、林果、花卉等节水种植模式，推广了畜禽低碳节水养殖新技术等。装备上，示范了现代物联网、农产品检验检测等新设备，展示了基于物联网、云计算等计算机信息技术的设施农业云服务系统，安装了北京市农科热线 App、农业技术咨询云服务终端机，提供了温室监测仪器、水肥一体化设备、授粉蜂养殖箱等先进设备。

表 1-5-1 不同类型基地示范面积及示范内容

示范基地类型	核心示范情况	增产情况	示范成果内容
蔬菜类	647hm^2	667m^2 平均增产 15%～55%	蔬菜、草莓、食用菌等新品种引进、栽培模式和病虫害防治技术示范
林果、花卉类	619hm^2	667m^2 平均增产 15%～30%	核桃、枣、板栗、梨、苹果及花卉等新品种引进，高效栽培模式示范
水产养殖类	84.3hm^2	667m^2 平均增产 5%～30%	龟鳖、观赏鱼、罗非鱼等新品种引进，养殖模式示范
粮食作物类	1866.67hm^2	667m^2 平均增产 317kg	玉米、小麦新品种示范，节水、抗旱技术示范
草类	69hm^2	667m^2 平均增产 10%～15%	新品种引进，高效生产模式
蜂产业类	23250 群	667m^2 平均增产 3%～30%	蜜蜂授粉应用技术，蜂群繁殖及管理技术等
鸽子类	8024 对	年均增效 10%～12%	肉用种鸽新品种引进、养殖模式示范、疫病防治等
生猪类	1200 头	年均增效 10%～12%	基础母猪、育肥猪养殖模式示范和综合防疫技术应用
肉蛋鸡类	22.5 万只	年均增效 10%～12%	新品种引进、疫病防治技术，新型养殖模式示范

表 1-5-2 科技成果应用面积及效益情况

产业类别	直接受益农户/户	辐射带动农户/户	户均增收/元	直接增收/万元
蔬菜、水果、食用菌类种植业	3003	10182	4143.2	1344.1
畜牧、水产、授粉蜂养殖业	1140	2014	14279.8	1627.8
林果、花卉种植业	1043	2091	14697.1	1532.9
玉米小麦粮食作物种植业	1411	2405	1050.8	148.3
合计	6597	16692	34170.9	4653.1

（5）提升了一批新型农业经营主体、特色镇村发展能力

在该院科技资源帮助下，提升了龙头企业创新和研发能力，一些基地的科研及生产水平位居该区域、该市或同行前列。采取“专家工作站”方式，共同建立产业技术研发平台，增强了农民专业合作社的生产和示范带动能力。一些合作社在责任专家带动下，全面应用该院先进科技成果，促使生产技术水平快速提升，生产和示范带动能力大大增强。“双百对接”工作与延庆四海镇、顺义张镇、大兴长子营镇等特色乡镇建设工作结合，引进和示范畜禽、蔬菜、食用菌、花卉、林果等农业新品种、新技术，拓展基地产业功能、开发特色产品、延伸产业链条，推动了特色乡镇产业转型升级。积极将“双百对接”工作与“一村一品”专业村发展、低收入村帮扶工作紧密结合，截至2016年底，累计对接“一村一品”专业村34个，帮扶低收入村8个，实现了一些专业村产业的“做大做强”和低收入村产业的“从无到有”。

3. 创新之处

（1）创新运行机制

“双百对接”工程不同于以往侧重于现场技术指导、技术培训等科技服务模式，是以北京市农林科学院为主导的“一体两翼”多元协同科技服务新模式，以“短链化”“批量化”“团队化”开展科技成果示范推广工作，强调责任专家与示范基地进行“一对一”的对接，从而构建起农业科研院所、基地与农户之间的紧密联系，这种新型农业科技服务模式在服务内容上更具有创新性与科学性。

（2）创新管理机制

该院就农业科技服务工作进行了管理制度的创新，从全院层面策划和部署了“双百对接”工作，构建起由副院长牵头的院、所两级传导迅速、步调一致的组织体系和信息反馈机制。严格筛选对接基地标准，采取责任专家制，设置遴选标准，责任专家需与示范基地、责任专家所在所（中心）和科技推广处四方共同签订《“双百对接”工作任务书》，强化项目过程考核管理，制定“六个一”工作标准，将任务考核纳入年度考核工作。成立“双百对接”工作的院所（中心）两级督导制度。

（3）创新激励机制

为有效提高科技人员的工作积极性与创造性，建立了较为完善的激励机制，如在每年的“科技惠农行动计划”团队奖、个人奖及基地奖评选过程中，对参加“双百对接”的工作团队、个人给予一定程度的倾斜，并在申报资格、评审

机制等方面给予相应的优惠政策。制定“双百对接”考核评价打分指标体系，对于基地的选择较为合理、对接的内容较为实用、对接的方式较为有效、对接的效果较为显著且具备继续支持可行性的项目进行滚动支持。通过这样一些激励措施推动农业科技者以更加积极的姿态深入农业科技服务中。

（三）完善“双百对接”农业科技服务模式的几点思考

“双百对接”工作创新了科研院所开展农业科技服务模式，取得了明显的阶段性成效。通过对“双百对接”工作的梳理，结合北京农业农村工作实际，笔者进行了一定的思考。

1. 明确工作定位，完善考核制度

“双百对接”工作定位要进一步“精准化”，应聚焦于新品种、新技术、新产品的示范推广，加快农业科技在整个地区的推广速度；要明确“双百对接”持续性、长期性定位，将“双百对接”作为一项重点工作长期坚持下去。进一步完善、优化及简化“双百对接”成果考核制度，明确院、所（中心）、责任专家在工作推进过程中的责任定位，加强监督考核管理。

2. 完善基地遴选标准，探索有效扶持模式

在基地的选择上，对接基地数量不宜发展过多，要结合北京市农业产业发展分布，重点布局大兴、房山、密云、延庆、顺义、通州等主导产业区县，兼顾其他区县特色产业发展；要坚持一定的标准，基地要有一定的生产基础，有较强的科技需求，与专家之间的协调沟通良好；探索变“普惠制”扶持模式为“分级制”扶持模式，对基地扶持分层次、扶持资金有侧重。加强基地之间的横向联系。探索多个所（中心）联合开展科技对接服务的工作机制。

3. 完善专家遴选条件，打造品牌责任专家

在专家的选择上，不唯大牌，不唯领导，向 30～40 岁的中青年专家倾斜；不建议将新入职的科技人员（20～30 岁）安排为责任专家；优先鼓励和引导挂职干部承担项目。打造职业素养高、能力强的品牌责任专家，要求专家既要有专业知识，对区域主导产业发展问题和趋势有宏观把握，又能深入一线，与基层“打成一片”，且能及时总结科技示范的有效模式进行示范推广，并能将实践中面临的问题反馈到科研加以攻关，从而解决生产实际问题。

4. 完善科技服务相关机制，推动“双百对接”长效发展

拓展和升级科技推广服务机制，进一步构建和完善“综合服务试验站—专家工作站—试验示范基地”三级推广服务体系。探索“双百对接”与低收入帮

扶等社会资源的整合机制，充分发挥“双百对接”的产业扶贫功能，在对接基地选择上向低收入村倾斜。探索公益性与市场化服务有机结合的工作机制，在保证基地建设良性、可持续发展的前提下，最大限度地实现科技成果的市场价值。完善科技服务管理“三项”机制，完善专家和基地淘汰机制，进一步完善责任专家激励机制，完善基地之间、责任专家之间的信息沟通和对接成果宣传机制。

六、城乡一体化趋势下北京市农业科技服务体系建设思路

在工业化、城镇化深入发展中同步推进农业现代化，构建城乡一体化发展新格局，是北京市“十二五”时期的重要战略任务。而同步推进“三化”发展，关键是要依靠科技创新、推动农业发展方式转变和实现农业现代化。农业科技服务体系是农业科技成果转化为生产力的桥梁和纽带，是推动农村经济发展的主导力量。目前，北京市农业科技服务体系建设在管理体制、调动社会力量等方面仍存在不足，难以满足城乡一体化发展需求。为此，我们在总结北京市农业科技服务体系建设成效的基础上，深入分析了农业科技服务体系存在的问题和城乡一体化发展需求，据此提出了完善北京市农业科技服务体系的思路，供有关部门决策参考。

（一）北京市农业科技服务体系建设取得的成效

1. 坚持创新驱动和高端引领

北京市积极优化整合首都的科技、人才资源，搭建了以国家现代农业科技城为核心，以中央在京及市属农业科研院所（校）、国家农业工程技术研究中心、市级农业高新技术创新基地为基础的首都农业科技创新平台，积极推动科技创新成果服务于北京都市型现代农业和农村民生，树立了首都科技的高端引领形象。截至 2011 年底，北京地区国家级重点实验室、工程（技术）研究中心、企业技术中心等共 286 家，占全国 30% 以上。累计认定市级重点实验室、工程技术研究中心等 632 家，企业研发机构 262 家。

2. 坚持深化改革，不断完善农业技术推广体系

围绕“机构定性、职能定位，重心下移、完善机制，改革建设并重、公益经营剥离”三大重点，北京市加快公益性农业技术推广体系改革，明确公益性推广机构承担八项公益性职能，健全和完善乡（镇）级综合性服务机构，落实农业技术推广、疫病防控、农产品质量安全监管“三位一体”职能，并加大了财政对公益性服务的保障力度。从 2010 年起，北京市在全国率先推动村级全科

农技员队伍建设试点工作，分 3 批在 10 个远郊区县 39 个乡镇 1039 个村，培育了 1039 名村级全科农技员，并据此强化乡镇农业服务中心、村级服务站点和专业技术服务队伍的服务能力建设。实施了现代农业产业技术体系创新团队、国家基层农技推广体系改革示范县、院区（校）合作等服务项目，搭建了现代农业技术成果应用和转化的快速通道。

3. 坚持城乡资源互动，引导农业科技用于农村民生

北京农业科技还面向农村民生需求，在新农村建设、生态环境保护、村镇规划、农村住宅、饮水安全、农民健康等更广阔的领域发挥作用。架起城乡科技桥梁，将新能源、农村废弃物处理和资源化利用、农村信息化等关键技术输送到农村，用以改善农民的生产生活条件。实施了多项科技支撑农村生态环境建设工程，推进了循环农业、有机农业、绿化美化等技术的转化和应用，打造了生产清洁、消费友好、环境优美的村民宜居家园。

4. 加快农业科技信息化、市场化建设

流通是科技应用的出口。农产品流通是农业产业链中的重要环节，应用农业信息技术可加速农产品的流通速度。近年来，北京市实施了推进郊区信息化的“燎原行动计划”“221 行动计划”信息平台建设、农村综合信息服务体系建设、农村信息化 2008—2010 年实施规划等专项工程，农村信息化基础设施大为改观。北京移动农网、北京农村管理信息系统、北京农产品市场信息服务系统、北京农业科技信息服务系统、北京农村供水信息管理系统、北京郊区投资平台、北京乡村旅游网、12316“三农”服务热线和农业资源管理决策等应用系统在农业社会化服务体系中发挥了重要作用。

（二）城乡一体化趋势下农业科技服务发展动向分析

1. 提升农业科技创新和服务能力

在北京市农业科技推广体系中，市、区（县）级组织比较健全，但还存在体制不顺、经费尚未得到足额保障、基层服务站点薄弱、专业队伍服务能力不强等问题。在新近改革中，北京市各区（县）都相继成立了农业局，原有农业服务中心也依然保留。但区（县）农业局与农业服务中心职能交叉，存在有权无责、有责无权的问题；各乡镇政府都建立了农技推广服务机构，但存在多头领导、外聘人员混岗混编的现象。部分区（县）和乡镇农技推广机构中，差额拨款或自收自支单位占比较多，公共服务经费没有得到充分保障，部分专业技术人员不得不把精力致力于创收，从而影响了推广工作的开展。一些乡镇农技

服务机构办公场所破旧，科技设施和仪器装备陈旧、老化，没有相对固定的试验示范基地，不能完全满足新品种、新技术推广的要求。乡镇级服务机构存在编制—岗位—人员“脱臼”现象。人员流动性大，缺乏高素质专业人才。

“十二五”是北京市实现城乡一体化发展的重要时期，农业的功能、农民的观念、农村的环境都将发生深刻的变化。都市型现代农业发展面临着自然资源匮乏、环境污染严重、生产成本高、区域发展水平存在落差等一系列问题。只有充分发挥北京市的自身优势，加大农业科技创新力度，才能突破资源环境约束，解决污染重、成本高、不平衡等问题，才能适应北京市人民生产生活方式转型和消费结构升级的需求，真正发挥对城乡一体化的保障和推动作用。

2. 统筹协调多元化农业经营主体

截至 2011 年底，北京市共有各类农民专业合作组织 4800 个，从事农业生产经营活动的农业企业 3000 余家。其中，农产品生产、加工、运销企业 368 家，国家级、市级产业化龙头企业 74 家。虽然北京市社会资源丰厚，但是这些资源参与农业社会化服务的层次较低，力量较弱。社会化服务组织“小”“散”“低”的问题比较突出，且合作组织运行依靠企业、经营大户、政府扶持的多，能独立拥有自己的加工销售企业、开展产供销一体化服务、有组织地开展批量采购活动、创建自己的品牌、有市场影响力的少。因此，需要建立全市部门联动机制，整合资源，出台鼓励社会力量参与农业社会化服务的政策。

3. 打通农业信息和产品流通渠道

尽管北京的农业信息服务体系建设走在全国前列，但农业信息服务还存在着传输渠道不畅、信息资源利用率低等问题。从信息源来看，农业信息采集的标准化、规范化程度不高，信息资源发布渠道缺乏合理的整合和规范，信息的针对性、时效性、准确性难以保证。从传输渠道来看，北京农村信息化基础设施薄弱，农民文化水平不高，农业生产组织化、规模化、标准化程度低，制约着农业科技信息发挥有效作用。农业科技人员对农产品市场信息传输、营销技术的开发等重视程度不够，而农民作为科技的需求者，最为关切的是其生产的产品如何销售、从什么渠道获取市场信息。只有将农民生产的产品卖掉且价钱好，才能激发其采用科技的欲望和积极性。目前，对农民的科技服务领域还比较窄，重点放在产中环节，对于产前生产资料的采购和供应，以及产后的农产品贮藏、保鲜、加工和销售等配套服务比较缺乏。因此，加强农业信息化体系、农产品流通体系建设，促进市场信息传递，提高防范市场风险的能力是当前农业科技发展中必须重视的问题。

（三）北京市农业科技服务体系建设思路

1. 加强农业科技创新源头建设

（1）加快国家现代农业科技城建设

围绕现代农业建设重大战略需求，以农业科技高端研发和高端服务为核心，加快推进国家现代农业科技城建设。集成并制定促进农业科技城发展的配套政策，推进相关政策在农业科技城先行先试，深化探索股权激励、科技金融、农产品期货交易、农业技术交易、产权交易、代办股份转让系统、企业上市等改革试点。强化国家现代农业科技城建设的科技投入，支持符合科技城建设方向的科技项目，通过科技城把企业、高校、科研单位联系起来，把首都引领与全国农业农村发展联系起来，探索科技创新引领现代农业发展的路子。

（2）加强农业关键技术研发

大力培育优质、高产、安全的农作物新品种和健康、专用的动物新品种，重点推广新品种使用、耕地保护与节约利用、减灾增效、节水灌溉、动植物重大病虫害防控等关键性农业技术，并促进产业融合。加快研究农民最迫切、与农民生产生活直接相关的科技，如“从田间到餐桌”全过程技术的集成与应用，农村住宅、生产生活废弃物处理和循环利用等关键技术，以及在农村社区发展中应用的可再生能源技术。

2. 完善公益性农业科技服务体系

（1）理顺公益性农技推广体系

深刻认识农业科技的公共性、基础性、社会性的重要内涵，理顺公益性农技推广体系，充分发挥农业科技服务体系的公益性职责。本着“权责一致、分工合理”的原则，进一步明确理顺区（县）农委、农业局、农业服务中心的行政管理和技术服务职能。继续建好乡镇农业综合服务中心，根据各镇的农业面积、农业人口等情况，合理配置专职技术人员，编制纳入镇级农服中心。逐步实行人员准入制度，通过严格的选拔机制，逐步扩充基层特别是乡镇农业科技服务队伍。

（2）提高专业人员素质

一是推进村级全科农技人员工作。力争在 10 个远郊区县实现全覆盖。强化区（县）主体监管责任，加强选聘、上岗、任用、服务、考核、培训等环节管理，以确保区（县）、乡两级农技推广人员的专职化，保证其主要精力用于科技推广服务等公益性工作，避免出现“断层”。二是改革评聘办法。坚持公开公平公正原则，考试与考核相结合，竞争上岗，择优聘用，在各区县、乡镇农技站（中心）及与农业生产有关的局直属技术人员中产生。三是规范管理办法。鼓励区县将考评结果与个人绩效补贴挂钩，加快建立能上能下、能进能出的动态服务机制，充分调动基层农技人员的积极性。采取不定期的实用技能培训和中长期综合素质培训相结合的方式，不断提高农技人员的专业技术水平和服务意识。

（3）增加推广经费投入

坚持农业推广机构的公益性和主体地位，保障公益性农技推广机构运行必要的经费来源。重点支持现代农业产业技术体系建设、农业新技术、新品种试验示范基地建设、农业技术推广人员知识更新培训及农民生产技能培训等工作。切实提高农技推广人员的待遇水平，落实工作倾斜和绩效工资政策，提升推广人员工作的积极主动性。适度提高区（县）财政用于农业科技服务体系的基础设施建设的比例。选择一批重点乡镇或中心区域站，重点支持其设施设备、交通工具等设施建设，扶持一批示范展示效果好、运行管理模式新、“产学研”一体化、地点相对固定的科技示范基地和实训基地。

3. 引导社会力量参与农业科技服务

（1）加快农业科研体制改革

理顺农业科研、教学、推广和生产的关系，有效整合科技资源，建立大联合、大协作的机制。研究制定北京市院（校）区合作促进办法、农业科技成果转化促进办法，促进科研院校农业科技成果转化及其与郊区农业生产、经营等领域中合作工作的进一步开展。设立“公益性科研院所基本科研业务费专项”，对具有重要应用前景和重大公益性的农业科研项目，建立起一种长期稳定的科研经费投入机制。要完善农业科研立项机制和评价机制，扭转高校“重研轻推”的风气，建立科学的绩效考核制度，根据科研和技术推广人员不同的研究领域、研究层次、研究项目等实际情况确定评估维度，以发挥各类农技推广人员的积极性。

（2）加快农民合作组织建设

按照《中华人民共和国农民专业合作社法》要求，继续完善农民合作组织组织章程、组织机构的建设，推动和扶持“五有”品牌农民专业合作组织的发展。以流通合作为主导，专业性和综合性多形式共同发展，满足农民在农业产前、产中、产后各环节的技术、信息等服务需求。鼓励和支持农民专业合作组织进一步向企业化经营方向发展。围绕主导产业，鼓励和支持建立产业联合社。发挥农业公益型服务机构的指导和引导作用。农业行政主管部门适当选派干部领办农业专业合作组织，并充分发挥农业专家指导组和辅导员队伍的作用，加强对农民办社的指导、培训和服务，提高合作社管理人员素质。

4. 扩大现代农业生产经营规模

（1）扩大科技示范基地规模

在统筹城乡发展上必须不断推动第二、第三产业的发展，大力引导农民向非农产业转移，企业向园区发展，人口向城镇集聚，土地向规模农户集中。按照自愿有偿的原则，完善土地承包经营权的流转管理和服务。以区域特色产业或产品为基础，推动土地使用权向种植能手、农业科技人员、农业企业、农民专业合作社等主体流转，提高基地的专业化、标准化、集约化、规模化水平。通过新品种、新技术的引进、示范和推广，充分发挥农业科技示范园区的示范和辐射作用。

（2）发挥产业化龙头企业作用

以提高带动力和竞争力为目标，加大对精深加工、食品加工和外向型农业龙头企业的扶持力度，提高企业的科技创新和新产品开发能力，促进农产品加工企业从量的扩张向质的提高转变。由骨干企业牵头，加快行业协会建设，充分发挥行业协会的服务、自律、协调等职能，努力形成行业内部分工协作、相互促进的有机整体，以整体优势提高企业对农户的带动能力。

5. 建立信息和物流通道

（1）搭建农业信息化服务平台

加快北京市的农业信息资源建设与整合，促进信息资源的互通、互联和共享，用信息化推进农业现代化。充分利用广播、电视、网络等现代传媒开展技术服务，发挥“12316”、手机短信、远程教育等现代化服务手段，着力提升信息的有效性、多样性、综合性服务水平。组建以合作组织、种养大户、运销大户为主体的信息员服务队伍，向农民及时传递各类信息。有条件的专业合作社和企业应建设农产品市场信息系统，规模大、带动能力强的重点龙头企业，可逐步推广数字终端设备、条码技术、电子标签技术等新技术。

（2）加强农产品流通体系建设

重点培育一批具有较强市场经营能力的贸易流通型龙头企业和中介服务组织，推动城镇社区、批发市场、超市与郊区农产品标准化生产示范基地、农民专业合作组织的对接。加强市场配套建设，完善仓储、保鲜、运输、检测、信息服务等功能，增强市场的聚集和辐射能力，畅通农产品进入市场的渠道。

七、产业融合趋势下北京农业科技服务体系建设思路

在“十二五”期间，资源约束、国内外环境压力不断增强，我国农业生产面临巨大挑战，保持农产品供求平衡的任务将更加艰巨。农业科技服务体系是农业科研成果转化为现实生产力的桥梁，是联系科研、教育及生产的纽带，是促进科技进步、增强综合生产能力、实现农业现代化的重要依托。因此，建立和完善现代农业科技服务体系，提高其服务于农业的能力和水平，将对加快推进现代农业建设、不断提高农业现代化水平和综合生产能力具有重要意义。随着都市型农业的快速推进，北京市坚持以现代服务业引领现代农业发展，加快推进科技创新、公益型农业科技推广机构改革、社会化主体培育等工作，都取得了显著成效。然而，基层农技推广组织薄弱、区域发展不平衡以及社会化程度低等问题依然存在。因此，加快农业科技服务体系建设，着力构建与都市型现代农业发展结构相匹配、功能相协调、体制机制相适应的新型农技推广服务体系迫在眉睫。综观国内学术界的研究，多数侧重于研究体系内部问题，探索解决农业科技服务体系的体制障碍和创新路径问题，没有更好地揭示科技服务体系促进现代农业发展的内在动力和路径。在工业化、信息化、城镇化深入发展中同步推进农业现代化背景下，现代农业是一种全新的农业发展模式，是一种城乡融合，由第一产业不断向第二、第三产业渗透的复合型产业，其中，产业融合是农业现代发展的重要驱动力，促使农业产业结构、农业经营体系、农业功能拓展等方面发生着巨大变化。农业科技服务体系建设不再仅局限于体系内部建设问题，而是要与现代农业融合发展内在趋势相结合，与之相适应的调整和变化。基于此，本文在调研基础上，总结了北京农业科技服务体系建设的经验与问题，并根据现代农业产业融合发展的趋势及要求，提出了完善北京农业科技服务体系建设的思路，供有关部门决策参考。

（一）当前北京农业科技服务体系的主要特征

1. 公益性农技推广网络脉络清晰

为切实改进乡镇级推广力量薄弱的状况，按照市政府“机构定性、职能定

位，重心下移、建好新机制，改革建设并重、公益经营剥离”的部署，与乡镇政府综合改革相衔接，稳步推进基层农技推广体系改革和建设。截至2011年末，全市建立健全了155个农业乡镇的农业（农林）综合服务中心，赋予其农技推广、疫病防控、农产品质量安全“三位一体”的公共服务职能定位，市、县、乡三级农技推广体系得到健全。与此同时，围绕郊区的优势主导产业，体系还完善了人员公开竞聘制、农技推广服务团队包村联户责任制、以农民满意度为核心的绩效考评制、基层农技人员和全科农技员定期培训制等。通过此改革，首先，明确了公益性岗位的8项职能、合理设置了推广机构、专业人员已基本到位。其次，为使农技推广体系延伸至村，自2010年开始，北京市分4批累计在10个区县、93个试点乡镇，选聘出2172名村级全科农技员，为全市77.2%的农村开展技术指导和信息传递，以农民最易接受的方式、最便捷的途径和最快的速度，帮助农民解决生产过程中的技术难题，96.5%的村民对服务内容和效果表示满意。最后，为增强体系活力，北京市还采取了项目扶持、政府购买服务、农民技术员补贴、地方配套资金等措施，以局院合作、科技示范园区建设、农资连锁配送、科技套餐、“1+1+X”、院区（县）合作等公益性推广项目为依托，引导和调动在京农业科研院校、农民专业合作社、涉农企业、国际合作单位等其他多元服务主体开展科技示范和推广服务。在政府引导下，这些经营性服务主体之间通过横向联系、沟通协调，拓宽了推广网络服务领域，成为体系内推动科技成果产业化和第一、第二、第三产业融合发展的一支重要力量。

2. 保障水平有效提高

为确保科技服务体系顺畅运转，市各级财政、发改、科技等部门进一步加大履行公益性所需经费的投入。经改革核查认定，到2011年底，全市有93.5%的基层农技推广机构纳入了全额拨款事业单位，人员经费100%财政拨款，农技人员收入有较大提高，2/3的乡（镇）农技推广机构有一定工作经费，乡镇农技推广机构专业技术人员人均月收入2800元，比全国乡（镇）级平均收入高8.9%，但比上海低1200元；实施了大兴、密云、房山、延庆4个国家级示范县建设，落实了10个远郊区县基层农技部推广体系补助项目和149个乡镇条件建设项目，区县、乡镇还建立了村级农业综合服务站点，村级全科农技员配备了手机等设备，农技推广体系的基础设施建设进程得到加快，“两覆盖、一衔接”取得明显进展。

3. 服务模式不断创新

以支撑与服务农业产业为重点，以提高效能为目标，以优化运行机制为动力，以科技项目为载体，推动服务模式创新。一是依托国家现代农业科技城，在农产品加工、食品安全、籽种产业、设施农业、农村水环境治理等领域北京市组建了10个科技服务联盟，整合技术创新链上、中、下游资源和各类社会主体，形成了企业牵头的“产学研用”一体化技术创新体系，实现了研发、转化和产业发展的紧密衔接。二是依托科技入户示范工程和基层农技示范县建设，在郊区的12个优势主导产业上，构建了“首席专家+岗位技术指导员+全科农技员、科技示范户”的包村联户技术责任制，集成专家、岗位技术指导员538名，开展划区包片、定岗定责、签约服务。三是凝聚科技创新与推广资源，组建8支产业技术体系创新团队，集成“产学研”专家404名，打造以产品为单元，从产地到餐桌、从生产到消费、从研发到市场的技术和产品服务链条。四是通过推广农民田间学校，形成以农民为中心、以田间为课堂，以参与式推广方式为特征的农民培训培养模式。实际开办学校800所，培养农民学员2万余人，培养农民乡土专家、科技示范户、技术带头人5000余人。此外，阳光工程、科技惠农工程、农村远程教育工程、设施农业骨干农民培训工程“走出去、请进来”“你方唱罢我登场”等，科技资源源源不断到村入户，公共服务普及程度全国领先。

（二）北京农业科技服务体系建设面临的问题

1. 体系管理还不规范

目前，北京基层科技服务体系在涉及管理体制层面没有大的突破，乡镇级农技推广机构100%实行以乡镇政府管理为主的管理体制，区县农业主管部门对其人财物管理和行业技术指导作用发挥还不充分；机构内部原有职能交叉、有权无责、有责无权，农技人员承担与职能任务不符的情况仍不同程度存在。特别是，因机构内部管理不规范，进人不严、岗位职责不清、人员在编不在岗、混岗混编等问题比较严重，影响了专业服务队伍的结构和质量。

2. 与新型生产经营主体结合还不紧密

当前，北京市农技推广部门，与科研、教学等单位间，缺乏长效合作机制，无法充分共享科技资源，展开全面合作；与新型生产经营主体间，规模化、集约化服务需求的对接、响应机制不畅，对关键生产环节的技术服务能力不足、水平不高；与龙头企业、农民专业合作社和其他市场化服务主体间，尚未建立紧密的利益合作机制，协同联合渠道不畅，难以形成高效的技术服务链条。

3. 支撑履行公益服务职能基础还不强

根据调查，现行部分基层农技推广机构的公益性职能和经营性服务尚未完全剥离，20%的农技人员工资来源中有经营性收入；农技人员工资收入不够均衡，82%的调查样本月均工资性收入水平比其他同级事业单位偏低，个别地区的医生或教师工资收入比同级别的人员低30%左右；工作条件相对较差，普遍缺乏综合服务大厅、推广专用车辆和相对固定的示范基地等基础设施。仪器装备缺少固定放置地点和日常运行费用，用于疫病防控，农产品质量安全检验、检测的设备还比较欠缺。

4. 农业信息和流通服务能力有待增强

研究表明，现代信息技术是推动产业融合的重要技术力量，而市场需求扩大是产业融合的外部推动力。作为科技的需求者，农民最为关切的是所生产的产品如何销售、从什么渠道获取市场信息。只有将其生产的产品以好价钱卖掉，才能激发农民利用科技的欲望和积极性。尽管北京农业信息服务体系建设走在全国前列，但农业信息服务还存在着传输渠道不畅、信息资源利用率低等问题，流通服务体系建设也存在基础薄弱、龙头企业和农民的关联度不强、农产品产地市场建设投入不足等问题。因此，强化农业信息化体系、农产品流通体系建设，促进市场信息传递、产品流通和产业间融合是当前农业科技发展必须重视的一个问题。

（三）产业融合趋势下北京农业科技服务体系建设的思路

产业融合是高新技术及其产业作用于传统产业，使得两种产业或多种产业融为一体的产业新范式。在现代农业的建设过程中，科技进步是农业实现功能拓展和产业结构升级的重要途径。针对现代农业发展需求，综合分析农业科技推广体系发展现状，未来一段时期体系建设应确立以下观点：一是理念上，贯彻落实以“现代服务业引领现代农业、强化科技与服务结合”的全新理念，促进科技服务与现代农业有效融合。二是定位上，构建由政府主导的农业科技推广体系，以保护农业和农民利益。同时，为应对现代农业产业链条延伸和多功能拓展变化，应继续坚持构建以政府公益性机构服务为主体，多元化经营性组织服务为补充，专项服务与综合服务相互协调的新型农业科技推广体系，以促进农业科技服务链条的延伸和拓展。三是重点解决三个问题。研究表明，技术创新和参与主体间的协同竞争是推动现代农业融合发展的内在动力。围绕现代农业融合发展这一要求，服务体系建设应重点解决三个问题：农技推广“最后一公里”的问题；农业科技和生产发展“两张皮”的问题；农业科技资源协同不够、科研院所改革不够、企业创新能力不够的“三不够”的问题。具体工作思路如下。

1. 抓基层

基层农业技术推广队伍是农业技术推广的中坚力量。继续坚持健全机构、明确职能、理顺体制、优化队伍方向、深化改革，提高公益农业技术服务覆盖面的同时，推动科技服务从数量向质量转变。

2. 抓基础

基础设施和条件建设是提高农业技术推广能力的保障。继续加大财政保障力度，并争取地方建设配套资金和相关配套政策，将乡镇、村级农业技术服务的基础条件、人员待遇等提到一个新的水平。

3. 抓手段

创新推广方式和服务手段，有效提高农业技术推广效率。充分利用现代信息、资源传播手段，整合相关资源，搭建乡村农业综合服务平台，促进基层农技推广机构综合服务能力和效率的提升。

4. 抓协同

多元农业经营服务主体是公益型农技推广队伍的有益补充。发挥政府的主导作用和桥梁作用，打破部门、区域、学科界限，有效整合科技资源、创新推广方式，提高“产学研”、“农科教”、企业与大学和科研机构协同作战水平。

（四）推进北京农业科技服务体系建设的几点建议

1. 坚持政府主导，注重完善功能，巩固扩大公益性服务体系改革成果

（1）规范管理，提升软实力

本着“权责一致、分工合理”的原则，进一步明确理顺区（县）农委、农业局、农业服务中心的行政管理和技术服务职能。乡镇站按照辖区内农业产业需要和各产业规模比重，有针对性设置岗位。对编制缺额的乡镇农技推广机构，按专业对口，足额配备人员。乡镇专业技术人员实行人员编制实名制管理。严禁基层农业技术推广机构存在人员在编不在岗，或借调到其他单位和岗位现象。有条件的地方探索实行“管理在县，服务在乡”的体制，即乡镇农技人员的配置、调整以县为主，经费全额纳入财政预算，工作落实在乡镇，确保乡镇农技人员有足够的精力履行好为农服务职责。建议将农技推广经费、农业技术推广

人员知识更新培训及农民生产技能培训所需经费列入区（县）财政预算。同时，还要切实提高农技推广人员待遇水平，落实工作倾斜和绩效工资政策，填平补齐与同类事业单位人员收入差距。全面推进农技推广责任制度的组织、责任、保障、培训、考核激励、技术支持和项目实施管理等七大机制建设，培育“一专多能型”农技推广服务人才。

（2）优化人员配置，完善绩效考评机制

为解决“两高一低”问题，要不断创新人才培养机制，选拔农业科技人才。开展农技推广服务“特岗计划”试点，积极引导高等学校涉农专业毕业生投身乡镇农业公共服务工作。实施“千名农业科技人才培养工程”，分行业、分领域、分批次开展各级农技人员知识更新培育和学历教育。建立健全科学合理的绩效考评和考核体系，实行区（县）主管部门、乡镇政府和服务对象三方共同考核一线农业技术人员的机制，将农技推广人员的工作量和进村入户推广技术的实绩作为主要考核指标，将农民群众的评价作为重要的考核内容，量化、细化考核指标，严格工作业绩考核，形成长效机制，对连续两年考核不合格人员，不得继续聘用。坚持按效率优先、兼顾公平的原则，逐步建立起重实绩、重贡献，向优秀人才和关键岗位倾斜，形式多样、灵活自主的分配激励机制。

（3）提升标准，强化硬件支撑

提升基层农技重点乡镇或中心区域站建设标准，基本仪器设备和办公设备满足工作需要。按技术推广与服务规模安排农业新技术、新品种试验示范等专项工作经费，支持其设施设备、交通工具、现代化综合服务手段等改善。选择一批重点乡镇或中心区域站，重点扶持一批示范展示效果好、运行管理模式新、“产学研”一体化、地点相对固定的农业新技术、新品种试验示范基地。加大区级推广机构科研项目经费投入，努力营造农业技术人员潜心研究的政策环境。

2. 坚持深化科研体制改革，注重“产学研”联合，推动科技服务联盟建设

（1）推动科技城科技服务联盟建设

继续推进北京国家现代农业科技城建设工作，落实科技部“一城两区百园”建设工作部署，完善北京与山东省、陕西省政策联动与资源共享机制，并根据现代农业功能、演变规律及发展趋势，研究总结农科城科技服务联盟在伙伴选择、运行管理、利益分配与风险分担机制等方面的建设经验，实现首都科技服务联盟与产业发展的紧密结合。

（2）深化农业科研体制改革

基于都市型现代农业发展需求，建立农村实用技术普及推广专项经费，完

善科研与推广并重的绩效考核机制，根据科研和技术推广人员不同的研究领域、研究层次、研究项目等实际情况确定评估维度。进一步扩大农业推广教授（研究员）制度实施范围，将研究职称评价指标的设置向一线人员倾斜，向创新人才倾斜，向农村实用人才倾斜。

（3）建立产业创新体系

继续以产业为主线、产品为单元，完善科技与产业创新体系有机结合的协同创新机制，做好产业创新团队的建设工作。紧密联合科研院所，继续推进农民田间学校、农业科技入户示范工程、现代农业示范园区、科技套餐工程、阳光工程培训等产业体系建设工程，并针对首都现代农业发展、生态文明、新农村建设和改善民生等各方面发展要求，研究促进在京的企业、科研院所、高等院校、科技服务机构之间资源、信息、服务的有效融合机制。

3. 坚持市场驱动，强化主体带动功能，着力推动市场化服务蓬勃发展

（1）推动农产品市场体系建设

积极推动城镇社区、批发市场、超市与郊区农产品标准化生产示范基地、农民专业合作组织的直供机制建设，按照流通环节的不同分工和区位差异，分类培育一批专业化的企业、购销组织、经纪人等农产品流通主体。加强市场的配套建设，完善仓储、保鲜、运输、检测、信息服务等功能，增强市场的聚集和辐射能力，畅通农产品进入市场的渠道。同时，进一步优化北京现代农业信息服务体系数据共享模式，促进信息资源的互通、互联和共享。充分利用广播、电视、网络等现代媒体开展技术服务，采取手机短信、远程教育等现代化服务手段，着力提升信息的有效性、多样性、综合性服务水平。

（2）以农业企业为主，培育农业产业化骨干

以区域特色产业或产品为基础，推动土地使用权向种植能手、农业企业集中，提高农业科技示范基地的农业集约化、专业化、组织化、社会化水平。加大对精深加工、食品加工和外向型企业的扶持力度，提高科技创新和新产品开发的能力，促进农产品加工企业从量的扩张向质的提高转变。建立健全“农户+农业企业”“农户+农民专业合作社+农业企业”利益联结机制，由骨干企业牵头，建设内部分工协作、相互促进的行业协会，充分发挥行业协会的服务、自律、协调等职能，以整体优势，提高企业对农户的带动能力。

（3）围绕区域主导产业，加快农民合作组织建设

以提高农民自我服务和带动服务的组织化程度、产业化水平为目标，加快提升发展多种形式的农民专业合作社。按照《中华人民共和国农民专业合作社

法》等文件要求，完善农民合作组织章程和组织机构的建设，推动和扶持“五有”品牌农民专业合作组织发展。以流通合作为主导，完善运行机制，推动专业性和综合性多形式共同发展，满足农民在农业产前、产中、产后各环节的技术、信息等服务需求。围绕主导产业，鼓励和支持建立产业联合社。充分发挥农业公益型服务机构的指导和引导作用，加强对农民办社的指导、培训和服务，提高合作社管理人员素质。

4. 坚持统筹结合，注重协作协同，增强体系建设保障能力

（1）统筹安排，加强领导

有关部门要增强大局意识，相互配合，统筹协调，共同推进农业科技服务体系改革与建设工作。进一步贯彻落实农业部办公厅、财政部办公厅《关于印发〈2012年基层农业技术推广体系改革与建设实施指导意见〉的通知》的有关精神，结合北京市都市型现代农业发展要求，以满足农民的科技需求为出发点，以服务农民的成效为检验标准，通过明确职能、理顺体制、优化布局、加强队伍、充实一线、创新机制，健全完善运行高效、服务到位、支撑有力、农民满意的基层科技服务体系。

（2）协作协同，加大执法检查

重点组织好对新修订《农业技术推广法》的学习培训，广泛宣传其重要意义和规定要求；人大、农业、编办、人事、发改、科委、财政等部门，每年度联合开展郊区县《农业技术推广法》执法情况检查，检查内容包括区（县）、乡（镇）政府农技推广资金财政预算内保障、队伍建设、基础设施设备建设配备、专业技术人员工资待遇和工作条件情况、农技推广项目执行情况等，针对执法检查中发现的问题，抓紧研究制订针对性改进措施。抓紧启动《农业技术推广法》实施办法的制修订工作。

（3）加大投入，切实保障履行公益性职能所需资金

当前应重点抓好“两覆盖、一衔接”等重大政策落实，进一步完善相关经费投入长效机制，切实提高农技推广投入保障水平。区（县）财政要将区县、乡镇两级公益性农技推广机构人员经费、履行职能所需经费和机构运转经费纳入本级财政预算，并切实予以保证。市级财政在预算内保障本级推广机构公益性职能履行所需资金的同时，科技资金和支农资金要进一步加大对农业科技成果转化和农业技术推广工作的支持力度。

八、北京市蔬菜产业社会化服务发展成效、问题与提升路径

我国蔬菜生产主体现阶段仍以散户为主，老龄化程度高，专业化蔬菜供给链、农资供应链、产品流通链、技术服务等各环节割裂，严重制约蔬菜产业的发展（王东红，2011；陈玛琳等，2022）。近年来，粮食作物的农业社会化服务发展已经相对成熟，而蔬菜产业的农业社会化服务一直面临服务主体与生产经营主体连接不紧密、组织化交易成本高、市场化供给主体少等瓶颈问题。蔬菜的生产方式和栽培特点复杂，种类繁多，对栽培条件要求高，需要精耕细作，绝大多数需育苗、保护地栽培和采后处理，即使是同样的品种和土壤，施用相同的农业投入品，最终的产量、品质也可能差别巨大，所以与粮食作物相比，好的农业社会化服务对蔬菜产量和品质提升的影响更加显著。

2022 年“中央一号”文件指出，要稳定大中城市常年菜地保有量，提高蔬菜应急保供能力。对标中央要求，当前北京常年菜地保有量、“菜篮子”自给率和控制率形势都比较严峻，全市菜地面积、蔬菜播种面积、蔬菜总产量已连续多年下降，其中自给率由 1993 年的 90%以上，下降到 2021 年的不足两成。2020 年，北京全市从事蔬菜生产的区有 13 个、乡镇 151 个、村 2089 个，设施农业 1000 亩以上的乡镇 45 个、3000 亩以上的乡镇 20 个、5000 亩以上的乡镇 11 个。虽然北京蔬菜种植范围较大，但是面对庞大的人口基数，保障首都特大城市蔬菜自给能力的压力依然很大。

为了保障和丰富首都“菜篮子”供应、促进农民就业和持续增收，按照“保面积、保产量、重科技”的发展原则，根据《北京市高效设施蔬菜产业集群建设方案》要求，到 2022 年底全市蔬菜播种面积要恢复到 54 万亩以上、蔬菜产量恢复到 90 万吨以上，力争到 2025 年蔬菜自给率达到 20%。未来一段时期，随着北京蔬菜产业平均规模增大、商品属性增强，蔬菜产业各环节专业性要求也随之增加，而农户及新型经营主体财力、能力、精力有限，难以独立应对。针对这一问题，亟须发展专门针对蔬菜产业的农业社会化服务，把一家一户小菜农干不了、干不好、干不起来、不划算的生产环节集中起来，统一委托给服

务主体完成。通过服务主体的聚合作用，可以有效整合土地、资本、劳动力、科技等现代农业要素，将先进适用的农业生产技术、农业生产装备、经营组织方式等现代生产要素导入蔬菜产业，推进蔬菜生产过程的社会化、专业化、标准化、集约化。

针对以上问题和需求，“首都特色新型农业社会化服务体系建设”课题组于2021年3—12月在北京市开展调查，并从以下三个方面获得所需数据和资料。一是从政府层面了解北京农业社会化服务发展历程、面临的问题及未来发展方向，涉及北京市农业农村局、北京市农业技术推广站、北京市种子管理站、北京市植物保护站等部门。二是深入了解服务供给主体的服务开展情况，对服务主体的利润情况、服务主体所服务农户的满足度和蔬菜种植节本增效情况进行对比分析，根据《农业农村部办公厅关于全国农业社会化服务创新试点单位的批复》（农办经〔2021〕15号），重点走访了平谷和通州两个试点县。三是采取电话、微信咨询等方式，对北京市蔬菜生产面积较大的大兴、房山、顺义、昌平的40名蔬菜种植户进行“一对一”访谈，了解蔬菜种植户通过哪些方式获得过哪种服务、还需要哪些服务、为什么需要这些服务、现在面临的主要问题是什么，等等。

（一）北京蔬菜产业社会化服务发展成效

1. 籽种繁育、农资供给和肥药技术服务

一是集约化育苗示范场建设初具规模。北京探索建立了“工厂化育苗+农户”的经营方式，由农业产业化龙头企业建立工厂化优质种苗生产基地，然后向本市及外埠蔬菜种植主体统一供应，进而从源头建立符合供给侧改革需求的优质产品结构，把控源头种苗品质。从北京全市范围来看，2021年有蔬菜育苗场98家，其中育苗规模500万株以上的11家；全市育苗产量为3.07亿株，其中果菜类蔬菜1.0亿株，花菜类及叶菜类蔬菜约有1.05亿株，其他蔬菜0.3亿株。从分布区域来看，大兴、顺义、通州等蔬菜主要种植区育苗量远远大于其他区。据不完全统计，大兴区有育苗场22家，年育苗量9237.46万株；顺义区有育苗场16家，年育苗量4500万株；通州区有育苗场5家，年育苗量4000万株。

二是“首都农资”连锁服务品牌初步建立。北京基本建成以供销社系统“首都农资”连锁服务为主体、以邮政系统和技术推广站为辅助的农资服务格局，形成市、区、镇村三级互相贯通的紧密型农资连锁经营网络。截至2020年，“首都农资”连锁服务有1家物流配送交易中心，10家分销配送中心，616

家基层农资连锁店和直供农业园区。“首都农资”连锁服务体系年均供应北京各类农资商品约5000万元，累计供应农资商品约2.5亿元。通过建立农药和肥料连锁经营、区域性集中配送、线上线下结合的供应模式，满足了农民的农资需求，也从源头确保了农资质量。通过市级“中心”农资电子商务平台的成功运作，利用网上订货，线下直供配送，实现了传统农资交易方式的升级和功能创新，规范了农资产品经营，农资供应服务从传统的单一销售服务向配送、施用技术指导直至废弃物回收、资源化利用等全链条服务发展。

三是土肥植保联合开展肥药技术服务。北京市耕地建设保护中心和北京市植物保护站共同探索土肥植保社会化服务模式，针对北运河上游小流域内存在的肥药问题，研发优化了基于土壤肥力分级的氮磷养分综合管理、简易基质栽培水肥高效利用、环境友好型肥料一次性底施、设施土壤氮磷淋溶阻控、优化耕作制度、智慧植保1.0、蜜蜂授粉、全程绿控融合、天敌昆虫防治害虫等一系列化肥减量与化学农药减量技术。社会化服务组织在市区两级土肥植保技术部门的指导和培训下，开展改土、定期施肥打药、预防监测、巡棚预警、突发情况处理、调查统计和预案修订等工作。最终由社会化服务组织与园区共同完成样本保存与效果评定，并向市区两级土肥植保技术部门提交报告与用户满意度调查结果。较园区传统施肥施药处理，社会化服务的作物667平方米平均节肥3.72千克、节药84.4克、增加成本785元、增效1209元。

2. 绿色生产、病害防控和废弃物处理服务

一是通过技物结合，加快绿色高产高效技术推广。北京持续推进设施蔬菜有机肥替代化肥示范区创建，积极对低毒、绿色农资新产品进行推广，有计划地推广复合、有机、生态肥和高效农药、功能膜等适合都市农业的农资产品，聚焦复合肥、生物有机肥、低残留农药、多功能农膜等重点产品。按照农业农村部有机肥替代化肥试点工作要求，在顺义区开展试点任务，通过建立的“大循环+小循环”的养分资源循环利用模式，以及以“有机肥+水肥一体化”和“有机肥+微生物菌剂+配方肥”为主的水肥高效利用技术模式，建立1万亩示范基地，共打造绿色、特色、知名品牌蔬菜产品基地31家。

二是通过多元化运作，加强蔬菜病虫害防控公益性服务。公益性组织架构由政府主导，并通过植物疫情监测点、绿色防控技术示范基地向村级服务延伸。为鼓励社会化服务组织开展专业化、规范化的蔬菜病虫害防控服务，北京采取政府购买服务的方式，自2018年开始，在顺义、平谷等7个区按照“政府引导、市场运作、双向选择、专业服务”的工作思路，将统防统治与绿色防控相

融合，引导蔬菜植保社会化组织开展专业化服务，总示范面积 1.175 万亩。截至 2020 年，北京共有各类植保专业化服务组织 69 家，从业人员达 1150 余人，喷杆喷雾机、常温烟雾机等高效植保机械 939 台，日作业能力约 10 万亩，服务能力覆盖全市。另外，具有植保专业化服务性质的各类组织（包括大型蔬菜园区、农民专业合作社等）100 多个。

三是通过资源化循环利用，减少蔬菜生产废弃物。北京全面推进蔬菜废弃物资源化循环利用工作，通过“农业废弃物换购”，激励企业、农户积极参与。以顺义区为例，该区蔬菜种植面积约 6 万亩，年产废弃物约 18 万吨，每年 5—8 月、9—11 月为生产废弃物集中阶段。2016—2018 年，顺义区累计回收处理菜田废弃物 32.3 万吨，转化生产高品质有机肥 5.1 万吨，产值达 3060 万元。顺义区 200 个村共设置 700 多个堆积点，堆积点设置遵循农户习惯，各村镇负责配合指导农民将蔬菜废弃物归置在指定的堆放点。

3. 生产设施建设运维、“宜机化”改造和机械化服务

一是加大蔬菜生产设施建设资金支持力度。棚室、温床等设施及配套设备能为蔬菜的生长发育提供良好的环境条件，实现蔬菜周年均衡供应。然而，设施建设和维护等初始投入大，投资回收期长。初始投入资金可获性已经成为阻碍菜农种植方式和种植规模升级转变的一个重要因素。生产设施建设投入成本大和技术要求高，但其较高的生产率，对于保障农产品有效供给具有重要意义。针对这一问题，2020 年，北京市出台了《北京市高效设施蔬菜产业集群建设方案》，计划整合市、区财政资金不低于 2 亿元用于改造提升一批蔬菜生产设施。

二是对现有老旧设施进行“宜机化”改造升级，更好满足机械化、智能化作业需求，提高设施利用效率和生产效率。提高蔬菜机械化水平，首先要推进蔬菜生产设施的宜机化改造。北京市加大设施农业机械购置补贴力度，扩大设施农业购置补贴机具品目范围，实行补贴范围内机具应补尽补。还对设施改造升级出台了奖励政策，开展系列智能装备试点试验，对生产相关人员管控系统操作及智能化装备使用开展培训，推动智能化创新成果与农业生产、经营、管理、服务各领域深度融合。

三是提升设施蔬菜生产机械化水平。蔬菜生产的旋耕、起垄、移栽、植保等环节需要农机投入。目前，露地蔬菜的机械化生产服务基本能够满足需求，难点主要在于设施蔬菜的生产机械化（李治国等，2021）。由于蔬菜生产的设施常年连作，缺乏快速有效耕作，土壤板结严重。农民对既能减少人工投入，又能达到耕整地要求的微耕、深耕、小型结蔓、植保等专用设施需求较大。基于

此，农机服务组织、农机生产经营企业得以发展面向农户开展机械作业、租赁等服务。如，北京比奥瑞生物科技有限公司创新药械租赁与共享服务模式，针对农户普遍使用背负式电动喷雾器进行施药作业跑冒滴漏现象严重和施药强度高、效率低的问题，开展了施药器械租赁服务，对各菜园开放租用各类施药器械。农户缴纳一定数量押金后，可租用施药器械开展作业，施药结束后退还机器，经验收机器无破损后归还押金，同时按时间收取器械租赁费用。

4. 蔬菜产后流通营销服务

一是加强蔬菜批发、分销基础设施建设，提高市场流通能力。近年来，北京通过落实属地责任制，大力推进农产品流通体系建设，发展至今，形成了以北京农产品中央批发市场（新发地批发市场）、北京八里桥农产品中心批发市场、北京玉泉营果菜批发中心等批发市场为中心，覆盖全北京、辐射北方地区的农副产品流通体系（沈辰和穆月英，2019）。北京大型农产品批发交易市场具有很大规模和行业影响力（赵隆飞和桂琳，2021）。北京市农业农村局提供的资料显示，新发地批发市场内固定摊位3000个、定点客户4000多家，日吞吐蔬菜1.6万吨、果品1.6万吨、生猪3000头、羊3000多只、水产1800吨，年交易量1450万吨，交易额535亿元，承担了首都80%以上的农产品供应。为了提升配送能力和拓展社区服务功能，新发地批发市场专门成立了菜篮子配送公司，开通社区直通车200余辆，服务900多个居民小区。

二是培育农民专业合作社示范社、农业产业化龙头企业等具有一定规模的专业化服务主体，促进服务由产中向产前、产后延伸。全市拥有蔬菜产加销一体化市级以上农业产业化龙头企业16家，2019年销售收入18.89亿元，带动农户100360户；区级以上蔬菜农民专业合作社示范社39家，其中市级14家，国家级且市级25家，带动农户37872户；此外，规模以上蔬菜加工企业产值18.89亿元，主要包括净菜加工、蔬菜腌制、速冻蔬菜等业务；以设施蔬菜为主要特色的休闲农业园区28家，设施蔬菜加工产值9.45亿元，大部分设施蔬菜休闲农业园拥有“绿色”或“有机”认证，涌现出了王木营蔬菜种植合作社、北菜园、三分地有机农场、美田阳光农场、纯然生态农场、顺沿特菜基地、三生万物生态农场等典型。

三是培育农业电商头部企业，制订、完善蔬菜电商服务规范。为了规范各类农业电商企业发展，北京电商协会联合多家部门制订了北京电商蔬菜分级包装的技术规范团体标准，对成员单位的电商蔬菜生产加工、包装和配送进行了规范。截至2020年，北京农业电商规模在3000家左右，年度农产品电子商务交易总额约为120亿元，涌现了“沱沱工社”“任我在线”等一批农产品电商企业，培育了“嘉农在线”“猪联网”等全国行业垂直电商平台，扶持了“阿卡农庄”“密农人家”等一批进行农业创业的“创客”。其中，平谷区“沱沱工社”借助互联网，建立起国内最大的集农产品生产、加工、销售及冷链宅配物流等于一体的综合运营体系，带动建设有机生态种植基地2.2万亩。此外，通过推进获得“全国一村一品示范村镇”的65个村镇开展“一村一品+电商”工程，示范村镇的主导产品销售收入提高20%以上。

（二）北京蔬菜产业社会化服务发展存在的问题

1. 服务作业面积狭小，市场化主体规模效益不高

一是单户规模小。北京的蔬菜种植空间分布极为分散，单户规模小造成服务的组织化成本高，蔬菜社会化服务难以形成连片规模化。以日光温室为例，北京日光温室蔬菜生产经营户众多，平均每个农户的棚室面积仅有2亩左右，这种小规模的蔬菜种植，不利于农业机械的选型、配套和机组整备，不能充分利用高效农业机械，增加了农业机械的重复购置，降低了每台机械的使用频率和效率，造成了资源浪费（张艳红等，2016）。调研显示，房山区、怀柔区、顺义区平均每台微耕机年作业面积分别为20.4亩、22.4亩和24.2亩，按照每人每天作业3~5亩计算，每台机器每年作业时间仅为4~8天。相比之下，农业规模化生产可以提高农业机械的使用效率，实现专业化分工，促进先进技术的传播和应用。在小规模农业生产过程中，机械更新速度慢，维护成本高，经常使用落后的农业机械，不能及时采用新型农业机械，严重影响产量。

二是单一品种面积小。北京种植蔬菜品种较多，从调研数据来看，蔬菜种植品种有8大类40多样上百个品种。不同品种种植方式与技术存在较大差异，加之蔬菜种植空间分布极为分散，蔬菜社会化服务难以形成连片规模化，面对北京蔬菜产业“小散”的现状，北京社会化服务规模效益不高，削弱了社会化服务主体与被服务主体参与的积极性。由于蔬菜生产设施空间限制，无法实现规模化作业，蔬菜生产机械化率较低，所提供服务业仅限于旋耕起垄、除草、施肥、施药等田间管理。北京市农业机械试验鉴定推广站提供的数据显示，目前北京设施蔬菜生产机械化率仅为36%，远低于一般作物生产机械化率98%的平均水平，人工投入密集，用工成本也较高。

2. 蔬菜生产和服务成本高，市场化主体成本收益低

一是人工成本高。蔬菜生产属于劳动密集型产业，部分品种无法进行机械

化、自动化生产，浇水、嫁接、授粉、采收等环节都需要以人工操作为主。因此，人工成本占蔬菜生产总投入的比重一直较高。然而，近年来劳动力成本不断上升。《全国农产品成本收益资料汇编（2021）》相关数据显示，2020 年蔬菜生产人工成本占总成本的 59.71%，而番茄等果菜类蔬菜的人工成本占总成本 60%以上。2015—2020 年，扣除物价因素，蔬菜单日用工成本上涨 8.82%。随着人工成本上升，如果社会化成本收益低服务主体无法通过机械化替代人工，为农户提供生产性服务将“无利可图”。

二是物资投入高。据调研，粮食作物生产全程服务每 667 平方米收费 600~800 元，对于农户和服务公司来讲仍然是“轻资产”模式，全程服务和关键环节服务比较普遍。与粮食作物相比，蔬菜是“重资产”运营，农户和服务主体面临的风险都比较大，试错成本高，社会化服务切入慢。如，北京捷西农业科技有限责任公司提供蔬菜、草莓病虫害全程绿色防控技术服务。番茄防控周期为每茬 150 天，不含农资服务费 3756 元；草莓防控周期为每茬 240 天，服务费 3770 元。此外，对粮食作物来讲，第一年服务有问题，第二年可以“从头再来”，通过平整地重新成为“光地”“净地”，重新制定生产经营方案。而钢结构温室使用寿命在 15 年以上，如果运营维护得当，使用年限会更长。所以菜农在选择服务公司的时候，须要考虑服务对生产设施造成的长远影响，在初期仅会谨慎选择 1~2 个服务环节，检验服务效果。

3. 市场化专业化服务缺乏，服务主体实力不强

一是服务内容单一。蔬菜种植环境、技术等均不同于大田作物，大田作物需要精度低的大型机械，而蔬菜需要精度高的小型机械。蔬菜设施化程度较大田作物高，需要水肥一体化、温室大棚、防虫网等大田作物不需要的服务设施，面对完全不同的服务需求，大田生态与高效技术服务组织转型升级阻力较大。蔬菜种植过程中的植保、营养液检测和配方调整、土壤改良等需求旺盛，但市场上很难找到相对成熟、可信的服务机构。同时，由于农业生产的周期性，在生产旺季时经常需排队等待公益性服务，但往往错过了农时还等不来。目前设施农业中的一些籽种、品种等，尤其是工厂化生产专用品种主要依靠国外引进，不仅成本高，还因未经过国内适应性生产验证，生产中感病风险较大。

二是服务水平不高。蔬菜产业是劳动密集型产业，同时也是科技密集型产业。蔬菜耕整地环节主要是借用粮经作物农用机械设备，起垄、作畦、铺管、覆膜、移栽环节基本为人工作业，劳动强度大、作业效率低，先进设备推广不足，亟待提高机械化作业水平。目前，塑料大棚内的耕作整地主要依靠微耕机，

但微耕机功率小，旋耕效率低，每小时作业面积约为0.4亩，旋耕深度不足15厘米。此外，蔬菜生产中有机肥用量大，由于缺乏相应的机具和措施，往往靠人工搬运、撒施。

4. 蔬菜生产标准化程度低，服务环节规范性差

一是种植农艺不规范。从种苗看，不同种类的蔬菜种子大小不一、形状各异，同一台设备很难满足不同蔬菜的播种。如果种子数量控制不好，就会造成种子和种苗的浪费；如果种苗质量不一，种苗的高度就会参差不齐，很难实现机械移栽或嫁接。为了提高播种效率和质量，需要对不同的种子进行丸粒化处理，但目前种子丸粒化还处于起步阶段，没有得到广泛应用。从田间操作来看，大多农民依靠经验起垄起沟和确定株行距，随意性较大，无法实现株行距的统一，不利于起垄、开沟、播种、移栽、追肥、植保、灌溉、收获等田间机械作业（杨先超和马月虹，2022）。

二是棚室结构不规范。以普通塑料大棚为例，大棚的跨度、垄高、两侧肩高、两端结构形式多样，没有充分考虑机械化作业的便利性，严重阻碍了机械化技术的应用（高庆生等，2021）。一方面，塑料大棚两端都是固定结构，只有小门供菜农进出，大型设备很难进入。即使勉强进入大棚，机械设备转弯半径大，受塑料大棚空间结构限制，设备转弯作业难度大，操作技术水平高，作业存在死角，需要较多的人工辅助作业，作业效率也受到很大限制。另一方面，目前北京的塑料大棚缺乏统一的建设标准，规格多样，不利于机械化的发展。与此同时，北京地区还存在大量的中小拱棚，其中以传统竹木结构棚室为主，这种棚比较矮，中间一般有3~6排支柱，不便于机械化作业。

5. 资源整合力度不足，缺乏统筹规划和顶层设计

一是服务体系结构调整滞后。北京都市型现代农业发展变化迅猛，必然要求服务体系及时进行调整优化，甚至超前谋划，才能实现服务业对现代农业的引领作用。随着北京农业生产环境发生重大变化，本地农业规模大幅度缩减，大田作物播种面积占比大幅度下降，蔬菜占比大幅度上升。2008—2019年，北京蔬菜播种面积占农作物播种面积的比值由21%上升至34%，其中，设施蔬菜播种面积占蔬菜播种面积的比值由49%上升至89.78%。由于农业社会化服务内容多，体系繁杂，牵扯部门多且分散，加之没有明确的考核指标，体系建设和发展重视不够，使得与农业产业发展相配套的服务体系结构调整相对滞后。

二是公益性服务与市场化服务衔接不足。公益性部门管理条块分割，组织管理分散。政府对于服务体系发展的引导和重视程度不够，且乡镇农业技术推广体系不健全。多数镇乡无推广机构和专业技术人员，乡镇级分工不明确，工作渠道沟通不畅，平时联系不多。部分区推广部门的土样采集、调查工作等也仅与村级相关的全科农技员有些沟通、联系。相关管理人员不足，尤其是乡镇、村级农产品质量安全监管人员少，多数身兼数职，且监管人员专业性、规范性有待加强。在具有一定外部性的经营性服务领域，公益性服务没有很好地发挥支撑作用。比如，农业废弃物资源化处理、动植物疫病防控体系具有显著公益性和较强的外部性，但其投入使用成本较高。

（三）北京蔬菜产业社会化服务水平提升路径

第一，针对市场化主体规模效益不高的问题，应大力发展服务带动型规模经营。通过建立蔬菜专业合作组织或蔬菜生产园区，把农户分散的资金、土地、设备等组织起来，实现联合生产、统一经营。服务组织通过对接合作社，发挥合作社纽带链接的作用（张海洋等，2021），整合“小散”农户集中服务，提高服务供求信息获取效率，降低单位成本，提高规模效益。农村集体经济组织要注重发挥组织优势和统一经营的功能，直接提供服务或组织小农户接受各种社会化服务。为了促进“小农户对接大市场”，还应培育一批具有一定影响力并在市场上发挥重要作用的农业社会化服务龙头企业，树立行业标杆，并且发挥供销、邮政等系统的优势，强化为农服务意识。此外，应鼓励各类服务主体积极利用新一代数字技术和共享经济理念，用信息化手段盘活存量资源，实现更大范围内的供给与需求对接。

第二，针对市场化主体成本收益低的问题，应加大科技与金融保险支持力度。在加大科技支持方面，需要进一步深化产学研推协同，围绕全市重点工作，建立导向明确的攻关团队，形成原创性成果。例如，以北京蔬菜产业创新团队为依托，围绕高效设施、集约化日光温室等，针对设施蔬菜全产业链条技术瓶颈开展技术攻关。在加大金融支持方面，需要在研究和找准风险和利益分配关键节点的基础上，鼓励银行及县、乡财政部门，给予蔬菜产业社会化服务组织信贷、保险支持。原有针对小农户开展的政策性成本保险，应根据蔬菜产业高投入、高收益的生产经营特点，进行适当调整。在政策性农业保险基础上，增加农业收益保险，或将农业政策性的成本保险改为收益保险，鼓励投保企业。并且，建议采取市财政、农户和农事企业共同承担的方法，增加商业性收益保险的投入。

第三，针对服务主体实力不强的问题，应加快各类传统服务组织转型升级。对传统农机服务组织而言，需要通过政策支持、机具补贴、技术支撑等多种形式，引导北京相对健全、成熟的农机服务公司开展蔬菜农业机械服务业务。同时，需要进一步总结粮经作物生产领域社会化服务组织的经验，以农业农村部农业社会化服务创新试点项目为依托，在昌平、大兴、通州等蔬菜生产相对集中的地区，率先开展服务。对传统植保服务组织而言，需要对自身只适用于大田作物的生态与高效技术进行升级，并且在土肥植保融合、化肥农药减量、农田面源污染减少等方面有所突破，以满足设施蔬菜产业发展对社会化服务的需求。同时，各类服务主体需要尽快从产中作业环节向产前、产后等环节及金融保险、品牌培育、订单农业、电商销售、冷链仓储、精深加工等配套服务延伸，服务对象从传统农户向各类农业生产经营主体拓展。

第四，针对服务环节规范性差的问题，应界定和强化政府的市场监管职能。北京作为首都，服务业发达，2020 年服务业 GDP 占 GDP 的 83.8%，对于农业服务体系建设有显著的理念、人才、技术、资金等资源优势（宗义湘等，2021）。未来发展中，需要跳出北京，参照国际标准，建设引领和带动京津冀区域，乃至全国的服务体系。此外，服务水平的提高不是一蹴而就的，需要分阶段有序推进，在建设初期，要强化政府主导作用，在资金、政策等方面给予服务参与者支持，通过补贴、税收减免或资金支持，直接支持生产环节，进一步推进农业生产过程的专业化、标准化、集约化；在建设的中后期，服务市场已初具规模，要注重市场机制的培育，政府的扶持资金要转移到那些“无利可图”、微利的项目上。

第五，针对缺乏统筹规划和顶层设计的问题，应尽快优化调整服务体系基本架构。鉴于北京农业已由以大田作物为主，转向以蔬菜、果品、畜禽等产业为主，北京农业的社会化服务也应由大田服务主导向蔬菜、林果、农业废弃物资源化利用等多元化服务转型。基于北京构建的农业社会化服务体系实际基础，结合国家《关于加快发展农业生产性服务业的指导意见》（农经发〔2017〕6 号）、《关于加快发展农业社会化服务的指导意见》（农经发〔2021〕2 号）等文件要求和未来需要，新时期北京应坚持需求导向、加强引导，构建公益性与经营性服务组织不断壮大并互为补充、相互融合发展的服务体系。瞄准痛点难点问题，加强政策创设和制度供给，编制相关发展规划，并将开展高效设施农业全产业链专业化服务作为重要内容。

九、农业生产托管：成效、问题及对策——基于晋苏黑三省的调研

（一）农业生产托管发展现状

1. 各地的政策创设力度不同

农业生产托管是指农户等经营主体在不流转土地经营权的条件下，将农业生产中的耕、种、防、收等全部或部分作业环节委托给农业生产性服务主体完成的农业经营方式。目前，各地因地制宜开展制度创新，生产托管政策着力点略有差异。从所调研的省份来看，山西省的政府推动力度较大，各级政府主动将生产托管作为推动现代农业发展的抓手，围绕主导产业、提出重点环节、扩大覆盖范围，集中连片推进服务。黑龙江省探索建立了粮食银行和农业保险机制、生产托管风险防范和市场监管机制、市场导向的农户利益联结机制。江苏省建立了“党建引领、一点五式”综合改革模式，将生产托管作为培育壮大农村集体经济的一项内容，推动村产融合发展。

2. 不同作物的服务需求有差异

从托管的作物品种来看，玉米、大豆、小麦这类旱作农作物，托管后节本提质增效效果更显著，以半托管和全程托管为主，托管接受程度较高；水稻生产的作业环节复杂，以关键环节托管为主。从省份差异来看，山西省以种植玉米为主，农户对收割运输、深耕深松、秸秆还田等大型机械作业环节的托管需求较高。江苏省以种植水稻为主，水稻的种植环节复杂，农户对机插秧和收割环节的托管需求较为旺盛。黑龙江省地域广阔，耕地面积大，种植作物包括玉米、水稻和大豆，对生产托管多以玉米为主，购买全程服务农户的提质增效效果更好；水稻开展全程托管难度相对较大，目前提供托管服务的组织较少，而且多以收割环节为主；大豆生产托管的比较效益较低，为大豆提供托管服务的组织较少。

3. 各地的参与程度不同

三省调研显示，地方经济发达程度、农业收入比重、土地流转率、农业机械化水平等是影响农业生产托管作用发挥的重要因素。江苏省经济发展水平较高，农民离开土地意愿高，土地流转率较高，加之农业收入在农户总收入中占比较低，农户对于托管提高土地产出率期望不高。山西省和黑龙江省土地规模大、机械化程度高，农业收入在农户总收入中占比高，生产托管后土地增收明显，小农户和服务主体都愿意参与其中，以前采取土地流转方式的农户都纷纷转向采用生产托管。

（二）农业生产托管取得的成效

1. 重构了农业产业链条组织模式

2017—2020 年，中央财政共安排 145 亿元支持以农业生产托管为主的农业社会化服务。生产托管源于小农户需求，更离不开政府部门制度创新的推动。试点政策推动了农村集体经济组织、农民专业合作社、土地股份合作社、农业企业等服务主体的发展壮大和融合发展，并且这些组织还围绕农产品的生产、加工、销售展开了多种形式的合作与联合。例如，平遥县在县政府的协调下，以农机合作社联合社方式搭建垂直的服务体系框架，将农机商、农资商、农业企业等各类主体捆绑在一起，通过“区域布点”的模式铺设网络，提供包括农资在内的全程生产托管服务。

2. 保留了小农户土地经营自主权

构建集约化、专业化、组织化、社会化相结合的新型农业经营体系是推动现代农业发展的重要内容。新型农业经营体系核心内容是以家庭承包经营为基础，通过创新组织形式发展多样化的规模经营，激活农业经营主体的积极性和创造性。随着生产托管的发展，构建新型农业经营体系所需要的社会化服务体系逐渐完善起来。生产托管创新形成的“万千小农户+大服务”新型生产关系，不以土地集中为前提，与土地流转相比，生产托管保留了农户对于土地的最终控制权。生产托管是对现有经营体系的一种完善，促进了农业适度规模经营，推动了农业的规模化、标准化和新技术的应用，实现了传统小农农业经营方式向现代农业经营组织管理方式的转变。

3. 推动了新生产要素在农业中的应用

生产托管是先进技术进入农业的一个重要渠道，推动了新品种、新技术、新装备、新理念等要素在农业中的应用，加速了现代科技及数字技术的应用。

山西省寿阳县引进墨西哥功能玉米新品种后，农户用适合食品和特种玉米加工的订单代替原来竞争力较弱的传统产品，提升产品市场竞争力。生产托管还激发了服务主体自主创新的积极性。专业化服务组织具有先进的装备，推广应用深松整地、统防统治、有机肥替代化肥等绿色高效技术的能力强，可以有效帮助和带动缺乏相应装备和技术的普通农户。大数据、人工智能、物联网等新一代数字技术也被应用在生产托管领域。例如，农机具装上 GPS，机手完成作业后台就知道作业面积及质量；开发的托管农户合同管理 App，节约了人工成本，提高了管理效率。

（三）农业生产托管面临的问题

1. 服务主体实力不强，产业发展带动能力弱

服务主体普遍“小而散”，服务能力弱。当前，服务组织发育仍不充分，总体数量较少，多元化发展程度较低。调研显示，农业托管服务组织主要由小农机手、个体户和农民专业合作社组成，龙头企业或专业服务公司数量总占比不到 20%。以集体经济合作社为代表的村级托管服务组织刚刚起步。专业化的合作社一般都是公司性经营，服务农户的意识不强。拥有雄厚资金实力、先进生产技术和管理经验、服务能力更强的龙头企业或专业服务公司的数量比较少。服务主体与小农户的对接方式仍在探索中，开展联合合作深度也不够，创新模式少。农业生产周期长、风险大，即便现在看起来是成功的一些典型模式，也还要接受实践锤炼和市场考验。

基层农经管理部门人员在思想认识、人员素质、约束和激励手段、资源利用等方面存在不足，组织管理和服务人才缺乏。面临知识老化、年龄偏大、结构断层的问题，主动创新工作的意识和方式方法缺乏。各级领导对农业生产托管改革创新工作的理解和重视程度不一，改革创新难度较大，有的顾虑较多，可供推广的创新成果不多。留在村里的劳动力多数是 50 岁以上的中老年人，农村老龄化突出，拖拉机手严重短缺，年轻人不愿意涉足农业。合作社、农村集体经济组织等传统组织中，管理人员文化水平不高，企业化的经营管理思路不清晰，市场谈判能力、合同管理能力、人员组织管理能力都很缺乏，距离实现生产托管企业标准化、现代化和集约化发展仍有差距。

2. 农户组织化程度不高，增收需求尚未充分满足

生产托管的核心是在土地使用权集中基础上，依靠农业服务规模化推进土地规模化。而小农户土地碎片化和种植结构不统一，小农户意愿分化，难以实

现协调统一，小农户组织化程度有待进一步加强。在分散小农户参与集体性活动方面，面临着人口老龄化突出，农户年龄偏大，思想观念保守，主动接受服务的意识淡薄等难题。大多数专业服务组织不是内植于农村，有实力的服务组织多数是工商资本下乡组建的公司，在与农户对接方面“先天不足”，难以融入农村和获得农户信任，在破除田垄、成方连片提供服务、推动服务规模化上仍面临很大阻碍。

在利益分配方面，服务主体与农户的资源占有状况和经济地位极不对等，两者之间的利益衔接机制规范化和制度化不够强，利益没有完全理顺，带动农户增收利益机制尚待完善。目前，农户主要靠粮食增产、非农务工增收，产业链融合经营参与度不高，农民从产业融合发展中充分、持续、长期受益的比较少。农民的利益分配比例低，在工作实际中能按照章程规定，落实可分配盈余二次返利60%的合作社并不是很多。入股分红、多次返利等紧密型利益联结机制缺乏，带动能力强的经营模式还比较少。农户处于相对弱势地位，很难分享到农产品加工增值的好处和流通环节的商业利润。

3. 对试点工作重视不够，制度规范有待进一步完善

根据政策要求，生产托管项目要经过招投标、服务面积确认、农户满意度调查、作业单审查验收等程序，需要大量的人力、物力和财力，部分县级财力紧张，经费保障不足，试点地区政策创设力度不够。政府相关职能部门、乡镇政府和村集体人手紧张，生产托管繁杂头绪多，开展托管工作积极性并不高。除此之外，还存在政策解读不到位，导致出现试点项目实施和组织管理与中央政策要求并不十分一致的问题。由于生产托管政策创设科学性不足，存在农户购买不到服务或不愿购买的现象，即使政府补贴30%的服务费，仍不足以激发农户的购买积极性。

推动生产托管发展过程中，还存在服务主体经营不善，服务合同无法履行，没有按照既定技术标准、环节、时限等开展有效服务，服务质量差的情况，生产托管服务制度规范有待完善。调研中，相关工作人员反映，由于安装智能控制设备成本较高，服务组织不愿意在一些小型农业机械，比如在手扶拖拉机上安装，造成手扶拖拉机监管和核实难度较大，必须人为记录，工作量太大，压力也随之增加，在一定程度上影响了农业部门发展农业生产托管服务的积极性。另外，服务组织人员素质和能力参差不齐，不守信用、弄虚作假的情况仍然存在，无疑增加了政府部门的监管难度。

（四）对策建议

1. 大力扶持服务主体，提高服务供给能力

扶持生产托管服务主体发展壮大。农业服务产业是弱质产业，客户又是小农户，企业盈利能力弱、风险大，所以对于托管服务主体能力要求非常高。需要充分发挥村集体力量，深化农村集体产权制度改革，推进政经分开、政社分开，鼓励有经营能力的专业机构对集体资产进行管理，实现保值增值。进一步规范合作社章程制度、组织机构、财务管理，完善合作社与社员紧密相关的利益联结机制，提高社员的参与度。鼓励合作社加强加工仓储物流等关键环节能力建设，延伸产业链条，向“产加销”一体化拓展。引导和鼓励烘干仓储、售粮服务等产后服务组织，牵头整合生产托管产业链上各类资源，横向、纵向开展联合，组建服务联合体，提升产业发展带动能力。

加大生产托管经营管理人才培养力度。重视现有农业经管人才的思想和能力建设，更新其知识结构层次，适应现代农业发展的新要求。按照“懂农业、爱农村、爱农民”的要求，吸引培育选拔一批新的专业人员充实到经管队伍。农业专业人才培养和管理人员的思想建设，是合作社、村集体经济组织等社会化服务组织发展的基础保证。开展多种形式的培训活动，选拔和培育合作社、农村集体经济组织、职业农民等社会化服务人才。支持大学生、农村能人等以生产托管方式开展的创新创业活动，培育新产业、新业态，提升农村产业发展活力。完善农村人才引进制度，培养有文化、懂技术、会经营的农业托管人才，解决制约农业生产托管发展的人才问题。

2. 推动小农户组织化，培育壮大需求市场

搭建托管服务主体进村入户平台。正视我国小农经济社会特点，坚持“本土化”原则，重视农村集体组织、乡村精英、熟人等本土资源在组织小农户方面的作用。鼓励各地探索“整村推进”“村集体+合作社+农户”“合作社+农户”等生产托管组织方式，通过“做给农民看，带着农民干”，发挥示范带动作用，并引导建立以增加农户收入为核心的利益分配机制和多元化、长效增收机制，让小农户在“被服务”中有更多“获得感”，培育壮大小农户的需求市场，实现分散小农户与农业社会化服务大市场顺利对接。不断创新托管服务方式，引导小农户由单环节托管、多环节托管、关键环节综合托管逐步走上全程托管，不断提升生产托管对小农户的覆盖率。

完善服务主体与农户的利益联结机制。为确保农户利益，在利益分配机制

上，社会化服务增值收益除与农户自己种植收益做比较外，还应考察土地作为农户的资产，能否为农户带来财产性增值收益；引导村集体、龙头企业、合作社通过双向入股方式实现利益联结，鼓励小农户以土地、劳务、资金等入股合作社，合作社集中资源入股企业，解决产业基础的规模化和节约化问题；引导企业主体、合作社和农民完善利润分配机制，推广“保底收益+按股分红”分配方式，明确资本参与利润分配比例上限，维护农民利益；鼓励合作社、种养大户、家庭农场、农业产业化龙头企业等各类新型经营主体发挥龙头带动作用，强化约束内容，加强监管与服务，实现合同可追溯管理。

3. 加大体制机制创新，规范市场环境

相关部门和领导要进一步提高思想认识，高度重视社会化服务工作，将生产托管作为落实乡村振兴战略、深化农村改革、推动农业现代化的重要手段，加强生产托管政策顶层设计。认真学习、深入落实生产托管相关政策，正确解读生产托管政策，确定发展目标，细化支持政策，科学编制和完善实施方案；以试点项目为契机，从政策设计、组织管理、典型打造、资金配套等方面通盘考虑，在服务指导、政策扶持、规范管理、宣传推广等方面发挥政府主导作用，推动生产托管工作开创新局面；加强试点地区政策执行情况监督检查，一旦出现偏差，指导其结合实际情况及时纠偏。建立创新性工作的试错纠错机制，打消基层工作人员的顾虑，大胆开展政策创设。

按照现在托管服务蓬勃发展的趋势，未来几年内服务规模会迅速增大。因此，在生产托管发展初期，政府监管不能缺位，应尽快完善生产托管行为市场监管机制。粮食主产区耕地面积大、机械化程度高，是生产托管的“主战场”，应密切跟踪生产托管趋势和服务效果。研究出台符合地方实际的生产托管服务标准，规范服务主体的市场行为。加强托管行业自律和监督检查，建立服务主体的资信管理体系，为被服务对象选择服务主体和政府部门购买服务提供参考依据。帮助小农户与服务组织签订规范合理的合同条款，保护农户利益和避免更大的粮食安全风险。

十、不同农业生产托管主体的风险控制措施分析

农业生产托管在概念层面比较新颖，在实践层面则由来已久，并且近年来在山西、黑龙江、江苏等地推进较快。国家统计局发布的《生产性服务业统计分类（2019）》中，农业生产托管属于现代农林牧渔服务业，是近些年农业服务领域发展出来的新业态，具体是指拥有土地经营权的农户或新型经营主体，将农业生产过程中的耕、种、防、收等一个或多个环节的农事活动，以有偿方式委托给具有相应服务能力的农业组织或个人代为完成的一种农业服务方式。以农业生产托管为主要内容的农业社会化服务，是基于我国农村土地基本经营制度长期保持不变的前提，推进服务规模经营，确保国家粮食安全和重要农产品有效供给的重要手段，其较好地解决了农村人口老龄化、兼业化带来的种地问题，在以组织方式创新推动新产业、新业态发展上表现出了较强的产业成长性。例如，辽宁省铁岭、抚顺、沈阳、鞍山等地参加农业生产全程托管的玉米种植户的平均技术效率比未参加农户高 6 个百分点；山西省朔州市参加农业生产托管的玉米种植户平均增产 1500kg/hm^2，节约支出 600 元/hm^2。同时，作为一项国家大力推动的新事物，农业生产托管涉及众多小农户和多元化的服务供给主体。由于经营规模小、财富少，农户非常厌恶风险，更注重当期收入，外部主体与农户直接签订的农业合同一直存在稳定性低的问题，再加上服务主体多元，不同主体之间的互动隐含着复杂的风险，因此，区别不同主体面临的风险，归纳不同服务主体采取的风险防范和管理措施，对于推进农业生产托管这一新的农业生产经营模式平稳健康发展具有重要意义。

（一）风险类型

作为农业生产托管的需求方，农户主要面临契约风险和农产品市场价格风险。普通农户的认知水平较低，签订托管合同往往不能从根本上保护农户利益。农户面临的契约风险点主要有：服务主体违背农户意愿，以生产托管名义改变土地用途，农户可能在长期托管结束以后找不回打破田垄的土地；服务主体没有按照既定技术标准、环节、时限等开展有效服务，服务质量差，服务结束以

后，粮食质量、产量达不到合同规定标准；服务主体制定服务价格偏高，与农户自我种植相比，起不到节本增效的作用；服务主体经营不善，服务合同无法履行，农户服务费遭受损失。除了契约风险外，由于目前的农业生产托管模式大多只是将生产环节外包，农户仍然自负盈亏，所以与服务主体相比，农户还面临更多的市场价格风险，即与生产托管相关的粮食价格波动所产生的风险。

作为农业生产托管的供给方，服务主体首先面临的也是契约违约风险，主要表现在以下方面。第一，农户干扰正常生产服务活动、违背合同约定收回已托管的土地给服务主体造成损失。第二，农户拖欠服务费。从服务费的收取方式来看，目前农户支付服务费的方式有三种，即签订合同之日支付全部服务费用、完成生产托管服务后一次性支付全部服务费用、从农户委托服务主体销售的农产品收益中扣除服务费用。后两种支付方式可能造成农户在农业生产托管服务全部完成以后仍然拖欠服务费，影响服务主体利润。此外，与农户相比，服务主体还面临更多的政策风险。比如，政策变动频繁，新旧政策之间无法有效衔接，影响托管主体的稳定经营和利润获取；政府等行业主管部门对生产托管进行规范化管理不到位，公平、公开、公正性不够，干扰市场价格形成等。

（二）风险控制措施

农业生产托管的风险控制工作主要涉及服务主体和政府管理部门，这两类主体的角色和定位各不相同。服务主体以自身利润最大化为核心，政府以最大化社会效用为核心而非自身利益，前者是托管服务的实际提供者，后者的参与模式主要是提供资金和政策支持，并对托管行为进行规范和监督。农业生产托管服务主体在各地的发育情况并不相同，在农户需求比较集中的地区，以专营服务主体为主；在农户需求仍然比较分散的地区，则往往由兼营服务主体开展托管业务。

1. 专营服务主体多签订固定收益合同

在农户需求比较集中的地区，专营服务主体以获取利润为核心，专门开展农业生产托管服务，与农户签订固定收益合同，当由于市场风险导致产量递减时，少于约定产量的部分由受托方补齐。山西省寿阳县嘉禾农业科技有限公司采取赊购服务的方式，与农户签订周期为 3 年的玉米全程托管合同。托管方案有三种选择：收取 9000 元/hm^2 的服务费，保证达到 13500kg/hm^2 的玉米产量；保证农户的玉米销售收入达到 13500 元/hm^2，公司负责从种到收及粮食的销售，多于 13500 元/hm^2 的玉米销售收入即为公司的利润；收取 9000 元/hm^2 的服务费，保证增产 1500kg/hm^2，农户自己销售玉米。以上三种托管方案都是公司垫付所有费用，秋收后结清或将玉米折价。合同约定，如果遇到不可抗拒的自然灾害造成损失，由所在地乡政府和农业保险公司协商处理，保险由农户自行选择，谁投保谁受益；农民不能违规收回托管地，或者干预生产经营活动；公司也不能随意改变土地用途，造成土地永久性损害，土地撂荒的，农户可解除合同。

在农业生产托管服务中，专营服务主体大多为外部工商资本下乡，其独立面对一家一户的交易成本很高。所以，村委会往往发挥了组织作用，由村委会干部带动，将愿意接受农业生产托管的农户组织起来，统一接受服务，以降低组织化成本并提高契约稳定性，村委会在交易过程中发挥了“桥梁”和监管作用，不直接经营托管业务。山西省寿阳县采取整村推进方式，由村委会将集体的和农户的土地统一组织起来。村委会制定作业进度，安排专人协调农户，为服务主体指引道路和确认田地。服务主体和农户双向选择并签订合同，明确服务地块、服务内容、作业时间和质量要求等，按照农机作业操作规范要求开展作业服务。村干部虽然不直接参与农业生产托管风险管控，但是他们代表农户与服务主体谈判确定风险分担比例，提升了农户的市场谈判地位。同时，对于服务主体而言，依靠村委会对接农户，降低了其对接千家万户的交易成本，提高了工作效率。

2. 兼营服务主体多借助保险分散风险

在农户需求仍然比较分散的地区，往往由兼营服务主体开展托管业务，盈利情况较好的服务主体可能转型为专营服务主体。与外部工商资本组成的专营服务主体相比，兼营服务主体的特点是“对内经营、对外服务”，以合作经营为主，当风险发生时，少于约定产量的部分不由受托方补齐，而由保险公司承担相应的损失，风险更为分散。黑龙江省龙江县超越合作社采取了同时购买政策性农业保险和商业保险，以及开展“粮食银行”业务来控制风险。政策性保险和商业性保险相结合，使托管土地有商业保险保产量、政策保险保成本，托管风险进一步降低。政策性保险保玉米种植成本 3870 元/hm^2，农户需交纳保费 300 元/hm^2，保费中的中央财政投入、省财政投入、县财政投入分别为 120 元/hm^2、75 元/hm^2、45 元/hm^2，农户投入 60 元/hm^2。商业性保险公司为托管农户承保 10500 元/hm^2 的玉米产值保险，农户自愿选择交纳 125 元/hm^2 的保险费。保费可以选择直接交纳或由公司垫付。对于合作社来说，“粮食银行”可以提前锁定粮源，从“存粮在家”变为“存粮到库”。对于农户来说，“粮食银行”可以随时进行结算，既规避了玉米霉变和损耗的风险，保障了玉米种植收益，又能接触并了解市场上的玉米价格波动，从而提高在粮食市场上的话语权。

3. 政府管理部门重点加强常态化监管

政府管理部门主要从行业管理的角度进行风险防范。有的服务主体打着生产托管的名义，意在跑马圈地，违规改变土地用途，造成土地非农化，直接威胁国家粮食产量安全；有的服务主体因追求经营利益过度使用农药化肥，甚至使用未获批准的转基因种子，威胁国家粮食质量安全。针对这些问题，黑龙江省兰西县政府采取了“健全规章、筛选主体、调控市场、控制质量”等方式，加强生产托管风险管理。一是健全规章制度，强化全程监管。出台《农业生产社会化服务项目实施方案》《农业生产服务质量监测制度》等文件，印发了服务合同样本，建立了“先服务、后补助”试点项目补助机制，防范政策性风险。二是筛选服务主体发放补助资金，推进规模经营。以村集体股份经济合作社为遴选重点，要求托管土地 200hm^2 以上且集中连片；其他类型服务主体以招标方式确定入围资格，要求托管土地 260hm^2 以上、服务不少于 1 年且有盈利、带动小农户数量超过 70%。三是加强市场监管。县政府抽样测算生产托管成本并公布服务费指导价格。落实资金担保制度，要求合作社以董事会、监事会成员工资作为担保，其他公司性服务主体由 5 个事业编制人员进行担保。县政府建立资金监管账户，服务主体与农户之间的资金往来需要首先汇入政府的第三方监管账户，确保资金安全。四是建立粮食质量控制机制。县政府除了对服务主体运营情况进行监管外，还建立了科技特派员制度，由各级农技推广人员对各托管地块实行网格化的技术包干，提供从种到收全程技术支持。引导服务主体从大型公司直采农资并开展测土配方施肥，降低投入成本，实现环保耕种。

（三）对策建议

基于农业生产托管各相关主体的角色定位，为更好地推进农业生产托管这一新的农业生产经营模式平稳健康发展，本研究提出以下建议。

第一，尽快摸清服务主体状况。农业生产托管是农业服务领域发展出来的新业态。可以预见，伴随着现代农业的加快推进和农村老龄化、农业兼业化现象的增多，广大农户对农业生产托管的需求必将更加旺盛。同时，随着农业生产托管遍地开花，其面临的供需结构不合理、行业管理不规范、行业管理标准不统一、服务价格不合理等问题也会日益凸显。为了推动农业生产托管市场长远发展，下一步，应分门别类、摸清各类服务主体的基本情况，总结归纳不同主体所承担的角色和发挥的作用。

第二，尽快制定地方性行业标准。随着农业生产托管市场的逐步发展壮大，尽快建立行业标准，以便于行业管理。目前，仅有山西省出台了农业生产托管地方标准《农业生产托管服务规范》（DB 14/T 1807—2019）。应当鼓励其他相关省份，因地制宜，建立农业生产托管服务的服务方式、服务主体、服务内容及服务要求等方面的相关标准和操作规范，强化合同内容约束和可追溯管理，提高业态规范化水平。加强托管行业自律和监督检查，建立服务主体的资信动态监测和管理体系，为被服务对象选择服务主体和政府部门购买服务提供参考依据。

第三，尽快开发农业生产托管保险产品。创新商业性农业保险产品，充分发挥农业保险在推进农业生产托管工作中的作用。加大支持力度，重点完善收益保险及区域性粮食产量保险品种，促进农业生产托管服务真正形成服务闭环，保障农民从种到收的全方位服务，让农民真正步入现代农业发展轨道。在开展新一轮农业生产托管试点工作时，对试点县给予收益保险或区域性粮食产量保险补贴。借助农业生产托管项目试点，在农民合作社内部开展农业互助保险，农民统一交纳保费后形成保险基金，每年的保险基金盈余部分结转至下一年，农民相应地减少保费。

十一、服务融合趋势下农业生产托管组织方式创新研究

国际经验显示，推进农业现代化的过程往往也是农业产业链延伸和农业服务化的过程。服务型规模经营是农业领域出现的推进农业适度规模经营方式由土地规模化向服务规模化转变的新形式，具有区别于土地规模经营的特点。首先，服务型规模经营不以农地产权流转为条件，可以规避农地流转中交易成本过高的问题。其次，服务型规模经营的经营主体是服务商而不是农户，主要有提供农业生产性服务的专业或兼业个体、专业合作社、农业龙头企业、专业服务企业、公共服务机构等。相对而言，服务商具有专业化、标准化和品牌化的优势，服务型规模经营的要素投入及配置结构会更趋高端化和合理化。再次，服务型规模经营的内容可分拆组合，既可以是单项服务或多项服务，又可以是全链条服务，而土地规模经营大多是全过程经营的形式。最后，服务型规模经营的生产关系更复杂，服务型规模经营下信息不对称、道德风险和逆向选择问题可能会比土地规模经营条件下更为突出。农业服务型规模经营的服务客体即服务需求方农户，主要有小规模农户以及种养大户、家庭农场、合作社、农业龙头企业等各类农业新型经营主体。农业服务型规模经营的内容，即服务商为农户提供的各类生产性服务，包括农资供应、土地流转等产前服务，农机作业、农技服务、生产环节外包服务等产中服务，以及仓储物流、市场信息等产后服务，产前、产中和产后服务呈现出融合发展的趋势。

农业生产托管服务作为一种新型农业经营组织形式正在逐步替代传统经营模式，成为规模化农业服务的一个重要发展方向。农业生产托管衍生于农业生产性服务、农业社会化服务，是服务型规模经营的最新实践，其内涵及范围更为清晰，具体是指农户等经营主体在不流转土地经营权的条件下，将农业生产中的耕、种、防、收等全部或部分作业环节委托给服务组织完成或协助完成的农业经营方式。2017 年，农业农村部、国家发展改革委、财政部三部门联合下发的《关于加快发展农业生产性服务业的指导意见》中正式提出“服务型规模经营”的说法，并将发展农业生产托管作为推进农业生产性服务业、带动普通

农户发展适度规模经营的主推服务方式。同年，农业农村部办公厅又发布《关于大力推进农业生产托管的指导意见》，强调加强行业管理，是促进农业生产托管规范发展的重要举措。2019 年，中办、国办印发的《关于促进小农户和现代农业发展有机衔接的意见》强调，“要健全面向小农户的社会化服务体系，发展农业生产性服务业，加快推进农业生产托管服务”。同年，农业农村部、财政部下发《关于进一步做好农业生产社会化服务工作的通知》，继续要求“进一步做好以农业生产托管为主的农业生产社会化服务工作，推动健全农业社会化服务体系”。一系列重要文件的出台，意味着农业生产托管已经成为涉农部门重点支持的工作之一。农业农村部农村合作经济指导司的数据显示，截至 2018 年底，全国农业生产托管面积达 9227 万 hm^2，服务组织数量 37 万个，服务小农户 4194 万户，占全国农业种植户的 1/50。

总体来看，关于农业服务型规模经营的学术研究要远远滞后于发展实践。由于农业服务型规模经营的专门研究很少，且农业生产托管作为新生事物，关于农业服务融合趋势下农业生产托管的组织方式创新等深层和具体问题的研究更少。学者们大多是从农户服务外包、农业社会化服务、农业生产性服务业等视角开展理论与实证研究，其研究视角并不是针对农业服务型规模经营本身，鲜有提及农业生产托管这一组织方式创新。而且，农业服务型规模经营的经营主体是服务商，不是农户。现有文献更多的是从农户的角度研究，对农业服务型规模经营的解释力有限。针对目前研究的不足，该研究结合我国农业生产托管最新实践和黑龙江、山西、江苏、甘肃等省份的走访调研，着眼于服务型规模经营视角下农业生产托管服务商的组织方式创新，总结提炼了横向联合扩大服务规模、纵向联合延长产业链条、交叉联合提供全方位服务、线上线下搭建信息化资源共享平台等服务融合创新方式，分析农业生产托管服务在推动农业服务型规模经营方面存在的问题，从而深入探讨农业生产托管服务融合创新的有效手段，并提出针对性建议。该研究可为农业生产托管的模式规范和政策优化提供参考依据。

（一）农业生产托管服务融合创新的组织方式

服务融合是指不同产业系统中的服务商，在采取联合、并购、重组等方式互动的过程中，逐步向对方领域扩散，使得不同主体经营的业务向同一个方向汇合并最终融为一体，是新服务业的动态发展过程。融合的结果是改变了服务商之间的竞争和合作关系，提高了整个行业的服务效率。农业生产托管领域的服务商在独立从事农业生产托管服务的基础上，也在探寻节约成本、扩大服务规模的有效路径。服务商之间的融合，能有效提升服务供给能力，对培育新型农业经营主体，构建农业新型生产经营体制具有重要意义。调研显示，各类农业生产托管主体之间的联系，可归结为以下四种模式。

1. 横向联合扩大服务规模

为满足农户对农机、农资、技术等服务需求，专业化的农业生产托管服务商之间联合开展农业生产托管服务，壮大服务实力，扩大服务规模。实践中，主要是成立专业的农业生产托管合作社或联合社。合作社的成立是为了联合小农户，增强农业生产能力及市场话语权。然而，多数合作社在发展初期，服务能力弱，往往“小而松散”，在对接收购、加工、种子等企业时，也容易产生无序竞争等行为，造成农民利益损失。合作社、联合社的成立，从横向上实现了抱团经营、壮大实力。横向联合的出发点就是从规模服务上提高效益，壮大实力，弥补单个主体力量不足的缺点，推动服务商从自我服务向社会化服务转变，进而实现服务的组织化和社会化。

相互合作的农业生产托管服务商拥有相对平等的市场地位，共同分享农业生产托管服务收益，实现多方共赢。多个服务商的整体市场议价能力提升，进而有利于实现服务的纵向联合。虽然横向联合服务规模比较大，但是所提供服务的内容比较单一，多为环节作业。目前，较多的是农机合作社联合体，通过整合大中小型农机手、耕种防收所需要的各类机械，以扩大作业面积和拓展服务内容。横向联合必须建立“规矩”。托管服务商之间联合是将竞争关系转变为合作关系，利益是黏合剂，成员之间的利益一旦分配不好，就会埋下矛盾隐患，影响可持续性合作和经营。因此，联合各方需要在实践中不断探索合理的利益分享机制和风险共担机制。

黑龙江省是中国耕地面积最大的省份，单个的农业生产托管服务商不能满足规模化作业需求，因此当地农业托管服务商以横向联合的形式成立合作社和联合社以扩大服务规模。黑龙江省伟河现代农机专业合作社，将农机资源进行整合，成立农机专业合作社和玉米托管种植合作联合社，实现“两社合一”“社社合作”，解决农机合作社大型农机设备闲置而小农机手动力不足的问题，也大幅度提高了玉米托管作业标准和质量，提高了玉米的产量和效益。黑龙江省瑞丰玉米种植合作社吸引了 91 名农机手加入合作社，专门为社员和其他农户提供农业生产托管服务。农机加入合作社，解决了合作社农机不足和类型单一的问题，大幅度提高合作社整体作业能力。通过资源整合，农机户作业面积扩大，农机利用率提高，农机手参与农业作业的各环节，收入明显提高。村级的农机合作社、农机手之间开展联合，加速小马力旧农机、空壳合作社的淘汰，推动基层农业机械化水平整体提升。

2. 纵向联合延长产业链条

农业生产托管服务商牵头，整合科研、农资、农机生产企业及粮食收储、加工、销售企业，以“农业生产托管+研产（加）供销”的形式，将产前、产中、产后紧密衔接，推动农业经营组织化和产业化。实践中，表现为农业产业化联合体、农业生产托管服务联盟等。纵向联合以产出为导向组织生产，大多是龙头企业负责产业链前端和后端环节，农民合作社或村集体负责农户的组织协调和开展生产服务，通过优势互补实现“多赢”。纵向联合实现了农业产业链上下游的“跨界融合”，出发点是最大限度满足农业服务的多样化需求。纵向联合的出现具有一定的必然性，究其原因，农业生产的不可间断性和受限于生命节律的特征，以及生物信息的不规则、区位条件和立地条件的差异性等，均使农业生产的中间品不如中间服务更广泛，单纯以扩大服务规模为目的的横向联合并不能满足农业服务的多样化需求。

这一方式，将农业生产的产前、产中、产后各环节纳入规范的生产和管理渠道，实现农业生产标准化，在提高农业生产效率的同时，也提升了农产品质量。纵向联合充分发挥了“专业人干专业事”的优势，搭建了“产供销”对接通道，有利于新技术、新装备、资金、金融保险等要素顺利进入农业，大幅度降低了生产的不确定性和风险。农业生产托管服务商在公司技术、农资等支持下，服务面积不断扩大，收入稳定增加，其他主体也由此获得了稳定的粮源和确保了粮食质量。在理想状态下，纵向联合的服务商利益具有一致性，且为互惠关系。以市场为导向，实现集约化、规模化生产，并体现出专业化、区域化特征。然而现实中，由于服务商各自诉求不同，联合合作需要博弈，达成合作的难度比较大，加之市场信息不对称，将会对企业合作协议达成和持续性造成影响。此外，各方合作是围绕产业利润开展服务的，盈利是核心，对于产业后端增值能力要求比较高。

黑龙江省宝清美来现代农业服务有限公司（以下简称“宝清美来”），在产前环节，发挥科技创新对于农业产业发展的推动作用，将水稻科研成果试验示范与农业生产托管有机结合，在部分托管地块建立示范田，推广新作物品种、展示新技术、实行集约化和标准化的种植方式，让托管户真正看到并信服规模化托管服务和科技创新发展带来的好处。在产中环节，宝清美来与村级农机合作社开展联合，农机合作社负责提供农业生产托管服务，宝清美来负责技术指导、粮食加工销售、产品品牌打造，按照品种统一、肥料统一、耕种统一、田间管理统一、作业统一、收获统一的“六统一”标准开展服务。在产后环节，宝清美来根据下游企业客户产品需求订单，确定第2年粮食生产规模和农资、农机、土地等投入计划。为建立畅通的粮食购销通道，宝清美来与中合粮油黑龙江有限公司合资成立“宝清中合粮油有限公司”，将托管农户的粮食全部统一收购，让托管农户随行就市结算粮款，降低市场风险，受到了广大农户欢迎。

3. 交叉联合提供全方位服务

交叉联合是横向联合和纵向联合的升级版，兼顾农业生产托管的服务规模和效益。农业生产托管的服务商一方面通过横向联合，与其他服务商建立农业生产托管联合体扩大服务规模；另一方面与种子、肥料、农药、农机生产企业及粮食收购、储藏、加工企业纵向联合延长产业链条，并通过这种交叉联合的方式提供全方位农业生产托管服务。交叉联合主体更加重视科技、文化、人才等创新要素的融合，所以明确服务商各自功能和定位是交叉联合网络系统有效运转的前提。在交叉联合的网络体系中，每一位服务商不仅要单独开展服务，还要与其他服务商共同作为网络节点发挥作用，逐步形成以一个或少数几个农业产业化龙头企业为核心的发展格局，在集约化程度、经济效益、对农产品原料基地建设和农民增收的辐射带动作用等方面均有一定积极作用。

所调研案例中，最为典型的是山西省平遥县的“十字托管”模式。在“十字托管”模式中，和之瑞种植专业合作社联合社（以下简称“和之瑞”）横向整合了各级服务合作社，建立直接面对农户的服务网络，站点负责人凭借根植本土优势，拓展农户市场，直接与农户签订土地托管合同，为农户提供农业生产托管服务。截至2018年底，和之瑞已组建乡级服务站6个，村级服务站106个。

除了横向联合，和之瑞还纵向整合种子经销商、农资商、粮食收购企业、植保公司、信息化服务公司等生产资源，共同为农业生产托管提供服务。其中，中化现代农业有限公司为和之瑞提供了一整套农资农机服务技术方案，和之瑞借助服务网络，将中化现代农业有限公司的技术服务方案和农资落实到田间。另有11家种子经营大户、6家农资大户及6家粮食收购企业，为和之瑞提供生产资料供应和粮食购销服务。和之瑞还聘请了由山西省农业科学院、山西农业大学等机构的30余名专家顾问组成的技术服务团队，联合了爱种网、兴农丰华数字农场的托管数字化管理团队，创新“互联网+”服务模式。爱种网为平遥县农业生产托管开发了“托管通”App，托管信息、农事服务、套餐管理、媒体报道等信息一目了然，实现了托管管理体系数字化。兴农丰华数字农场为平遥县建立农业生产托管“数字农场”平台，对托管农田进行卫星遥感监测，及时测报气象、病虫害等农事商情。

4. 线上线下搭建信息化资源共享平台

基于现代信息技术搭建综合资源共享平台，农业数据资源在平台上得到共享，线上线下结合，农业生产托管借助平台的力量实现组织化、可视化、实时化和全过程记录。搭建综合资源共享平台，有利于构建新的商业模式，打破农业生产托管地域空间限制，解决信息不对称问题。综合资源共享平台使农业生产托管原来形成的直接交易关系，变成了间接交易关系，在服务商与农户不直接见面的情况下，也可以完成托管服务工作。综合资源共享平台推动了新型雇佣关系的变革，为那些拥有农机具、农资、经营管理能力的人员，提供了一个创新创业的机会。当前，综合资源共享平台主要面向农业服务商，小农户对信息化工具的使用习惯和能力限制，还需要经纪人作为中介进行线下推广。

神州数码信息服务股份有限公司打造的神州农业全程社会化资源共享平台（以下简称“神州农服”），面向新型农业经营主体和普通农户提供线上与线下的全产业链服务（见图 1-11-1）。线上，神州农服建设“一网一库三大服务”平台。其中，“一网”即智慧农业云平台，“一库”是神州信息组建的“三农”数据库，“三大服务”囊括了农村管理服务、农业生产服务和农业交易服务。平台整合全国大量的涉农服务商，提供标准化农作物种植方案；挖掘海量农业经营主体的需求信息，实现经营主体与服务商信息及需求的精准匹配。线下，神州农服建立“平台+县域运营中心+经纪人”运营模式；创新政企合作机制，获得县域农村产权交易的独家运营权，以县域运营中心为线下实体机构。以神州农服为中心提供建设方案、软件系统工具、网络技术、业务培训、宣传推广服务、招商推介服务、农业金融服务、生产性服务等方面支持，建立实用性、标准化、规范化业务流程，培养运营团队，搭建经纪人体系。目前，神州农服的产品及服务覆盖全国 2000 多个县、45 万个村组。

河北省玉田县集强农民专业合作社借助神州农服平台，实现了农业生产全程智能化管理和信息化服务。社员和农户线上采购农资，寻找农机服务、植保服务，向专家咨询病虫害等防治知识和实现土地流转。借助平台，合作社社员增加到近万人，有 $4000hm^2$ 土地完成流转或农业生产托管。通过神州农服平台实现了农业生产集约化经营，与农户自己生产相比较，平均每公顷种子、化肥、农药、农膜等生产物化成本降低 750～2250 元，农机服务费成本降低 300～450

元，标准化生产产量增加 15%~20%，订单种植产值增加 2250~6000 元。

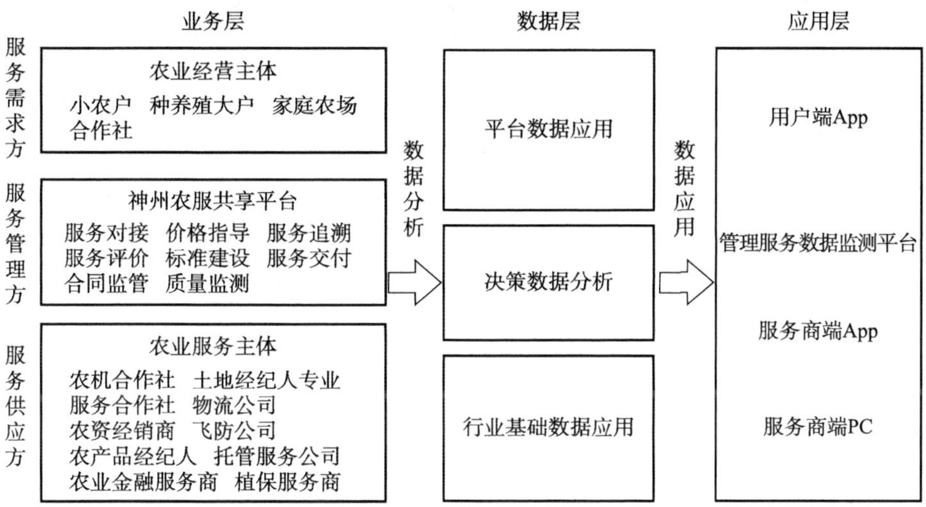

图 1-11-1 神州农服信息化资源共享平台

（二）农业生产托管服务融合创新面临的问题

以上 4 种模式比较，托管服务水平逐步深化。起步阶段，扩大服务规模，服务商之间横向联合。随着规模扩大，以尽快商品化为目标，围绕产业链构建开展服务，横向、纵向联合，规模效益与专业化分工结合。信息化技术应用和平台经济，则是在更大空间开展服务，为农业生产托管注入新活力。以上服务融合创新方式仍然面临以下三个方面的共性问题。

第一，基础设施薄弱。农业基础设施条件和农业科技、教育、信息、保险等公共服务水平，直接关系到劳动生产率的提高，对扩大农业生产托管服务规模和提高服务效率具有较大影响。国际经验显示，政府是农业基础设施和公共服务投入的主体，为农业社会化服务事业发展奠定良好基础。然而，对于地方经济薄弱的地区，基础设施资金投入力度不大，加之生产托管服务商投入能力有限，不能与农业规模化服务相匹配。调研显示，农业生产基础设施和大型农机具缺乏是制约农业生产托管发展的两大短板。由于农业基础设施落后，田间道路多为泥沙路面、坑洼多，道路的通达情况较差、通行安全系数较低，给农业机械的正常通行造成了较大的困难，特别是不适合大型现代农业机械开展作业。对于大规模的农业生产托管来说，小农机具过剩，但大型农机具缺乏，服务商缺少开展深耕深松、秸秆还田、免耕的大型农机具，农机具亟须更新换代。更新大型农机具需要大量资金，而大型农机具补贴力度不够，使进一步拓展服务陷入困境。

第二，服务领域和范围较窄。调研发现，生产托管的产业范围主要集中在较为容易实行统播统种、风险较小、容易掌控的粮食生产领域，而在专业性强、劳动密集型程度高的蔬菜产业、农产品加工产业等领域，由于劳动力需求较大，成本投入较高，加上受气候、市场等因素的影响，愿意提供托管服务的组织相对较少。目前，生产托管服务主要围绕水稻、小麦、玉米等主要农产品，以粮食作物为主，经济作物涉及的较少，如草莓、葡萄、西瓜等经济作物得不到有效的农业生产托管服务。服务商规模仍然较小，主要属性是合伙型合作社，业务范围也主要集中在当地村镇，农业社会化服务能力仍不能满足广大农业经营主体的需求。问卷调查显示，多数农户认为当前农业生产托管服务存在的主要问题是服务的领域和范围较窄，有50%的农户因为服务价格高、服务种类不符合需要或当地服务商没有提供该服务等原因而没有购买到自己需要的服务。其中，63%的农户的售粮服务、72.6%的农户的烘干仓储服务、80%的农户的信贷服务需求均未得到满足。

第三，政府部门监管难。调研中，相关县（市、区）农业农村局业务人员反映，农业生产托管服务政策是一项惠农政策，但是由于涉及政策补助，对服务商的监管难度大、责任大、压力大。虽然现在明确要求服务商提供的农业机械必须安装智能监控设备，减轻了核查难度，但是由于安装智能控制设备成本较高，服务商不愿意在一些小型农业机械如手扶拖拉机上安装，造成手扶拖拉机监管和核实难度较大，必须人为记录，工作量太大，压力也随之增加，在一定程度上影响了农业农村部门发展农业生产托管服务的积极性。另外，服务商人员素质和能力参差不齐，不守信用、弄虚作假的情况仍然存在，无疑增加了政府部门的监管难度。加之各级领导对农业生产托管改革创新工作的理解和重视程度不同，在政策解读上不到位，改革创新难度较大，顾虑较多，存在部分县级财力紧张，经费保障不足，配套政策跟不上，工作积极性不高的现象。

（三）农业生产托管促进服务型规模经营的启示

农业生产托管是我国农业生产力水平发展到一个新的阶段，在维持土地公有制和土地家庭承包经营权基础上，顺应生产力水平提高，重塑生产关系的过程。如何更好地改造农业生产主体和农业生产环境，基于农业生产托管这一服务型规模经营的最新实践，得到了以下三点启示。

第一，加强农业基础设施和设备投入，支撑农业生产托管规模化作业。当前，农田基础设施多以便于小农生产的道路交通和生产环境为主，推进农业生产服务的规模化，迫切需要改善农田道路、防洪排涝等基础设施，以适应连片种植，机器操作大规模作业。尤其是农业生产托管起步阶段，需要树立发展农业生产托管，农业基础设施建设先行的意识。以开展农业生产托管试点项目为契机，加大农村基础设施投入，改善农田整治、灌溉排水设施、田间道路、林网配套等基础设施条件，为大型机械作业提供方便。调整我国农机具补贴方式，加强对大型农机具的补贴，尤其是烘干仓储、适用免耕技术大型农机具的购置补贴，并适当向规模以上的服务商倾斜，提升规模化服务能力。创新机制，引导企业、大户等各类经营主体投资农业基础设施建设，鼓励各地积极探索农业基础设施经营管理机制，引入竞争机制，提高农业基础设施供给效率。

第二，延伸托管主体的服务链条，引导各类服务商盘活资源要素。从服务链条来看，农业生产托管将由关键环节的托管向全产业链托管延伸。针对产后环节服务薄弱的问题，需要引导服务商由产前、产中服务为主向产后服务延伸，鼓励在烘干仓储、销售加工、流通等产业环节具有较强服务能力的企业参与生产托管，发挥产后服务对产业发展的拉动作用。当前，应重视村集体作为服务“传接者”和“组织者”的角色，协助政府、企业、合作社搞好服务。有条件的村集体经济组织可探索提供有偿服务，从农民最急需的环节入手，逐步由单环节向多环节服务乃至全程服务发展。鼓励村集体经济组织、合作社与涉农龙头企业通过纵向联合和交叉联合方式，提高整体产业链的服务能力。鼓励服务商积极利用新一代数字计划和共享经济理念，创新线上线下结合的商业模式，用信息化手段盘活资源，实现更大范围内生产托管供给与需求对接。支持大学生、农村能人等以生产托管方式开展的创新创业活动，培育新产业、新业态，提升农村产业发展活力。

第三，加强生产托管市场监管与风险管控，提高行业标准化、规范化水平。随着农业生产托管的逐步发展壮大，需要建立行业标准，便于农业生产托管的市场发展和加强行业管理。山西省在 2019 年建立了全国首个农业生产托管地方标准《农业生产托管服务规范》（DB 14/T 1807—2019），对因地制宜推进农业生产托管和促进农业生产托管服务规范发展起到了很好的引导规范作用。具体而言，鼓励各地基于当地实际，研究出台农业生产托管的地方服务标准，保障农业服务业从一开始就高起点、规范化、高质量发展。各级政府在加强行业自律和监督检查的基础上，建立服务商的资信管理体系，为被服务对象选择服务商和政府部门购买服务提供参考依据。对承担机械作业任务的服务商特别是农民专业合作社提出更高的规范要求。强化合同内容约束和可追溯管理，帮助小农户与服务商签订规范合理的合同条款，保护农户利益和避免更大的粮食安全风险。

（四）结论

农业生产托管服务作为一种新型的农业经营组织形式正在逐步替代传统经营模式，成为规模化农业服务的一个重要发展方向。该研究着眼于服务规模经营视角下农业生产托管服务商的组织方式创新，总结提炼了横向联合扩大服务规模、纵向联合延长产业链条、交叉联合提供全方位服务、线上线下搭建信息化资源共享平台等服务融合创新方式，并提出加强农业基础设施和设备投入，支撑农业生产托管规模化作业；延伸托管主体的服务链条，引导各类服务商盘活资源要素；加强生产托管市场监管与风险管控，提高行业标准化、规范化水平等改革措施。

十二、农业生产托管推进小农生产现代化的逻辑创新

党的十九大报告指出，2035 年基本实现社会主义现代化，同时《国家乡村振兴战略规划（2018—2022 年）》指出，到 2035 年乡村振兴取得决定性进展，农业农村现代化基本实现。

基于以上目标，围绕农业现代化展开研究具有重大的现实意义。“大国小农”是我国的基本国情、农情，未来我国农业现代化的难点是如何实现小农户生产经营现代化，破解小农户农业生产现代化困局。在未来一段时间里，小农户仍然会占我国农业经营主体的绝大多数，仍然是保障国家粮食安全和农产品有效供给的基础。根据 2017 年公布的第三次农业普查数据，我国小农户数量占到农业经营主体的 98%，小农户从业人员占农业从业人员的 90%，小农户经营耕地面积占总耕地面积的 70%。我国的农户数量多达 2. 3 亿户，户均经营规模 7. 8 亩，经营耕地 10 亩以下的农户有 2. 1 亿户。

全国各地的最新实践证明，农业生产托管不仅在一定程度上解决了小农户在市场、技术、资金、劳动力等方面的实际困难，而且能通过农业服务规模经营将小农户引入现代农业发展的轨道。根据《新型农业经营主体和服务主体高质量发展规划（2020—2022 年）》的数据，截至 2018 年底，全国从事农业生产托管的服务企业、农民合作社、集体经济组织、农业企业等多元化服务主体达 37 万个，以综合托管系数计算的农业生产托管面积为 3. 64 亿亩，服务对象数量达到 4630 万个（户）。2020 年，中央财政继续安排资金支持 29 个省、区、市 4500 万亩土地开展农业生产托管，按照每亩补贴最高不超过 100 元，项目补助资金将达到 45 亿元。虽然农业生产托管在全国已经遍地开花，但是其概念的内涵与外延仍然比较模糊，因此本文在对农业生产托管、土地托管、农业社会化服务、农业生产性服务等相关概念进行辨析的基础上，针对现阶段小农户发展现代农业面临的“谁来种地”“如何种好地”“种地如何赚钱”等问题，从推进生产托管服务主体联合、推动小农户组织化、满足农户个性化生产经营需求、健全小农户与市场主体的利益联结机制、建立农业生产托管的风险分担机制等

五个方面，系统梳理农业生产托管推进小农生产现代化的逻辑创新，并提出下一步的工作思路和应当重点关注的问题，从而为进一步丰富农业生产托管实践路径提供借鉴。

（一）农业生产托管的内涵界定与辨析

农业生产托管在概念层面比较新颖，在实践层面则由来已久，其本质是家庭分散经营条件下农业经营方式的再造与创新。学者们大多沿用已有概念，并从农业服务外包、农业社会化服务、农业生产性服务等视角开展理论与实证研究，其研究视角并不是专门针对农业生产托管这一组织方式创新。在实践中，农业生产托管是指普通农户等经营主体在不流转土地经营权的条件下，将农业生产中的耕、种、防、收、储、加、销、兑等全部或者部分作业环节委托给农业生产性服务组织完成或协助完成的规模化农业经营新模式。通俗来说，农业生产托管是拥有土地经营权的农户或经营组织，将本应自己完成的农业劳动，全部或部分委托给受托方，并向其支付一定费用，经营成果自己负责的一种农业服务外包行为。农户向托管主体购买托管服务，同时托管主体为农户创造经营收益，普通农户与生产托管服务主体相互依存，合作共赢（见图 1-12-1）。

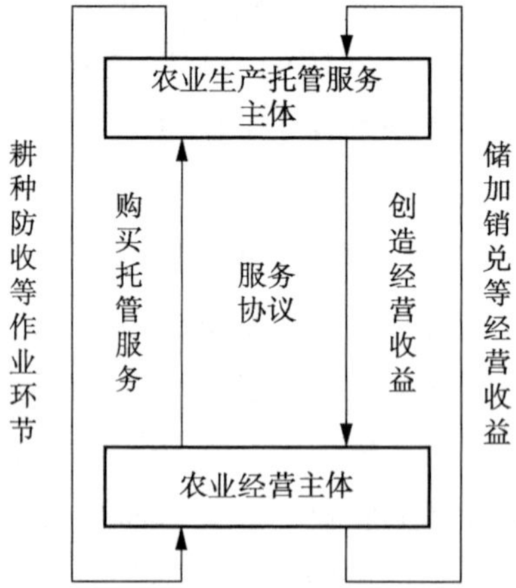

图 1-12-1　农业生产托管的概念示意图

关于农业生产托管，研究者大多根据自己的研究需要，选取不同角度和概念进行研究。现有研究没有对农业社会化服务、农业生产性服务、农业生产托管、土地托管等相关概念进行系统辨析，在一定程度上影响了相关理论和实践研究进展。从概念上来看，农业社会化服务是相对于小农户提出的，是为了解决一家一户遇到的生产经营问题。农业生产性服务比农业社会化服务的概念更具体，是贯穿农业生产作业链条，直接完成或协助农户完成农业产前、产中、产后各环节作业的那部分社会化服务，也就是直接替农民干活或帮农民干活。土地托管是农业生产托管的形式之一，即全程农业生产托管。山东省等一些地区习惯上将农业生产托管称为土地托管，这种叫法是不准确的，因为农户不是将“土地”委托给社会化服务组织，而是将农业生产环节委托给服务主体。基于以上概念性分析，结合农业生产托管理论和实践进展，本文认为农业社会化服务、农业生产性服务、农业生产托管、土地托管四个概念承前启后，分别代表理论和实践研究的不同层面和范围，后三者均是农业社会化服务的不同表现形式，其中土地托管是指产前、产中和产后全程化的农业生产托管，农业生产托管是农业生产性服务的最新实践，农业生产性服务是指“下地干活”的那部分农业社会化服务（见图 1-12-2）。

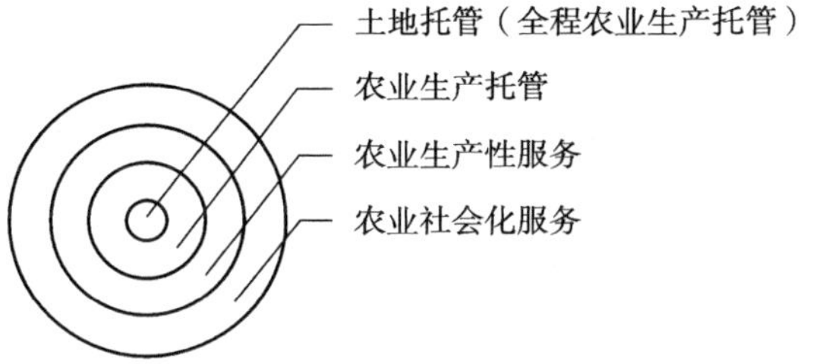

图 1-12-2　相关概念示意图

（二）小农生产现代化存在的问题分析

近年来，我国农业农村经济发展的内在条件与外部环境发生了深刻变化，小农农业正在进入一个新的时代，将小农户引入现代化发展的轨道也面临新的困难。第一，小农户难以对接大市场。市场大，农户小，小农户在市场中难以形成平等的谈判地位，在市场信息、生产资料采购、农产品销售等方面不具备优势。第二，小农户难以引进和应用新的生产技术。农业从业人员平均年龄偏大、平均文化偏低，这些从业人员在运用新技术、采用新装备和设施等方面都存在困难。第三，小农户自身经济能力有限，农业生产资金短缺。小农户囿于资源环境限制，自身生产生活极易陷入困难，缺乏自我发展能力，加之大部分农村地区经济仍然较为薄弱，造成基础设施资金投入力度不大，农业投入能力不足。第四，小农户土地细碎，不具有规模经营优势。现代农业要求大生产、大物流以节约成本提高效率，而小农户占有土地、装备等资源少，土地细碎化又导致其组织成本高、生产效率低，难以形成规模经营。第五，农业经营收入低，小农户经营农业的热情不高。农村年轻人不愿意涉足农业，青壮年外出打工，主要是留守的老人与家庭妇女参与家庭承包经营，农户家庭收入主要来自外出务工收入。根据《中国统计年鉴》（2020），2019 年农民人均可支配收入 16021 元，其中工资性收入 6583 元，占比高达 41%。小农户生产和经营面临的这些困境，最终形成了“谁来种地”“如何种好地”“种地如何赚钱”的困局。

（三）农业生产托管推进小农生产现代化的逻辑创新

面对以上困局，农业生产托管应运而生，以农业生产托管方式实现小农生产现代化具有广阔前景。农业生产托管推进小农生产现代化的逻辑创新主要体现在以下五个方面。

1. 推进生产托管服务主体联合，加速高端要素进入农村

农业生产托管服务主体在独立从事生产托管服务的基础上，也在探寻节约成本、扩大服务规模的有效路径。服务主体之间的联合能有效提升服务供给能力，它们通常采取横向联合、纵向联合、交叉联合三种方式。横向联合是为满足农户对农机、农资、技术等的服务需求，专业化的生产托管服务主体之间横向联合开展农业生产托管服务，以壮大服务实力，扩大服务规模。实践中，大多组建服务合作社或联合社。横向联合的出发点是从规模服务上要效益。通过抱团经营，弥补单个主体力量不足的缺点，推动服务主体从自我服务向社会化服务转变。托管服务主体之间通过横向联合将竞争关系转变为合作关系。纵向联合是生产托管服务主体牵头以“生产托管+研产（加）供销”的形式，将产前、产中、产后紧密衔接，推动农业经营组织化和产业化。实践中，表现为农业产业化联合体、生产托管服务联盟等。纵向联合实现了产业链上下游的“跨界融合”，最大限度地实现产品商品化。服务主体之间以产出为导向组织生产，在分工上，大多是龙头企业负责产业链前端和后端环节，合作社或村集体负责农户的组织协调和开展生产服务，充分发挥了“专业人干专业事”的优势，搭建了“产供销”对接通道，服务规模进一步扩大，服务程度进一步加深。交叉联合是横向联合和纵向联合的升级版，最大限度地兼顾生产托管的服务规模和效益。明确服务主体各自功能和定位是交叉联合网络系统有效运转的前提。在交叉联合的网络体系中，每一位服务主体不仅要单独开展服务，还要与其他服务主体共同作为网络节点发挥作用。通常村集体组织、合作社，负责作为小农户“组织者”和托管服务供给方，对接农户推进服务规模经营。各类种子化肥农药信息的供应商、粮食企业，作为农业生产要素供应商和采购商，负责农资供应和产品收购加工。

2. 推动小农户组织化，维护小农户独立经营主体地位

农业生产托管通过重构社会化服务体系的供给端和需求端，在供需双重组织化的基础上，发展服务规模经营，这种模式保持了农户独立经营的主体地位。调研显示，当前，推动小农户组织化主要依靠村集体、合作社和企业三种力量。村集体主导农业生产托管的最初动力通常来自政府行政命令或本社区小农户的需求，通常由村两委干部带动，将农户组织起来，统一接受托管服务，村集体在其中发挥了组织农户与服务主体对接的“桥梁”作用，不经营托管业务。这一方式发挥了村集体“统”的功能，实现了小农户组织化和服务规模化，具有公益性特点。部分村集体代表农户利益，直接与服务主体签订合同，能有效保护农户利益，并且兼顾贫困户。合作社主导农业生产托管是指由农民专业合作社、集体股份经济合作社承担服务主体职责，为社员或其他农户提供生产托管服务。实践中，有联耕联种、代耕代种、土地托管等表现形式。合作社作为生产经营性组织，服务社员和推动合作社发展是其发展的根本动力所在，具有显著的经济效益与社会效益。提高社员参与度和提高合作社经营收益是推进合作社主导农业生产托管的关键。企业主导农业生产托管是指龙头企业、农业园区、专业服务队伍等社会化服务主体，以获取稳定粮源、超额利润、构建产业链等为目的，开展农业生产托管服务。实践中，主要为订单农业、粮食银行等形式。企业以经济效益为核心，采取带实物、带技术等方式，提高生产作业效率和农作物产量。企业距离市场端近，但与农户融合程度不高，对接小农户的攻关成本高，因此企业通常会依靠村集体、合作社、农村能人、农机手等本地人协助，推动小农户进行集体行动，降低攻关成本和生产成本。

3. 满足农户个性化生产经营需求，发展服务型规模经营

农业生产托管从本质上来说属于服务业，服务业具有强大的渗透性、带动力和成长性。专业服务公司、供销合作社专业化服务组织、服务型农民合作社、农村集体经济组织等服务主体可以因地制宜选择本地农户需求程度高的托管环节，不断提升农业生产托管对小农户服务的覆盖率。实地调研发现，农户对“农资供应、农业保险、农产品销售”服务的需求较高，对“资金融通、农业信息”服务的需求次之，对“农技推广、农机作业”服务的需求较低。其中，农资供应需要“便捷购买服务”，农业保险需要“提高赔付额、及时赔款”，农产品销售需要“提高售价、拓宽销售渠道”，资金融通中需要“低息贷款”和“降低贷款门槛、简化贷款手续”，农业信息服务需要“农产品价格、农业政策信息”，农技推广服务需要“作物高产技术”和“土壤改良技术”，农机作业中

需要“秸秆还田、产地烘干”。为了满足农户个性化生产经营需求，目前有全程托管、部分环节托管、股份制托管三种基本模式供农户选择。全程托管模式下，农业生产中的耕、种、防、收等作业环节，全部委托给农业生产托管服务组织完成。农业生产托管服务组织完成作业服务后，依据当地市场价格收取农业生产作业服务全部作业费用。部分环节托管模式下，农户向服务主体支付一定托管费用，并将生产过程的部分环节委托给服务主体完成。根据托管环节的不同，部分环节托管又可以分为单环节托管、多环节托管和关键环节托管。股份制托管是一种盈余分配方式较为特殊的全程托管，其本质是农户以土地、农机等入股，农户享有基本保本收益的同时，还能按照股份数量与服务主体分享超额收益。

4. 健全小农户与市场主体的利益联结机制，提升农户经营热情

农业生产托管以促进农户增收为核心，收益主要来源于机械化和规模化之后所带来的生产成本下降和产出收入的增加。通过建立农户与农业生产托管服务主体的利益联结机制，实现由分散经营、单打独斗到利益联结、收益共享，通过订单收购、保底分红、二次返利、股份合作、吸纳就业等方式，激发农户经营农业的热情。调研显示，农业生产托管服务主体与农户之间的利益联结主要有一般市场型和股份合作型两种。在一般市场型利益联结机制中，农业生产托管服务主体与农户之间针对被托管土地签订服务合同，作为双方利益关系凭证。农户通常借助村集体、本地农机手、经理人，实现与市场主体对接，农户可以获得与被托管土地面积相应或略高的粮食销售收入。一般市场型利益联结机制委托服务关系比较简单，服务主体与农户之间签订单纯服务购买合同，明确权责，服务和结算完成后合同终止。在股份合作型利益联结机制中，农业生产托管服务主体与农户之间针对被托管土地，签订股份合作合同，采取“按股分红”“保底产量+按股份分红”等方式实现利益联结。股份合作型利益联结机制为农户建立按股分红、务工等渠道的增收机制，更能调动农户积极性，利益联结机制较一般市场型更为紧密。农户被“内化”为服务主体的有机组成部分，与服务主体联系的主要纽带是产权关系，是服务主体的资产所有者，对农业服务规模化和农业生产产业化过程中形成的经济利益有分割权。农户的资源成为农业服务主体的经营资本，同时服务主体将农户资源与服务资源进行统筹安排和综合利用，着眼于制定长远发展规划和综合利用方案。当前，采取股份合作型利益联结机制的服务主体大多是村集体经济组织。村集体经济组织利用其在组织农户方面的优势，以农户土地作为生产资源开展多元经营，获得增值收益，

农户获得产量保底收益和二次分红收益。

5. 建立农业生产托管的风险分担机制，分散农业经营风险

农业生产托管保持了小农模式的重要优势之一——风险分散，这恰恰就是小农经济形态少有的优势之一。与土地流转相比，农业生产托管主体不再集中承担相关风险，托管经营的风险由多元主体分散承担。由于农业生产周期长、不确定性因素多，再加上农业生产托管服务内容多样、主体多元等原因，农户参与农业生产托管面临的风险十分复杂，主要有契约违约风险、市场价格风险、自然灾害风险、短期经营风险、政策制度风险等。农业生产托管风险的承担主体主要包括政府、商业保险公司、农户和农业生产托管服务主体，四类风险承担主体的角色和定位各自不同。调研显示，农户和农业生产托管服务主体普遍通过购买保险来防范风险，政府则采取资金监管、质量控制等市场监管措施来防范风险。在保险防范措施中农业生产托管服务主体是农业服务的实际提供者，农户是风险的主要承担者和收益的最终受益者，农户可以通过购买保险预防农业风险，减少农业损失。风险分担机制建立过程中，与农户相比，企业、合作社等服务主体的风险意识更强，更善于利用信贷、保险等金融手段，且注重与农户共担风险，为农户获得托管费贷款、购买农机贷款等提供担保。在市场监管措施中，政府部门的主要作用是满足商业保险公司和农业经营者的利益需求，政府最大化社会效用而非自身利益，其参与模式主要是提供资金和政策支持，并对其他风险主体的行为实施监督。政府部门从服务主体筛选、资金补助、资金监管、质量控制等方面加强过程监管，并从明确服务范围、收费标准、服务价格、质量标准等方面强化合同内容约束，以确保托管双方利益和维持市场健康发展。

（四）未来需要重点关注的问题

展望未来，关于农业生产托管研究，更多着力点可能在创新组织方式、完善运行机制以及可能出现的新产业、新业态等方面。农业生产托管对现代农业发展的重要性不言而喻，还有以下四个方面的问题需要重点关注。

第一，灵活推进各种规模化经营模式。以土地经营权流转为前提的土地规模经营和以土地在物理上集中连片为前提的服务型规模经营，都是现行农地制度适应生产力发展的结果，单纯依靠其中一种模式不能彻底解决耕地细碎化条件下的规模经营问题。目前阶段采取的服务带动性规模经营，不宜理解为“土地经营权的集中”，而是各生产环节的服务规模化。实践已经初步表明，通过服务规模经营模式，我国农业可以在不流转农户土地、节约流转费等制度和交易

成本的前提下，推进农业规模经营。

第二，审慎推广农业生产托管典型示范。虽然全国各地的托管模式更新很快，为农业生产注入了活力，但是农业生产托管在概念层面属于新生事物，各地对于相关问题的认识和经验总结还不十分成熟。在推广农业生产托管典型示范的过程中，一方面需要采取包容的态度，允许地方的实践探索和经验总结，发挥示范带动作用；另一方面要防止政策资金“垒大户”，加强监督，防范生产风险。

第三，提升小农户组织化程度。规模服务供给主体倾向于对接规模服务需求主体，因此对小农户存在“挤出效应”。为提高小农户的有效需求，需要发挥合作社和集体经济组织在组织农户方面的优势。通过社会化服务体系的供需双重组织化，将分散小农户的购买行为转变为集体行动，以解决农户种植规模小、地块分散、种植结构不统一、单个农户购买力弱等问题。这一过程中，应正视农村“熟人社会”和小农户学习特点，使服务工作真正嵌入农村社会结构中，激发乡土社会的内在活力，进而提高农户购买托管服务的积极性。

第四，培育农业生产托管供需市场。目前，农业生产托管服务仍然处于起步阶段，在满足农户生产经营需求的基础上，未来需要继续加大培育供给和需求市场，推动供需有效对接，促进“大需求”对接“大服务”。通过服务供给市场的培育，提高村集体、合作社、服务企业等多元化服务主体的服务能力。通过服务需求市场的培育，将传统小农户分散的、自给自足的服务，转变为在不流转土地的情况下，统一接受生产性服务，壮大小农生产经营规模。

十三、农业生产托管：模式、成效及风险分担机制——基于山西和黑龙江两省的调研

2017年，农业农村部发布的《关于大力推进农业生产托管的指导意见》指出："发展农业生产托管要把粮棉油糖等大宗农产品生产的托管作为重点支持对象，通过专业化、规模化服务提升大宗农产品生产效益，提高普通农户从事大宗农产品生产的积极性，确保国家粮食和其他重要农产品安全。"农业生产托管促进了粮食等大宗农作物区域化种植、规模化作业、集约化经营，实现了粮食增产农民增收，提高了农民种粮积极性。据统计：2017—2020年，中央财政共安排了155亿元资金支持以农业生产托管为主的农业社会化服务；截至2019年底，全国有30个省（区市）实施了农业生产托管项目，累计补助的托管服务面积为1.04亿亩。作为一种规模化的农业经营方式，农业生产托管也存在一些风险。基于此，本文研究不同农业生产托管模式风险分担机制，提出具有针对性和可行性的风险防范对策，希望对促进农业服务型规模经营发展和农业节本增效有所裨益。

（一）相关研究文献评述

一些学者认为农业生产托管是一种外包行为，较多学者对农业服务外包展开研究。关于农业服务外包的研究，彭新宇（2019）认为，服务型规模经营的生产关系更复杂，可以实现经营主体、农户、土地的部分或完全分离。考虑到不完全契约的原因，服务型规模经营下道德风险和逆向选择问题可能会比土地规模经营条件下更为突出。胡新艳等（2006）认为，我国部分地区在人多地少的特殊农情与农地流转高交易成本的约束下，单纯追求经营个体增加土地面积的发展惯性并不能有效解决机械技术应用的规模性要求，需转向以服务外包聚合众多小农户机械服务需求的农机服务外包的机械化发展路径。蔡荣、蔡书凯（2014）认为，作物产量受到自然因素和人为因素的共同影响，外包服务的质量很难得到准确判断。对作物最终的产量影响较大的生产环节，在外包服务质量

难以衡量的情况下，一旦外包出去，农户面临的风险将增大，很容易引起事后纠纷，因而这类生产环节外包的概率较低。

一些学者认为，农业生产托管是小农户与农业社会化服务主体或农业生产性服务的对接。关于农业社会化服务或农业生产性服务的研究，钟真（2019）认为，政府应重新设定推进中国农业现代化的政策着力点，即当前和未来一个时期应以社会化服务为核心，而非以土地流转为核心推进适度规模经营。芦千文（2019）认为，亟须提高农业生产性服务业的研究层次，农业生产性服务中的一些新兴服务，如土地托管服务、农业生产托管服务等，在加快转变农业发展方式中发挥着引领支撑作用。王玉斌、李乾（2019）认为，农业生产托管存在各种潜在的、复杂的风险，以及发展制约瓶颈，如农业生产托管服务供给受现有基础性生产条件掣肘；服务需求方面临难以选择并甄别服务的难题；服务监管组织面临规范管理困境等。芦千文、姜长云（2019）认为，要正确认识农业生产托管的作用，将其作为发展农业生产性服务业的重要方式，优先扶持农业服务户和农户组成的服务组织，注意建立共享收益、共担风险的利益联结机制。

综上所述，以往文献多从农业服务外包、农业社会化服务、农业生产性服务等视角开展研究，其研究视角并不是专门针对农业生产托管这一组织方式创新。针对目前研究的不足以及农业生产托管面临的现实问题，本文识别并分析了农业生产托管服务存在的风险，并对比分析了不同农业生产托管模式下的风险分担方式，进而基于各风险承担主体的角色定位，提出了完善农业生产托管风险防范机制的建议。

（二）农业生产托管模式特点、成效及其风险识别分析

1. 农业生产托管模式特点与成效

农业生产托管指拥有土地经营权的农户将农业生产过程中的耕、种、防、收等部分或全部环节的农事活动，以有偿方式委托给具有相应服务能力的农民合作社或农机大户代为完成的一种农业服务方式。农业生产托管衍生于农业服务外包、农业生产性服务、农业社会化服务，其内涵及范围更为清晰，按服务环节分类，有全程托管和环节托管两种形式。

在全程托管模式下，农业生产中的耕、种、防、收等作业环节，全部委托给农业生产托管服务组织完成。农业生产托管服务组织完成作业服务后，依据当地市场价格收取服务费用。实力较为雄厚的合作社和企业以资本或资金为纽带，将地方政府、银行与农户联系在一起，并发挥担保资金的杠杆作用，吸引

地方财政、信贷资金、工商资本等各类资金进入农业生产经营领域，解决小农户无法解决的生产资金不足问题（王颜齐、史修艺，2019）。在环节托管模式下，农户向受托方支付一定服务费用，并将生产过程的部分环节委托给受托方完成。根据托管环节的不同，部分环节托管又可以分为单环节托管、多环节托管和关键环节托管。无论是单环节托管、多环节托管还是关键环节托管，土地的种植决策权、农产品处置权和绝大部分田间管理权都仍然归农户所有。

农业生产托管取得的成效主要体现在以下三个方面。第一，重构农业产业链条组织模式。例如，山西省平遥县在县政府的协调下，以农机合作社联合社方式搭建垂直的服务体系框架，将农机商、农资商、农业企业等各类主体捆绑在一起，通过“区域布点”的模式铺设网络，提供包括农资在内的全程生产托管服务。第二，保留了小农户土地经营自主权。生产托管创新形成的“万千小农户+大服务”新型生产关系，不以土地集中为前提，与土地流转相比，生产托管保留了农户对于土地的最终控制权。第三，推动了新兴技术在农业中的应用。大数据、人工智能、物联网等新一代数字技术也被应用在生产托管领域。例如，黑龙江省兰西县给农机具装上 GPS，机手完成作业后台就知道作业面积及质量；开发的托管农户合同管理 App，节约了人工成本，提高了管理效率。

2. 农业生产托管风险识别

农业生产托管风险的承担主体主要包括政府、商业保险公司和农业经营主体。农业经营主体主要包括农业托管服务组织和农户，两者均以自身利益最大化为目的。农业生产托管本质上是农业经营模式的创新，必然面临农业生产经营所固有的风险，其所隐含的风险类别不仅包括服务过程中无法控制的外部经济变量或自然变量产生的外生风险，还包括由人的主观行为导致的内生风险。前者主要表现为市场价格风险和自然灾害风险，后者主要表现为契约违约风险。

（1）市场价格风险

农业生产托管市场价格风险主要是指由与托管相关的产品和服务价格波动而产生的风险。在农业生产托管中，服务组织与农户双方按照确定的粮食价格、服务价格和农产品交割时间签订买卖或服务合约之后，粮食价格、服务价格的任何变化，都可能会给参加交易的某一方造成经济损失。相应地，农产品市场价格升高往往蕴含着巨大的商机，违约的一方可能获得更多好处，而另一方将承受损失（常伟、王丽霞，2018）。

一些承接农业生产托管的中小型托管组织缺乏市场化运作意识和长远规划。当托管业务规模扩大时，不能充分考虑政策变化、资金周转、农产品价格波动等宏观市场因素，导致托管服务组织和个人经营效益降低，诱发托管双方违约，进而造成市场价格风险和契约违约风险相互交织。近年来，国内外市场一体化程度不断加强，随着一系列双边和多边自由贸易区以及“一带一路”建设的发展，国际市场和国内市场之间的价格关联程度增加，情况变得更加复杂（刘月姣等，2016）。

（2）自然灾害风险

自然灾害风险是指发生干旱、洪水、冰雹、飓风和其他自然灾害，导致农业生产托管主体资产损失和经济效益下降，不能或不能完全执行托管合同造成经济损失的风险。若以风险的不可控程度来划分，自然灾害风险高于市场价格风险和契约违约风险。我国自然灾害的发生有其独特的原因，与气候、季节、地域、自然环境等自然因素，以及风险管理能力等人为因素有很强的关联（曹海林，2010）。由于自然灾害的灾史长、灾域广、灾种多，所以自然灾害风险的防范需要农户、服务组织和政府一起努力，将灾害损失降到最低。

（3）契约违约风险

契约违约风险分为两种情况：一种是托管双方没有签订正式合同而造成的风险，另一种是签订合同不规范或执行不到位而造成的契约规范性风险和违约风险。在农业生产中，农民与亲友或村民之间习惯于用口头协议代替正式托管合同，基本不会向村委会或相关机构登记备案。即使签订了正式的托管合同，也可能由于签订合同的行为主体法律意识淡薄、农户对合同条款理解能力有限、合同条款约定不符合法律规定等导致契约违约风险。

——契约违约风险主要发生在托管服务组织和农户之间。

——农户面临的契约违约风险主要有：托管服务组织违背农户意愿，以托管名义获得农户土地、改变土地用途；种粮收益得不到保障，包括粮食质量、产量达不到合同规定标准等；服务组织经营不善，没有足够资金支撑，服务合同无法持续履行，甚至骗取农户服务费；由于信息不对称和托管市场发育不完善，托管服务组织收取服务费过高；服务组织没有按照既定技术标准、环节、时限等开展有效服务，服务质量差等。

——农业生产托管服务组织面临的契约违约风险主要有：农户干扰正常生产服务活动，违规收回已托管土地并给服务组织造成损失；全程托管中，农户不按合同约定的时间和方式销售粮食；农户赊欠和拖欠托管服务费用等。契约违约风险一旦发生，除给农户和托管服务组织造成损失外，还可能引起上访等社会问题。

除了市场价格风险、自然灾害风险和契约违约风险外，农业生产托管还面临短期经营风险、政策制度风险等。大多数农业生产托管服务以一年为一个周期，同时大多数托管受托方只是获取托管作业环节的服务收入，不愿意或者没有能力对土地进行长远规划和长期投资，可能形成短期化经营风险，影响农业可持续发展。政策制度风险主要表现为由于国家土地政策、税收政策、产业政策、补贴政策调整，年度之间无法有效衔接，造成受托方农业经营计划无法实施，导致托管合同无法履行。

总之，农业生产托管服务模式存在复杂的风险，只有对各类风险进行准确识别，才能提出科学的防范对策。

（三）不同农业生产托管模式下风险分担方式分析

与传统的土地流转方式相比，农业生产托管的风险和利益均不会完全集中在受托方或者委托方，有助于实现风险共担和利益共享。不同农业生产托管模式均应关注每一种风险的控制，因为不同风险相互叠加，可能导致更加严重的复合型风险，进而影响农业生产托管服务的可持续发展。

1. 全程托管

在全程托管模式下，当农产品产出因遭遇风险而减少时，低于合同约定的部分由受托方部分或全部补足，因此该模式的主风险承担者是受托方。据调研，目前全程托管由实力较为雄厚的合作社和企业主导。

——山西省寿阳县嘉禾农业科技有限公司与农户签订周期为 3 年的玉米全程托管合同，根据农户实际需求，托管方案有三种选择：收取 600 元/亩服务费，次年交农户 900 公斤/亩玉米；保底农户 900 元/亩收入，公司负责从种到收及玉米的销售；收取 600 元/亩服务费，保证增产 100 公斤/亩，农户自己销售玉米。

——黑龙江省龙江县超越合作社在与农户合作种植玉米的过程中，由农户购买政策性成本保险和商业性产值保险，进一步降低市场价格风险和自然灾害风险。政策性成本保险保额为 258 元/亩，保费为 20 元，由农户自费 4 元，政府补贴 16 元。商业性产值保险为托管农户承保，保额为 700 元/亩，农户自愿缴纳 25 元/亩保险费。如果农户没有能力缴纳，则由合作社垫付。合作社还与中粮集团开展“粮食银行”合作项目，粮食收获后享受入库“绿色通道”，由农户根据市场行情自行选择结算时间，进一步降低市场价格风险。

2. 环节托管

与全程托管相比，环节托管的利益联结机制不紧密，相应地，风险分担机制也不完善。当各类风险发生时，所造成损失一般由农户承担。黑龙江省兰西县瑞丰玉米种植专业合作社玉米关键环节托管服务过程中，由农户提供种子化肥等基本农用物资，合作社提供专业机械和技术人员进行机械作业和植保服务。从表 1-13-1 可以看出，关键环节托管较全程托管收费更低，主要解决农户在种地过程中依靠自身拥有的设备和技术不能完成的关键环节与薄弱环节。

表 1-13-1　瑞丰玉米种植专业合作社收费标准和收费方式

生产托管组织方式	收费标准（元/亩）	服务内容	收费方式		
			第一次收费	第二次收费	第三次收费
玉米全程托管	340	种子、化肥、耕种、除草剂、喷洒除草剂、玉米收割、运输到家	第一次交费按 260 元/亩收费，协议签订同时一次性全额交付	第二次在玉米出苗前交费，按 20 元/亩收费	第三次收费，按 60 元/亩收取运输到家费用
玉米关键环节托管	120	起垄种植	第一次按托管费 60%交纳，即 70 元/亩	第二次在玉米收割前（9 月）交齐剩余服务费	
	100	免耕种植	第一次按托管费 60%交纳，即 60 元/亩	第二次在玉米收割前（9 月）交齐剩余服务费	
	30	只负责玉米耕种	一次性缴费		

3. 股份制全程托管

股份制全程托管的本质是一种盈余分配方式较为特殊的全程托管，在这种模式中，农户以土地、农机等入股，享有基本固定收益，同时还能按照股份数量与受托方分享超额收益。虽然收益共享意味着风险共担，但是农户作为股东入股时，通常存在对相关法律缺乏了解和盲目跟风的情况，进而造成农户处在弱势一方，有一定的失地或失权风险。据调研，目前股份制全程托管由村集体经济组织和股份制合作社主导。村集体经济组织以服务本村村民为主，除经济功能外，还有一部分公益性职能，为农户分担了大部分风险。与村集体经济组织类似，股份制合作社不仅为本社社员提供服务，还能利用农机、农机手等资源对外经营生产托管业务。

总的来说，股份制全程托管在利益共享的同时，也实现了风险共担。黑龙江省兰西县双太村集体经济股份合作社，采取整村村民小组推进的方式，大豆托管面积达到 10380 亩，吸引了全村 81%的农户参与。目前，股份合作社的牵头人同时也是村委会干部，在一定程度上利用村集体的组织优势降低了契约违约风险。村委会和股份合作社共同努力，不仅为农户垫资服务费，还垫资采购种子、化肥、农药等农资，垫资费用在年底大豆统一销售后结算，股份合作社承担了较大的市场价格风险。

（四）完善农业生产托管风险防范机制的政策建议

灵活的农业生产托管形式、适当的利益分配机制和多元化的生产组织方式使农业生产托管中的契约违约风险、市场价格风险和自然灾害风险在不同主体之间得到了分担。不同托管模式与风险分担方式的对比分析表明：股份制全程托管通过土地、农机入股的形式，将受托方和委托方更加紧密地联系在一起，风险分担更加有效。基于各风险承担主体的角色定位，本文提出以下政策建议。

1. 加强生产托管市场监管与风险管控，提高行业规范化水平

上述全程托管、环节托管、股份制全程托管三种组织方式中，省、市、县政府在制定实施方案、鼓励服务组织为农户开展服务等方面发挥了很重要的作用。地方政府部门依法对服务组织与农户之间签订的服务合同进行规范，提供格式合同样本，明确服务范围、收费标准、服务价格、质量标准等内容，强化合同内容约束和可追溯管理，帮助小农户与服务商签订规范合理的合同条款，保护农户利益。

2. 提升农户风险防范意识和专业知识水平，强化农户风险规避能力

从政策层面来看，政府应通过多种方式强调契约在农业生产托管服务中的核心作用，通过签订规范的合同帮助农户规避风险。具体来说，合同必须明确托管期限及责任；必须明确不改变耕地用途，国家对耕地的优惠政策归农户所有；必须明确种什么、怎么种、怎么销售等具体问题；必须明确收益分配方式，生产情况波动下的收益波动范围，确保切实兑现农户收益。从农户角度来看，农民的文化水平相对较低，风险意识较弱，政府部门要运用宣传教育的方式，让农民充分认识到防范农业生产托管风险的重要性，提高农户风险意识，从而有效地降低农业生产托管风险发生率。

3. 提供政策性贷款和农业保险支持，降低农业融资成本

在政策性贷款方面：探索由服务组织担保，由银行向农户提供托管费贷款、抵押贷款、赊购等融资服务。针对开展农业生产托管的村集体经济组织、农民合作社、农业企业等给予政策性贷款支持，出台针对托管服务组织的贷款贴息、税收等相关政策，优化审批流程，最大限度地解除农户和服务组织的现金约束。

在农业保险方面：加大对农业保险的支持力度，重点完善收益保险及区域

性粮食产量保险品种，促进农业生产托管服务真正形成服务闭环，保障农民从种到收全方位服务，让农民真正步入现代农业发展轨道。农户收益险，可以由农户出一部分、服务组织出一部分、国家政策支持一部分，给托管土地交纳保险费。在开展新一轮农业生产托管试点工作时，对试点县给予收益保险或区域性粮食产量保险补贴。借助农业生产托管试点，在农民合作社内部开展农业互助保险，农民统一缴纳保费后形成保险基金，每年保险基金盈余部分结转至下一年，使农民相应减少保费。

十四、推动小农户与现代农业有机衔接的农业生产托管组织方式和利益联结机制

（一）引言

建设现代农业，首先要解决好“谁来种地”的问题。小农户长期存在是我国农村的现实，实现小农户与现代农业的有机衔接是实现乡村振兴的关键所在。农业社会化服务在推动小农户与现代农业衔接方面发挥了重要作用，对于培育农业农村经济新业态，构建现代农业产业体系、生产体系、经营体系具有重要意义。为提高农业社会化服务效率，国家在《乡村振兴战略规划（2018—2022年）》中明确提出“发展多样化的联合与合作，提升小农户组织化程度。健全农业社会化服务体系，大力培育新型服务主体，加快发展‘一站式’农业生产性服务业”。但受农村经济整体水平、农业内部分工发育程度以及政府包揽模式的影响，我国小农户组织化程度较低，社会化服务主体发展较为缓慢；规范性的市场竞争秩序尚未形成，高端服务供给能力不足；创新意识不强，服务手段单一，造成推动小农户现代化发展进展缓慢，距离实现政策目标仍有较大差距。因此，研究推进小农户与现代农业有机衔接的组织方式和利益联结机制，探寻供需双方之间的对接运行机制，是提高农业社会化服务效率的关键。

农业生产托管作为典型的农业社会化服务模式，发轫之初立足家庭经营需要，旨在通过重塑统分结构来构建农业服务供给侧和需求侧主体的双重组织，进而实现农业服务的规模供给，具有反向租赁的特征。农业生产托管在概念层面比较新颖，在实践层面则由来已久，并且近年来在山东、河北、黑龙江、山西等地推进较快。根据《中国农村经营管理统计年报》的统计，2018 年，全国农业生产托管服务总面积约为 13.84 亿亩，比上年增长 52.7%。2017 年以来，中央还出台了《关于大力推进农业生产托管的指导意见》等政策文件，以支持发展农业生产托管。2017—2019 年，连续三年中央财政农业生产发展专项中分别安排资金 30 亿元、40 亿元、40 亿元支持以农业生产托管为主的农业社会化服务。实践中，全国各地因地制宜地积极探索，农业生产托管发展势头良好，各

省的农业生产托管服务试点项目加速了农业生产托管在全国遍地开花。笔者调研发现，山西省的嘉禾公司、金穗种植合作社、和之瑞合作社联合社、中化集团、寿阳县左家堡村，黑龙江省的双太村农村经济股份合作社、瑞丰玉米种植合作社，甘肃省的谷丰源农化科技有限公司以及江苏省淮安区等在农业生产托管组织方式创新上各具特色。

农业生产托管是农户等经营主体在不流转土地经营权的条件下，将农业生产中的耕、种、防、收等全部或部分作业环节委托给农业生产性服务主体完成的农业经营方式。农业生产托管衍生于农业生产性服务、农业社会化服务，其内涵及范围更为清晰，有单环节托管、多环节托管、关键环节托管和全程托管等多种形式。围绕农业生产托管概念、内涵及地方实践，已有研究主要将其与土地流转、土地托管相比较。其中，农业生产托管与土地流转的本质区别是土地经营权是否发生流转，较易区分，二者在实践与研究中并不存在概念上的争议。土地流转改变了农户的土地经营权和收益权，即农户仅保留承包权，不参与土地经营，也不参与分配土地的经营收益（入股流转方式除外），仅获得土地流转费用。农业生产托管与土地托管的概念较为近似，生产托管和土地托管服务方的收益均来自农户交纳的托管费、农资差价等，大部分学者基于此将二者等同。然而本文认为，农业生产托管和土地托管在概念上不能等同。土地托管是指部分不愿耕种或无能力耕种者把土地委托给供销社等合作组织和种植大户，并由其代为耕种管理的做法，近似于农业生产中的全程托管；农业生产托管较土地托管而言更加灵活，农户的起始接受度也更高。

部分学者认为，农业生产托管是服务型规模经营的主要形式，有广泛的适应性和发展潜力，能促进小农户与现代农业发展的有机衔接，取得了一定的经济效益、生态效益以及社会效益，有效地促进了我国农业社会化服务的发展。由于农业生产托管概念提出较晚，且部分研究沿用农业生产性服务、农业社会化服务等概念，因此针对性研究较少，对于农业生产托管的组织方式和利益联结机制，以及服务需求和供给、服务内容和形式等深层与具体问题的研究就更少。针对目前研究的不足，本文结合我国农业生产托管最新实践和黑龙江、山西、江苏、甘肃等省份的走访调研，基于推动小农户和现代农业有机衔接的视角，采取案例研究和对比方法，总结提炼了村集体主导型、合作社主导型和企业主导型三种农业生产托管组织方式，分析不同组织方式下农户与生产托管服务主体之间的利益联结机制，从而深入探讨农业生产托管推动农户组织化、服务规模化的有效手段，并提出若干针对性建议，为推动小农户和现代农业有机衔接提供借鉴和决策参考。

（二）农业生产托管组织方式

1. 村集体主导型

基于农户视角的农业生产托管组织方式是指农户之间以正式的或非正式的契约为媒介进行有机整合，以达到托管土地及其他资源要素的共同管理和规模化利用，进而实现规模效益。小农户数量越多，农户个性化需求越多，土地碎片化程度越严重，进而组织化难度越高，最终造成农户组织化程度降低。当前，农村至少有村集体、合作社和企业三种力量主导农户组织化，三者的优势和着力点各不相同。

村集体主导型农业生产托管往往由村两委干部带动，将农户组织起来，统一购买农业生产托管服务，村集体只在其中发挥组织农户的“桥梁”作用和“统”的功能，不经营农业生产托管业务。在农业生产托管初始阶段，由村集体组织农户统一开展农业生产托管，发挥了显著的示范带动作用。通过以村为单元开展整建制托管、成方连片种植，不但有效整合了地边地沿，还充分发挥了大型农机作业效率高、化肥药剂使用效率高及全程数据化管理的优势。村集体主导可以照顾到普通小农户，尤其是对贫困户的带动作用明显。同时，村集体代表农户利益，直接与托管服务主体签订合同，增强了议价能力。村集体在组织农户方面具有天然的优势，容易获得农户信任，有利于降低外来托管服务主体对接农户的交易成本，例如，托管服务主体依靠村集体解决了指认地块、收取托管费等问题。

在组织小农户开展农业生产托管过程中，村两委带头人及其组织管理至关重要。因此，充分调动村两委干部工作积极性是这一组织方式发挥作用的关键。但长期来看，村集体是基层政权代表而非市场主体，不能一直依靠村干部的“情怀”来做工作。村干部与农户所获得的利益没有联系，加之村务头绪繁杂，专职人员不足，村干部从事这项工作的内生动力是不足的。受限于村干部素质和经营管理能力，后续产业融合发展的增值能力有限。在实践中，山西省寿阳县采取“县级部署督导、乡镇组织协调、村组调度实施、服务主体规范作业”四级联动方式，整村推进生产托管试点工作。江苏省淮安区部分村集体可按规定提取当年增量的20%用于村两委班子成员的绩效报酬。如果当年村集体经济收入达到100万元以上，奖励村书记7200元，奖励其他村干部2400~4800元不等。

2. 合作社主导型

合作社主导型农业生产托管是指由农民专业合作社或集体股份经济合作社承担服务主体职责，在为社员服务的基础上，整合合作社资源，对外开展生产托管经营服务。农民专业合作社是由农户自发组织或者由能人带动，例如，黑龙江省兰西县瑞丰玉米种植专业合作社由大学生创办，2019 年玉米托管面积 10 万余亩，玉米全程托管 31695 亩。目前，瑞丰玉米种植专业合作社拥有的农机数量在当地位居前列。同时，合作社还积极开发合作社新产品，如品牌蔬菜、杂粮、茶叶，进一步增加社员和农户收入。集体股份经济合作社由村集体组织成立，并组建专业服务队伍开展农业生产托管业务。目前，黑龙江省兰西县双太村农村经济股份合作社，吸引了全村 81%的农户参与全程托管，规模生产经营降低了农资采购成本，提高了粮食产量和村集体经济组织收入。

合作社作为以农户为主体的生产经营性组织，提高社员参与度、提高合作社经营收益、完善利益分享机制是推进合作社主导型农业生产托管的关键。合作社经营效益与社员联系比较紧密，社员通过参与合作社经营，提高了收入。黑龙江省兰西县出台的生产托管细则规定，项目扶持的集体经济合作社开展农业生产托管服务，所获取盈利的 70%要用于村民分红。开展农业生产托管服务的集体股份经济合作社有了经济收入，村集体实力不断增强，进一步促进了村庄整体发展和村庄治理。

虽然合作社主导型农业生产托管推动了小农户组织化程度和农业生产要素有机整合，但是由于目前合作社自身发展存在一些问题，导致合作社主导型农业生产托管存在一些弊端。调研显示，很多合作社社员参与程度并不高，与农户的利益不对等，在缺乏监督运营机制的情况下，规范性水平不高，带动农户的能力不如预期。与产业化龙头企业相比，合作社的人才、资金等条件较为匮乏，农机装备不够先进，产业链条延伸和对接市场能力不足，导致合作社从事农业生产的经营管理效率不高。因此，需要政府强化制度设计，规范合作社发展，并且以资金或项目形式加强对合作社的扶持，引导合作社发展壮大，激活市场竞争活力。

3. 企业主导型

企业主导型农业生产托管是指龙头企业、农业园区等服务主体，以获取利润或产业发展为核心，开展农业生产托管服务。企业通常会采取节约成本或提高生产效率的方式，来实现企业效益最大化。在节约成本方面，企业会采取措施提高小农户组织化程度来降低攻关成本，并通过实现土地规模化经营来降低生产成本。为了提高小农户的组织化程度，企业通常会依靠村集体、合作社、农村能人、农机手等本地人协助，解决与农户沟通难、大型机械无法集中连片作业等难题。中化集团通过与山西省平遥县和之瑞合作社联合社合作，由联合社成员将中化集团提供的整套技术服务方案和农资输送给农民。山西省嘉禾公司采取整村推动方式，依靠村集体帮助整治田间路、指认地块、收取托管费等。在提高生产效率方面，企业通常会采取“托管服务带实物带技术”的方式，提高生产作业效率和农作物产量。甘肃省谷丰源农化科技有限公司以农资销售对象为基础，服务拓展涉及测土配方、选种选肥选药、专业农机服务、互联网培训和病情诊断、贷款和其他金融服务等。同时，在品牌建设和市场方面，还结合外部渠道和自有渠道，帮助种植户建立品牌，解决农产品销售问题。

企业距离市场端近，不根植于农村，与农户融合程度不高，对接小农户的攻关成本高，因此降低企业与小农户对接的攻关成本是促进企业主导型农业生产托管发展的关键。当前，企业类纯经营性、专业化的服务主体是推进人力、资金、科技、信息等现代资源进入乡村的重要载体，是推动现代农业发展最活跃的力量。针对企业与农户融合程度不高的问题，需要政府发挥信息沟通、中介等作用，帮助企业搭建进村入户的平台，降低其攻关成本。农业生产托管过程中的企业与小农户地位是不对等的，面临侵蚀农户利益和土地非农化的风险。部分农户签订的农业生产托管合同条款规定由农户来完成农作物测产，但实际上以农户现有实力很难完成，一旦生产出现减产情况举证困难，合同条款浮于表面，农户权利难以保障，因此需要专业人士帮助农户审查合同并对企业托管行为进行监管。

（三）不同组织方式下的利益联结机制

1. 一般市场型利益联结机制

不同组织方式下，农户与生产托管服务主体之间的利益联结机制存在差异。调研显示，农业生产托管服务主体与农户之间的利益联结机制主要有一般市场型和股份合作型两种模式。一般市场型利益联结机制委托服务关系比较简单，对于村集体主导、合作社主导和企业主导下的农业生产托管均具有一定的适用性。服务主体与农户之间签订单纯服务购买合同，明确权责，服务和结算完成后合同终止。全程托管模式下，双方约定农户获得保底产量、保底收入。部分环节托管一般只承诺本环节作业质量，无产量、收益约束，双方利益联结较全程托管相对松散。一般市场型利益联结机制初步解决了农业生产托管供需双方的信任和约束问题，避免了农村“熟人社会”，农户不得不雇用小农机手作业，造成作业质量不稳定、作业半径不够等问题。一般市场型利益联结机制适用于农户土地依赖程度高，家里缺少劳动力，为防止田地荒芜和获得稳定粮食生产收益，需要购买全程托管服务和部分环节托管服务的农户。

不同组织方式下，一般市场型利益联结机制具有一定差异。

第一，村集体主导型。农户直接向服务主体支付托管费，服务主体直接服务农户，集体从中发挥“桥梁纽带”作用。第二，合作社主导型。农户向合作社支付托管费，合作社为农户提供菜单式的全程托管或部分环节托管服务。黑龙江省兰西县瑞丰玉米种植合作社玉米全程托管服务，包括代购种子、化肥、农药，播种、喷洒除草剂、收割及运输等服务，服务收费标准为 340 元/亩。合作社保证粮食产量不低于当地当年相同地块、相同品种产量。关键环节托管服务过程中，农户提供种子、化肥等基本农用物资，合作社提供专业机械和技术人员进行机械作业及植保服务。农户选择关键环节托管服务的，合作社仅负责完成作业，作业结束后合同双方履行完成，合作社不承担任何后续责任。第三，企业主导型。农户向企业支付托管费，企业为农户提供菜单式的全程托管或部分环节托管服务。企业收入来源多元化，经营科技、农资、农机等生产要素，以“服务带物资”方式获得团购低成本，而且部分企业具有产后销售加工经营能力，增值收益也很显著。山西省嘉禾公司对内与农民建立“粮食银行”，免费为托管农户进行粮食安全储存，解决农民收储和卖粮难题；对外与各大中型加工企业形成“订单模式”，有稳定的外销渠道。公司与农户签订了为期 3 年的玉米生产托管服务合同，收取 600 元/亩服务费，保底产量 900kg/亩（或者保证增产 100kg/亩），农户自己销售粮食（见表 1-14-1）。

三种组织方式下，小农户通常通过村集体、本地农机手、农村经纪人等实现与市场主体对接，农户的收益较为单一，只获得了与被托管土地面积相应或略高的粮食销售收入，三种组织均没有促进建立小农户持续增收机制。除村集体主导方式外，另外两种方式的小农户在服务市场上仍处于劣势。

表 1-14-1　一般市场型利益联结机制

组织方式	典型案例	相关主体	收益分配
村集体主导型	山西省寿阳县、江苏省淮安区	农户+村集体+其他服务主体	农户直接向服务主体支付托管费，服务主体直接服务农户，村集体是重要主体，发挥组织农户的作用，但是无经济收益

续表

组织方式	典型案例	相关主体	收益分配
合作社主导型	黑龙江省兰西县瑞丰玉米种植专业合作社	农户+经纪人（一般为本村农机手）+农民专业合作社	农户向合作社支付托管费用，合作社整合资源，开展托管作业，社员通过参与合作社经营，提高收入
	黑龙江省双太村农村经济股份合作社	农户+农机手+集体股份经济合作社	
企业主导型	山西省嘉禾公司	农户+企业	农户向企业支付托管费用，企业或者企业组织村级合作社开展托管作业，企业获得稳定粮源，并依靠产后加工销售能力，获得多元化收入
	中化集团、甘肃省谷丰源农化科技有限公司	农户+村级合作社+企业	

2. 股份合作型利益联结机制

股份合作型利益联结机制是指农业生产托管服务主体与农户之间，针对土地、农机等签订股份合作合同，有“按股分红”“保底产量+按股份分红”等具体形式。在村集体主导、合作社主导和企业主导三种组织方式下，开展股份合作型的利益联结，差异界限不明显。调研显示，目前开展股份合作制的主要是由村集体牵头组建集体股份经济合作社开展农业生产托管业务。山西省寿阳县左家堡村开展土地入股托管试点，全村 3000 余亩土地，已完成 70%农户、近 2000 亩土地入股登记，由村集体股份经济合作社以土地入股的形式集中交由和之瑞合作社联合社连片种植、统一管理、保底分红，并以高于市场价 0.01~0.06 亩/公斤的价格收粮。山西省金穗种植合作社有土地股和现金股两种形式。农户以承包地入股，土地按 200 元/亩折价，成为合作社社员。2018 年，合作社留足发展基金后，另有 39 万元用于社员分红。

在股份合作型利益联结机制中，农户与农业生产托管服务主体联系的主要纽带是产权关系，农户的资源成为经营资本，托管服务主体和农户的利益联结比较紧密。托管服务主体着眼于制定长远发展规划和综合利用方案，将农户资源与服务资源进行统筹安排和综合利用。农户被“内化”为服务主体的有机组成部分，成为服务主体的资产所有者，农户对产业化过程中形成的经济利益有分割权。土地等作为农户的生产资料，除作物种植收益外，还发挥了为农户带来增值收益的潜在价值。从有利于小农户角度出发，长远来看，应该鼓励服务主体与农户建立股份合作型利益联结机制。股份合作型联结机制为农户建立以土地股份分红的增收机制，更能调动农户积极性。这一利益联结机制适用于依赖土地程度低、非农就业转移率高、自愿入股合作经营的农户。这一机制对农业生产托管服务主体的责任心、经营能力等要求比较高。与千家万户小农户打交道的攻关成本高，加之农户契约意识不强，经营风险和压力比较大。

（四）以生产托管推进小农户与现代农业有机衔接面临的问题

1. 小农户对接现代农业的组织化成本高

农业生产托管的核心是在土地使用权集中的基础上，依靠农业服务规模化推进土地规模化经营。当前，小农户土地碎片化，种植结构不统一，小农户意愿分化，难以协调统一。在推动分散小农户组织化方面，面临着人口老龄化突出、农户年龄偏大、思想观念保守、主动接受服务的意识淡薄等问题，参与性的集体活动难以组织起来。大多数专业服务主体不是内植于农村，有实力的服务主体多数是工商资本下乡组建的公司，在与农户对接方面“先天不足”，难以融入农村和获得农户信任，在组织农户方面能力也有限，在破除田垄、成方连片提供服务、推动服务规模化上仍面临很大阻碍。分散的小农户难以真正成为市场经济的主体，根本原因就在于与分散小农户建立契约关系的交易费用畸高且难以有效维护。外部主体要进入农村，都面临着交易费用过高的约束，这种约束极大地影响了支农、惠农政策的实施效果。出于节约交易费用的需要，无论是政府资源还是产业资本进入乡村都需要可以内部化节约交易成本的主体来代表农户与其对接。

2. 带动小农户增收的利益联结机制不健全

在利益分配方面，服务主体与农户的资源占有状况和经济地位极不对等，两者之间的利益衔接机制规范化和制度化不够强，利益没有完全理顺。农户相对处于弱势地位，很难分享到农产品加工增值的好处和流通环节的商业利润。目前，农户主要靠粮食增产、非农务工增收，产业链融合经营参与度不高，入股分红、多次返利等紧密型的利益联结机制不健全，带动能力强的经营模式还比较少。农户从产业融合发展中获得充分、持续、长期收益的比较少。农户的利益分配比例低，按规定二次返利金额比例不得低于合作社当年可分配盈余的60%。但在工作实际中能按照章程规定，落实二次返利制度的并不是很多。在利益联结方面，龙头企业、合作社等虽然与农户初步形成了“利益共享，风险共担”的利益联结，但是由于机制不健全、利益联结不够紧密，产业链条的断裂、脱节及合同违约现象时有发生。由于企业与农户之间签订的合同约束力不够，加之有些农户法律意识淡薄，导致违约现象时常发生，农户潜在地承担了较多的市场风险和自然风险。

3. 农业生产托管专业化服务主体发育不成熟

农业生产托管专业化服务主体发育不成熟主要体现在两个方面，一是当前农业生产托管服务主体呈现“小而散”的状态，总体数量较少，类型单一，多元化发展程度较低。拥有雄厚资金实力、先进生产技术和管理经验、服务能力更强的龙头企业或专业服务公司的数量更少，农业生产托管整体上还处于较落后的发展阶段。据调研，提供生产托管服务的主体主要是小农机手、农资商和农民专业合作社，龙头企业或专业服务公司数量总占比不到20%。各类小农户组织方式、服务主体对接方式等都在探索中，开展联合合作深度不够，创新模式少。农业生产周期长、风险大，即便现在看起来成功的一些典型模式，随着发展形势变化，能不能经受住市场考验，还需要锤炼和实践的检验。二是服务领域拓展不够，农户仍有部分需求未得到满足。调研显示，目前的农业生产托管主要集中在耕、种、防、收环节，产后部分环节的服务供给不足，有50%的农户因为服务价格高、服务种类不符合需要或当地服务主体没有提供该服务等而没有购买到自己需要的服务。其中，63%农户的售粮需求、72.6%农户的烘干仓储需求、80%农户的信贷需求均未得到满足。

（五）以生产托管推进小农户与现代农业有机衔接的路径选择

1. 发挥村集体经济组织作用，增强“统”的功能

从前文的分析中可以看出，以外来的农业生产托管服务主体来组织小农户，可能出现侵蚀小农户利益的情况，而使小农户自发实现组织的难度又极大，因为提高组织化的组织信任、监督管理、利益协调等成本是小农户所不愿和不能承担的。基于这一现实状况，在当前乡村振兴大背景下，一个可行的做法就是发挥村集体经济组织作用，增强“统”的功能。村集体经济组织既是农户的潜在组织者，又是农业生产托管的潜在服务主体。村集体经济组织与农户有着天然的联系，在协调多元农户利益诉求、组织农户统一接受规模化服务、协调服务主体与农户利益等方面具有优势，并且能在一定程度上代表农户利益，同时也是各类外来工商资本进入农业农村领域的“桥梁”和“纽带”。发展和壮大集体经济不仅可以提升小农户的组织化水平，还可以为其提供长效的、内生的物质基础。

2. 完善股份合作型利益联结机制，构建收益分享模式

从构建紧密型利益联结机制，强化服务主体“联农带农”利益联结机制的目的出发，应大力完善股份合作型利益联结机制，推广“保底收益+按股分红”

方式，同时明确资本参与利润分配比例上限，并强化村集体、合作社在利益联结机制中的上通下联作用，以维护农民利益。在促进农户增收方面，农业生产托管增值收益除与农户自己种植收益做比较外，还应考察土地作为农户的资产，能否为农户带来财产性增值收益，推动农户由购买服务单一方式向“土地股份+分红”等多元收入方式发展。在构建农业生产托管多元主体之间的利益联结和收益分享模式方面，一方面，鼓励农业产业化龙头企业通过设立风险资金、为农户提供信贷担保、领办或参办农民合作组织等多种形式，与农民建立稳定的订单和契约关系。另一方面，引导合作社、龙头企业通过双向入股方式实现利益联结，支持企业以资金、技术、品牌等入股合作社，小农户以土地、劳务、资金、农机等入股合作社，解决农村产业发展的规模化和集约化问题。

3. 引导多元服务主体发展壮大，盘活农村资源要素

从服务主体来看，应鼓励村集体经济组织、合作社与涉农龙头企业纵向联合和交叉联合，组建服务联合体，争取更多服务和被服务的机会，提升产业发展带动能力，提高整体产业链的服务能力；支持大学生、农村能人等以农业生产托管方式开展创新创业活动，培育新产业、新业态，提升农村产业发展活力。在村集体经济组织比较薄弱的村，应当加强基层组织和乡村治理能力建设，充分调动乡村两委干部的积极性。当前，在我国村集体经济组织实力普遍较弱的情况下，不建议过分强调其作为供给主体的功能，而应该更加重视村集体作为服务“传接者”和“组织者”的角色，最大限度提升农民组织化程度和市场经济主体谈判地位。利用自身贴近农户的优势，协助企业、合作社搞好服务工作。在村集体经济组织实力比较雄厚的村，或是有直接开展农业生产托管服务的村，可探索提供有偿服务，从农民最急需的环节入手，逐步由单环节向多环节服务乃至全程服务发展，以培育壮大小农户的需求市场，实现分散小农户与农业大市场有效对接。从服务链条来看，农业生产托管由单环节托管、多环节托管、关键环节综合托管向全产业链和全程托管延伸的过程中，面临产后环节服务薄弱的问题，需要引导农业生产托管由产前、产中服务为主向产后服务延伸，鼓励在烘干仓储、销售加工、流通等产后环节具有较强服务能力的主体参与农业生产托管。

十五、农业生产托管组织方式研究——以山西省为例

目前，国内外学者对农业社会化服务的研究主要集中在社会化服务的服务需求、服务供给、服务内容、服务形式等方面，而对农业社会化服务的组织方式和运行机制的研究较少。无论是农民自发的农机合作，还是市场机制下的农业服务公司下乡，抑或是行政力量推动下的部门下乡，都只解决了农业社会化服务主体的培育问题，而没有从根本上解决农业服务规模化的问题。农业生产托管作为典型的农业社会化服务模式，发轫之初立足家庭经营需要，旨在通过重塑统分结构来构建农业服务供给侧和需求侧主体的双重组织，进而实现农业服务的规模供给，具有反向租赁的特征，有效地促进了我国农业社会化服务的发展。它以合同订立为基础，使得在合同的制定和执行过程中，由于双方信息不对称及地位不平等，易产生风险分担机制不明确的问题。本文结合山西最新实践，总结提炼了园区带动型、合作社带动型、联合社带动型三种生产托管模式，并采取案例研究和对比方法，分析三种模式的主要做法和成效，从而深入探讨了我国农业社会化服务规模化发展过程中，推动农户组织化、服务规模化的有效手段。

（一）农业生产托管类型

1. 园区带动型

（1）生产托管组织方式

园区建设初期，采用流转农民土地经营权思路，出现企业成本过高、运营压力大且部分农民流转意愿不强等问题，园区建设方迅速转变思路，因地制宜，改土地流转为生产托管方式，农民参与意愿普遍较高，同时企业成本得以降低。具体做法是，采取了整村推进的实施方式，由村集体负责与农民签订合同，然后对接园区建设方进行托管，这种方式有效地解决了社会资本进入农村时通常会面临的村民信任及协调复杂等问题，推动了园区项目的快速落地。目前，园区已经与周边 7 个村完成对接，主要针对较为平整连片的土地，以便机器替代人力、节省生产成本，并对服务地块提供整地、播种、植保、收获、仓储销售

“一条龙”的玉米生产全过程托管服务，以 3.3hm^2 为一个作业单元，总实施面积达 666.6hm^2。

（2）利益收益分享机制

园区与农户签订周期为 3 年的服务合同，让农民自由地在两种收费方案中选择。第一，由园区负责耕种防收，园区与农户按照实际产量结算粮食收入，从而园区获得粮食的最终销售权和销售收入。第二，园区向农户收取 9000 元/hm^2的服务费，并向农户保证 6000kg/hm^2 的最低粮食产量，农户自己销售粮食。整个过程园区企业垫付所有费用，农民不需花钱，秋收后结清或将粮食折价。同时，与农民建立“粮食银行”机制，免费为托管农户进行粮食安全储存，解决收储和卖粮难题，给予农民充分的参与感、安全感和获得感。服务企业的收益主要来源于服务规模扩大后的节本增效。如大规模生产可大幅降低农资采购成本，节约生产总成本约 25%，高效技术集成可使粮食增产超过 20%，粮食收获质量优，售价高于散户 3%左右。

2. 合作社带动型

（1）生产托管组织方式

合作社以“党支部+合作社+农户”方式组织生产托管工作。村书记作为带头人领办合作社，在协调处理各种矛盾中发挥了重要作用。合作社与农民直接签订生产托管协议，村委会负责监督。合作社采取民主集中制度，选出 18 名成员代表，1 名监事长，参与合作社的民主监督、决策和管理。财务管理制度健全，配有专职会计，为财务核算、红利分配、经济发展提供支撑。合作社以土地流转、全程托管、半托管三种方式，经营了村里 80%的土地，还经营化肥、农药、农膜等农资，建有超市、蔬菜采摘大棚各一处。合作社联合农村商业银行，开展“丰收贷”“农资贷”“农机贷”等贷款业务，为农户购买农资提供授信服务，同比降低利息 40%左右，在助农创业、融资中起到了积极的作用。这一组织方式，发挥了基层党组织的引领作用，确保农民利益，实现了村集体、合作社、农户各方的多赢。

（2）利益收益分享机制

以确保农户利益为核心，建立了“股份合作保底+分红”的收益分配机制。其中，保底收入有三种形式。一是全托管收入。按 11250～15000kg/hm^2 粮食、次年 1 月 15 日市场挂牌价，扣除托管费用之后，以现金方式返还给农户。针对集中连片土地，为农户提供覆盖粮食生产的耕、种、收、管、售等“一条龙”式的全程服务，合作社垫付费用，次年结算。二是土地半托管收入。农户负责种子、化肥、农药等全部农资投入，合作社负责某个时段的劳务项目，收取 1500 元/hm^2 服务费。通常是地块小、不连片、大型农用机械进不去的地方。三是流转土地收入。按 13500 元/hm^2 流转收入，合作社股份有两种形式：土地入股和现金入股。农户以承包地入股，土地按 300 元/hm^2 折价，成为合作社社员。如农户不愿意出资，可参与合作社的其他实体经营。土地入股和现金入股的实体分别核算和二次红利分配。此举极大地调动了农民的积极性，也为无资金农户提供了增收的机会。

3. 联合社带动型

（1）生产托管组织方式

和之瑞种植专业合作社联合社，以和之瑞联合社为龙头，采取“合作社联合社+企业+农户”的方式开展生产托管。联合社纵向建立了直接面对农户的服务网络，横向整合与中国中化集团有限公司、种子经销商、农资商、粮食收购企业、植保公司、信息化服务公司等生产资源，共同为农户提供生产托管服务。首先，联合社组建了由乡级服务站和村级服务点构成的服务网络。凭借根植本土优势，拓展农户市场，直接与农户签订生产托管合同，为农户提供生产托管服务。其次，在平遥县政府组织下，联合社还重点与中国中化集团有限公司开展合作。中国中化集团有限公司依托所建立的“现代农业平台”（MAP），采用园区化方式开展种子、化肥、农药、保险、收购粮食等经营业务，开展测土配肥和配套农资业务。中国中化集团有限公司为联合社托管的土地，提供一整套农资农机服务技术方案。除此之外，和之瑞联合社还联合了 11 家种子经营大户、6 家农资大户和 6 家粮食收购企业，提供生产资料供应和粮食购销服务。

（2）利益收益分享机制

联合社探索“整村托管”“土地入股”等多种机制。如中都乡东庄村全村 60hm^2 土地全程托管。宁固镇左家堡村开展土地入股托管试点，全村 200hm^2 土地，由村集体经济合作社组织，以土地入股的形式集中交由联合社连片种植、统一管理、保底分红。目前，已完成 70%农户、近 130hm^2 土地入股登记工作。合作社提供了菜单式“全托”与“半托”服务，且以高于市场价 0.01～0.06 元/kg 的价格收粮，使每户平均增收 230.6 元。联合社还建立了“粮食托管中心”，为农民免费储粮、销粮，储粮户可以根据粮食市场行情来决定粮食出售时间。粮食托管中心与当地多个村的粮店联合成立联合商店，使储粮户还未卖粮就可以到联合商店提前消费。粮食托管中心从联合商店获得 3%～5%提成来补贴储粮费用，为逐步净化农村消费市场发挥了一定作用。

（二）不同农业生产托管类型的比较分析

1. 组织化方式比较

调研显示，在小农户组织化方面，农业示范园、合作社和联合社三类服务主体的选择各有侧重。其中，园区带动型通过农村集体经济组织，以整村推进方式实现了小农户的组织化，并尝试开展整建制托管、成方连片种植，有效整合地边地沿，每 66.6hm^2土地多整理 10%左右的空间，还充分发挥了大型农机作业效率高、化肥药剂使用效率高及全程数据化管理的优势。合作社带动型是采取农村集体经济组织和合作社联合的方式组织农户，且农村集体经济组织参与生产托管的运营服务，推动了农村集体经济改革，在壮大农村集体经济、推动乡村自治方面发挥了重要作用。联合社带动型是发挥农机手、合作社等农村能人号召力强的优势，解决与农户沟通难、大型机械无法集中连片作业等问题，但是在对接农户过程中，农村集体经济组织的参与程度不高，推高了与小农户打交道的成本，也没有推动集体经济的发展壮大。

在推动服务主体组织化方面，园区带动型以企业经营为主，季节性聘用外部服务组织，没有更多整合企业之外的农机、农资等服务要素资源。合作社带动型和联合社带动型推动了合作社、农机手、农资商等生产服务主体的资源整合，实现了服务供给主体的组织化，也是中国中化集团有限公司等社会资本进入农村领域的桥梁和合作伙伴，发挥了农民专业合作社的作用，又避免了社会资本对农业垄断。同时，推动村级农机合作社和农机手整合，有利于淘汰小马力农机和空壳合作社，推动基层农机化水平整体提升（见表 1-15-1）。

表 1-15-1　不同生产托管服务的组织方式特点比较

托管类型	农户组织方式	服务主体组织方式	特点
园区带动型	村集体经济组织负责组织小农户，但未参与托管运营服务	以企业为主，按需要雇用其他服务主体，未推动服务要素资源整合	有利于推动土地规模化、降低服务成本，但服务机械、营销宣传投资大，要求有一定经济实力
合作社带动型	村集体经济组织、合作社联合组织小农户，参与运营服务，激活了农村集体资产	以村委会、供销社、合作社为主，推动了部分合作社、农机手、农资商等服务资源整合	组织农户力度大，有利于推动土地规模化、降低服务成本；以本村的社员、小农户、农机手为服务对象，受益面更广，更适合广大农村地区
联合社带动型	以合作社为主，村集体经济组织未参与组织和运营	推动合作社、农机手、农资商等服务资源整合	提高了服务资源配置效率，但在组织农户、推动土地规模化方面存在不足，尚有进一步完善的空间

2. 利益分配和风险防范机制比较

托管服务主体收费一般会采取垫付、年底一次性结算的方式。服务主体的收益除服务费外，还有规模化经营的节本增效部分以及粮食收储、加工等衍生服务收入。相比之下，农户的收益较为单一，大多数只获得了与被托管土地面积相应或略高的粮食销售收入。土地作为农户的特殊生产资料，除作物种植收益外，还具有为农户带来增值收益的潜在价值。因此，从有利于小农户角度出发，服务主体还应该考虑与农户建立持续增收的机制。园区带动型和联合社带动型的两个案例，并未与农户建立持续增收机制，合作社带动型案例，为农户建立以土地股份分红、务工等渠道的增收机制，更能调动农户积极性。

油粮价稳定性和自然灾害等风险问题，是生产托管合同订立时双方需要考虑的又一重要因素。从风险防范机制来看，合作社带动型更贴近农户需求，替农户承担了大部分风险，另外两种模式，采取双方共担风险方式，风险预警和防范机制也不完善，三类模式在托管服务上都没有引进金融、保险等服务。各服务主体均围绕生产托管需求，建立了“产学研”联合的技术示范推广机制。园区带动型的案例采取国内外科研技术结合，示范先进的种植技术，精良的农机具，对当地其他服务主体发展产生了巨大影响，探索的新产业、新业态发展模式，对推动农村产业兴旺具有重要意义，技术服务“溢出效应”更为突出。而且，现代农业的发展成果经由生产托管的形式，通过规模化作业，真正延伸到了小农户（见表 1-15-2）。

表 1-15-2 不同生产托管服务的联结机制比较

托管类型	收益分配机制	风险防范机制	技术推广机制
园区带动型	农户获得粮食销售收入，无增收机制	双方共同承担，无金融保险介入	以企业为主，与生产托管服务结合，示范推广国内外先进技术
合作社带动型	农户获得粮食销售收入，土地股份分红，建立增收机制	小风险，合作社承担；损失超过 50%，风险共担，无金融保险介入	以合作社为主，与生产托管服务需求结合，开展技术示范推广
联合社带动型	农户获得粮食销售收入，无增收机制	双方共同承担，无金融保险介入	联合社与科研机构结合，结合托管工作，开展技术示范推广

（三）几点启示

第一，扩大试点范围，加大督促检查力度。生产托管示范项目在培育农业社会化供需市场中发挥了重要作用，很受地方欢迎。但由于实施时间短，还需要加强宣传和实施指导，加深认识和达成共识，提高地方从事政策创设、组织模式创新的积极性，为全面开展农业社会化服务工作积累经验。项目组织实施过程中，重视发挥农村集体经济组织在协调多元农户利益诉求、有效组织农民、整合土地要素等方面的作用，并探索壮大农村集体经济的有效路径。

第二，完善生产托管机制。实践显示，村两委在组织农民上有贴近农户需求的优势，加强基层组织和乡村治理能力建设，是未来落实乡村振兴的重点内容之一，因此，应充分发挥村两委干部在推动农业生产托管组织化方面的积极性，并引导服务组织建立以增加农户收入为核心的多元化、长效化利益分配和增长机制，让小农户在“被服务”中有更多获得感，培育壮大小农户的需求市场。推动保险、金融进入托管领域，探索更为完善的风险防范机制。发挥服务组织的作用，以生产托管工作为依托，加大新品种、新技术的示范推广力度。

第三，推动农村产业融合发展。针对农村空心化、农机手“散、乱、少”等制约农业生产托管发展的关键问题，需要大力推动经营性服务组织发展，它们是城市的人力、资金、科技、信息等现代资源进入乡村的重要载体，是推进城镇化、加速农民市民化的重要力量。地方政府要发挥组织管理作用，推进农村主导产业发展壮大，延长产业链条，为农民转移就业、人才下乡创造更多的就业机会和更好的环境。

十六、小农生产中的农业社会化服务需求分析——以晋苏黑三省为例

党的十九大报告明确指出，要“健全农业社会化服务体系，实现小农户和现代农业发展有机衔接”。在未来一段时间里，小农户仍然会占我国农业经营主体的绝大多数，仍然是保障国家粮食安全和农产品有效供给的基础。可以预见，随着现代农业的加快推进和农村老龄化、农业兼业化现象的日益凸显，小农户对农业社会化服务的需求必将越来越旺盛。但同时，也存在供需结构不合理、小农户多样化需求得不到有效满足等问题。因此，本研究以问卷调查及实地访谈资料为基础，共计发放问卷 366 份，回收有效问卷 343 份，问卷有效率为 93.72%。在对山西、江苏和黑龙江三省农业社会化服务进行详细对比分析的基础上，探究当前农业社会化服务供给与农户需求之间的差距，分析原因，提出对策建议。

（一）数据来源

由于本文的调查样本取自 2019 年农业农村部在相关省份的农业社会化服务试点项目区，所以样本对总体农户不具有普遍代表性，仅能反映试点地区的一些情况。在华北地区，选择了农业社会化服务试点工作开始较早的山西省；在东部沿海地区，选择了人均地块面积较小的江苏省；在东北地区，选择了粮食种植规模较大的黑龙江省。采用分层随机抽样的形式，共计发放问卷 366 份，剔除部分信息不完整的问卷，回收有效问卷 343 份（见表 1-16-1），问卷有效率为 93.72%。

调研对象均为直接从事农业生产的农户。从表 1-16-2 可以看出，所调研的农户具有以下四个方面的显著特征：一是以小农户为主，30 亩以下的农户有 184 户，占比为 53.64%；二是户主的年龄偏大，都在 50 岁以上；三是文化水平不高，大部分农户仅有初中或者小学文化；四是农户工资性收入略高于农业经营收入，这一收入结构为农户购买社会化服务提供了一定的经济基础。从节本

增效情况来看，农户购买社会化服务的亩均支出为253.48元，购买生产服务后亩均生产成本下降了10.22%，粮食增产约7.89%。

表1-16-1　样本农户的分布

单位：户

省份	县（市）	农户数量
山西	寿阳县	56
	平遥县	54
	文水县	54
江苏	仪征市	54
黑龙江	兰西县	55
	宝清县	35
	龙江县	35
合计		343

表1-16-2　样本农户的基本情况

户主的平均年龄（岁）	平均受教育年限（年）	户均家庭人口数（人）	户均劳动力数（人）	30亩以下的农户数（户）
54	7	4	2.3	184
户均经营耕地面积（亩）	**户均玉米种植面积（亩）**	**户均水稻种植面积（亩）**	**户均小麦种植面积（亩）**	**购买社会化服务的亩均支出（元）**
44.37	42.25	17.17	18.78	253.48
购买社会化服务带来的成本变化（%）	**粮食作物的产量变化（%）**	**户均家庭收入（元）**	**户均务农收入（元）**	**户均务工收入（元）**
-10.22	7.89	58534.46	24652.85	25934.77

（二）数据分析

1. 农户的服务购买情况

从样本农户购买服务的情况（见图1-16-1）可以看出，样本农户对农业社会化服务的需求旺盛，有92.18%的样本农户购买了服务，购买原因以“服务效率高”和“自己劳动太辛苦”为主。数据反映的情况与实际调研中了解到的信息一致，如黑龙江省兰西县一位老大爷说：“之前因为自己年纪大了种不动，将土地都流转了出去，今年有全程托管服务以后就将土地收了回来，由服务主体帮忙耕种，也不用自己干，但是效率更高、收益更好！”调研数据同时显示，仍然有7.41%的样本农户没有购买服务，而“没有购买全套或部分服务”的原因以“服务价格高”和“服务的种类不符合需要”为主。

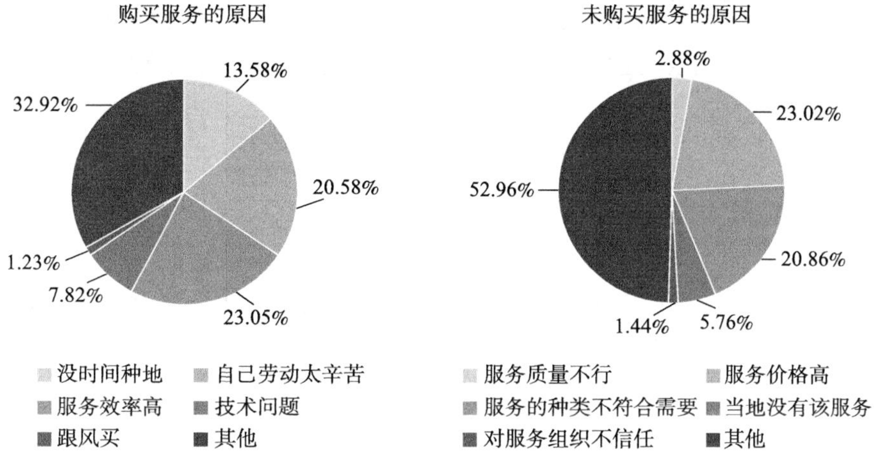

图 1-16-1 样本农户购买服务的情况

注："其他"为数据缺失值。

在购买服务的具体形式上，样本农户以"购买部分服务"为主，占比为56%，"购买全套服务"的样本农户占比为43%。从三个省份的对比分析来看（表1-16-3），山西省和江苏省的样本农户以购买部分服务为主，黑龙江省的样本农户以购买全套服务为主。这一分析结果与各个省份的气候条件及资源禀赋有很大关系。黑龙江省和山西省玉米种植面积更广且社会化服务程度更高。江苏省耕地破碎、地块面积较小，作物以水稻为主，水稻的生产环节复杂，部分服务的价格昂贵，不利于推行服务。

表 1-16-3 服务购买模式的对比

单位：%

省份	购买部分服务农户占比	购买全套服务农户占比
山西	61.90	38.10
江苏	96.97	3.03
黑龙江	15.38	84.62
合计	55.96	43.04

从具体服务项目的供给及购买情况来看（见表1-16-4），三省农户对"农机作业服务"和"农资供应服务"的购买比例最高。相较于其他两个省份，江苏省对多项服务的需求比例都较低，原因可能是水稻的生产环节复杂，种植成本高，农户为了节省成本，多选择自己作业。

表 1-16-4 具体服务项目的供给及购买情况

单位：%

		农资供应服务	农技推广服务	农机作业服务	农业信息服务	资金融通服务	农业保险服务	农产品销售服务
是否供给		是	是	是	是	是	是	是
农户购买占比	山西	97.50	91.95	95.60	55.56	72.73	—	—
	江苏	75.00	42.31	70.97	29.17	27.27	87.50	75.00
	黑龙江	96.92	98.44	98.46	96.77	64.00	100.00	70.97

在服务协议的签订方面，大部分样本农户在购买服务时与服务主体签订“书面协议”，占比为 76.13%。签订“口头协议”和“无协议”的比例分别是 9.47%和 7.82%。农户向当地农机手等个人服务提供者购买的部分服务大多签订口头协议或无协议。在签订协议的样本农户中，只有 6.73%的协议里向农户保证了最低产量。原因可能是服务主体实力不够强大，不能保障农户的最低收益（见图 1-16-2）。

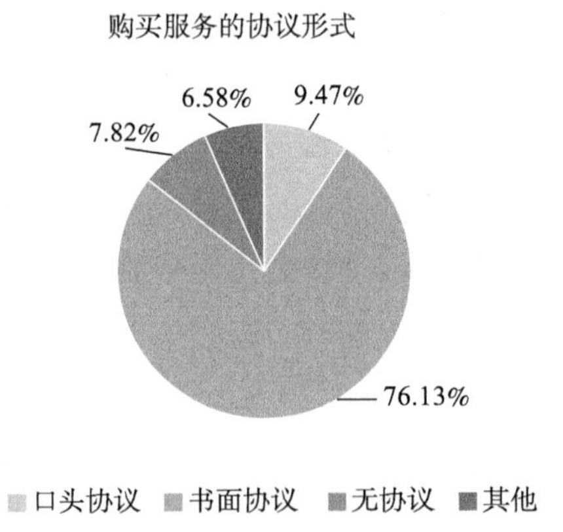

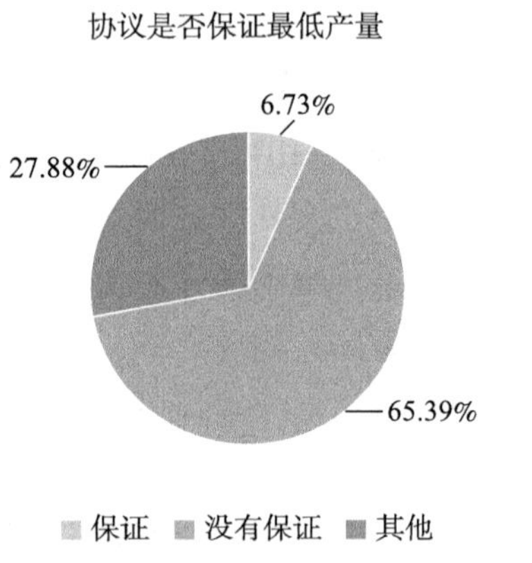

图 1-16-2 服务协议的形式及其内容

注：“其他”为数据缺失值。

2. 农户的满意度和满足度情况

总体来看，样本农户对服务的满意度较高，其中对农资供应服务和农业信息服务的满意度最高，均为 94%；对资金流通服务的满意度最低，为 78.57%。在服务费用的收取方面，只有 2.47%的样本农户认为费用的收取不合理，大部分农户认为合理。这离不开地方政府对服务定价的正确引导，如黑龙江省兰西县采取抽样的方式进行成本测算，核定了一个合理的收费范围，在保证农户节本增效的同时又确保了服务主体有一定的盈利空间，保证了双方利益。

在满足度方面，合作社是为样本农户提供服务最多的主体，占比为

69.96%；村集体提供的服务次之，占比 13.17%。由图 1-16-3 可知，资金融通服务、农产品销售服务的满足度最低。调研显示，由于农户实力较弱，收入得不到保证，一般农户个体购买农资或服务需要资金时，很难获得贷款，或者只能获得小部分贷款，且手续复杂。如黑龙江省兰西县的农户申请贷款需要将自家房屋或土地进行抵押，必须“两户担保”才可贷款，且一亩地最多贷 1000 元，远远满足不了农户的发展需要。调研中也了解到，目前为农户提供农产品销售服务的服务主体数量较少，农户大多需要自己卖粮，在粮食市场上话语权很少。

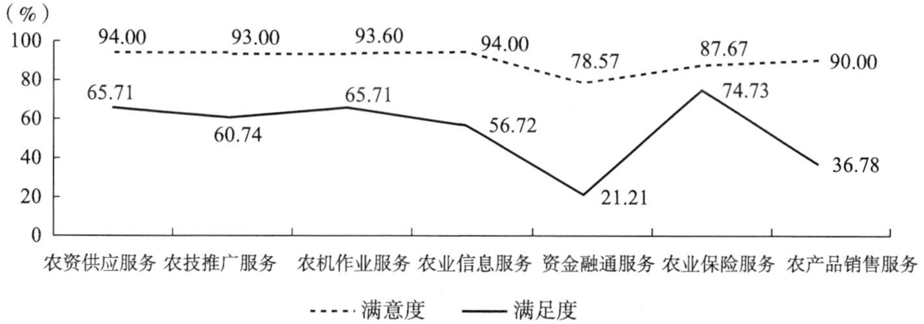

图 1-16-3　样本农户对各项服务的满意度及满足度

3. 农户的未来需求展望

从图 1-16-4 可以看出，未来需要“农资供应、农业保险、农产品销售”服务的样本农户占比最多，其中，农资供应服务需要“便捷购买农资、掌握使用方法”；农业保险服务需要“提高赔付额、及时赔款”；农产品销售服务需要“提高产品售价、拓宽销售渠道”。未来需要“资金融通、农业信息”服务的样本农户数量次之，其中，资金融通服务需要“低息贷款、降低贷款门槛、简化贷款手续”；农业信息服务需要多提供“农产品价格信息、农业政策信息”。未来需要“农技推广、农机作业”服务的样本农户占比最少，其中，农技推广服务以“作物高产技术、土壤改良技术”为主；农机作业服务以“秸秆处理、产地烘干”为主。

（三）主要结论

从以上分析来看，经过多年发展，面向小农户的农业社会化服务在技术条件、装备设施、服务主体等方面，都已经具备了一定规模和基础。目前的农业社会化服务工作，在一定程度上满足了小农户的多样化需求。但当前，农业社会化服务还面临着产前和产后服务供给能力不强、多元化程度不高、服务领域不宽、政策支持力度不够、行业管理有待加强等问题。针对以上问题，提出以

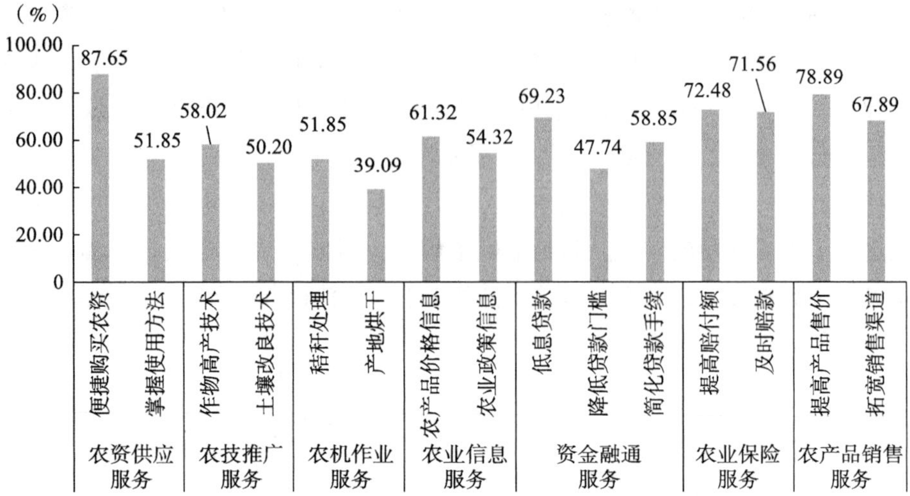

图 1-16-4 农户的未来需求展望

下三条对策建议。

第一，坚持农户主体地位，充分尊重农户意愿。先从农户不愿意干、干不了或干起来不划算的环节入手，实现农业社会化服务和农户多元化需求的无缝对接。农户自主决定购买什么样的服务，购买谁的服务，农户既是受益方也是实施主体，农户满意是实施社会化服务的最终目标。通过将服务领域不断向农户延伸，提高农产品烘干、保鲜、仓储、冷链等环节的社会化服务水平，来逐步地提高农业社会化服务在产前、产中、产后整个全产业链上的覆盖度。

第二，因势利导，大力推动多元主体共同发展。一方面，培育多元主体，充分发挥其比较优势，树立行业标杆和服务典型，发挥示范效应。另一方面，鼓励各类服务主体加强联合合作，引导各类服务主体积极与高等学校、职业院校、科研院所开展科研和人才合作，发展服务联合体、服务联盟等，推动服务链条横向拓展、纵向延伸，打造覆盖全产业链的服务组织体系，建立更加紧密的利益联结和分享机制，凝聚发展的合力。

第三，完善制度，着力加强行业规范化管理。加强行业管理，推动规范发展是保护服务供需双方，特别是小农户利益的重要途径，是促进农业社会化服务高质量发展的必然要求，也是政府管理部门的重要职责所在。目前，虽然各地在规范化建设方面已经做了一些工作，但是离高质量发展要求还有一定差距。要进一步加强行业管理，完善服务标准体系，鼓励有关部门、单位和服务组织、行业协会等研究制定符合当地实际的服务标准和服务规范。推广使用示范合同文本，规范服务行为，确保服务质量，保障农户权益。

十七、发达国家现代农业服务体系建设对我国的启示

农业服务体系是伴随农业生产力的发展与农业市场化程度的提高而衍生和发育的，其服务能力、服务水平成为衡量一个国家农业现代化程度的重要标志。没有发达的社会化服务体系，就难以实现农业现代化。目前，我国社会化服务体系还没能真正深入传统的生产制造中，对提高资源配置效率的作用还未能体现出来。为此，加快建立与现代农业相匹配的农业现代化服务体系，促进农业经济增长方式转变和农业结构调整，对实现我国现代化农业建设目标具有重要意义。本研究通过分拆解析农业发达国家的服务体系构架，归纳了不同国家服务体系的特点和其成功原因，对比农业发达国家和我国的服务体系建设差距，提出我国农业社会化服务体系改进方向，为完善我国农业社会化服务体系建设提供借鉴。

（一）现代农业社会化服务体系的内涵和特征

农业社会化服务体系建设是现代农业服务业发展完善的核心内容、关键环节。健全良性、高效的社会化服务体系将大大提高我国农业的现代化水平，保证我国现代农业的可持续稳定发展。农业社会化服务体系，是指根据农业再生产和农村经济发展的客观需要，通过多种经济形式和经营形式，多层次、多环节、多回路的相互联系、互相配合，全面系统化的服务，达到各种生产要素的优化组合，促进农业生产和农村经济发展，取得最佳社会经济效益的网络体系。

农业社会化服务体系具有两方面基本特征：一是服务的社会化，即农业作为社会经济再生产的一个基本环节，其再生产过程不是由个别农业生产经营者完成的，而是要依赖其他产业部门的服务活动；二是组织的系统性，各产业部门依据其服务内容和服务方式，构建相应的组织载体，围绕农业再生产的各个环节，形成有机结合、相互补充的组织体系，为农业提供综合配套的服务，实现农业生产经营活动的科学性和高效性。

（二）发达国家农业社会化服务体系建设

1. 美国

美国的农业社会化服务体系是以商品农业的高度发展为基础的，从组织结构来看，美国农业社会化服务体系主要由公共农业服务系统、私人农业服务系统和集体农业服务系统三部分组成。

（1）公共农业服务系统

美国政府很少直接干预农业生产，除了基础设施建设外，主要由各级农业研究局、农业推广局、州立大学农学院、农业试验站和农业推广站以及县农业推广办公室共同组成农业教育—科研—推广体系。其体系是在莫里尔法、海琪法案、斯密-利弗法等三大农业立法基础上建立起来的。此系统主要功能是培育农业人才，进行农业领域的开发研究，传播推广新的农业科普知识和技能。此外，直接向农业主提供市场预测、农产品销售、农业信贷和农业保险等的农业机构，也是农业公共服务系统的重要组成部分。

（2）私人农业服务系统

私人农业服务系统基本由从事农用物资生产和销售以及从事农产品运销加工活动的私营工商企业组成。其主要形式有两种：第一，通过签订供销合同将农用物资供应、农产品运销加工和植保、防疫等中间服务环节全部或部分联合在一起的完全垂直一体化的农工综合体；第二，私人公司通过与农场主签订合同，在严格明确双方责权利的基础上，以直接的业务往来向农场主提供服务的合同制。这两种经营形式都是以有偿服务的方式实现了一体化服务体系，后者是美国私人服务系统的主导形式，在农产品产值中占了75%，而前者仅占6%。该服务系统是美国农业社会化服务体系的主导力量。

（3）集体农业服务系统

集体农业服务系统主要由三部分组成。①各种农场主合作社。是农场主为保护自身利益，对社员保本微利同非社员商业化操作的生产合作社、销售合作社、购买合作社和服务合作社等合作组织。②农业合作信贷体系。由联邦政府倡议出资兴建，较之私人商业银行放松了贷款条件，拓宽了农业合作社的贷款渠道和资金来源。资料显示，农业合作信贷体系提供的资金占全部农业贷款的1/3左右。③农村电力、电站合作社。通过立法确定了由国家资助、民间兴办发展农村电力和电话事业的体制。解决了农村地区因耗资大、成本高，私营电力、电信公司不愿投资的问题，推动了农村电力、电话的普及。

2. 法国

法国农业生产具有很高的专业化、商品化、社会化程度，形成了由政府、农会、农民以及私人企业等组成的有效服务体系。法国农业的服务体系可分为产前服务、产中服务和产后服务，其中，产前服务以私人企业为主，合作社为辅；产中服务以农会为主，农场主独立经营；产后服务以合作社为主，私人企业参与其中。法国农业服务体系结构如图 1-17-1 所示。

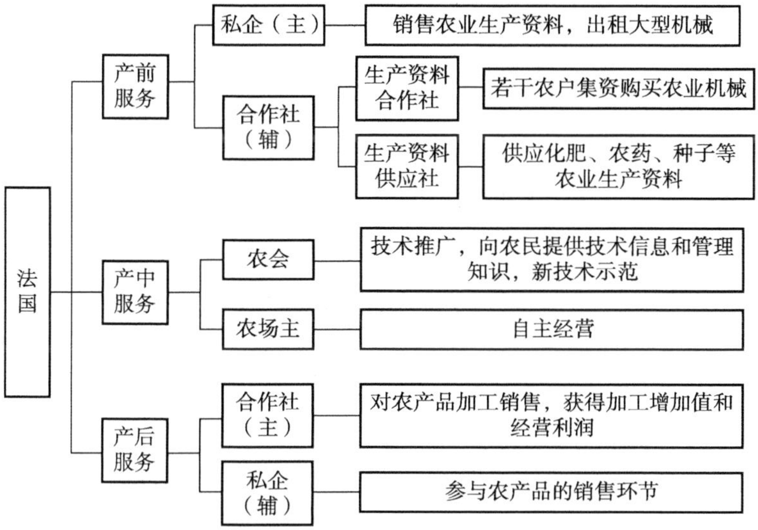

图 1-17-1　法国农业服务体系结构

（1）产前服务

法国农用工业比较发达，私人企业销售、出租网遍布农村，对大型农业机械进行销售、出租。农民在政府的倡导和鼓励下也合作开办一些生产资料合作社和生产资料供应社，进行产前服务。生产资料合作社由若干农户集资，主要通过银行贷款购买农业机械，雇用驾驶员，共同使用。生产资料供应社主要供应化肥、农药、种子等农业生产资料。由于私人企业提供的服务周到，中小型农机具大都可以自备，其他生产资料可从商店购买，因此，合作社实际上只是起辅助作用。

（2）产中服务

法国的农会对农场主的生产过程起着积极的作用。农会承担了大部分的农业技术推广工作，拥有一大批的技术顾问，向农民提供技术信息和管理知识，进行新技术的推广、示范工作，而农场主在农会的技术培训下自主决定其农场的生产措施，因此，农场主也乐意接受农会的帮助。

（3）产后服务

由于农产品过剩，关于销售问题，除了私人企业外，农民们组织了各种产后服务的合作组织。产后服务可以通过对农产品的加工销售，获得加工增加值和经营利润，对农民有较大的吸引力，所以，农民的加工、销售合作组织发展很快。由于这类组织信息灵通，销售渠道广，在市场上有很强的竞争力，很受农民欢迎。

3. 德国

为了解决农户的资金困难，德国建立其特有的农村信用合作服务体系，这是一个严格分权型组织，包括三层：基础层，由基础合作银行及其分支机构组成，它和商品供销社最接近农村和农民，直接为农民服务；中间层，由一个区域性中心银行和其区域性银行业务中心组成，该层具有保持基层合作银行资金流动平衡的重要作用；顶层，德国中央合作银行，基层性合作银行和区域性合作银行都是其股东。经过长期的发展、调整和整合，德国已形成多层级、网络型、分权式的农业社会化金融合作服务联盟体系。德国农业服务体系结构如图 1-17-2 所示。

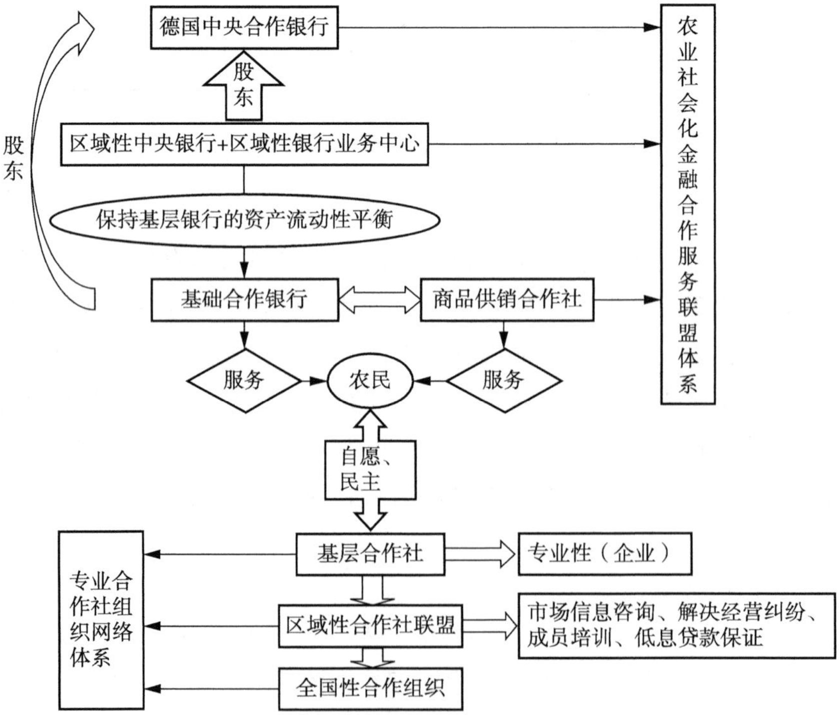

图 1-17-2　德国农业服务体系结构

基层合作社是在社员自愿、民主的基础上建立的，通常都是以专业性的企业为核心组建的。但是，社员可同时加入多个合作社，并且各合作社也存在竞争，以此保证对社员的周到服务。在此基础上，各基层合作社又按区域组建区域性合作联盟，但联盟本身不从事具体的业务经营活动，而是为基层合作社提供多元化、综合性的服务，包括提供市场信息和咨询服务、培训合作社成员的决策和经营能力、解决经济纠纷、提供低息贷款担保。各区域合作联盟又在全国范围内组建全国性的合作组织。

4. 日本

二战后，在政府的大力倡导和支持下，日本政府通过立法建立了在农业生产和流通领域发挥着重要作用的“农业协同组合”（简称“农协”），发挥着多方面的不可替代的作用。农协通过行政手段自下而上层层建立，分为町、村、都、道、府、县和中央多级，同时农协机构也相应分为基层农协、农协联合会和农协中央会三级，覆盖全国农村和农业各个领域，成为农业、农村、农民“三位一体”的综合社区组织，99%的农户都加入了农协组织。日本农业服务体系结构如图 1-17-3 所示。

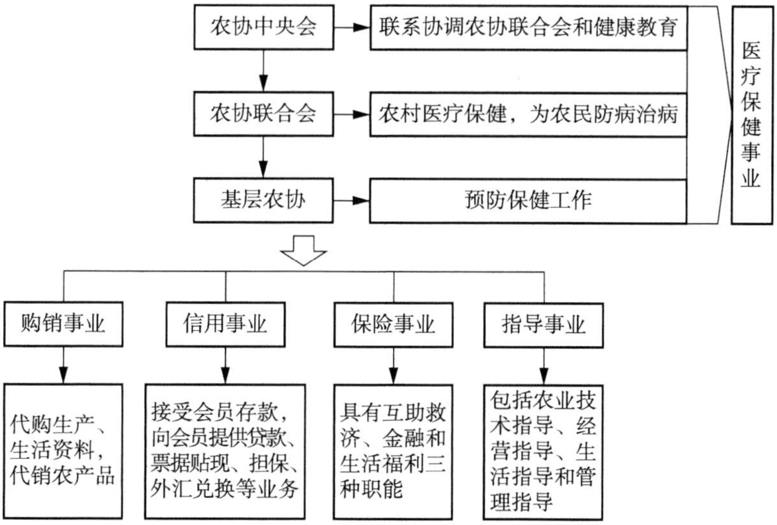

图 1-17-3 日本农业服务体系结构

与其他国家的农业合作社相比，日本农协的最大特点是“三位一体”。农协既是合作经济组织，又是行政辅助机构和政治压力团体，在日本农村和农业中起着举足轻重的作用。其经济组织的服务内容具体有以下几种。

（1）购销事业

代购生产、生活资料，代销农产品是农协最大、最重要的业务。如此集中购销，可节省交易费用，享受大宗进出口优惠，增强市场竞争力。

（2）信用事业

信用贷款是农协的一个重要职能，主要向会员提供低息贷款和担保业务，并且存款利率也高于其他私人商业银行，其营业网点遍布农村基层，贷款率高，促进了农业发展。

（3）保险事业

农协的保险事业具有互助救济、金融和生活福利三种职能，包括养老保险、生命保险、儿童保险、建筑物保险等二十多种。目的是确保农业经营的稳定和农民生活的安定，促进农业生产。

（4）指导事业

指导事业主要包括农业技术指导、经营指导、生活指导和管理指导，经营指导是主要业务。制订农村发展计划，指导农村基础设施建设，养殖品种的推广、栽培、饲养标准，技术交流、培训，产品销售等都是经营指导的主要内容。

（5）医疗保健事业

农协承担了日本农村大部分医疗保健工作。全国农协厚生联合会负责都道府县厚生联合会的联系协调和健康教育；都道府县厚生联合会则具体开展农村医疗保健工作，为会员和农民提供防病和治病服务；而基层农协主要分工预防保健工作。

（三）发达国家农业社会化服务体系特征与类型

现代经济增长理论表明，生产率的提高取决于技术的进步，而新技术的产生和应用又有赖于一个健全的农业社会化服务体系。欧美发达国家的农业生产技术水平、农业劳动生产率等都居于世界前列。社会化服务体系建设也呈现出一定的规律性：其一，它是在商业性农业高度发达的基础上，围绕着直接农业生产部门而形成的一种现代农业分工体系；其二，构成该体系的各涉农经济部门之间，通过市场纽带确立了稳定可靠的相互依赖关系，包括系统结构、服务模式、运行机制、保障机制等各方面的内容。这种组织形式在市场经济发达的资本主义国家已十分发达，是资本主义国家在家庭农场的基础上，实现农业社会化和现代化的重要条件。

上述农业发达国家的社会化服务体系包括以下四个类型。

第一，政府与科研院所合作的农业社会化服务体系。高等教育在农业服务体系中发挥着不可替代的作用，如美国农业教育—科研—推广“三位一体”的服务体系为农业发展提供了保障。美国农业服务极为发达，却没有一个统一的组织管理机构，政府不直接干预农业生产，而是以为农业提供方便的商品流通服务为中心，完善农业教育、科研和推广体系，并充分发挥其对农业的革新推广作用。

第二，政府与农民组织、私有企业等多元主体合作的农业社会化服务体系。现代化农业服务体系的服务主体具有多元化、社会化的特点，农民组织化程度以及市场商业化程度很高。政府的机构体系比较精干、人员素质高、手段先进，为完全无偿服务。服务内容包括农业技术研究，重要的技术示范推广，引导农民推广活动，建立农民与政府、科研、教育之间的联系，指导农村的环境建设，对农民技术素质、经营管理能力以及农业传承进行培训等。同时，农民组织和私企针对部分有需求的农民提供有偿的技术与经验交流、物资供应、统一作业服务等。

第三，政府农业部门主导的农业社会化服务体系。这些国家的农业社会化服务体系隶属于政府农业部门，服务机构按自然区划设置，实行垂直管理，主要负责管理、组织和实施相应级别的农业技术研究、培训以及推广。例如，德国、加拿大，政府在农业社会化服务体系中起主导作用，对服务体系中的各层级进行相应管理，通过行政执行来保障服务体系的正常有序运行。

第四，通过立法由政府强制执行，自上而下推行的农协组织服务体系。一些国家因为国土狭小，无法从事大规模的机械化操作和经营，所以通过农协聚零为整，将分散的农户聚集起来，形成集体效应，充分整合了分散资源，有效提升了农业运行的效率和稳定性。如日本、韩国，在农业土地面积极其有限的情况下，只能依靠技术支持提高单产和建立农协形成规模效益。农协是政府通过立法强制性实行的由政府全权主导的农业组织，在实施上得到了政府强有力的资金和行政保证，但也是由于自上而下的分权制，依靠行政手段的直接参与，缺少了市场机制的充分导向，导致其农业缺乏竞争，自我调节能力差。

（四）我国的农业社会化服务体系建设

我国的农业社会化服务体系是在家庭承包经营的基础上，为农业产前、产中、产后各个环节提供服务的各类机构和个人所形成的网络。其集中体现了现代农业社会化服务体系社会化、系统化、组织化的显著特征，具有鲜明的现代农业特征和特色。经过多年发展，我国农业社会化服务体系建设初见成效，依托科研院校、推广机构、龙头企业、农民专业合作组织、村级乡土人才、农村金融机构等六大服务主体，初步形成了农业科技服务、农资服务、农机服务、动植物疫病防控服务、农业信息化服务、农产品流通服务、农产品质量安全监管服务、农业用水服务、农业金融保险服务等九大服务体系。

九大服务体系的主体分为公共服务、准公益性服务和经营性服务三种类型。公共服务主体，由种植、畜牧兽医、农机、水产行业的市、区县、乡镇三级公益性推广机构组成；准公益性服务主体，包括农民专业合作组织、八大类型的农资农机社会化服务组织、农村就业服务岗位、农村乡土人才队伍等四类；经营性服务主体，包括生产加工企业、流通服务企业及批发市场、农村金融服务组织。随着市场化趋向的改革不断推进，我国农业社会化服务体系中各类政府以外的市场化主体得到了蓬勃发展，进一步发展了以乡村集体或合作经济组织为基础，以公共服务部门为依托，以社会其他力量自办服务为补充的农业社会化服务体系。特别是供销社系统的市场化改革和农产品流通体制的放活，使大量非政府主体进入农业生产资料的供给和农产品的收购、储存、加工、销售等服务市场。这些主体在农业服务实践中，创建出了如专业合作组织带动模式、农村乡土能人带动模式、乡镇农业综合服务中心模式、专业市场带动模式、政府购买服务模式、院区联动模式、金融合作扶持模式等多种服务模式，为保障农民持续稳定增收，实现我国现代农业建设目标发挥了重要作用。

尽管如此，我国的农业服务体系与农民的紧密度还不够高，公共服务的能力还不够强，与农业优势主导产业的关联度还不够牢，社会化服务主体服务现代农业的职能定位还不够清晰，农民专业合作组织规模不够大，农业企业与农民间的利益联结机制还不够完善。由此可见，完善我国农业社会化服务体系，任重而道远。

（五）对我国农业社会化服务体系建设的启示

1. 加大政府的参与度、扶持力度以及对农业服务体系的重视度

从运行体制来看，我国农业社会化服务体系是典型的科层制，有中央、省、市、县、乡等多个层次，但现行法律法规还没有明确界定各层次的职能，致使各层次职能交叉模糊，缺乏核心层级，公共资源配置分散。借鉴国外经验，应该调整结构，健全体制，明确各级农业社会化服务层次的职能，大力发展县、乡两级农业社会化服务机构。在职能选择上，政府部门应当强化公益性服务职能，重点负责关系国计民生的、基础性的、适用性较强的、需求导向型的农业社会化服务项目。尤其是农业信贷机构的服务，是农业发展稳定性的决定因素。

2. 提高合作社与科研机构的契合度，提升科研成果转化率

我国农民合作组织发展尚不完善，企业科研以及服务也很有局限性且作用范围不大，而有关科研机构和高等院校的研究成果也缺乏适用性，成果转化率较低。因此，应该吸取美国经验，加强政府与企业、科研机构和高等院校在农业社会化服务中的应用性研究、农业教育以及农业推广与服务的合作，建立健全我国的农业科技创新推广体系，使科技创新成为农业增长的主力军，充分发挥科技创新对农业发展的推动作用，把有限的科学技术转化成无限的生产力。

3. 丰富服务主体，活跃市场机制

鉴于发达国家经验，我国在发挥国家农业部门职能的同时，应鼓励多种性质的农业社会化服务组织和机构发展。建立以市场为导向的农业社会化服务体系，放活各种市场竞争性服务主体，引入盈利性的私营企业专业服务和其他有偿服务模式，大力发展农业合作组织，为社员提供产前、产中和产后各环节的社会化服务。发展由单一地提供产中技术服务拓展延伸至产前的信息、农资和农机服务，以及产后的储藏、运输、加工、销售等方面；同时，拓展服务内容，从技术推广拓展到信息、管理技能、物资供应、决策咨询等，逐步形成国家扶持和市场引导相结合、有偿服务与无偿服务相结合的新型农业服务体系。

4. 加强对农民专业合作组织的相关立法保护

日本农协为日本农村经济发展做出了很大的贡献，尤其是在农村社会化服务方面。利用这种组织优势，农民专业合作组织可以在不同发展阶段按照农民和时代变化的要求给农民提供全方位的社会化服务，包括生产、流通、加工、销售、金融和生活等方面。日本农协社会化体系是综合性服务体系、政府起主导作用、重视培训和指导以及规模经营等。目前，处在发展起步阶段的中国农民合作组织可以借鉴日本农协模式，建立自己的农民合作组织，发挥政府主导作用，引进多元市场主体，激活农村经济。

十八、我国农技推广体系的机制创新及经验研究

农业技术推广作为科技兴农的重要途径，在繁荣农村经济，促进农民增收方面发挥着重要的作用。随着家庭农场、专业大户、农民合作社等新型农业经营主体的大量涌现，农业规模化、标准化、集约化程度不断提高。面对农业农村发展新形势、新要求，我国长期计划经济体制下形成的农技推广体系凸显了诸多不适应性，如公益性机构人员活力不足，社会化组织主体无序竞争，公益性机构与社会化组织协同度不高等。加强公益性农技推广机构改革，不断创新技术推广机制方法，建立政府公益性推广机构主导下、社会化服务组织协同服务的农技推广体系，成为我国农技推广事业发展的重点内容。2017 年，农业部发布《关于贯彻落实〈国务院关于深化改革加强基层农业技术推广体系建设的意见〉的意见》，提出构建“多元化基层农业技术推广体系”“培育多元化农业技术推广主体”的要求，并在 127 个省市县开展了公益性和经营性服务体系融合发展的试点工作。实践中，各地取得了一定成效，但也遇到了许多障碍和阻力，需要深入研究改革创新的路径。课题组承担了农业部科教司农技推广体制机制创新项目，赴宁夏、江苏、陕西、山东等地开展调研，在走访国家农技推广机构、农民专业合作社、涉农公司、教学科研机构等的基础上，总结提炼农技推广体系机制创新的典型模式，分析成功经验并判断未来发展趋势，进而完善农技推广体系建设的几点建议，为深入推动我国农技推广体系改革提供模式借鉴和决策参考。

（一）我国农技推广体系机制创新的做法

1. 政府主导下组织再造模式

在政府政策引导下，以公益性农技推广机构为核心，以农业新型经营主体为载体，以服务广大农户为目标，组建新型农技服务组织，承接部分公益性机构的服务职能，政府给予这类组织一定的资金和资源补偿。组织再造过程中，公益性机构借助社会化服务组织的优势，加快先进适用技术的普及推广，并对

社会化组织引导、监督和评价，提升了其在体系中的位置，发挥了主导作用。如宁夏政府主导全区推动的农业社会化综合服务站模式。2015 年，宁夏农牧厅印发了《创新农业社会化服务发展综合服务组织的意见》，提出以种植业为主，开展农业技术社会化综合服务站建设试点，在产业集中区选择特色产业优势突出、示范带动效果好、交通便利的乡村，依托农机作业公司、农资销售公司、农业龙头企业、农民专业合作社、专业大户和乡镇农技服务中心，采用改建、扩建等方式，充实服务内容，引导和支持建成各类农业社会化综合服务站。政府整合项目资金，支持服务站购买测土配肥机，建设田间学校和完善基础设施。按照“身份有别、目标相同”原则，派驻专业技术人员挂职，共建载体。服务站承担了技术指导、农资供应、测土配肥、统防统治、农机作业、信息服务六项基本功能，并将服务领域拓展到土地托管、金融服务、电子商务、市场营销、休闲观光、创意农业等领域。截至 2016 年底，宁夏建设社会化综合服务站 40 个，服务总面积 38000hm^2。小麦、水稻机械化率 100%，玉米 78%，马铃薯 43%；配方施肥应用率 100%，统防统治率 50%。

2. *政府购买公益性服务模式*

针对种植业生产中技术要求高的育苗插秧、烘干储藏、粮食加工、基础设施配套、统一病虫防治等环节，政府部门使用财政性资金购买社会组织服务，较好地保护了小农户利益，推动了新型农业经营制度的建立。

如江苏省射阳县采取政府购买房屋方式，扶持引导社会化组织开展联耕联种服务。由村集体组织，在不改变农民土地经营权前提下，破除田埂，使“小田”变“大田”，再由社会化组织统一提供机耕与机插秧服务。政府发挥粮食高产创建、秸秆还田等非普惠制项目“撬动”作用，让农户在获得机耕机种服务时，可以享受到一定政策补贴。为确保社会化组织服务到位，政府建立了购买服务的门槛和监督机制。在农机大户或退职村组干部中选择有实力、懂经营、善管理的人担任社会化服务组织的理事长，把分散的农机集中起来组成合作社，再根据生产经营需要和经济效益，适当购置需要配套的机械。合作社与被服务村集体签订服务合同，村两委监督服务效果。政府农技人员组成科技联合服务队，为社会化组织提供技术支撑。这一模式推广以来，射阳县农业机械化率迅速提高，联耕联种推广面积由 2013 年的 5600hm^2 发展到 2016 年的 66670hm^2，降低了生产成本，处方药、配方肥的使用，使粮食品质显著提升，销售价格提高 5%~10%。专业化组织用种、肥、药的使用量减少 30%以上，农村生态环境得到明显改善。

3. 社会化组织有偿服务模式

市场机制引导下，以农户需求为导向，社会化专业组织提供有偿技术服务。在服务链条上，社会化组织充当技术供应商角色，对服务资源进行整合集成和合理配置，发挥“专业的事情，交给专业的人”的优势，提高了服务效率。

如山东省丰信农业服务连锁有限公司，采取“互联网+连锁门店+终端服务团队”方式开展有偿技术托管服务。公司在生产的前一年向农业经营者收取农业科技指导和农资配套服务费，为农民第二年的种植全过程提供技术服务。由农村妇女、种植大户、科技示范户、转型农资商和保险经纪人等组成一线服务队伍，在田间地头观察作物长势，及时发现异常情况，借助手机线上系统快速制定应急方案。服务人员是生产管理的“护士”，线上专家作为“医生”负责开“药方”、专业团队负责“抓药”和“配送”，农民只需在“护士”指导下把地种好。这种只负责农资和技术的半托管服务方式，避免了农村“农资人情、假农资”的问题，农民种地比原来轻松很多，深受农民欢迎，老会员复购率超过75%。此外，公司输出“互联网+种植服务”标准化服务体系，对有创业意愿的农民进行服务标准培训，下载使用“丰信”App后即可申请成为服务专员，人均管理耕地面积可达666.7hm^2，年收入超3万元。

4. 农科教推协同推广模式

高校和科研院所发挥科技源头优势，联合县（区、市）政府技术推广机构，以签订技术服务承包合同、建立综合试验站、组建产业联盟等形式，推动科技与农业生产进行链条式对接。如广东省农科院与地方政府采取共建农科院分院、现代农业促进中心、农业专家工作站、特色农业研究机构等方式，依托政府主导的农技推广体系，联合企业共同构建了政研企“三位一体”农技推广模式，以科技增量激活基层农技推广存量，较好地解决了基层农技推广队伍人员老化、知识更新慢、积极性不高等问题。2015年，广东省农科院与河源市政府合作建立了河源分院。2016年，双方围绕东源县国家级农产品主产区、灯塔盆地现代农业示范区核心区及省级农业综合开发区等开展工作，建立了农业发展促进中心。中心与县农业局合署办公，农科院专家带项目、带资金、带技术进驻中心，围绕当地特色优势产业发展需求，引导企业、合作社、新型经营主体、专业户等建立产业联盟，采取“政府+科研院所+县级农技推广队伍+新型农业经营主体+农户”方式开展技术推广。

（二）我国农技推广体系机制创新的经验分析

1. 公益性农技推广的职能得到拓展

自2012年开始，以“一个衔接、两个覆盖”为标志，一整套支持农业科技创新与推广工作的政策，使我国农技推广机构条件有了改善，工资有了保障，能力得到了提升。为适应农业战略性结构调整，各地政府大力推进基层农技推广体系改革，实施了“基层农技推广体系改革与建设补助项目”“基层农技推广体系改革创新试点”等，推广农业新成果，实现主推品种和技术的全覆盖，发挥了农业技术传播的主渠道作用。农业部的试点实践中，宁夏、陕西等地，通过组织再造、政府购买服务等方式，探索建立了综合服务站、联合会，调动各类社会化服务主体力量，延伸公益性机构伸向农村千家万户的触角，很好地实现了公益性推广服务的全覆盖。射阳县的联耕联种模式有效地保护了小农户利益，在探索家庭承包经营的基础上，走出了一条统分结合双层经营的农业现代化道路。此外，部分地区基层农技推广机构，主动开展了农业技术先进性、适用性和安全性“三性”验证的管理和验证评价工作，成为维护安全和农民利益的最后一道防线，发挥了“兜底”保障作用。除此之外，基层公益性农技机构还承担“三农”政策宣传、新农村建设任务，及农业产业发展、包村精准扶贫与抗灾救灾等工作，是乡镇政府开展农村管理的一支重要队伍。

2. 现代农业技术的供给结构发生变化

我国农技推广体系的机制创新，推动了基层农技供给结构的变迁。实践显示，县级以上农技推广服务中心，凭借技术人员经验丰富、能力强，政府资金保障充足，示范基地和示范户建设规范的优势，更多地发挥了宏观指导、整合资源、完善制度和搭建服务平台作用。乡镇级技术推广机构专业技术人员少，在服务过程中更侧重与新型经营主体、社会化组织的对接，为其提供技术服务、扶持发展，引导它们进行联合、协作和开展自我服务，并对服务效果进行必要监督。社会化组织拥有人才团队和管理优势，手段灵活、服务到位，深受农民青睐。随着农业劳动力老龄化日趋严重，返乡种地的农民不懂农业，农业面临着“谁来种”“怎么种”“种好地”的挑战。社会化服务组织自身及其带动的服务队伍，是在提供技术服务基础上发展起来的，懂技术、爱农村、爱农民的新型职业农民，自身认同“知识有价、有偿服务”理念，成为推动技术落地“最后一公里”的主要力量。社会化主体在与公益性机构技术对接和开展服务过程中，承担了部分公益性职能，也倒逼公益性机构积极行动起来，主动参与服务市场的竞争，推动服务理念和服务手段的提档升级。

3. 社会化组织推动农技服务市场发展

社会化组织是我国农技推广的“工作队”，在农作物品种筛选、模式创新中发挥了重要的作用，成为农业技术成果落地的重要载体。尤其近年来，社会化服务组织的迅猛发展，延伸和覆盖范围越来越大。随着技术供给主体不断增多，农民的需求按照市场规律，谁服务好、谁方便就用谁，客观上依靠市场手段优化资源配置，推动我国现代农业经营体系的建立。

跨界竞争是当前农技推广行业发展的重要特征之一。如山东省丰信农业服务连锁有限公司于2014年开始从农资销售企业转型为农技综合服务企业，经营重点在于生产过程的田间管理，竞争优势在于技术方案的标准化及企业化的生产服务管理。有些互联网公司借助数据、信息及渠道优势，以信息化产品销售为主要内容，以农民、农民技术员或政府公益性农技推广员为对象，提供生产所需要的技术服务。也有农产品销售企业将经营从产后向产前、产中延伸，提供从种到收全过程的技术服务，以确保产品质量。这些跨界经营的社会化组织，虽然发展规模仍较小，实力不强，但是互联网思维和信息化手段的运用，使得农技服务业展现出高增值性、高渗透性和强外部性的新特征。

目前，对大多数社会化服务组织来说，盈利点仍依靠农资销售或规模化种植，单纯的技术服务本身还不足以支撑其持续发展。由于社会化组织的趋利特点，技术服务过程中，可能会出现诚信度不高损害农民利益、土地污染和掠夺性开发的问题；跨界经营的服务企业，存在懂互联网的不懂农业，懂农业的不懂互联网；有些社会化组织对公益性服务的相关政策缺乏了解，与当地公益性机构的结合不是很紧密。为避免长期累积危害公共安全的基本问题，需要政府部门引起重视，在政策法规上前瞻性设计，加强标准化和规范性管理，在行业整合和组织协同上发挥主导作用，以确保农产品有效供给、农村基层稳定和农民持续增收。

4. 政府在协同推广服务中发挥主导作用

科研院校作为科技成果创新源头，是科技支撑的主要力量，是推广体系中的“特种兵”，是解决农作物生产关键性问题不可缺少的部分。科研院校推广工作，必须清楚围绕当地主导产业，需要重点推广什么、预期效果是什么、科研与推广之间的关系。也就是说，必须立足科研去做推广，而不能颠倒了方向。科研院校与推广体系是上下游的关系，而非竞争或做同样的事情，这样也违背了体系建设的初衷。如果农科教推体系不畅，往往将导致作为市场主体的农户，需要的技术得不到，得到的技术又不需要，造成供求矛盾。实践中，大多科研院校深入产业一线，在与各个主体的配合中，以试验示范、展示培训等方式进行成果推广，既帮助农民及时解决实际问题，也洞悉了市场的技术发展方向，使科研和现实联系起来，促进了地区经济发展。

由于企业、科研、教育、推广等工作在行政上归属不同部门，这就需要政府发挥主导作用，推动各主体优势互补。广东农科院经验显示，地方政府为推动主导产业发展，在土地、资金等方面出台优惠政策，为科研资源、高素质人才团队引进营造良好的环境。大学作为技术源头，与公益性机构组建技术传播链，科技创新成果借助公益性推广体系链条优势，有效地推动技术落地。射阳县联耕联种模式中，将政府职能转变、农业生产经营方式变革与社会化组织发展三者很好地结合，以政府购买服务作为手段，以社会化组织服务小农户为核心的新型农业经营体系，维护了农村基本经营制度的稳定。

公益性机构、科研教学机构与社会化组织，是我国新型农业社会化服务体系的重要组成部分，各具优势。社会化组织，凭借市场优势将农资和销售串起。政府利用自身公信力，为社会化服务发展培育更好的市场环境。公益性推广机构、科研教学机构建立技术传递链条，利用社会化组织将技术传递到千家万户，使各自“在专业化的领域，干好专业化的事情”。尽管当前社会化组织蓬勃发展，但在与公益性机构竞争时仍处于明显劣势，公益性机构凭借体制优势，对经营性组织形成了一定的“挤出效应”，至今未出现社会化服务的“大鳄”。以科研教学机构为代表的准公益机构，成果转化和技术输送效率还不高。因此，强化政府主导，推动各主体协调发展，对于公共服务政策落实、市场活力释放和社会创造力具有重要意义。

（三）完善我国农技推广体系建设的几点思考

1. 强化农技推广体系顶层设计

围绕党的十九大构建现代农业产业体系、生产体系、经营体系建设目标，研究并制定基层农业技术推广体系改革创新的政策措施，适时出台推动“农技推广社会化服务的指导意见”或“新时期我国农技推广体系建设规划”。加强全国农技推广机制创新工作的总结和宣传工作。相关领导及政府部门要进一步提高思想认识，高度重视农技推广和农技社会化服务工作，将农技推广体系建设作为落实乡村振兴战略，深化农村改革的重要内容，制定配套政策，落实推进措施，为农技人员开展技术服务提供强有力的组织保障。强化农技推广机构的平台意识，提高组织协调监督的能力。积极整合农技推广补助、农民培训、社会化服务等项目资金，做好公益性农技推广，培育和壮大农业生产经营主体。鼓励地方采取多种措施，加大对农技推广工作的资金支持力度，确保基层农技推广工作经费。

2. 深入推进公益性农技推广机构改革

各级公益性农技推广机构要主动适应新变化，拓展思路敞开胸怀，做好多元化服务主体的对接和融合。强化乡镇农技推广机构公益性职能，明确其对新型经营主体的作用和社会化服务组织的扶持、帮助和监督的职能，建立国家公益性农技推广与新型经营主体和社会化服务组织有机衔接、协同推进的基层农技推广网络体系。鼓励基层农技推广体系完成病虫测报、农产品质量监测等公益性职能，主动服务社会化组织。公益性农技推广机构自身要在全覆盖、有保障上多下功夫，重点在那些具有较强公益性、外部性、基础性的领域，经营性服务组织不愿干、干不了的领域积极发挥作用。以保障粮食安全目标，在比较效益不高的粮食生产领域，强化公益性机构技术服务和社会化生产性服务；在比较效益高的粮油经济作物、果树等产业，引导社会化组织开展技术推广和全程生产性服务；组建各种形式的农技服务共同体（联盟），探索重大农技的协同推广机制，让各成员在协作中开展服务。

3. 提高政府对农技推广体系的管理能力

在政府部门或第三方组织下，建设农技服务机构的资信管理体系，指导和监督行业组织开展资信评价，为被服务对象选择技术服务单位和政府部门购买服务提供参考。鼓励省、市、县级农技推广机构搭建基于互联网的交流平台，将科研机构、新型农业经营主体和社会化服务组织有机结合起来，围绕主导产业、服务农民目标做好技术服务工作。全方位和多角度扩大农业技术推广、农业社会化服务的宣传，提高农民生产者对生产性服务的认知，增强接受服务意愿。及时总结基层农技推广体系建设、推广模式的工作亮点和创新做法，加强宣传，组织多种形式的、不同层次的观摩、参观和考察等活动，加强地区之间的交流，推动体系建设再上新台阶。

十九、我国农业技术推广主体的行为实践研究

农业技术推广体系是构建现代农业经营体系的重要内容，是促使成果尽快转化成现实生产力，实现农业现代化的关键。我国政府非常重视农业技术推广工作。2006 年，国务院《关于深化改革加强基层农业技术推广体系建设的意见》和农业部的意见提出了逐步构建“多元化基层农业技术推广体系”“培育多元化农业技术推广主体”的要求。2012 年修订的《中华人民共和国农业技术推广法》，从法律层面对各级国家农技推广机构的性质和公益性职责进行了定性和细化，确保了农技推广机构及其工作人员的法律地位。目前，我国已逐步形成以公益性农技推广部门为主导，经营性服务组织和教学科研机构等多元化主体共同参与的新型农技推广格局。但农技推广体系仍面临着公益性服务机制不活、经营性服务能力不强、教学科研机构服务定位不清、各主体之间协同不紧密等问题，影响着农业科技成果转化效率。加大对各主体行为的研究，从中发现问题并及时采取有效措施，促进各主体的自我完善和良性互动，是提高农技推广体系效率的关键。

关于不同推广主体行为的研究，主要集中在农技推广主体分类、不同主体农技推广模式选择和实践经验、提高不同主体农技推广效率的途径等方面。基于博弈论、系统论、自组织理论，分析各主体行为的内在机制，采用计量经济分析、层次分析等方法评价技术推广效率等。大多数学者认同政府公益性农技推广主体、社会力量组成的经营性主体、高等农业院校和科研院所的准公益性主体的分类方式。不同主体行为实践，受自身功能定位、农业发展阶段性需求等因素影响。我国长期以来坚持政府主导，社会化多元主体为补充的技术推广体系建设路径。随着农业经营方式变化，不同农技推广主体的功能定位及竞合关系对现代农业影响越来越大。

为加快建立与现代农业发展相适应的新型农技推广体系，各地结合实际，在推动公益性主体工作方式和服务机制改革、创新公益性主体与经营性主体有机结合方式、调动经营性主体积极性等方面做了有益探索。课题组承担了农业

部科教司农技推广体制机制创新调研项目，于2017年6—12月对陕西、山西、山东、河北、甘肃、广东、湖北和安徽8个省的基层农技推广站（中心）、试验示范基地、农业新型经营主体、社会化服务组织和科研教学单位示范基地进行调研，采取案例研究和对比方法，分析了我国农技推广体系各主体的技术推广行为，提炼了典型模式，总结了取得的成效和存在的问题，提出了完善我国农技推广体系的对策建议，为推动农技推广体系改革提供模式借鉴和决策参考。

（一）我国农业技术推广体系建设现状

2012年，中央“一号文件”部署了农业科技创新与推广工作，出台了以“一个衔接、两个覆盖”为标志的一整套支持政策。到目前为止，基层农技推广机构条件得以改善，工资得到保障，能力得以提升。各地大力推进基层农技推广体系改革，组织实施了基层农技推广体系建设项目，全面履行《农业技术推广法》第11条公益性职责，成为我国农业技术传播的主渠道。如陕西省农技推广站在全省建立了苗情监测点24个，涉及小麦、玉米和油菜等主要粮油作物；农田墒情监测点50个，涉及23个县（区）9个土壤类型和12种作物；50%以上的市县开展了病虫害电视预报服务，全省中长期和短期预报准确率分别达到85%和90%以上。此外，一些地区公益性推广机构还主动开展农技先进性、适用性和安全性“三性”验证的管理和验证评价工作，负责落实良种补贴、粮食直贴、精准扶贫等农业农村工作，成为基层农村工作不可或缺的一支队伍。

国家农技推广机构主动服务于各类农业新型经营主体，在营造“优势互补、协作为农”的“大推广格局”中发挥了重要作用。如湖北省天门市农业局以华丰农业合作社为重点抓手，加强培育扶持力度，使其从只有9人的小农机作业服务队，发展到拥有268名社员、跨4个省的全国十强农业合作社，服务范围涉及11个县市的180多个村。此外，公益推广机构还积极探索与经营性服务组织有机融合的路子，指导和规范社会化服务组织开展农技推广服务工作。一些县农技中心技术员出任（或被聘为）社会化服务组织专家，为其技术服务方案提供权威指导，组织开展新技术、新产品和社会化服务效果评价。科研院所作为准公益性农技服务机构，与地方政府紧密合作，通过在产业主导区建立科技示范基地、专家大院、科技小院等方式，与基层农技推广人员联合开展试验示范和推广工作，促进了科技与产业的紧密结合。

以网站、微信、QQ和远程视频等为代表的信息化工具，在农技推广工作中得到了广泛应用。如山西省从2015年开始，选择5个基础相对较好的农业大县和特色产业，实施“农技宝”云平台建设。河北省在“三电一厅”服务模式基础上，以农业局智慧农业服务平台为中心，以专家技术团队为依托，打造“滴滴打车”农技推广模式，通过农业园区、种植大户、合作社和家庭农场等新型经营主体“下单”，农技人员“接单”，根据农技人员“接单”服务量兑现相关补助，调动了农技人员主动服务的积极性。

各地在农技推广工作中，以试验示范基地为载体，以点带面，积极开展新技术、新产品推广和农民培训工作，有效地满足了基层农技人员、科技示范户和农民现场实践学习的需求。如山西省农技推广总站投资 4000 万元，重点打造了 105 个集技术集成、示范推广和职业农民培育为一体的高标准基地，年接待参观学习人员达到 20 多万人次，发挥了重要的宣传展示作用。一些地区农业局对县级农科所、原种场等机构职能重新定位和功能再造，将单位原来承担的育种繁育等职能转变为新品种、新技术试验、示范、展示和培训等职能，打造本地区农业科技试验示范展示基地、农作物品种展示基地，以项目形式承接各类试验示范展示任务和开展新型职业农民培训，较好地发挥了技术推广作用。

为调动农技人员积极性，各地结合不同部门及不同岗位实行业绩考核和行为考核并重的考核机制。北京市农林科学院、西北农林科技大学、湖北省农科院等科研教学机构，为鼓励科技人员推广应用先进农业技术，制定相关政策和实施意见，在职称与职务评定、评先选优和奖励等方面，将农技推广工作的实绩列入考核内容，促进了科研与推广工作的有效衔接。

（二）我国不同主体农技推广的典型模式分析

1. 公益性主体农技推广的典型模式

（1）延伸式服务模式

国家农技推广机构在理顺体制、完善岗位管理制度基础上，强化村级服务站点、农民技术员、生产示范基地的建设，以基层农技推广人员为技术服务主体，实现技术进村入户。发挥了公益性农技推广体系链条完整优势，能确保职能履行并兼顾大小农户，体现了国家农技推广机构公益性特点，弥补了基层农技推广队伍薄弱，面对千家万户仍力不从心的不足。

2014 年，陕西省蒲城县农业局组建了 340 个村级工作站，基本覆盖了全县所有行政村。每个村级工作站遴选科技示范户 5 个，每户辐射带动普通农户 10 个。工作站主要负责抓好基地建设，做好新技术的试验示范和培训；抓好引领扶持，推动成立并多方扶持新型经营主体联合会，有效组织带动引领新型经营主体发展；抓好组织创新，将村里的能人、热心人组织起来，村村建服务站点；抓好职能拓展，从推广技术、品种等，拓展到对新型经营主体的服务和技术指导、产后品牌打造和电商平台对接。通过村级工作站，迅速落实了测土配方施肥、水肥一体化和小麦玉米新品种引进等各项技术推广工作，对于推动科技转化为现实生产力发挥了重要作用。

（2）合作式服务模式

公益性机构主动与经营性服务组织对接，经营性服务组织发挥示范带动作用，将新品种、新技术向广大农户进行推广。发挥了经营性服务组织的人力、物力和资金优势，公益性机构在引导和监督过程中，履行职能、提高技术传播效率。适合于社会化服务发展快，且集中连片、规模化机械化程度高，生产成本低的地区，也适合效益比较高的单一产业。

甘肃省山丹县把培育新型农业经营主体作为全面推进现代农业发展的重要举措来抓，促进家庭农场、专业大户、农民合作社等新型农业经营主体蓬勃发展。具体做法有以下几点。一是突出公益性机构的主体地位。以县、乡农技推广部门为责任主体，以各类社会化服务组织为服务平台，以农户和市场需求为导向，充分发挥农技部门专业人才分布广、信息量大的优势，加强合作沟通，突出产前、产中和产后全过程社会化服务，达到“指导农户种”“引导农户调”“帮助农户销”的目的。二是探索推广“1+N+N”结对服务方式。根据全县农业生产特点和主导产业布局划分区域，每个区域确定“1”名专业技术人员，选择有代表性的“N”个新型经营主体，再与其所在区域内的“N”个种植大户结对开展技术服务，确保了人员、专业和服务的针对性，实现了农资使用规范化、技术标准规程化和产品销售规格化。三是探索推广“公益性技术指导+土地所有者+投资开发商”“专业服务公司+合作社+农户”“村集体经济组织+专业化服务队+农户”“涉农企业+专家+农户”等多种模式。坚持市场化运作，引导越来越多的龙头企业、农民专业合作社、农村电商组织参与农业生产经营服务，助推农业生产转向产业化、规模化和品牌化经营，促进农业社会化服务供需有效对接，实现农技部门、专业合作社、企业和种植大户的互惠多赢。

（3）引导式服务模式

公益性机构培育农业新型经营主体、经营性服务主体，引导其在提供专业化、生产性服务过程中进行技术推广。经营性服务主体对市场了解透彻，服务效率更高，带头人具有较强的市场拓展能力和社会责任心是确保这一模式成功的关键。

陕西省蒲城县农技中心组织全县80多个种植大户、家庭农场和专业合作社成立蒲城县新型农业经营主体联合会，将联合会秘书处的办公室设在农业局。

联合会重点解决单个合作社、种植大户、家庭农场解决不了和解决不好的问题，铸造蒲城农业发展的“火车头”，打造富有蒲城特色的优质品牌和优质农产品生产基地。针对联合会成员产品滞销等困难，联合相关媒体组织开展“西瓜节”、桑葚采摘等活动，为成员解决销售困难，取得了很好效果。县农技中心邀请省内外知名专家教授，对联合会成员开展各种栽培、修剪和水肥一体化等技术现场培训活动。组织成员参加全国智慧大农业“千县万企”等全国性的大型活动，开阔了视野，提高了成员质量意识和商品意识。

上述三类模式相比较，延伸式服务模式通过政府购买方式，强化了最基层的推广队伍，面向广大农户开展技术服务，充分履行了公益性职能。但受经费、人员条件限制，技术影响范围仍有限。合作式服务模式是政府部门以资金、项目或技术等作为纽带，与新型经营主体开展合作，在技术传播中占有主动权，组织管理更加容易，但存在资源过度集中可能引发利益输送问题。引导式服务模式是政府部门围绕社会化组织的技术需求提供专业化服务，工作实效性和针对性更强。后两种模式培育了技术推广新载体，拓展了基层农技推广机构的中介功能，对农技人员的领导、沟通和协调能力提出了更高要求（见表 1-19-1）。

表 1-19-1　三类公益性主体农技推广模式对比

模式	相对优势	相对劣势	适用条件
延伸式服务	公益性体系比较完善，能履行职能并兼顾大小农户，体现国家公益性技术服务特点	基层农技推广队伍仍旧薄弱，面对千家万户仍力不从心	地方政府关注度高，村级站建设、农民农技人员聘用等，都需要地方财政的支持，还要建立完善的考核制度
合作式服务	发挥了社会化组织的人力、物力和资金优势，公益组织在引导和监督过程中，履行了职能也提升了地位，提高了技术传播效率	容易出现公益性资源过度向大户倾斜，而忽视中小农户的需求和利益	社会化服务发展快的地区，产业比较单一，规模化、机械化程度高，生产成本低，比较效益高的产业。双方能建立良好的资源共享和利益分配机制
引导式服务	社会化组织将服务当作事业来做，对市场了解透彻，服务效率更高	利益驱使市场化服务，可能出现损害农民利益的现象	政府经费和政策的引导，社会化组织、带头人要有一定的市场拓展能力和社会责任心

2. 经营性主体农技推广的典型模式

（1）农技综合服务模式

农业生产性服务主体，为农民直接提供以技术为核心的，辅以农资、农机和金融等其他生产要素投入与相关配套服务。如山东省丰信农业服务连锁有限公司，探索建立的“互联网+连锁门店+终端服务团队”的技术服务方式，简称

"丰信模式"。以自主研发开展技术创新与成果孵化、自建技术服务团队作为技术支撑。组建专业的技术团队，利用App，在后台专家指导下，专门为农业生产全过程提供技术服务。"天上有网，地里有人"，"线上'专家'+线下'护士'"的服务团队互动频繁，发挥了信息传输和沟通管理作用。服务人员扮演了"护士"的角色，生产管理方案、农资供应由专业团队解决，是一套农户种地更简单、更高产和更轻松的服务体系。

（2）农业信息化服务模式

互联网企业借助信息及渠道优势，向农民、技术员、政府公益性农技推广机构提供所需要的技术信息和信息化产品。通过信息化手段，农技服务实现了可视化、实时化和全过程记录。如山东老刀网络科技有限公司等互联网公司，通过整合农技科研和推广专家、农资厂商等资源以及基层生产经验，建设基于移动互联网的农技服务平台。开发的农技服务 App，通过提供海量农业技术资讯、即时农技专家会诊、必备农事生产工具，开展个性化定制、实时应季推荐、专家在线会诊等服务，让种植更轻松。

（3）技术示范带动服务模式

以涉农企业、农民专业合作社等新型经营主体为龙头，通过建立技术示范基地和提供优良种苗、先进适用设备、农资农药等物化技术形式，与农民共同构建经济联合体，实现技术推广。如陕西省渭南市蒲城县四方苹果专业合作社在蒲城县农技中心支持下，带领农民一起面对市场，通过技术互助提高产品质量。引进和应用了土壤改良、测土配方、化肥减量、有机肥综合应用、地下铺黑膜等技术，生产富硒和富钙农产品。合作社聘请西北农林科技大学专家编写苹果管理年历，细化主要技术要领，让农民跟着资料学、跟着示范户做。合作社还重点挑选年轻、有基础、热爱果业的部分社员，通过土地托管方式建立家庭农场，实行标准化生产和工厂化管理，取得了显著效益。

（4）托管式技术服务模式

以农村技术能人、专业合作组织、家庭农场、大户或专业服务团队等为服务主体，凭借技术和经验优势，为农业生产提供部分或全程的技术服务托管。如河北省任丘市史丹利农业服务有限公司，拥有大型农机具 40 多台（套），终端网点 58 家，流转土地 324hm^2，托管土地 1573hm^2。为任丘市及周边地区种植大户、合作社和家庭农场等提供化肥、种子、农药和农机耕种收等种植业全流程服务。流转部分耕地，建设高标准农田，制定并实施全套作物种植方案，对当地农业种植起到示范效应；成立农机、农技服务团队，服务广大农民。公司通过合作、自建或联合当地企业共建的方式，建设粮食仓储库容，开展粮食收储、烘干、“粮食银行”、贸易业务等。

上述四种模式相比较，农技综合服务模式是在推广相关主体之间搭建了技术传播渠道，信息交流、沟通比较顺畅，以技物结合方式开展服务，技术采纳率高。从事此类服务的企业，需要有一定的原始积累，熟悉农资和技术市场，有核心产品或解决方案作为技术支撑。农业信息化服务模式的主体具有很强的信息资源获取能力和服务市场开发能力，承担了信息收集、预测预报、信息发布等功能，信息双向传递，技术更新速度快。但受农户对信息化工具的使用能力限制，线下推广难度比较大。技术示范带动服务模式的服务主体，与市场联系密切，技术针对性强。农民在看中学，学中干，技术采纳风险低。但受自身发展规划、生产成本等因素影响，服务主体所推广技术多局限在自身经营农产品或原料供应上。托管式技术服务模式实现了技术服务成本内部化，管理成本低，技术采纳速度快，服务效率高。但受能力约束，主体技术更新速度可能会比较慢，随着经营规模扩大，风险增加（见表 1-19-2）。

表 1-19-2 四种经营性主体农技推广模式对比

模式	相对优势	相对劣势	适用条件
农技综合服务	技物结合，技术推广迅速，技术采纳率高	前期投入大，需要扩大服务规模才能确保经营可持续	熟悉农资和技术市场，拥有自主技术服务团队、核心产品或方案
农业信息化服务	技术服务及时、技术更新速度快	线下缺少抓手，市场拓展慢，线上线下用户活跃度影响生存	熟悉信息技术、农业技术，信息采集能力强
技术示范带动服务	容易获取农民信任，技术传播快	人才缺乏、技术更新速度慢	有影响力、有责任心的带头人
托管式技术服务	技术服务成本内部化，管理成本低，技术采纳速度快，服务效率高	服务范围窄，多是与企业有关的生产技术和原料供应	企业与农户需要建立良好的利益联结机制

3. 教学科研主体农技推广的典型模式

（1）中国农业大学“科技小院”模式

“科技小院”是中国农业大学发起并建立的，驻扎在农业生产第一线，集农业科技创新、示范推广和人才培养等多项职能于一体的基层科技服务平台。以田间学校方式进行农技培训和开展农业科技实验。农民田间学校在“科技小院”成立后同步组建，是开展农业技术培训的主要平台。农技培训主要由研究生负责，培训内容取决于农民的生产实践需求并参考其接受能力。“科技小院”技术推广思路是通过农民田间试验研究解决生产中发现的问题，并在相关区域示范推广。

（2）西北农林科技大学“试验示范站”模式

2005年，西北农林科技大学提出建立了“政府推动下，以大学为依托，基层力量为骨干”的“大学+试验示范站+基层科技骨干+科技示范户+农户”的“试验示范站”模式。服务内容主要有以下几点。一是以农业试验示范基地为载体，以培训和咨询服务为支撑。学校以区域农业主导产业为对象，与有关地方政府共同创建试验站，直接与产业和农民相对接。二是将试验站作为“农科教产学研”紧密结合的服务平台。依托试验站，打造学校教学实习的基地、研究生实践的基地和国内外学术交流合作平台。三是有效对接院校科技资源与政府行政资源、企业经济资源，三者共同推进农业技术推广，促进农业发展。

（3）安徽农业大学“四体融合”模式

安徽农业大学以校县（市区）共建“一站一盟一中心”为抓手，推动技术创新与推广工作有机结合，组建成一个政、产、学、研、推结合紧密的产业联盟，构建了研发主体、行政主体、推广主体和新型农业经营主体“四体融合”的新型农业推广服务模式。其中，“一站”指区域性的农业综合试验站，是新型农业推广服务平台的载体；“一盟”指学校与县级政府共同组建的新型农业“产学研”联盟，是加快农业科技成果转化、推广的组织保障；“一中心”指学校与县级政府共同组建的专事农业推广服务的实体性事业单位，是校县合作的联合办事机构。该模式突出了全产业链的发展理念，实现了由单一服务拓展到全产业链，由单一功能拓展到人才培养、科技创新、技术推广、创业孵化一体化。

（4）广东省农科院政研企“三位一体”模式

广东省农科院依托国家农技推广体系，联合企业共同构建了政研企“三位一体”农技推广模式，以科技增量激活基层农业技术推广存量。主要有以下优点。一是紧密依靠各级政府，打通农技推广主渠道。通过与地方合建分院、建设“农业发展促进中心”等方式，广东省农科院派专家，带项目、带资金、带技术进入基层，协助政府整合各类资源和开展技术推广。二是巧抓三种力量，发挥科技源头的引领作用。抓科研院所，广东省农科院技术介入；抓技术员，以点带面；抓农资店，促进其合法合规经营，承担宣传相关政策和技术传播义务。三是抓龙头企业，有效衔接技术链与产业链。通过与企业共建广东蓝毒研究院、广东国柠现代农业研究院等特色产业研究院，采取“公司+研究院+基地+

农户”“协会+研究员”方式，将技术链和产业链有效衔接。

（5）湖北省农科院“技术总承包服务”模式

湖北省农科院探索“技术总承包服务”模式，与企业、政府签订技术服务合同，有针对性地开展科技创新和技术服务。一是企业合作技术总承包。2016年，湖北省农科院与湖北楚垣集团签订协议，对 6667hm^2 粮食生产实行有偿技术总承包。实施了“再生稻全程机械化”“虾—稻共作”“薯—稻连作”“早籼晚粳双季机插”4 种高产高效技术模式，派技术人员驻点全程监控生产，在生产关键环节提供现场指导。二是院地合作技术总承包。2017 年，湖北省农科院与潜江市政府签订技术服务协议，合作期限为 4 年，为该市“虾—稻复合种养”提供从水稻品种到种养技术的全程技术服务，筛选开发出“潜江虾稻”系列专用品种。三是合作商业化育种。湖北省农科院与中垦锦绣华农武汉科技有限公司自 2013 年起开展商业化合作育种。公司给团队提供科研经费，团队根据公司的育种目标为公司培育水稻品种，品种权由双方按协议比例共享。

上述五种模式相比较，“科技小院”模式是立足高校人才培养需求，结合地方产业需求进行技术推广。“试验示范站”模式是围绕地方主导产业需求开展技术推广，但存在科研与推广边界不清楚、试验站的运营成本较高等不足。“四体融合”模式是科研院所主导建立的一套新的技术推广体系，其主要功能还是科技创新和人才培养，同时，其建设和运营成本比较高。政研企“三位一体”模式实现了科研机构与公益性机构紧密对接，调动了基层农技推广队伍积极性，发挥了科研源头作用和公益性体系的扩散作用。“技术总承包服务”模式，是以产业需求为导向的技术推广模式，针对性强，科技服务团队积极性高。从实践效果来看，后两种模式的技术推广成效最为理想，可复制性强，具有推广价值（见表 1-19-3）。

表 1-19-3　五种教学科研主体农技推广模式对比

模式	相对优势	相对劣势	适用条件
“科技小院”	建设成本低，利用学生开展技术推广，既培养了人才也推广了技术	与公益性推广体系衔接不紧密，技术覆盖面有限	学生培养和社会实践、人才培养功能
“试验示范站”	农科教“产学研”紧密结合，发挥科技创新源头作用，科研院所对技术推广工作具有主动权	科研与推广边界不清楚，试验站的运营成本高，需要持续经费支持	主导产业突出，技术需求明确；政府重视，能够提供便利条件；科研院校重视推广工作，建立有效激励机制

续表

模式	相对优势	相对劣势	适用条件
“四体融合”	科研院所对技术推广工作具有主动权	试验站运营成本高，需要持续稳定经费支持；与公益性体系衔接不紧密	主导产业突出；政府部门重视，为建站提供便利；科研机构创新能力强
政研企“三位一体”	科研与推广边界清楚；科研机构与公益性机构紧密对接，调动了基层农技推广队伍积极性	自上而下技术推广机制，政策性强。市场配置资源作用不明显	政府部门重视，组织协调有力度；科技推广人员具有很强的沟通与协调能力
“技术总承包服务”	任务明确，推广针对性强；推广团队在服务产业过程中也得到相应的回报，积极性高	技术覆盖面有限，科研推广团队需要承担一定风险	产业特点鲜明，技术需求明确；政府重视，有资金支持技术服务；科研机构需要建立激励机制

（三）我国农技推广体系建设面临的问题

1. 基层公益性农技推广主体活力不足

农技人员普遍面临知识老化、年龄偏大和结构断层的情况。现有人员掌握农业常规品种和应用技术多，对农业新品种、新技术接受难，现代化信息技术应用不熟练。随着经营主体规模扩大，对集成技术及技术以外的金融、保险等需求增加，农技人员的技术集成组装、沟通协调能力还不强。以山西省为例，该省种植业农技推广机构编制4189人，现在岗人员3415人，缺编制近20%。在岗人员经过省部级院校3个月以上集中培训的不足2%，拥有大专以上学历的不到40%，年龄在50岁以上的超过55%，农技人员新老交替问题需解决。基层农技推广机制改革创新难度较大，顾虑较多。长期以来形成的行政管理型农技推广机制，干多干少、干好干坏一样的现象仍然存在。多年积累的试验数据、技术解决方案、试验化验仪器等不能充分发挥作用，配套的试验仪器、农机等设备闲置多利用少。

2. 经营性农技推广主体能力不强

我国经营性服务组织仍处于发展初期，规模小而散，覆盖面较小，标准化程度低。软硬件配套相对滞后，新技术和新品种自主研发能力不强。主要从事粮食、蔬菜种植、农资配送、病虫害防控和信息等服务，在销售、贮藏、加工、品牌创建和金融服务等环节延伸服务还处于爬坡阶段。与农技推广部门、科研院所等公益性技术推广机构连接还不紧密，对新技术、新品种示范推广关键环节掌握还不到位，服务能力不强。经营性服务组织与农民利益联结不紧密，示范带动作用有限。组织管理上，各级政府、涉农部门和新型经营主体对经营性农技推广工作认识还不到位，对建什么、怎么建，为谁服务、如何服务，思路还不够清晰，组织领导不够有力，重视程度不够。各地区农业生产基础条件、土地规模化经营程度和农业产业化程度不平衡，能够提供社会化农技服务的主体发育程度不一。如甘肃、陕西等省部分土地流转率高，经营性服务组织发育比较快的地区，总体上可借鉴经验和模式并不多。

3. 教学科研主体推广创新不够

一些教学科研机构，热衷于建立自己主导的一套推广体系，未能与现有的国家农技推广主体进行有效对接，造成浪费资源，未能充分发挥科技源头作用。教学科研主体与农业新型经营主体、专业化服务组织等对接的方式方法少，机制创新力度不大，推动现代农业发展壮大的典型模式和经验还很缺乏。长期形成重科研、轻推广的考核评价体系，导致部分科研人员缺乏深入开展推广工作的积极性。农业科研与实际产业需求结合不紧密，科技成果成熟度不高，影响了成果转化效率。

4. 农技推广多元主体融合度不高

对于2012年新修订的《中华人民共和国农业技术推广法》，有些地方政府宣传贯彻落实力度不大，政策研究不深入。对于如何发挥公益性农技推广机构“国家队”的组织领导作用重视程度不够。公益性农技推广机构主导与教学科研机构、经营性主体有效联合协作，“上下贯通、左右联合”的农技推广大体系还未形成。各类服务主体之间缺乏有效的联合和协作。公益性农技推广机构与其他社会化服务主体之间的合作，大多仅限于项目执行阶段，长期有效的合作机制还很缺乏。

（四）完善我国农技推广体系的对策建议

1. 深化基层农技推广机构改革

强化基层农技推广机构的公益性职能，明确其对新型经营主体的组织领导作用和社会化服务组织的扶持、帮助和监督的职能。加强农技推广岗位考核，调动农技人员积极性。按照农技人员专业化、专家化的要求，解决好工资待遇、职务职称问题。为农技人员减负，解决“在编不在岗”问题。按照“懂农业、爱农村、爱农民”的要求，吸引培育选拔一批新的农技专业人员充实到农技推广队伍。坚持公益性农技推广服务优先与增值服务原则，在定岗服务、购买服务、派驻服务和委托服务等形式中探索增值服务新机制。落实推广人员队伍资格准入制度，完善农技人员培育体系。推动基层农技推广机构将基地、化验室、培训室进行开放共享。

2. 扶持经营性农技服务主体发展壮大

鼓励各地通过购买服务、定向委托和奖励补助等方式，支持新型农业经营主体参与农业社会化服务，承担农业公益性服务项目。支持农民合作社、专业服务公司、专业技术协会和涉农企业等为农民提供低成本、便利化和全方位的服务，培育社会化服务明星企业和“领头羊”。教学科研机构加强科技成果转化的利益分配机制改革，深化“院县共建”“技术承包”和“三位一体”等政产学研合作模式，推动高校、科研院所的科技、人才、服务优势与农技推广体系的紧密结合。鼓励地方因地制宜、先行先试，探索农技人员管理、农技推广服务新模式，为丰富、完善顶层设计提供实践案例和探索经验。

3. 加快推进农科教推一体化建设

建议农业教学科研机构通过建设新农村发展研究院、农业综合服务示范基地等方式，与政府、各类农业经营主体进行对接，以农业生产和产业发展的实际需求来引导科研，根据农业科技应用中存在的问题反馈，进行技术集成创新与示范推广，实现科技创新、人才培养、推广与生产的紧密结合。鼓励农业教学科研机构设立农业推广岗位，特别是在科技评价和业绩考核中加强对科技成果推广和转化方面的导向作用；完善科研成果转化的利益分配机制，激励更多、更高层次的科研人员参与农业科技成果推广工作。鼓励教学科研机构通过与企业合作共建研发中心，根据产业需求共同开展创新研究。加强与农业社会化服务组织的合作，互相取长补短，提升农技推广工作成效。

4. 建立政府主导多元主体协同推广机制

政府部门需要进一步提高认识，重视农技推广工作，将农技推广体系建设作为落实乡村振兴战略、深化农村改革的重要内容，制定配套政策，落实推进措施，为农技人员开展技术服务提供强有力的组织保障。深入宣传贯彻落实《中华人民共和国农业技术推广法》，加强执法检查，推动地方各级尽快出台配套法规。强化农技推广机构的平台意识，提高组织协调监督的能力。鼓励国家农技推广机构，搭建基于互联网的农技推广服务平台，促进公益性农技推广机构、多元社会化服务主体等的沟通交流、资源整合和联合协作。探索建立农技服务单位资信管理体系，指导监督行业组织开展资信评价，为被服务对象选择适宜的技术服务单位，为政府部门购买服务提供参考依据。

第二部分

对策研究

一、北京市农业发展特点

（一）多功能农业加快发展

农业的多功能价值是指农业不仅具有提供食物的基础性功能，还具有经济、生态、社会和文化等维度的多功能价值。从国家层面来看，在“京津冀协同发展”的大背景下，需要北京市率先垂范，将自身打造成国家都市农业引领区、现代农业示范区与高效节水农业样板区。从北京市自身来看，现阶段在“疏解整治促提升”的时代背景下，传统农业规模持续调减。北京农业既要满足北京市居民消费的农产品实现部分自足，以及市民对优质安全农产品愈来愈旺的需求，还需要满足市民逐渐增强的“养眼、洗肺、休闲”需求；农户需要先进的科技、优良的品种与精良的装备送至田间地头；涉农企业需要农业为自己提供原料、先进的生产技术示范平台、及时优质高效的服务与公平竞争的市场环境；政府需要农业在生态保护、应急保障及治理“城市病”中发挥积极作用。

（二）全力推进“稳粮保菜”

当前，北京市经济社会整体上已经步入后工业化时代与发达城市化阶段，土地及水资源紧缺的“双紧”约束加剧，市场高风险与劳动力高成本的“双高”压力加剧，农业占 GDP 的比重将越来越小，如 2019—2020 年农、林、牧、渔业总产值分别比上年下降 5. 1%、6. 5%。同时，国际化大都市的区位特点，导致北京农村人力资本、土地和资金等服务要素被“外部市场定价”，农业的土地使用成本和机会成本、生产资料价格、劳动力成本等都在不断抬升，国际国内市场全面开放，北京市农业面临的市场竞争将愈加激烈。加之疫情影响，北京市种植业、养殖业、休闲观光农业都受到比较大的影响。为了抓好粮食生产和重要农产品供给，2020 年北京首次下达粮食、蔬菜生产年度目标，确定“粮食稳定在 2019 年水平、蔬菜恢复到 2018 年水平”。

（三）产业融合步伐加快

在北京市建设世界城市的过程中，产业融合的都市现代农业已经成为北京市的重要特色产业。根据《北京市 2020 年国民经济和社会发展统计公报》，2020 年北京市有农业观光园 925 个，实际经营的乡村旅游单位（农户）5832 户，农业观光园和乡村旅游农户全年实现收入 25 亿元。休闲农业、乡村旅游以及农业会展已经成为山区农民增收的重要抓手。成功举办了世界种子大会、世界葡萄大会、世界马铃薯大会、世界月季洲际大会等国际性农业展会，连续举办七届农业嘉年华。第七届北京农业嘉年华累计接待入园游客 110.72 万人次，园区累计实现总收入 4333.39 万元，带动周边各草莓采摘园接待游客量达 253 万人次，销售草莓 195 万公斤，实现收入 1.004 亿元。有效带动了延寿、兴寿、小汤山、崔村、百善、南邵 6 个镇的民俗旅游，活动期间共计接待游客 55.72 万人次，实现收入 1.03 亿元。目前，北京市农村产业融合速度进一步加快，融合性产业未来仍然是农村经济持续增长点。

（四）非农收入持续增长

根据《北京统计年鉴》数据测算，2015—2019 年，北京农民工资性收入均达到农村居民家庭人均可支配收入的 75%左右，因此，从农民收入来源来看，工资性收入增加仍然是农民人均可支配收入增加的最大贡献因素。以 2019 年为例，北京农民工资性收入 21376 元，比上年增加 1549 元，对农民增收贡献率达 73.89%；经营净收入 2262 元，比上年增加 241 元，对农民增收贡献率为 7.82%；转移净收入 3163 元，比上年增加 398 元，对农民增收贡献率为 10.93%；财产净收入 2127 元，比上年增加 250 元，对农民增收贡献率为 7.35%。农民工资性收入保持较快增长，主要是转移农村劳动力工资水平提高的结果。

（五）乡村振兴不断深入

北京市先后印发《北京市乡村振兴战略规划（2018—2022 年）》《北京市“十四五”时期乡村振兴战略实施规划》，对全市农业农村发展做出了新部署。着力加强“四个中心”功能建设、提高“四个服务”水平、抓好“三件大事”、打好“三大攻坚战”，努力提升城乡规划建设和管理水平、加快乡村高质量发展。这就对科技支撑引领北京市乡村全面振兴的能力和水平提出了较高的要求。实现乡村产业兴旺、建设生态宜居乡村、推动乡村人才振兴，都需要依靠科技发挥作用。要加快构建全面支撑乡村振兴的农业农村科技创新体系，为农业全面升级、农村全面进步、农民全面发展提供有力的科技支撑。

二、“十三五”时期体系建设经验和成效

（一）以主体多元发展和服务方式创新为重点

随着北京市农业生产力的不断提高，首都科技、信息、人才、资金、市场等要素的生产力优势凸显，为北京市农业发展带来生机，也推动农业社会化服务体系呈现出一些新的特点和发展趋势。“一主多元”农业社会化服务组织结构基本成形是北京都市型现代农业社会化服务体系的总特点。以公共服务机构为依托，合作经济组织为基础、公益性服务与经营性服务相结合、专项服务和综合性服务相协调的新型农业社会化服务体系初步形成。

1. 公益性服务体系效果显著

农业技术推广、动植物疫病防控、农产品质量安全、农资、农机、农业用水、信息、金融、农产品流通等体系牵头单位以《北京“十二五”都市型现代农业服务体系建设总体规划》《关于推进首都特色新型农业社会化服务体系建设的若干意见》（京政农发〔2021〕127号）（以下简称《意见》）内容为指导，积极开展服务体系建设的各项工作，基本建成了机构完备、体系完善、内容丰富、效果明显的公益性服务格局，相关部门根据产业发展需求，创新体制机制，加快推进各大体系的改革和建设，呈现出“服务内容年年有更新，服务机制年年有突破”的良好态势。公益性服务体系优势逐步显现，为都市型现代农业发展发挥了重要作用。

2. 经营性服务体系加快发展

“多元”主体生命力旺盛，并将不断有新的载体出现，横向呈现一种无限延伸的趋势，纵向呈现聚焦趋势；整体呈现资源整合联盟化、市场服务平台化的特点。进一步，按照服务主体的服务功能和服务对象，可以对北京都市型现代化农业社会化服务主体进行分类，见表2-2-1。

表 2-2-1　北京都市型现代化农业社会化服务主体分类

间接服务于经营主体的服务主体（平台型服务主体）	直接服务于经营主体的服务主体	
	专业型服务主体	综合型服务主体
企业/行业协会	专业化服务组织	企业
科技创新联盟	专业化服务公司	农民专业合作组织
产业联盟	供销合作社	农村集体经济组织
合作社联合会	技术协会	
高等院校、科研院所	高等院校、科研院所	
	农村经纪人	

注：高等院校、科研院所作为科技创新联盟的组成成员，属于平台型服务主体；在面向生产经营主体进行科技推广服务的同时又承担专业型服务主体的角色。

3. 市场化服务载体逐步形成

从调研情况来看，北京都市型现代化农业社会化服务体系中，出现了基于市场行为的三级服务载体（见图 2-2-1）。

第一级服务载体是平台型的，包括产业联盟、企业/行业协会、合作社联合会，这些是连接企业、农民专业合作组织与政府层面的纽带，也是农业生产经营主体协同发展的平台，主要发挥聚集、整合资源与信息的作用。

第二级服务载体是专业型的，包括科研院所、技术协会、行业协会、专业服务公司等。科研院所通过加入产业联盟，与协会、联合社合作，给第一级服务载体予以有力的科技支撑；通过合作，支撑技术协会、行业协会、专业服务公司开展科技类服务；发挥其公益性职能，直接服务于企业、农民专业合作组织、农户等生产经营主体，是科研院所自身发展的需求，也推动科技成果转化不断提高。技术协会、行业协会、专业服务公司给农民专业合作组织、农户提供有针对性的农业服务。

第三级服务载体既是农业生产经营者也是农业社会化服务的重要载体，在整个社会化服务体系中承接第一级服务载体，与农户联系紧密。企业通过产业化组织运营模式为农民专业合作组织和农户服务，农民专业合作组织通过内部服务和外部带动服务于农户；而从本质上，第三级服务载体进行农业社会化服务的有效方式是通过产业链建设来实现的。

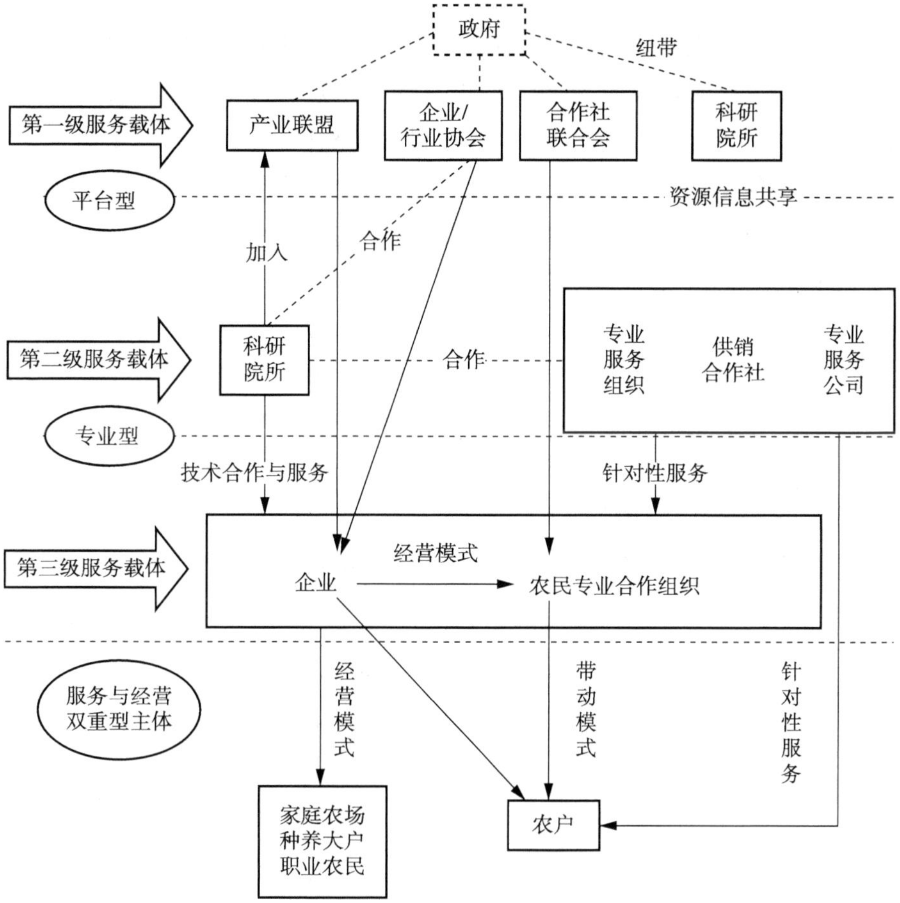

图 2-2-1　北京都市型现代农业社会化服务市场体系中的三级服务载体

（二）以基层服务体系建设为支撑

北京市按照深化体制改革，健全服务机构，提升队伍能力，创新服务模式要求，完善了农业技术推广、动植物疫病防控、农产品质量安全监管、农机服务、农资供给、农业信息化、农产品流通、农村金融、农业保险等服务体系建设，确保农业产业健康发展。

1. 农业技术推广服务体系

“十三五”期间，北京瞄准“四个中心”建设定位，以基层农技推广服务体系改革与建设补助项目、产业创新团队、农业科技创新示范区建设为抓手，强化农业技术集成示范基地建设，深化农技推广服务体系建设。

（1）强化基层农技推广能力建设

根据《意见》要求，北京市加强了市、区县、乡镇、村四级农业技术推广服务体系建设。在以种养业为主导产业的乡镇，健全和完善乡镇农业综合服务中心，配备了1400台（套）土肥水监测设备、植保设备，1600台（套）农业信息化综合服务设备，大大改善乡镇农服中心检验检测和信息化工作手段。为推动服务“下沉”，北京市对各级农技人员配置进行优化，减少区、乡镇级农技人员，新增村级全科农技员队伍。到2020年市、区、乡镇农技推广人员与2008年相比减少了2421人，增加全科农技员2424人。为提高服务效率，北京市深入贯彻《农业技术推广法》，以基层农技推广服务体系改革与建设补助项目、阳光工程培训为工作抓手，开展基层农技人员业务培训，健全包村联户、岗位责任、绩效考核、多元化农技推广等工作制度，培育能力较强、帮扶意愿较高、乐于助人的新型农业经营主体带头人、种养大户、乡土专家、低收入农户等农业科技示范主体1280人。打造一批集中展示、试验示范、培训指导等多功能的农业科技服务平台，建设示范基地12个（见表2-2-2）。

表2-2-2　农业技术推广服务机构和人员变化情况

年份	市级机构（个）	区级机构（个）	乡镇机构（个）	机构总人数（人）	村级（人）
2008	11	88	362	6267	
2020	10	84	246	3846	2424
变化情况	-1	-4	-116	-2421	+2424

注：农业技术推广服务体系主要指种植、畜牧、兽医、农机、水产等行业性或综合性政府农技推广机构。

市区农业技术推广站，结合工作重点，分别开展了新品种技术服务、播种技术服务、田间栽培服务、病虫害防治服务、科学施肥服务、节水灌溉技术服务、农药安全使用服务、机械采收技术服务、秸秆粉碎技术服务、地膜回收技术服务等。督促使用“中国农技推广”管理平台和“中国农技推广”App，并利用网络平台建立微信、QQ或短信平台等共10个工作群，推动了项目管理的信息化，提高了工作进展的实效性。开发信息服务平台“咄咄农技”，并开展试点工作，利用移动互联网精准对接，目前全市有4000余名农技推广人员（含村级全科农技员）进入平台，覆盖大兴、密云和房山等5个郊区，登录访问30万余人次，受理解决农户问题近2000个，形成了服务手段精准、服务响应高效、服务管理高效的“一精两高”网约农技服务新模式。

（2）探索“政产学研推”新机制

第一，持续推进产业创新团队建设。为提升产业技术支撑能力，2009 年至 2022 年，北京市在果类蔬菜、叶类蔬菜、食用菌、粮经作物、西甜瓜、生猪、家禽、奶牛、观赏鱼和鲟鱼、鲑鳟鱼等领域创建 11 个现代农业产业技术体系北京市创新团队（以下简称“创新团队”）。集中在京的科研、教学、推广单位的优势力量，凝聚首都 323 名科技骨干，开展技术和产品全链条农业科技服务，围绕产业发展实际问题和农民需求，通过技术研发、试验示范和培训推广等科技服务，显著提升了科技对首都都市型现代农业的支撑作用。凝聚了国家、市级科技创新优势资源，聘任首席专家 10 人，综合试验站站长 54 人，农民田间学校工作站站长 153 人，参与创新团队建设人员达到 1500 余人。13 年来，11 个创新团队组织科研院校和企业选育优良新品种 467 个、开展技术研发 1865 项，研发农兽药、饲料、肥料、小型设备、农业机械和农产品加工产品等 666 个，解决了产业发展存在的技术瓶颈问题，为北京特色优势产业的发展提供了有力的技术支撑。

其中，生猪产业创新团队聚焦促进全产业链高效、环保、安全发展，开展 27 项技术攻关，推广生物安全、抗生素替代、养殖废弃物资源化利用、清洁生产等技术 70 项，启动京津冀联合育种工作，为本市生猪恢复生产提供技术支持。家禽产业创新团队开展 19 项技术联合攻关与示范推广。疫情期间，助力企业稳产保供，发出技术指导意见 22 份，指导 187 次，涵盖 8 个区 75 个养殖场户，为北京支援阜平硒鸽扶贫项目提供技术支撑。发展“林下养鸡”模式，助力林下经济综合开发利用。奶牛产业创新团队以 20 个示范场为基础，研发新技术、新产品 15 项，推广应用 41 项，推广规模达到 23.5 万余头次。新型技术推广模式“奶牛保姆行动”和“奶香飘万家”有效推进，为北京奶业健康发展提供了强劲支撑。

第二，充分调动在京科研教学单位参与农科教协同创新。北京市农林科学院、北京农学院、北京农业职业技术学院、中国农业大学、中国农业科学院等单位和专家，利用“局院合作”“院区合作”科技示范园区建设、科技套餐等公益性项目，为开展“菜篮子”生产新型经营主体对接、培养推广教授、“农业科技网络书屋”、农村党员干部现代远程教育等平台、“科技小院”等多元服务，导入最新科技成果，推广机构和企业、农民专业合作组织等共同开展农业产业技术应用研究、技术转化与推广工作。在通州国际种业园、大兴长子营、延庆四海等农业科技试验站，导入最新科技成果，引入企业和生产主体共同参与。

如，北京市农林科学院与大兴、房山等区建立院区合作，2020 年在 11 个远郊区实施各类示范推广项目 44 项、农业新型生产经营主体对接项目 150 个，提供科技服务和支撑，全年推广各类新品种 500 个，示范相关配套技术 357 项，展示各类物化新成果、新装备 236 项，取得了很好的推广效果。北京市农林科学院、北京农学院、北京农职院等北京市属科研机构除为公益性机构、农民专业合作组织、企业和农民等不同主体提供产品、技术和信息等科技服务支撑外，还通过与涉农企业、地方政府及科研单位之间的合作，建立示范基地、组织农民技术培训、提供专家服务、联合攻关项目等，进行更直接的科技服务。

第三，北京现代农业科技创新服务联盟。该联盟于 2013 年 7 月由北京市科技局农村发展中心牵头发起，由北京、天津、河北等地的现代农业领域龙头企业、科研院所、高等院校及相关中介服务机构联合组成，并经北京市民政局核准注册成立。联盟一共有会员单位 124 家，其中企业会员 102 家，占比为 82%，科研院所、高校 5 家，中介机构 7 家，涉及种植、养殖、加工、销售、投入品等现代农业领域。会员按照农业产业链的上、中、下游和“产学研”各环节分布，形成了蔬菜、蛋鸡两条完整的产业链，有力地保障了北京地区的农产品供应。如北京天安农业发展有限公司承担了“首都‘菜篮子’安全加工配送科技示范”项目，对原有信息管理系统进行了升级扩充，对蔬菜生产—加工—配送—销售产业链全覆盖，实现了生产计划、采收管理、环境自动监测、物流全球定位及过程管理、加工库存管理、远程实时订货和销售统计等多项功能，提高了企业的生产管理水平。

（3）强化稳产保供和技术服务

第一，加强农情监测。建立粮食、蔬菜、油料、食用菌、西甜瓜、果类、中药材等主要作物农情监测、墒情监测、生态监测、农产品质量安全监测和农产品贮藏加工监测点 1672 个（次），累计监测面积 16.2 万亩，开展农情监测 1909 次，加强农气融合，研判生产形势，发布生产管理意见和技术简报 638 期。

第二，加强技术服务。围绕实施三大“农技行动”，全力抓好生产指导，将三大“农技行动”的重点工作融入日常。一是深入田间调查，掌握生产情况，为生产管理提供数据依据。五年累计入户指导 10043 人次，解决技术问题 1446 个。二是发放管理建议和技术明白纸，加强媒体宣传。及时将生产管理意见发送给各区农技推广部门、种植大户和示范户，每年在各大媒体宣传报道京郊优质农产品和农业新技术 400 篇左右，全局范围内名列前茅。三是准备应急物资，应对灾害天气。预防倒春寒期间低温冷害，助力旱情严重示范区应急灌溉等。

四是加强田间指导和观摩培训，及时有效指导生产。五年累计组织培训班 233 期，培训农民和技术人员 2.9 万人次，组织现场观摩培训 284 次，培训农民和技术人员 5.2 万人次，培训学员满意度平均达到 95.6%。

第三，加强生产调研。开展《北京育苗产业现状调研》《北京地区食用菌工厂化企业调研》《水肥一体化技术现状调研》等调研 125 次，形成调研报告 99 篇，明确了年度产业需求和技术需求，形成发展建议 55 个，为产业发展政策提供科学依据，确保技术服务工作有的放矢。

（4）发展特色作物和优质产品

第一，发展特色作物，促进粮食作物提质增效。发展节水小麦、鲜食玉米、鲜食甘薯、特色藜麦等作物，开展试验 68 项，筛选新品种 27 个；筛选新技术 10 项；筛选新产品 9 个。建立示范点 272 个，集成和示范高效生产模式 7 套，推广粮食新品种 24 个、新技术 28 项、新产品 6 个，连续举办北京鲜食玉米节、优质甘薯推介等活动。粮食水分生产效率、劳动生产率和土地产出率分别提高了 13.1%、23.5%和 3.8%。2020 年，小麦亩产 367kg，比 2015 年提高 2.8%；玉米亩产预计 452 公斤，比 2015 年提高 4%。

第二，提升蔬菜品质，促进蔬菜产业提档升级。开展果菜高品质生产技术攻关。一是从品种引进筛选、生产调控技术、贮藏加工等环节开展技术研究 30 项，筛选高品质番茄品种 6 个、黄瓜品种 12 个，主推优良品种 12 个，主导品种覆盖率 75%，主推技术 22 项，主推技术覆盖率 85%，有效地提高了果菜品质，番茄可溶性固形物可达 8%以上，黄瓜可溶性固形物达到 4.5%以上。二是开展北京特色蔬菜挖掘与推广工作，引进筛选特色水果萝卜、软化菊苣、“核桃纹大白菜”等特色蔬菜和老口味蔬菜品种 30 个，年播种面积约 1000 亩，形成安全、优质、稳产栽培技术 11 套，效益提高 2~10 倍，满足了消费者多样化需求。三是服务保障世园会“百蔬园”，在延庆区建立 3 个配套保障基地，引进 276 个观赏蔬菜品种，生产盆栽蔬菜 30.48 万盆。承担世园会“百蔬园”全人工光植物工厂、番茄和彩椒工厂化生产、番茄树三个区域的生产及养护工作。

第三，发展优质食用菌，促进食用菌高效生产。创新了羊肚菌和榆黄菇 2 个特色菇种，集成 2 种菇种特色技术模式，集成羊肚菌优质高产技术体系，亩效益 3.12 万元；集成榆黄菇周年栽培技术，亩效益 2 万~2.36 万元。实施食用菌产业技术体系创新团队和沟域特色食用菌生态高效技术示范与推广等重大科技项目，研发关键技术 33 项，集成新模式 33 个，研发新产品 19 个，举办两届“金菇榜”推介活动，构建了“两地一站一体+低收入户”的协同推广新机制，帮扶低收入村脱低。

第四，优化技术体系，推动瓜类集约化生产。优化西甜瓜品种结构，小型西瓜栽培占比由25%增加到50%，适宜采摘和运输的品种成为主导品种；绿色生态技术加速普及，微喷带和滴灌灌溉分别占40%和23.3%，亩用水量减少82.5方；有机肥补贴和减量施肥技术普及，亩化肥用量81.25公斤，比常规减少38.5公斤；绿色防控技术和专业植保服务加大应用，化学农药使用量减少33.0%。本地化育苗技术逐步成熟，年育苗量1900万株以上。组织化经营有所发展，从事西甜瓜专业生产销售的企业20家，平均生产基地面积490.9亩。集成了西甜瓜基质栽培技术，产量和品质与土壤栽培持平，水、农药及用工量大幅降低；集成精品网纹甜瓜栽培技术，商品率达80%以上，亩效益8万元，年新增高端供应12万个；集成小型西瓜长季节栽培技术，延长供应时间70天。

第五，开展技术攻关，促进草莓产业稳定发展。优化品种结构，筛选出优良新品种5个，形成了红、橙红、淡绿、粉、白等彩色系列品种。提升草莓种苗品质，原种苗脱毒率和移栽成活率均达到100%，生产苗带毒率从87.5%降低到7.1%。建立草莓健康种苗繁育技术示范点530亩，生产种苗2692万株。发展轻简化栽培，研发日光温室东西向高垄栽培技术；首家引进日本草莓专业起垄机，促进国产草莓起垄机的研发与进步，机械起垄应用率从4%提高到29.8%。成功举办六届“北京草莓之星”评选活动。“十三五”期间，草莓产业发展稳定，播种面积增加16.1%，总产量增加16.8%。

（5）提升技术水平和生产效能

第一，促进工厂化生产。围绕连栋温室、日光温室和塑料大棚3种设施，通过品种、装备及管理技术配套，创建了连栋温室工厂化、日光温室支架式、日光温室槽式及塑料大棚袋式生产技术模式，实现了产业化生产。研究并优化了4套基质栽培系统及4项关键技术。重点开展了番茄、叶菜、甜椒等作物的栽培模式应用示范，连栋温室工厂化大果型番茄产量达到41.4公斤/平方米，处于国内领先水平。叶菜工厂化生产产量达到36.3公斤/平方米，主栽甜椒产量达到14.6公斤/平方米，较普通生产提高42.8%。成立了国内首个蔬菜工厂化生产技术研发中心。连续四年召开京津冀蔬菜工厂化生产技术交流会，连续两年召开京津冀鲜食番茄擂台赛。

第二，推进集约化育苗。“十三五”期间，进行高效嫁接、植株调控技术等研究23项，筛选集约化育苗新技术、新设备14个；建立示范点61个，辐射带动15150亩，主推技术29项，技术适宜地区覆盖率100%；全市现有集约化育苗场 98 家，2019 年北京市育苗量达到 3.03 亿株，约 40%的育苗场配有自动化播种机、60%配有专业喷灌设备等专业化设备；创建了 10 余个育苗品牌，使北京市集约化育苗产业走上“品牌化经营、订单化生产”的道路。

第三，发展贮藏加工。开展配送保鲜技术、加工工艺及保鲜技术等试验研究。每年建立农产品贮藏加工技术示范基地 10~15 个，示范规模平均每年 7000 吨左右。重点示范鲜活农产品产地商品化处理、电商高效配送保鲜、蓄冷保鲜等 10 多项主推技术，技术应用率 84%，损耗率减少 8.7 个百分点，附加值增加 13.3%，每吨增效 1065 元。“十三五”期间，农产品采后损失率由 28.5%降低至 16.6%，应用规模 243 万吨，相当于增加了 28.9 万吨的有效供给。推广生鲜农产品配送保鲜技术，推动了新业态发展壮大，其中生鲜农产品电商销售量占生鲜农产品销售总量的百分比由 0.1%提高到 11.2%。全市净菜上市量占蔬菜供应总量的比例由 1.2%提高到 6.5%。

第四，促进现代化育种。开展籽粒玉米、特用玉米、甜瓜、西瓜、生菜、番茄等育种，“十三五”期间通过鉴定（审定、登记）品种 18 个。全力推动成果转化，2 个品种已实现转化、3 个品种已初步达成转化协议。

（6）促进绿色发展和质量安全

第一，发展生态景观农业。引进 337 个新作物和新品种，筛选示范了生态观食兼用型品种 16 个，开展生态景观技术研究 83 项，推广三类 11 项 45 个生态景观技术，初步形成了沟域、乡村、园区和民俗户四种空间的景观休闲农业技术体系；集成平原大田生态景观模式、山区田园生态景观模式和设施园区生态景观模式三类农田景观模式，建立 378 个农田生态景观示范点，形成三季有花、四季覆盖的农田生态景观格局。连续十年举办农田观光季系列活动，出台《共享农园建设与管理规范》，促进城市农业休闲农业发展。

第二，发展高效节水农业。加强新技术引进与攻关，开展了 81 项节水新技术研究，围绕北部山区旱作农业、平原区生态粮田、蔬菜优质高效生产，集成 3 类技术模式。承担部级试验示范项目 12 个，建立旱作节水示范区、生态粮田节水示范区和设施蔬菜示范区三类高效节水示范区 128 个，累计节水 562 万方。2020 年，北京市农业用水 3.23 亿方，比 2015 年减少 50.3%，农业用水占全市用水总量比例为 8%，比 2015 年降低了 18.4 个百分点；农田灌溉水利用系数从 2015 年的 0.701 上升到 0.75。

第三，坚守农产品质量安全、落实质量兴农战略。开展农产品质量安全风险调研，建立农产品质量安全风险监测点 120 点次，完善“有机标准质量管理手册”，开展主要农作物质量安全培训 12 期，初步构建了全程蔬菜质量安全标准体系。示范点病虫害绿色防控技术提高番茄坐果率 20%，减少畸形果率 15%，虫害发生率降低 35%~40%，用药量平均减少 24%，没有发现农残超标等问题。地膜回收率达到 100%，全市 13 个涉农区均开展废旧农膜回收处置专项工作，农膜回收率超 88%。

（7）完成重点任务和科技支撑

第一，耕地休耕试点稳步推进。筛选出休耕作物 8 种，其中越冬型休耕作物 5 种，越夏种植休耕作物 3 种。集成休耕技术模式 5 种，其中冬春覆盖型、冬春景观型的季节性休耕模式 2 种，两茬景观型、两茬覆盖型、多年养地型的全年休耕模式 3 种。开展农田休耕试点 6.8 万亩，与种植小麦相比，休耕地块平均亩节水 62%，化肥农药零投入，农田生态环境得到改善。

第二，推进高效设施农业建设。颁布《北京市在永久基本农田上开展高效设施农业用地试点工作方案》，围绕高效设施试点工作的目标、布局、用地、用途等方面，开展了高效设施发展现状、规划布局、系统组成、供暖方式及单体建设规模等课题研究。目前，该方案已通过北京市政府审核。

第三，加强低收入村科技帮扶。推进延庆区永宁镇西灰岭村等 15 个低收入村的产业发展，引进、示范、推广了蔬菜、食用菌、西甜瓜等 10 类作物的优新品种 55 个，示范推广绿色高效技术 25 套，推广 4646 亩，总增收 353.6 万元。

（8）加强人才建设

第一，坚持青年技术人员蹲点制度。自 2007 年连续坚持 15 年蹲点制度，新入职人员蹲点 2~3 年，每年不少于 150 天，蹲点制度做到“六个一”，即制定一个管理办法、服务一批生产主体、开展一项专题调研、完成一套实习任务、进行一次观摩交流、组织一次验收考核。共 54 名青年参加蹲点锻炼，目前蹲点人员 1 名。

第二，连续支持科技新星项目。利用农业技术推广站科技项目资金，五年累计支持 32 个科技新星项目实施；并组织中期检查和交流。

第三，组织技术交流和素质培训。包括优秀试验研究总结交流、科技新星项目交流、蹲点人员科技交流、优秀示范推广总结交流、塑造高效团队和情绪压力管理培训。五年累计组织技术人员科技交流 20 次。

第四，实施技术专家带徒弟活动，44 名副高以上技术专家实施“一带一”或“一带二”带徒弟，培养青年技术人员。

2. 动植物疫病防控服务体系

近年来，北京市已构建了公益性与社会化服务组织相结合的动植物疫病防控服务体系。其中，公益性组织架构由政府主导，市—区—乡（镇）站（植保站、林保站、畜牧兽医站）构成，疫情监测测报点、防控技术示范基地为村级服务延伸。

（1）植物疫病防控服务

近年来，北京市作为全国植物疫情防控重点地区，以重大植物疫情阻截带建设为抓手，开展了植物疫情风险分析技术、应急处置和常规防控技术研究，构建疫情监测网络，制定疫情监测标准和研发信息化系统等工作，不断提升政府公益性服务能力。2015 年，京津冀三省市植保植检站签订协议，将北京植物疫情阻截管理系统升级为京津冀植物疫情阻截管理系统，改变了植物疫情防控管理的工作模式，推动了京津冀植物疫情一体化防控。截至 2020 年底，北京市建立 60 个标准化疫情监测点，建成 1 个市级检疫隔离网室、1 个实验室，12 个区级检疫实验室，以疫情防控工作流程为主线研发推广了植物疫情阻截管理系统。

（2）林业有害生物防治

第一，建立完善防控组织机构。按照国家林业局林业病虫害防治检疫标准站建设的要求，市区共建立了 13 个专门林业保护机构，共有森林植物检疫员 256 名，队伍稳定，人员素质较高。

第二，建立了林业疫病监测预警体系。2020 年，北京市建有国家级中心测报点 11 个，市级监测测报站 15 个，市级监测测报点 965 个，区县级监测测报点 1350 个，基本形成了以国家级中心测报点为龙头，市级监测测报点为主体，区县级监测测报点为补充的国家、市、区县三级林木有害生物监测测报网络体系，对 99 种主要害虫、主要病害及其他情况进行实时监测和动态管理。监测数据的信息化采集、分析及处理水平不断提高。年均统计汇总上报近 8 万个数据，研发并应用林业有害生物监测数据自动语音上报系统、园林通短信平台开展林业有害生物监测预警工作。

第三，防治减灾与应急防控体系建设。2020 年，组建各种类型的防治专业队伍 1662 支，落实查防人员 1.4 万名，每个重点村有 2~3 名季节性专业查防员。配备各类防治机械总数达到 4388 台（套），其中，林业系统配备风送式车载高射程打药车 158 台，大型林业有害生物监测测报灯 30 余台（套），太阳能诱虫杀虫灯 300 余台（套）。

第四，鼓励各种防治公司积极开展林业有害生物防治。市区两级管理部门通过政策引导、部门组织、市场拉动等途径，扶持和发展多形式、多层次、跨行业的社会化防治组织。鼓励并支持开展专业化统防统治和区域化防治，引导实施无公害防治。积极开展政府向社会化防治组织购买疫情除治、监测调查等服务的试点工作。做好对社会化防治的指导，积极提供优质的技术服务和积极的政策支持。加强对社会化防治组织和从业人员的管理与培训，完善防治作业设计、防治质量及成效的评定方法与标准。探讨防治行业协会、中介机构的发展，充分发挥其技术咨询、信息服务、行业自律的作用。

（3）动物疫病防控服务

第一，动物疫病防控体系建设。北京市构建了“市—区—乡（镇）”三级动物疫病防控机构。自2008年开始，建立健全了村级动物防疫员队伍。对村级动物防疫员的人数配置实行动态管理，按照当地畜禽养殖量变化每年核定一次。通过技术培训、入户指导、试验示范等多种渠道，畜牧业环境监测站集中优势科技资源，面向中小场户提供畜禽养殖舍内外环境调控、粪污治理与循环利用等环境技术服务。截至2020年底，北京市建立了涵盖主要畜禽种类的36家常规监测点。面向京郊养殖场户开展农产品质量安全—畜禽养殖产地环境监测、无公害畜产品产地认定及抽检等工作，深入开展安全畜产品产地环境监测督导，每年抽检样本1000多个。

第二，安全畜产品养殖环境监测。通过技术培训、入户指导、试验示范等多种渠道，畜牧业环境监测站集中优势科技资源，面向中小场户提供畜禽养殖舍内外环境调控、粪污治理与循环利用等环境技术服务。

一是整合资源，加强中小场户技术服务。北京市中小规模养殖场户在总养殖场数中所占比例较大，为加强面向中小型养殖场户的社会化服务，畜牧业环境监测站通过技术培训、入户指导、试验示范等多种渠道，不断创新服务模式，集中优势科技资源，面向中小场户提供畜禽养殖舍内外环境调控、粪污治理与循环利用等环境技术服务。“十三五”时期，研究集成10多项重点技术，获得15项自主知识产权。相关技术在京郊得到广泛推广应用，建设试验示范点80多个。通过培训和技术指导引导养殖企业树立有机废弃物资源化利用意识，累计培训指导农民和基层技术人员1600余人次。“畜禽规模养殖节能减排关键技术”“无公害畜产品产地环境控制与标准化管理”等技术成果得到推广，分别获全国农牧渔业丰收成果奖二等奖1项、北京市农业技术推广奖二等奖、三等奖2项。

二是切实履职，力促监测服务能力提升。紧密围绕畜牧业环境监测站职能，坚持监测工作常态化、监测范围广覆盖、监测成果强应用的原则，充分依托常规监测、风险监测、粪污治理监测和科技试验监测等，建立立体交错的监测工作网络，为行业管理提供情况底数，为企业生产提供管理指导，为产品安全提供坚实保障。在北京市建立了涵盖主要畜禽种类的36家常规监测点，并进行定期追踪监测，及时掌握全市畜牧生产环境状况变化趋势。“十三五”时期，累计监测调研畜禽场440余家次，监测样本15600余项次。围绕规模畜禽场标准化改造、农业面源污染治理与风险监测等业务方向，深入开展畜禽养殖环境质量与治理效果监测工作，实现全市规模化养殖场覆盖率80%以上，为持续有效开展规模畜禽场环境管理提供数据支撑。

三是科学指导，强化行业管理服务保障。围绕产业转型升级发展目标，狠抓落实养殖环境监督检测、安全畜产品产地认定、畜牧环境标准体系完善和牧草种子质量检验等，为首都畜牧业可持续发展做好支撑服务。面向京郊养殖场户开展农产品质量安全—畜禽养殖产地环境监测、无公害畜产品产地认定及抽检等工作，深入开展安全畜产品产地环境监测督导，每年抽检样本1000多个，积极推进北京市畜产品安全生产与应急保障能力提升。开展北京市牧草种子质量检验、草种检验员培训与考核、草种经营许可审核以及牧草技术推广，持续为牧草行业管理提供有力支撑，牧草种子检验中心达到全国草种质量检验机构比对试验A级标准，“十三五”时期面向全市培训草种检验员300余人次。依托进村入户农业科技帮扶等平台，发挥农业技术推广人员技术服务力量，加深与相关村级组织、村党支部的合作，发挥村两委和村集体组织优势，共同开展相关农业技术服务。依托粪污资源化利用专项工作，参与各区畜禽粪污资源化利用方案的制定把关，在畜禽粪污资源化利用项目督导过程中，进一步强化养殖废弃物无害化处理，助力社会化服务体系建立，目前在养殖粪污处理方面已经出现了若干社会化服务模式。

第三，采取政府购买服务，对病死动物无害化处理。目前，北京市是全国唯一全市范围内统一委托专业机构开展病死动物无害化处理的地区。截至2020年底，北京市已建立了覆盖全市范围内产生病死动物的所有环节的病死动物无害化收集处理体系，共设立了363个病死动物收集暂存点。其中，北京市委托动物诊疗机构设立的对城乡社区产生的犬猫等伴侣动物尸体的收集暂存点，在国内属首创。

第四，对实验室进行审核，开展非洲猪瘟监测。按照《农业农村部办公厅关于做好非洲猪瘟实验室检测工作的通知》（农办牧〔2018〕54号）、《农业农村部办公厅关于进一步做好非洲猪瘟实验室检测工作的通知》（农办牧〔2018〕66号）、《北京市农业农村局关于做好非洲猪瘟实验室检测工作的通知》（京政农发〔2018〕50号）的有关要求，对申请开展非洲猪瘟检测的实验室进行审核，对符合条件的委托开展非洲猪瘟检测。截至2020年，已批复3批共计17家实验室开展非洲猪瘟检测。

第五，政府购买服务，建立防疫员队伍。2008年，农业局和市财政局联合印发《关于建立本市村级动物防疫员队伍的意见》（京农发〔2008〕14号），按照“关口前移，重心下移”的原则，在郊区农村做到动物防疫工作“村村有人管、养殖底数清、免疫有人做、情况早发现、疫情早报告”，提高重大动物疫情防控和应急处置能力，确保实现“动物免疫率100%，疫情监控率100%”的目标。

3. 农产品质量安全监管服务体系

“十三五”时期，北京市农产品质量安全工作按照首都“四个中心”功能定位，坚持一手抓标准化生产，一手抓执法监管，积极提升农产品质量安全服务体系建设，助推农产品质量安全监管能力和农业生产主体自控能力提升，强化安全农产品“产出来”和“管出来”。

（1）强化源头管控，推进农产品绿色优质安全生产

第一，农业标准化生产能力显著提升。强化有标可依和依标生产。5年来，共组织制修订地方标准71项，全市现行有效农业地方标准255项，逐步构建了北京市现代农业标准体系；开展宣标、贯标，建设农业标准化生产基地并实施动态管理，新建基地415家，评定市级优级标准化基地247家，至2020年底，全市农业标准化基地1220家，其中市级优级基地513家，全程标准化示范基地58家，农业标准化基地覆盖率约61.8%。

第二，绿色优质农产品覆盖率明显提升。持续推进绿色、有机、无公害农产品认证和地理标志农产品登记保护工作。截至目前，全市“三品”有效用标主体1246家，产品5378个，产量154.2万吨，“菜篮子”产品认证率达81.7%，较2015年的42.3%提高了39.4%，其中绿色、有机产品认证覆盖率12.5%。新登记“北京油鸡”等4个地理标志产品，全市地标农产品达到14个，显著提升了产品的综合生产能力和品牌影响力。

（2）完善监管体系，提升农产品质量安全监管水平

第一，构建了市、区、乡镇、村四级监管体系。在全国率先开展农产品质量安全监管示范区、示范乡镇创建，全市13个区均达到示范区标准；对178个乡镇农产品质量安全管理站实施等级划分与动态管理，评出39个优秀级、55个良好级、46个达标级管理站。示范创建活动经验成效为农业农村部组织实施

“国家农产品质量安全县”创建提供了参考。在此基础上，依托全市2481名村级全科农技员和3413名村级动物防疫员，实现了监管链条向村级的延伸。

第二，建立了“3+1”农安检测体系。基本建成了市、区、乡镇、生产基地“3+1”检测体系。市级有7家农产品质量安全检测机构、区级有13家综合质检站、乡镇有94家农安管理站具备了定量或快速检测能力，100余家种养殖生产基地建有检测室。实施区级综合质检站等级评估和动态管理，从基础设施建设、人员配备、工作任务等12个方面54项指标进行评定，2020年，评出1个“5星”质检站、7个“3星”质监站。同时，强化社会第三方农产品质量安全检测机构管理，截至2020年，通过考核有效第三方检测机构6家，每年度对其进行检测能力验证，并开展监督检查，促进其规范开展检测服务。

第三，实现生产主体信息动态化管理。连续5年组织开展生产主体普查和动态更新，实时掌握主体责任人、地址、产品品类、规模、认证、投入品来源、产品追溯等16个方面的质量安全监管相关信息。2020年，全市农业生产主体达到14.6万户，其中规模化生产主体2075个（蔬菜1139个、粮经235个、畜牧481个、水产220个）。实现规模主体生产基地位置GPS定位上图、主体信息及时更新。

第四，探索推进农产品质量安全智慧监管。一是针对规模化生产主体，建设农产品质量安全追溯管理平台，将采用主体追溯、履历追溯、全程追溯三种模式，整合监管、执法、检测相关数据，丰富监管手段，目前已完成系统设计，并实现与国家平台对接。二是针对小规模生产主体，启动网格化管理试点建设，利用信息化手段，发挥基层社会力量，推进以农业生产主体为基本单元的网格化智慧管理试点。

（3）落实靶向监管，保障农产品质量安全水平

第一，实施“四位一体”监测和“问题链”跟踪分析。每年市级抽检样本1.6万个，区级检测样本40万个，覆盖北京市所有主要农产品和国家规定的所有检测项目。组织相关行业处室、站所、区开展“问题链”跟踪分析，5年来，共对86个不合格农产品开展问题链跟踪分析，查明不合格样本产生的直接原因，并采取有效处理措施。

第二，加强农业生产环节现场监督检查。对农业生产主体进行技术服务、现场检查、巡查指导，发布安全生产操作指南，制定和完善农产品质量安全现场检查规范，督促生产主体严格依法依规科学使用投入品、规范生产档案记录、推行全程标准化生产。市级日常督导巡查覆盖率不低于10.0%，区级不低于

30%，乡镇级达到100%。2020年，北京市生产蔬菜、畜禽产品、水产品监督抽查合格率分别为99.5%、100%、98.6%，继续保持较高水平。

第三，试行食用农产品合格证制度。强化生产主体第一责任人意识，探索推进产地准出与市场准入的有效衔接，在全市范围试行食用农林产品合格证制度。开发“北京市食用农产品合格证公共服务平台”，将合格证开具与农产品质量安全追溯系统对接；编制《北京市试行食用农产品合格证制度工作手册》，指导生产主体规范开具和使用合格证。建立80个试点，分类探索合格证开具模式。全市13个涉农区的637家主体开具了合格证，共开出200.2万张合格证，附带合格证上市的农产品9.88万吨。

4. 农机服务体系

按照2007年《农民专业合作社法》、2013年新修订的《农业技术推广法》及在农机购置补贴政策支持下，以项目为载体，加大对农机专业服务组织的扶持、规范和引导，推进了农机社会化服务体系逐步完善。

（1）加强农机服务主体管理

在组织管理方面，北京市成立了相关科室专门负责各产业新技术、新机具的引进、试验、示范、推广工作，各区按照产业特色成立了专业化分站，具体承担专业农机化技术的示范推广、农机设备设施和制度管理等方面的指导工作。目前，北京市建成了以农机专业合作社为主，农机户为辅的农机社会化服务体系。截至2020年底，全市农机社会化服务组织总数为283个，从业人数1857人，其中农机专业合作社总数为126个，占农机作业服务组织总数的44%，农机社会化服务组织中，机械原值100万元以上的有52个，占比不足20%。农机社会化服务总体规模在缩减，服务组织人数占比低，实力雄厚的大中型农机专业合作社占比较少。以农机专业合作社为代表的农机服务组织在本市作业服务面积达到85万亩，覆盖率占到全市的70%以上，全年农机作业服务收入1.58亿元，已经成为加快土地适度规模经营，推进城乡一体化建设的有效载体。北京市还加强了农机维修服务业发展。截至2020年，全市拥有农机维修厂（点）232个，其中一级修理点4个，二级修理点8个，三级修理点210个，专业修理点10个。三级修理点占总数的90.5%。

（2）拓展农机服务领域

结合重点产业发展和农机化重点工作任务，对于农机社会化服务组织在农机购置补贴政策和承担农机化发展项目等方面进行重点倾斜。为推进农机社会化服务组织跟进农业结构调整，制定《2018—2020年北京市农机购置补贴实施方案》，有针对性地对在种植模式调整及农机服务内容转变的农机合作社等农机社会化服务组织，如马铃薯、胡萝卜两茬种植，小麦种业生产，经济作物，甜玉米、青饲玉米种植等配套农机装备进行重点补贴，对从事农业废弃物处理及综合利用配套农机装备进行敞开补贴，有力地推进了农机合作社在种植模式和服务模式方面的创新发展。对机械化土壤深松作业、秸秆回收与处理等进行补贴，谋划重点农机化任务，确定以农机合作社为承担主体，有效发挥了农机社会化服务组织的主体作用，提升了农机社会化作业服务能力和经营效益稳定增长。2018 年，全市主要农作物耕种收综合机械化水平 91.2%，在全国排名第三。

北京市在坚持继续推进主要农作物生产全程机械化、积极发展畜牧水产养殖机械化的基础上，重点发力蔬菜生产全程机械化和设施农业生产机械化，以农机合作社和蔬菜种植园区、蔬菜种植专业合作社为主体，先后发展了 28 个蔬菜农机专业服务组织，初步形成了以 21 家农机合作社和 7 家蔬菜种植园区为服务主体的蔬菜产业农机专业服务体系。随着北京农业结构调整，农机社会化服务将由传统的大田粮食生产耕整地、播种、田间管理及收获等机械化服务，转向提供蔬菜生产关键环节旋耕、起垄、移栽等，生态产业中农业废弃物收集与处理、农作物秸秆和林果业残枝集中收储与粉碎加工综合利用，休闲农业中独具农机特色元素的农机文化科普与农机装备展示活动等多元化服务，农机服务组织的经营方式，也将向农机作业服务与生产经营综合体方向发展。

（3）推进农机农艺融合发展

以农机合作社为主体，通过农机化重点工作和农机科技推广项目合作实施，推进农机社会化服务向“全程机械化+综合农事服务”方向延伸发展。各级农机推广部门以综合实力较强的农机合作社为项目实施合作对象，发挥农机专业合作社装备、土地、技术、人才优势，加强联合，通过项目实施在农机合作社开展先进、适用的农机化新技术、新装备示范、推广和应用，如在顺义鑫利、兴农天力、延庆张书安、密云河南寨等农机服务专业合作社，先后开展了玉米全程机械化技术应用与示范、小麦机械化节水播种试验、谷子生产全程机械化试验示范、玉米籽粒直收机械化技术试验示范，北斗卫星导航系统农机精确作业统计与调度应用等项目实施，发挥了农机合作社农机化新技术应用引领和示范作用，使农机合作社成为先进农机化技术示范应用和大田粮食作物全程机械化服务的主体。结合重点农机化工作任务，农机推广部门发挥技术优势，扶持和引导农机合作社开展综合农事服务，开展农机技术培训、农机维修、为低收入户提供农机公益服务等，北京兴农天力农机服务专业合作社和北京张书安农业技术专业服务合作社入选第一批全国“全程机械化+综合农事服务”70个典型案例。

（4）提升农机精准作业能力

北京市还借助信息化，提升农机精准作业能力。以信息服务“直通车”为主体，在“春耕、三夏、三秋”等重要农时季节，为农机社会化服务组织提供天气预报、作业供求信息服务。开发全市农机合作社管理系统，实现农机合作社的内部信息化管理。基于北斗的农机管理和作业调度平台，大型农机合作社实现了农机作业信息化调度。在信息化技术推进农机生产全面智能化方面，充分利用北斗定位导航技术、传感器技术，进行作业的精准化管理，实现农机作业过程实时监测、作业质量全程追溯、生产环境实时调控监测，打造顺义区金鑫生态园区“智能展示中心”，提高了农机社会化服务组织管理信息化应用水平。

5. 农资供给服务体系

围绕农资安全供应，北京市基本建成以供销社系统“首都农资”连锁服务为主体，以邮政系统和平谷区技术推广站为辅助的农资服务格局，形成市、区县、镇村四级互相贯通的紧密型农资连锁经营网络。

截至2020年底，“首都农资”连锁服务有1家物流配送交易中心，10家分销配送中心，616家基层农资连锁店和直供农业园区，其中，A级店73家，B级店372家，C级店171家。通过市级“中心”农资电子商务平台的成功运作，利用网上订货，线下直供配送，实现传统农资交易方式的升级和功能创新。通过“首都农资”连锁质量追溯系统为商品提供质量保证，杜绝假冒伪劣商品进入市场，积极对低毒、绿色农资新品种进行推广，有计划地推广复合、有机、生态肥和高效农药、功能膜等适合都市农业的农资品种。对复合肥、生物有机肥、低残留农药、多功能农膜等产品重点培育。确立了“首都农资”连锁服务品牌，规范了农资产品经营。“首都农资”在销售农资基础上，还增加了地膜回收和农药包装物回收业务。

6. 农业信息化服务体系

农业信息化服务是政府、企业、科研机构及高校、合作社等农业信息化服务主体，开发和运用各种现代信息技术，为产前、产中、产后提供各类信息和媒介，推动现代农业实现现代化和信息化所进行的服务活动。

（1）加强涉农信息资源平台建设

2016年，开始实施“北京市涉农信息资源平台（一期）”建设。以村为单位，整理出可拆分到村的基础数据和专题数据共56个，提取以村为单位存储的数据集。构建形成了“4 大基础库+10 大主题库+N 个服务库”的数据库体系，在京郊休闲农业上展开应用。

据初步统计，2020 年，由北京市各级政府部门、企业、社会团体组织建设，并能提供农产品市场供求信息、价格行情、市场走势、招商信息、产品展示等信息的网站共有近 80 个，产品涵盖种畜、种子、蔬菜、花卉、果品、苗木、肉制品、酿酒、饮料、交易市场服务、旅游等领域。这些网站大部分以提供市场信息为主，能进行网上订购并实现网上交易的比较少，大约占 10%，仅能实现网上订购的网站大约占 25%。

（2）完善现代农业物联网应用服务体系

自 2015 年以来，北京市通过“智慧农场云”的管理模式，推进农场管理精准化、网络化和智能化，提升农产品的品牌价值和农场生产管理效率与效能，帮助生产者、消费者建立稳定的产销信任关系，促进产地农产品优质优价。2018 年，平台更名为“北京现代农业物联网应用服务平台”。截至目前，平台接入农场 622 个，涉及农业设施 1. 6 万个，农作物品种 275 种，传感器 1611 个，摄像头 1001 个。农场累计登录次数 87851 次，填写生产经营数据 409122 条，使用数据达到 892953 条。通州金宏帝怡园、北京中农富通园艺有限公司、北京锦绣大地农业生态园、密云区北京悦民嘉誉种植园、本忠盛达种植专业合作社、金泽方舟（北京）农业科技有限公司、丰台区阳光瑞禾休闲采摘农庄等农业园区（企业）通过使用自动控制设备、智能电子秤等，节省人工 30%，对账精准度提高 20%。

自 2016 年以来，以上述“北京现代农业物联网应用服务平台”为依托，北京市不断深化农业物联网应用服务体系建设，探索“农业物联网+农场服务+渠道对接”模式，从单纯物联网设备监控向农产品全产业链应用服务延伸。通过从生产安排、农事管理、智能控制到农产品质量安全追溯等全产业链服务，促进物联网技术在农业园区（企业）应用推广，提升农业园区（企业）和农产品的生产与经营能力水平。累计为 344 家农场提供四季田景拍摄服务，拍摄全景图 5779 张，访问 37 万人次，转发量达 10 万余次。“气象地图”子模块，集成北京市近 35 年（1986—2021 年）气象历史数据，包括空气温度、湿度、光照、降雨量、昼夜温差、积温等气象数据。进一步丰富传感器（气象站）、摄像头、智农宝溯源感知摄像机、样本方设备等物联网设备数据接入，规范农业园区（企业）基础性数据信息，提高数据分析能力。2019 年，服务农场 190 次，涵盖农场 104 家。平台使用绿色履历的农场达到 584 家，绿色履历访问次数达 1684

万次。

（3）不断完善农产品市场信息服务

一是建立了比较完整的信息监测链条，夯实了农产品市场信息服务基础。坚持以“数据”为核心，不断推进农产品市场信息采集、分析的规范化、机制化。纵向上开展农产品产地、批发、零售多环节信息监测，监测范围涉及100家产地、20家批发市场、8家零售市场，监测内容涉及蔬菜、水果、肉蛋、水产、粮油五大类近700种农产品每日的价格、上市量；横向上开展京冀农产品市场信息合作、共享，在环北京24个蔬菜主产县部署、建立了200个蔬菜产销信息监测点，动态采集蔬菜生产、销售、进京情况的数据；每年信息采集量达500多万条。

二是深入开展农产品市场行情分析研究，加强农产品市场信息监测和预警，强化市场信息服务的技术支撑。在北京率先提出了农产品批发价格指数、“菜篮子”价格指数体系，研究提出了北京市蔬菜价格波动规律及预测预警模型，猪肉、鸡蛋价格周期性波动规律等，并围绕“市场消费引导农业供给侧结构性改革”的核心问题完成了农产品市场消费等专题调研。对13个涉农区生产和产地信息开展监测，对批发市场信息采集和审核。推出“‘菜篮子’市场信息”公众号，关注人数达2000多人，利用短信、月度分析报告形式，对异常事件进行监测预警。深入推进京冀农产品市场信息合作，开展环北京24个蔬菜主产县蔬菜产销信息采集工作。实施“农业农村部分品种大数据建设试点”工程，整合生猪养殖、屠宰、批发零售、调入调出等环节的数据资源，建成生猪全产业链的基础数据库和大数据平台，建设生猪全产业链数据监测体系。

三是不断创新市场信息服务产品和渠道，提升市场信息服务水平。每日通过短信平台提供市场信息，定期撰写并提供周度、月度、季度和年度“农产品市场监测预警报告”，研判市场行情、揭示市场波动规律；结合农民手机应用培训的契机，推出“菜篮子”市场信息公众号，为京津冀农业生产经营主体提供每日价格查询、历史走势查询、市场报告等服务，在2018年山东寿光水灾及“非洲猪瘟”疫情发生后及时跟踪市场，发布权威信息，发挥了积极的市场信息引导作用。

（4）对12316“三农”服务热线进行资源整合

北京市12316“三农”服务热线为更好地服务“三农”，建立了专家团队，形成了205名专家队伍，这些专家包括农业科研专家、技术推广专家、区县特色产业专家等。知识领域涉及粮经作物种植及植保、蔬菜栽培及植保、食用菌、花卉、畜牧养殖及疫病防治、水产养殖及疫病防治、遗传育种等，专家采取现场值班、电话值班、视频值班、微信及 QQ 咨询、应邀下乡等方式为农（市）民提供公益服务。自热线开通以来，以实际行动扎实推进京郊农村信息化建设，维护农资市场秩序、促进农业增效、指导农民增收，开展“农业信息在身边、专家服务在耳边、视频服务面对面”等活动，逐步推进信息惠农步伐，不断提升农业信息服务能力和服务品质。

2016 年，根据《北京市政务服务中心管理办法》的工作要求，12316“三农”服务热线作为 12345 市民热线的分中心开始受理 12345 热线分转的案件。2017 年，北京市非紧急救助服务中心按照市政府专题会第 105 号会议纪要的内容要求，落实《关于进一步加强政府服务热线全面提升服务百姓能力工作方案》精神，提出对北京 12316“三农”服务热线进行资源整合，以实现全市热线“一号通”的目标。2018 年 12 月 15 日零时，“12316”热线短号码正式并入 12345 热线中心。并入后所有拨打热线号码的来电均进入 12345 专席，专席人员记录来电内容后，将涉及市农业农村局的“接诉即办”案件通过内部 OA 系统分转至 12316 分中心，分中心接单后，根据诉求内容进行处理、派单、督办、回复。

7. 农产品流通服务体系

北京市农产品营销服务包括采摘服务、储存服务、包装服务、收购与销售服务、运输服务、加工服务等。农产品营销环节是农业生产经营最为重要的环节，服务主体主要是物流公司、农产品集贸市场、电商平台等，通过多种形式的产销对接服务活动，促进农产品转变为商品和消费品。

（1）农产品批发市场保持良性增长

北京大型农产品批发交易市场具有很大的规模和行业影响力。如北京新发地市场开展产销一体化经营，通过线上、线下联动发展，拓展社区服务功能，专门设立了北京新发地“菜篮子”配送有限公司，开通社区直通车 200 余辆，服务 900 多个居民小区。积极应用“互联网+”，利用便民网点与外卖平台等企业合作，提供“3 公里内配送”服务，还联合社会资本投资设立了“新发地生鲜网”服务集团客户，实现线上下单，线下统一配送。

同时，中小型市场也扮演着重要的角色。截至 2016 年末，北京市共有 130 多个乡级单位拥有商品交易市场，所占比例为 68%左右；以粮油、蔬菜、水果等为主的专业市场乡级单位 63 个，占比 32%左右；以畜禽为主的专业市场有 4 个，占比 2%；4 个乡级单位有以水产为主的专业市场，占比为 2%。

（2）“网络+实体”联合营销模式开局良好

北京市各区农民专业合作社服务中心，引导农业专业合作社与京东、淘宝、我买网等第三方平台合作，打造农产品网络销售及实体店联合销售的营销模式，推进农产品生产流通销售方式变革。支持开展展会、展销等各类对接活动，强化产销信息对接服务，扶持建立京郊农产品展示体验点。截至 2020 年，北京市农业电商规模在 3000 家左右，年度农产品电子商务交易总额约为 120 亿元。2020 年，北京市涉农电商平台 200 多家，销售额约 10 亿元，涌现了“沱沱工社”“任我在线”等一批农产品电商企业，培育了“嘉农在线”“猪联网”等全国行业垂直电商平台，扶持了“阿卡农庄”“密农人家”等一批进行农业创业的“创客”。其中，平谷区“沱沱工社”借助互联网，建立起国内最大的集农产品生产、加工、销售及冷链宅配物流等于一体的综合运营体系，带动有机生态种植基地 2.2 万亩。推进获得“全国一村一品示范村镇”的 65 个村镇开展“一村一品+电商”工程，示范村镇的主导产品销售收入提高 20%以上。新冠肺炎疫情期间，充分利用网络技术手段为农户开展线上技术咨询和指导，确保春耕、备耕顺利开展，不误农时。奥科美公司依托专业型益农信息社，累计帮助农民专业合作社销售农产品 1000 多万斤，销售额过亿元。

（3）“线上+线下”购销平台发展潜力巨大

2021 年 4 月，北京新发地市场与京东国际在京东总部签订协议，正式达成战略合作，整合整个农产业的信息流、物流、现金流，打造“优势互补、资源共享”的线上、线下购销平台，新发地京东官方旗舰店上线，意味着农产品从传统销售模式向与网络直销模式的相互配合转变，可以进一步减少农产品从田间地头到用户餐桌的中间环节，进一步引领了中国农产品电子商务的构建。借助京东丰富的电商平台运营经验以及其强大的信息系统、服务体系等，首都市民可以更加方便地选购精品果蔬、干货干果、海鲜特产、特色礼品等农副产品，以及智利蓝莓、美国红提等来自 46 个国家的优质进口果品。另外，京东生鲜领域已涵盖水果、海鲜水产、蔬菜、禽蛋、鲜肉等八大细分品类，发展潜力巨大。

此外，推介群、品鉴会、市集活动、采摘一卡通、买手网等产销对接形式提升了农产品品牌与农场营销能力。比如，顺义区北郎中村的“京甜紫花糯 2 号”玉米通过对接销售了一万多根。增强了与消费者的互动体验，起到了很好的宣传效果。又如，密云金泽方舟、房山区慧田农场利用物联网技术进行生产管控、宣传与营销洽谈，大大提高了经济效益；怀柔区杏福生态园接入物联网视频直播系统后，品牌知名度大大提升，业务覆盖到湖南、四川、湖北蕲春等地。

（4）“农邮通”服务站基本实现郊区全覆盖

“农邮通”服务站为区域农产品集散配送服务中心，提高了京郊农产品流通组织化水平，搭建了“农产品进城”和“快递下乡”双向通道，降低了社会物流成本。截至2017年底，北京市建成70多家“农邮通”服务站，与20余家农业合作社签订京郊农品销售协议，实现了郊区全覆盖，成功开发了“平谷大桃”“大兴庞各庄西瓜”“房山磨盘柿”“昌平苹果”“怀柔板栗”“延庆有机蔬菜”等京郊农品项目，引入核桃、黄冠梨、鸭梨、苹果、葡萄、木耳等时令蔬果，集中力量做强、做优，快速提升“京郊农品、邮政直送”服务品牌的影响力。2017年，销售各类北京农产品7.37万单，销售额355万元。

8. 农村金融服务体系

（1）培育金融服务主体

北京市已经形成了包括政策性金融、商业性金融、合作性金融相互结合的农村金融体系。

北京银行大力支持北京市农业合作经济组织的发展，作为北京市第一家向农民专业合作社发放集合信托的银行，累计将超过4000亿元的本外币提供给小微企业，累计为十多家市级示范合作社提供1900多万元的贷款支持，使20000多农户走上致富道路。北京银行通过结合自身经验以及对小微金融服务方面的探索和积累，为推动农业和农村的进一步发展，推出“农旅贷”特色项目，为农户提供便利。

北京农商银行作为北京农村金融市场的生力军，积极在大兴区开展金融服务试点工作，大力推动农民专业合作社的信用评级体系建设、发展凤凰乡村游等互联网金融产品。

北京新希望集团是国家级重点龙头企业，与其他企业合作推出“希望金融”这一农村互联网金融产品，仅一年就达到9亿元交易额。另外，以互联网为载体的电商企业和P2P平台、为农民生产经营提供综合服务的供应商，以及借助资本优势整合产业链的产业资本纷纷进入农业农村金融领域，如蚂蚁金服、京东金融、翼龙贷等。

北京市农业投资有限公司是北京市委市政府为探索金融支农新机制出资授权首创集团组建的创新型农业投融资平台。“十三五”期间，北京农业投资有限公司累计为涉农主体提供融资服务超过7.2万笔，占公司成立以来的73%；累计融资额约400亿元，占公司成立以来的55%，财政资金期间累计放大了12.7

倍，最大限度地发挥了财政资金的杠杆作用，有效填补了“三农”经济组织和小微企业多元融资渠道的空白，成为首都“十农”金融服务体系的重要力量。

北京市农业融资担保有限公司利用自身农业担保代偿、贴息贴费的独特优势，切入农业电商、龙头企业原有金融业务或帮助其建立起金融业务。截至2020年，供应链平台共研发产品4个，累计放款1.88万笔，规模18.3亿元。向农村基础设施建设、新农村开发与建设、休闲/旅游/养老项目运营、低收入群体提供贷款。利用政府旅游扶持资金、低收入扶贫政策、首创集团小城镇建设引导基金优势，协助地方政府发展新农村，帮助村民脱低增收。截至2020年，新农村业务共计放款1703笔，规模5.05亿元。

（2）创新金融服务产品

近年来，北京市呈现出农业龙头企业不断涌现、特色基地不断扩大经营领域、产业链不断延伸的良好发展势头，但“处处找钱、时时想钱”依然困扰着农业龙头企业的发展。在充分调研企业实际情况、广泛听取真实需求的基础上，为龙头企业“量身定制”的一款创新性金融产品——“裕龙通”应运而生。截至2020年底，累计有9家农业产业化龙头企业通过“裕龙通”产品完成了综合授信工作，合计授信金额达1亿元以上，累计投放6500万元，为农业企业解决了资金之忧。截至2020年，已有208家首都“三农”和中小微企业通过帮扶保障举措获得担保资金，共计金额14519.67万元。

此外，北京市农业担保公司针对“三农”贷款开发了丰富多样的融资服务产品，包括：土地承包经营权抵押贷款担保、农机服务专业合作社农机具抵押贷款担保、“龙头企业+合作社+农户”贷款担保、养猪户浮动资产抵押贷款担保、林权抵押贷款担保、“5+5”微小农户贷款担保快速通道。针对农业龙头企业开发了专利权、商标权、应收账款质押等担保模式。公司成立至今，累计在保项目2183个，在保规模104亿元，有效提升了“三农”融资服务水平。

9. 农业保险服务体系

2019年，修订的《2018年政策性农业保险统颁条款》，放宽了有关险种保险标的的限制条件，取消了针对种植业保险“种植或管理面积小于100亩的农户需由集体经济组织或农民专业合作组织集中组织投保，并列明分户投保清单”的要求，提高了奶牛、生猪保险的保险金额，调整了奶牛、生猪、梨等保险的保险费率，对肉鸭、果树树体保险期限以及生猪等有关险种赔偿处理标准要求进行了完善，同时新增了仔猪保险。全市险种数量达到57个，保险范围不断扩大。

在保险范围不断扩大的基础上，积极做好保险险种创新。创新推出了密植果园果品种植保险。探索“保险+期货”、保证保险等保险模式，创新推广了支农融资还款保证保险、大豆期货保险、玉米期货保险和水稻价格保险。根据房山区需求，在房山区试点推广中药材保险，持续推动农业保险创新工作。2019年，结合各区意愿，分别在首农食品集团、大兴区试点推出犊牛养殖、瓜果及蔬菜育苗2个创新险种，同时对房山区中药材种植保险条款进行修订，不断扩大农业保险保障范围，更好地满足农户风险保障需求。

（三）服务主体实力不断增强

北京培育壮大了农民专业合作社、产业化龙头企业、科研教学机构、专业化服务组织等市场化主体，形成了多元主体共同参与的农业社会化服务新格局，推进了农业科技创新、产业融合发展。

1. 农民专业合作社

农民专业合作组织直接服务于农户。农民专业合作经济组织是农民自愿参加的，以农户经营为基础，以某一产业或产品为纽带，以增加成员收入为目的，实行资金、技术、采购、生产、加工、销售等互助合作经济组织；具有天然联结农户与市场的作用。主要在推动当地产业开发中，通过规模化经营，从整个产业发展环节为会员农户服务，并同时服务于其他农户。

近年来，为扶持培育农业新型经营主体高质量发展，北京市推进农民专业合作社规范提升，发挥合作社联农带动作用，加大了市级以上示范社的培育力度。按照市级示范社标准，进一步强化了对市级示范社的动态监测和运行分析，严格实行优胜劣汰动态管理制度。在巩固现有市级示范社的基础上，继续指导培育一批“民主管理好，经营规模大，服务能力强，产品质量优，社会反响好”的市级示范社。实施家庭农场、新型集体林场、农业“好把式”培育计划，开展农民合作社规范提升行动，重视“新农人”培育和扶持，以实行全员注册、加强成员账户管理和提高服务带动能力为抓手，进一步推进农民合作社规范化建设。充分发挥农业龙头企业和产业化联合体带动作用，完善“农户+合作社”“农户+公司”等利益联结机制，实现小农户和现代农业发展的有机衔接。

2. 产业化龙头企业

农业企业是指从事农、林、牧、副、渔业等生产经营活动，具有较高的商品率，实行自主经营、独立经济核算，具有法人资格的营利性的经济组织。从经营类型上划分，有农产品生产企业、农产品加工企业、农产品流通企业和混合型企业；从规模上划分，有龙头企业和中小型企业。农业企业作为一个以盈利为目的的农业经营主体，主要通过合同关系、合作方式、股份合作等利益联结方式，将农户的生产纳入自己的生产管理系统中，对农户的经营进行直接服务。农业企业直接服务于农民专业合作组织农户。

北京市积极培育产业化龙头企业发展，发挥农业企业，特别是龙头企业产业链发展带动作用。各龙头企业采取“公司+专合组织+基地+农户”、订单农业、土地托管等方式，将广大农户联结在农业产业链上，既推动农业产业规模化、标准化、产业化发展，又解决了农户与市场脱节问题，提升了农业抵御市场风险的能力。2019 年，北京农业产业化组织在全国范围内带动农户 466.1 万户，龙头企业带动全国农民合作社 4590 家。各企业围绕特色优势产业，积极发展订单农业。主要农产品原料从自建基地采购值 50.03 亿元，从订单基地采购值 624.87 亿元，其他方式采购值 995.05 亿元。在全国创建绿色食品、有机农产品原料基地面积 93.93 万亩。

3. 科研教学机构

科研院所依托得天独厚的科技研发和人才优势，在服务体制机制和方式上进行不断创新，在农业社会化服务的历史中发挥着重要作用。基于科研院所的自然性质，从整个农业社会化服务体系来说，科研院所最有可能发展成为联结政府机构公共服务与市场型社会化服务的纽带和桥梁，实现“全覆盖”。既可以承担政府公共服务赋予的职能，又能在科技成果转化的过程中与其他服务主体合作，也能直接服务于企业、农民专业合作组织、家庭农场、农户等生产经营主体。

科研教学机构作为北京农业社会化服务体系的重要组成部分，在推进农业创新发展过程中发挥着举足轻重的作用。农科院、农学院、农职院等北京市属科研机构除为公益性机构、农民专业合作组织、企业和农民等不同主体提供产品、技术和信息等科技服务支撑外，还通过与涉农企业、地方政府及科研单位之间的合作，建立示范基地、组织农民技术培训、提供专家服务、联合攻关项目等，进行更直接的科技服务。比如，北京市农林科学院开展的“双百对接”、科技试验站、12396 科技服务热线、“科技小院”等模式，通过建立科技需求的互动机制，促进了农业科技的示范和推广工作。又如，“科技小院”建设工作取得了重大突破，目前，北京市已在 9 个区挂牌成立 40 家“科技小院”，辐射带动周边 192 个村，其中包括低收入村 62 个，辐射低收入户 1700 多户，解决 1300 多人就业，实现农民技术培训 6500 余人次。“科技小院”管理联盟成员单位也由10个变为12个，为农户日常生产经营提供了有力的技术支撑。

北京市积极推进“双新双创”工作。推进新型种业社会化服务体系建设，深化五大种业体系科技创新，京郊作物蔬菜良种覆盖率达到100%。大力发展设施农业，推进智慧农业在设施生产中的应用，进一步提高了土地产出率、劳动生产率和资源利用率。截至目前，已持续推进7个国家农业科技园区建设，吸引250家企业入驻园区，创造产值约58亿元。打造了63家“星创天地”，培育了一支拥有9200余名科技特派员的农村创新创业人才队伍，带动农民增收致富。

4. 专业化服务组织

专业服务公司直接服务于农民专业合作组织和农户，而且是典型的经营性服务机构。专业服务公司涉及农业产业的产前、产中、产后，涵盖技术服务、信息服务、金融服务等多方面。

北京市加大专业化服务组织扶持力度，培育了一批具有较高水平服务能力的植保、农机、营销等服务组织，同时为保障农业社会化服务组织人才需求，积极开发农村乡土人才。第一，北京市加大专业化服务组织培育力度。截至2019年底，北京市共有各类植保专业化服务组织69家，从业人员达1150余人，喷杆喷雾机、常温烟雾机等高效植保机械939台，日作业能力约10万亩，服务能力覆盖全市。探索政府公益性与社会化服务组织有效对接的新模式。全市农机从业人员达到18728人，拥有各类农机社会化服务组织及农机专业户总数为14003个，其中农机化作业服务组织315个，占总数的2.2%；农机户数量为13688个，占总数的97.8%。农机专业合作社总数为129个，占农机作业服务组织总数的41%。农机作业服务组织中，农机原值50万元以上的有153个，100万元以上的有48个，原值50万元以上的占总数的63.8%，农机服务总收入2.96亿元，农机作业服务总收入1.978亿元。积极发展蔬菜产业农机专业服务组织，以农机合作社和蔬菜种植园区、蔬菜种植专业合作社为主体，先后发展了28个蔬菜农机专业服务组织，初步形成了以21家农机合作社和7家蔬菜种植园区为服务主体的蔬菜产业农机专业服务体系。第二，加大农村乡土人才开发力度。出台了《关于促进返乡下乡人员创新创业的若干措施》，引导各类人才到农村创业发展。举办农业职业经理人、新型农业经营主体带头人、农村实用人才等培训，市区两级培训超2.3万人次。组织“千名干部科技人才进千村入万户”，首批选派796人到村对接服务。

5. 农业产业化联合体

北京市政府在完善各环节社会化服务体系建设的同时，积极推进社会化服务体系融合，在怀柔、密云、平谷、顺义、昌平、延庆、房山等区积极探索适合北京市农业发展特征的产业化联合发展模式。如怀柔区北京食安农业产业化联合体包含的10家单位（10家单位分别负责产前、产中、产后），由北京三山农业蔬菜种植合作社牵头整合怀柔农业资源，目的在于构建从标准化生产到销售的完整的有机设施蔬菜产销体系，并促进相关一、二、三产业融合。联合体内各单位各司其职，北京市裕农优质农产品种植公司负责加工销售。北京农垦集团有限公司农产品经销公司、三山益诚电子商务有限公司利用自有平台进行线上与线下销售。北京三山蔬菜产销专业合作社、北京森海食用菌种植专业合作社、北京欣水湾农业种植专业合作社，北京寒冬绿野种植有限公司负责生产。中农卫康科技（北京）有限公司负责市场推广、品牌营销、培训服务，联合体管理章程与联合体通过构建上游、下游相互衔接配套的全产业链，实现单一购销合作到多元要素融合共享的转变；通过创新推动订单农业经营模式，促进农业提质增效。北京食安农业产业化联合体是北京市第一家以农民专业合作社为主导的联合体。

在联合体生产运营中，一方面，按照种植要求对生产设施进行改造升级后进行标准化和集约化生产，进而降低了农业生产成本，并提升了农产品供给质量；另一方面，统一购买种苗及生产资料、降低成本，加工销售的农产品以高于市场价15%的稳定价格供应市场，形成稳定供应体系，生产合作社和农业企业在供给标准化生产的优质初级农产品时所获收购价格也得以提高。通过生产标准化、经营品牌化、管理规范化、成员知识化、产品安全化的“五化”管理，采用订单生产模式，不仅让加工企业及时采购到了标准、合格的原料，同时解决了各农民合作社长年“售卖”难的销售问题。通过联合体产业链上下游长期合作，降低违约风险和交易成本，农产品价格可比正常销售价格提高25%～30%，经济效益显著提升。同时，为广大农村剩余劳动力提供就业岗位800余个。

（四）专业化程度不断提高

北京市积极探索并创新生产托管、政府购买、产业化联合体等多种社会化服务模式。为引导社会化服务组织开展专业化、规范化植物疫病防控服务，逐步探索政府公益性与社会化服务组织有效对接的新模式。

1. 专业化植保服务

（1）加强队伍规范化建设和宣传推介

北京市植保专业化防治服务工作经过 10 余年的探索与实践，“十三五”时期已经由数量发展向质量发展进行了转变。截至 2020 年底，北京市共有各类植保专业化防治服务组织 36 家，从业人员达 690 人，喷杆喷雾机、常温烟雾机等高效植保机械 512 台，日作业能力约 1.477 万亩，服务能力覆盖全市。另外，具有植保专业化防治服务性质的各类组织（包括大型蔬菜园区、农民专业合作社等）100 多个。工作重点主要有以下两个方面。

一是规范植保专业化防治服务组织建设。北京市植物保护站制定了《北京市蔬菜病虫害专业化防治服务组织建设标准》。在人员数量、人员资历、工作分工及设备配备等方面提出明确要求。同时，为了规范专业化统防统治服务行为，推进北京市蔬菜病虫害专业化统防统治，北京市植物保护站研究制定了《北京市蔬菜病虫害专业化统防统治服务组织管理办法（试行）》、《北京市蔬菜病虫害专业化统防统治服务流程（试行）》以及《北京市蔬菜病虫害专业化全程绿色防控技术规程（试行）》等文件，引导各服务组织建立健全财务管理制度、考勤管理制度、培训制度、奖惩制度、服务效果评价与问题追溯制度等内部管理制度。

二是强化植保专业化防治服务组织宣传推介。为了促进统防统治服务主体与服务对象对接，北京市加强植保专业化防治服务组织的遴选和推荐工作。市植物保护站于 2017 年和 2018 年连续两年开展了“北京市蔬菜植保专业化防治服务组织名录”评审工作。各区按照“统防统治服务组织建设标准”遴选并推荐了 20 家服务组织，经过市植物保护站复审后，由原北京市农业局组织有关专家结合各服务组织所提交的资质证明、规章制度、服务证明等材料，对各区自主申报的专业化防治服务组织按确定的 8 项指标进行定量打分，最终 17 家服务组织入围“2018 年北京市蔬菜植保专业化防治服务组织名录”。入围的服务组织同时获得了承担当年政府购买植保专业化防治服务试点项目的候选资格。

（2）创新植保服务内容、方式和技术

一是不断推进农作物病虫害专业化统防统治与绿色防控融合。依托专业化防治服务组织及具有专业化防治服务组织性质和能力的农民专业合作社，推行统一组织、统一发动、统一时间、统一技术、统一实施的“五统一”，大幅提高病虫防控组织化程度。玉米上推行“选种抗病品种+种子包衣处理+自走式播种机”、苗前“‘一封两杀’技术+自走式旱田作物喷杆喷雾机施药”、赤眼蜂防治玉米螟等钻蛀性害虫和“高效低毒药剂防治偶发性害虫+高秆作物喷雾机施药”

等；小麦上推广种子处理、春季除草和中后期“一喷三防”技术；蔬菜推广以病虫源头控制为核心，无病虫育苗、产前消毒预防、产中科学防控和产后残体无害处理有机结合的蔬菜病虫全程绿色防控技术体系，包括全园清洁、土壤消毒、化学农药替代等 20 项核心技术。通过应用覆盖蔬菜产前、产中和产后全过程的绿色防控技术，切实降低化学农药使用量，大幅提高病虫防控科学化水平和农产品质量安全水平。

二是探索政府购买农作物病虫害专业化统防统治服务。北京市从 2017 年开始，依托《北京市农作物化学农药减量控害技术集成与推广》等项目，针对蔬菜病虫害专业化防治服务开展补贴探索工作。其中，2019 年投入资金 398.25 万元，在全市 13 个涉农区开展植保专业化防治服务，推广病虫全程绿控技术，并针对一、二、三类作物（一类作物为草莓和长季节番茄等，生长期为 8 个月左右；二类作物为黄瓜、辣椒、茄子等，生长期为 5 个月左右；三类作物为白菜、生菜、韭菜等，生长期为 3 个月左右）采取不同的补贴额度，即对服务一、二、三类作物分别采取每亩 590 元、375 元和 175 元的资金补贴，剩余部分服务费由服务组织向服务对象收取。累计完成各类作物病虫害专业化防治服务示范面积 1.175 万亩，其中一类作物 1750 亩；二类作物 6000 亩；三类作物 4000 亩。通过项目实施，一方面使专业化统防统治在北京市得到进一步推广，提升其在广大农户中的认知度和接受度；另一方面为政府制定购买植保专业化防治服务政策提供了依据。

三是建立三级植物健康体系。北京在全国率先建立了三级植物健康体系，即以北京市植物保护站为依托的植物总医院，以各区植保站为区域性中心的二级植物医院，以优秀农民专业合作社、绿控示范基地、专业化统防统治组织等为依托的基层植物诊所。各诊所由具备资质的植物医生坐诊，为生产者提供公益性病虫害诊断、开处方和防治技术咨询服务。植物总医院为区级植物医院和植物诊所解决不了的病虫害诊断和防治难题提供技术支撑。北京市已建立 86 家植物诊所，2 家区级医院，1 家北京市植物总医院，覆盖全市 13 个区，136 个乡镇，1106 个村，覆盖率达到 72.84%，覆盖面积达 125 万亩，并辐射到河北和天津地区，为京郊 190 种农作物生产提供了有效服务。通过这些措施，提高了精确诊断、对症下药、精准用药的水平，降低了农民农药使用量，从源头上有效保障了农产品质量安全。

2. 农业废弃物综合处理

北京市政府为了彻底解决农业废弃物污染问题，多年来始终围绕“种养加循环、一二三产融合”的发展目标，全面推进各类农业废弃物资源化循环利用工作。经过北京市农业机械试验鉴定推广站的多年探索，建立了秸秆机械化捡拾打捆、农业废弃物有机肥加工、林果残枝有机覆盖物加工等先进技术模式，成功解决了大田作物秸秆、蔬菜废弃物、林果残枝、畜禽粪污等多种农业废弃物的资源化利用难题，所产出的产品还能继续回用于农业生产，为农业生态绿色发展提供了装备配套和技术支撑。通过购买企业服务与农业废弃物换购等模式，激励企业、农户积极参与农业生产废弃物资源化处理，初步形成了“大田作物秸秆：就地还田为主，离田应用为辅”“蔬菜废弃物：加工有机肥料，实现产业融合”“畜禽粪污：固液分离收集，还用农田生产”“林果残枝：三级处理模式，促进全量利用”等农业废弃物资源化处理模式。截至 2018 年底，北京市的秸秆综合利用率已达到 98%，养殖粪污治理力度不断加大，畜禽粪便综合利用率达到 70%以上。这一模式促进了顺义区在 2017 年成为北京市首个菜田废弃物全部实现循环利用的辖区。

北京市畜牧业环境监测站依托承担科技示范项目，探索出了 3 种社会化组织开展畜禽废弃物处理服务新模式，即延庆区养殖废弃物集中处理模式、房山窦店种养循环模式和昌平区园区集中处理利用模式。

——延庆区养殖废弃物集中处理模式。以北京东祥环境科技有限公司为第三方服务机构，通过协议方式收购养殖户或种植户的农业废弃物，进行好氧堆肥集中处理，生产商品有机肥，建立了“养殖/种植场户+第三方服务机构”的畜禽粪便集中处理社会化服务体系。试点建立槽式好氧堆肥生产线 1 条，发酵槽 2 条，年处理畜禽粪 8 万多吨，年处理农田秸秆等废弃物 2 万吨，年生产商品有机肥 5 万吨，覆盖养殖或种植户 30 户，实现延庆区粪肥无害化处理和资源化利用。

——房山窦店种养循环模式。着眼窦店地区传统养殖和种植的农业产业特色，推动建立“养殖/种植场户+废弃物集中处理+就近农田利用”的社会化服务机制，支持该地建立北京恒升丰农农业废弃物处理中心，建成全自动链板式翻堆和智能化堆肥系统的有机肥生产线 2 条，有机肥发酵槽 8 条，每年可处理本村养殖粪便、蘑菇渣菌渣等农业废弃物 13 万吨，覆盖本区 8 家规模养殖场，总存栏约 31 万头（只），年生产商品有机肥 4 万吨，实现了窦店镇集中处理，就近还田利用。

——昌平区园区集中处理利用模式。示范建立以中国农科院北京畜牧兽医所昌平基地园区为单元的不同畜种畜禽粪便集中处理模式。在该基地内建立日处理 5 方畜禽粪便的仓筒式反应器堆肥处理技术试点，由第三方负责运行管理，生产有机肥就近还田利用，该模式覆盖养殖基地内生猪、蛋鸡、鸭、羊四个畜种共存栏约5万头（只）。

3. 土肥一体化

2020年“中央一号文件”在保障重要农产品有效供给和促进农民持续增收中，提到了“鼓励发展多种形式适度规模经营，健全面向小农户的农业社会化服务体系”。为贯彻落实中央文件精神，在国家水专项和局科技项目的支持下，北京市土肥工作站在“十三五”期间开展了两种土肥社会化服务模式的初探。

（1）探索土肥植保融合的社会化服务

为进一步推进北运河上游种植业面源污染治理工作，解决过量用肥用药、肥药利用率低、效果差等问题，市土肥站和市植保站依托国家水专项项目与第三方社会化服务组织合作，由市土肥站、市植保站提供土肥、植保技术，第三方社会化服务组织负责物化和具体落实的模式在银黄农业园、万里草莓园、金六环农业园和绿友田园开展“减肥减药”的土肥植保融合社会化服务，其间对第三方所产生的肥药等农资投入品与技术服务进行全额补贴。与园区传统施肥施药管理方式相比，作物亩均节肥3.72千克，节药84.4克，成本增加785元，增效1209元。果类蔬菜和草莓经济价值高，园区对社会化服务接受度高，叶类蔬菜则较低。

（2）开展土肥一体化社会化服务试点

为落实“中央一号文件”大力推进化肥减量增效的精神，完成本市化肥减量负增长任务，北京市土肥站依托局科技项目与中国农业大学资环学院合作，共同探索绿色套餐施肥土肥社会化服务试点。该服务主要针对京郊大多数土壤栽培园区，基于4R养分管理原则，优化集成土壤障碍修复改良、测土配方施肥、有机肥替部分化肥、水肥一体化等多项化肥减量增效技术，为园区和农户提供测土、改土施肥方案、肥料产品和后期管理建议等全链条服务，对土肥社会化服务内容、模式进行了探索。2018—2020年，昌平、房山、延庆等区的番茄、青椒和芹菜，较园区传统处理，绿色套餐社会化服务处理亩均节肥37.9%，亩均增产11.4%，亩均节本237元，共推广2013亩。

4. 专业化畜牧服务

北京市畜牧总站作为公益性技术服务单位和北京市生猪、奶牛、家禽产业技术体系创新团队依托单位，围绕畜牧业产业发展需求，开展了关键技术攻关与示范推广工作，有力地支撑了北京市畜牧业的健康可持续发展。

（1）生猪产业方面

在“十三五”期间，围绕生猪产业产前、产中、产后的技术需求，开展技术攻关、集成创新与示范推广，分阶段、分层次实现环境友好度高、生产成本低、产品质量佳、盈利水平高的北京生猪生产模式，初步建立起“可持续促进生猪产业实现环保、高效和安全发展模式的技术支撑体系”，不断以科技促进产业升级。累计研发新技术 319 项，新产品 171 个；示范推广成熟技术和产品 348 项，培训人员 9.8 万人次，推广覆盖率达 90%以上。

第一，推广生态环保技术。围绕生态环保主要针对节能减排、粪污治理开展了关键技术攻关研发与示范推广。节水方面主要开展了新型节水饮水器研发、节水型饮水器的改造示范和应用推广等；节能方面主要开展了供暖猪舍保温天棚与天棚预热新风系统设计与示范、猪舍空气源热泵供暖节能减排效果研究等；减排方面主要开展了规模猪场空气环境净化技术的研究与应用、减排（减氮）饲粮技术在育肥猪群上的应用研发等；粪污治理方面主要开展了污水处理及循环利用关键技术试验研究、猪粪重金属钝化处理技术的研究与应用、全自动干清粪技术的示范与推广等。

第二，推广高产高效技术。围绕高产高效主要针对高效育种、疫病防控开展了关键技术攻关研发与示范推广。高效育种方面主要开展了母猪繁殖力的遗传改良研究、分子标记辅助选择育种技术的筛选与验证、母猪定时输精技术研究、种猪自动化测定系统改进完善与定型、母猪群体合理结构的研究、种猪高效育种技术集成与应用、繁殖母猪妊娠检测配套技术的研究和示范、适合我国主流猪种的遗传缺陷检测低密度 SNP 芯片技术研究等；疫病防控方面主要开展了中草药等复合添加剂对母猪少乳症疾病的防治技术研究及示范应用、生猪重大疫病（猪瘟、蓝耳病、口蹄疫、伪狂犬病）的净化研究、母猪保健技术提高健仔率研究、益生菌与中药的联合应用对断奶仔猪抗病促生长性能的试验示范、植物乳杆菌和苦荞黄酮及其复合物对断奶仔猪生长性能作用研究、猪细菌病精准防治技术应用研究等。

第三，推广优质安全技术。围绕优质安全主要针对食品安全与减抗替抗开展了关键技术攻关研发与示范推广。近年来，聚焦生态环保、围绕高产高效、紧盯优质安全，开展了技术示范与推广工作，包括节水节能减排技术、循环低碳技术、提质增效技术、生物安全技术等，累计推广规模达 336 万头，实现经济效益 2.27 亿元。试验示范点单位产量提升 5%以上，带动示范点农民年增收 10%以上。在节能减排方面，研发了低氮排放日粮技术，较《中国猪饲养标准》

（2004）推荐的育肥猪日粮蛋白质水平降低3~4个百分点，豆粕用量减少6~8个百分点，可有效降低仔猪和育肥猪粪便、尿液中的N含量和P含量，最高实现N减排27.2%、P减排25%；研发、推广了新型碗式节水饮水器，较鸭嘴式饮水器节水77%左右，与全自动干清粪技术相结合，每万头存栏猪可节水1.65万吨以上；示范应用空气源热泵供暖技术，与电供暖相比节能60%。在粪污治理方面，推广应用了黑膜厌氧发酵技术、复合携氧曝气、污水生化曝气系统及人工湿地处理等系列技术措施，使处理后的废水COD降到60mg/L以下，达到肥水灌溉和场内自用的要求，实现粪污循环综合利用。

（2）奶牛产业方面

第一，在育种与繁殖方面，母牛使用年限较短，情期受胎率低，繁殖障碍问题频发，繁殖新技术推广力度不够，奶牛育种数据自动化高效采集与质量控制普及程度有待提高，奶牛精准化群体改良综合方案的推广与实施范围不够，核心种源自主培育能力不足。

第二，在饲料与营养方面，高产牛场营养代谢和应激性疾病发生率较高；饲料，特别是粗饲料，营养评价的基础性工作需要持续开展；奶牛精细化管理、动态营养供给等有待提高；后备牛培育关键技术及其对未来牛群质量的影响研究滞后；以饲料营养调控提高生鲜乳品质有待研究；需要从养殖源头关注节本减排。

第三，在疫病防治方面，奶牛重大疫病综合防控能力需进一步加强；奶牛主要普通病诊断水平与防治措施有待提高；缺乏见效快、抗菌效果好的化学药物替代品，造成生鲜乳中药物残留，存在安全隐患。

第四，在健康养殖与环境控制方面，环境精准控制参数缺乏；粪污处理技术研究较少；粪污处理工艺不合理，粪污处理与资源化利用模式不科学。

第五，在乳品加工方面，乳制品品种结构单一，婴幼儿配方乳粉功能配料多依赖进口，缺少自主研发的关键生产技术；母乳数据库缺乏基础数据，婴幼儿配方乳粉加工技术和质量尚待提升；益生菌商业化程度有待提高，益生功能评价有待完善。

（3）家禽产业方面

“十三五”期间，按照“政府引导、资源整合、市场运作、一站服务”的总体思路，家禽产业围绕产业需求，社会化服务组织不断完善，探索构建了“农民专业合作社为支撑、龙头企业为支持、其他涉农组织为补充”的社会化服务体系，生产主体的专业化程度和组织化水平明显提升。

第一，家禽科技服务队伍建设和服务机制建设有成效，成为都市家禽产业发展强有力的科技支撑，经过10年的发展，形成了由“首席+功能研究室+岗位专家+综合实验站+田间学校”组成的家禽科技服务团队，摸索出了稳定、有特色、有力量、高效、默契的科技服务队伍和科技服务模式，引领并支撑了北京市家禽产业和企业的科技发展。

第二，引导各类主体按照产业链条开展产前、产中、产后全程服务。峪口禽业、伟嘉集团、北农大集团等企业建立了“智慧蛋鸡”、“嘉农在线”、“蛋鸡管家”和“蛋e网”等多个社会化服务平台，培育了多个新型专业化服务组织，并围绕品种定制选择、标准化养殖技术推广、资讯信息共享、饲料兽药供应、疾病诊断及禽产品销售等开展了菜单式服务。基本实现了高科技产品“送货上门”、技术服务和品牌服务“配送到家”，产销服务“智慧决策”。通过标准化生产和统一管理，促进农业生产专业化和简单化，实现增产增收；有效引导了农业产业的聚集、规模化生产，进而提高农业的产业化水平。

第三，科技与理念创新不断，引领并支撑产业新业态发展。通过家禽团队的科技支撑，京郊的中小型蛋鸡养殖企业在不断探索、创新中形成了“无抗养殖模式”“林—草—禽生态养殖模式”“合作社带动模式”“以销带产模式”“放养蛋鸡规范化养殖模式”“功能性鸡蛋研发与生产模式”等发展模式，促进北京市家禽产业多品种、多规模、多模式、多层次并行发展格局的形成，为北京市鸡蛋供给保障和都市消费者美好生活做出了重大贡献。

第四，通过技术集成与示范，培养新农人。北京双银养殖场就是家禽典型的技术集成和示范场。通过功能性鸡蛋、精细化饲喂（物联网环境控制）疫病综合防控技术、鸡蛋分级喷码包装、品牌建设与营销等多项团队技术的综合示范，该养殖场成为团队技术集成度较高的田间学校工作站，该场的场主也经历了“从修车匠到科技新农人”的蜕变。

第五，加强现代家禽技术的综合示范推广，促进第一、第二、第三产业融合发展。充分利用现代信息技术、育种技术、加工物流技术的发展，综合建设现代家禽支撑服务体系。包括家禽育种科技、动保等投入品、禽蛋加工保鲜、市场流通、信息咨询等为家禽养殖服务的相关产业，提升家禽产业现代化水平，提高家禽产品的商品率、品牌化和产业可持续发展能力。

第六，通过全程质量安全标准化生产体系，创建品牌企业。北京绿都峪口兴合养殖有限公司采用“公司+农户”的生产经营模式。在家禽团队技术支持下，建立了合作社全程农产品质量安全标准化体系，顺利通过GAP（良好农业生产规范）认证，获批北京市全程农产品质量安全标准化示范基地。秉承“民以食为天，食以安为先”的理念，合作社向家禽团队提出“鸡蛋现场快速检测是否无抗无残”的技术需求，引入了家禽团队研发的鸡蛋药残快检技术，用简单的试纸条约束了养殖户，提升了回收蛋品的质量安全水平，保证了市民“舌尖上的安全”。此举也为合作社带来了好的口碑和品牌影响力，日本、韩国企业纷纷上门签订合作协议，订制生产品牌鸡蛋，为企业带来了可观的经济效益。

第七，种养结合，发展特色禽产品的生态养殖。北京绿多乐农业有限公司的养殖场坚持“改善动物福利、提升蛋禽品质、回归自然生态”的原则，多年来致力于打造“林—草—鸡生态种养循环模式”，发展林下经济。北京油鸡养殖场自主设计了成本较低、生态感强的第一代简易鸡舍，以及第二代别墅式放养鸡舍与标准化的第三代林下放养鸡舍。2019 年，在家禽团队支持下，养殖场自主设计的一套鸡蛋分级、清洁设备，有效提升了鸡蛋的外在品质。多年来，北京诚凯成柴蛋鸡养殖合作社利用当地的山地资源，围绕北京油鸡这一北京特色家禽品种，开展生态养殖。目前，合作社养殖北京油鸡 6 万只，并建立了种养一体化生产模式：在北庄镇承包山地 1000 余亩，以种植中草药为主，在太师屯镇承包土地 160 亩，种植苹果、樱桃等，将养殖产生的粪污进行资源化利用，为苹果、中药植物和油用牡丹种植提供了优质有机肥，按照“绿水青山就是金山银山”的发展理念，实现种养结合。

（4）渔业产业方面

第一，加强基层水产技术推广体系建设。近年来，北京市的水产技术推广机构和人员趋于稳定，公益性职能不断强化，经费保障显著提高，设施条件得到改善。截至 2019 年末，北京市各级水产技术推广机构共 14 个，其中包括省级水产推广机构 1 个、地市级水产推广机构 13 个。编制数 209 个，实有人数 172 人，技术人员 109 人，技术人员占实有人数的比重较“十二五”末提升了 6%。2019 年，共落实推广经费 4891 万元，较“十二五”末的 2758 万元，有了大幅度的提升。党的十九大以来，总体看推广队伍相对稳定，高学历的技术人员略有增加，地市级及以下人员学历和技术职称偏低。

在体系队伍建设方面，积极发挥公益性推广机构的主导作用，以科研、推广项目为纽带积极推进基层水产技术推广机构与渔业科研教育机构、经济合作组织、龙头企业及相关社会力量进行联合协作，合力构建多种社会力量广泛参与的水产技术推广服务体系。2020 年，北京市有基层水产技术推广示范站 3 家，分别为房山、通州和密云 3 个区的水产技术推广机构。经过几年的发展，形成了“示范先行、区域带动、连续推进、整体发展”的工作机制。各示范站通过加强管理和宣传，均取得了较大成绩，起到了对北京乃至全国水产技术推广系统的示范带头作用。

第二，推广节水养殖模式。“十三五”期间，紧密围绕北京市渔业资源现状与发展要求，坚持以提质增效、减量增收、绿色发展、富裕渔民为目标，将名优水产养殖品种与节水、生态型养殖技术及模式的试验示范与推广作为重点，开展了一系列工作，并在京郊取得了较好的应用效果。通过名优品种与技术的推广应用，使重点示范点养殖池塘的富营养化率降低80%以上，发病率降低35%，近3年累计为农户新增纯收益1100万元、累计节水超过2000万立方米、累计为北京市民提供安全优质的水产品1.3万吨以上。

不断引进和推广水产新品种、新技术。先后从国内外引进多个名优水产品种，在北京地区进行试验和推广。“十三五”期间，重点在京郊推广了加州鲈、匙吻鲟、叉尾鮰等8个名特优水产品种，近3年共推广75.55万尾。初步建立水产良种体系，培育了一批水产苗种企业。现有苗种场38家：观赏鱼12家、鲟鱼8家、鲑鳟鱼3家、龟鳖4家、其他11家。在京郊重点开展了生物浮床净水技术、中草药生态防病技术、生物制剂调水技术、池塘循环流水养殖技术等多项生态渔业技术，近3年累计在房山、通州、平谷等6个区建立了重点示范点22个，累计示范面积2203亩，累计推广面积11020亩。同时，推广了生物浮床8128套，配套推广水生植物10.85万株，中草药方剂1.13万公斤。为促进北京生态、绿色渔业的发展发挥了重要作用。

第三，推广观赏和展览服务模式。共建立观赏鱼交流站6个；每年举办常态化品评会活动4次，分别为新春鱼友品评会、传统金鱼品评会、百花齐放比赛交流品评会、顺义金鱼品评会；通过观赏鱼“进社区、进学校”等活动，陆续在13所社区、学校开展休闲渔业宣传服务；建立了6处观赏鱼景观进行常年的观赏鱼景观展览；2019年开展了宫廷金鱼活体与故宫馆藏文物联展，共展示了12个地区的42个品种，近200条宫廷金鱼。成立北京市观赏鱼咨询服务中心，重点针对观赏鱼开展救治、养殖服务等。

三、北京市农业社会化服务发展条件分析

（一）有利条件

1. 都市农业的多功能化引致了较强的服务需求

从农业社会化服务所依附的产业链内部来看，都市农业对外部服务有更强的需求。都市农业在生产手段、经营目的等方面一开始就与传统农业有所区别，反映在农业的功能上就有生物农业、休闲农业、观光农业、度假农业、体验农业、生态农业、设施农业等多种提法。概括起来主要包括经济功能、生态功能、社会功能等三大功能。都市农业的多功能性带来了农业经营模式的转变，而这种转变也与社会化服务相互促进、相互影响。都市农业的生态功能促使种植和养殖的结构不断改善优化，都市农业注重环境的可持续发展，减少化肥、农药的使用量，减少动物粪便的排放，推广有机生态技术，发展可循环农业；都市农业的经济和社会功能促使农业资源不断整合，逐步形成具有当地特色的农业主导产业。例如，北京在发展都市农业的过程中，将生态旅游和文化创意产业融合进来，根据不同地区的资源特点，形成了休闲、观光、采摘、旅游等四个产业圈布局。

2. 都市农业的多功能性促使农业关联部门加快发展

多功能农业能否形成和发展，在很大程度上取决于农业关联部门的发展水平，也就是取决于为多功能农业提供服务和支撑的社会化服务业的发展水平。农业的多功能化拉长了农业产业链，引致了较强的社会化服务需求，创造了适合社会化服务业发育的市场化环境。农产品加工、农业科技推广、农业教育、农业信息咨询、农业生产资料供应、农产品物流、农村金融和农村旅游等农业关联部门，不仅为多功能的都市农业提供发展支撑，也在都市农业的发展过程中为了满足农业社会化服务的需求，不断调整、完善，形成了有都市农业特点的农业社会化服务业。

3. 现代服务业发育较成熟，政府转移支付力度大

从发展农业社会化服务的外部环境来看，都市农业具有先行发展农业社会化服务的条件。首先，都市农业所依托的大都市经济圈内，市场机制发育较为成熟，有完善的基础设施和配套齐全的服务产业，能够为农业生产提供专业化的服务。目前，我国农业社会化服务发展的总体状况仍然处于初级阶段，生产过程中所需要的各种社会化服务基本上是由第一产业内部提供的，还没有形成一个外部的社会化服务市场。但是，大都市聚集了知识密集型和创新型产业，现代服务业的发展较为成熟，对发展农业社会化服务提供了良好的配套支撑，并引致了极大的需求。

其次，都市经济圈经济发达，人口众多、消费结构较高，高附加值农产品市场需求大。农业社会化服务的主要服务对象是高附加值农产品和具备第二、第三产业特征的生产活动。从这个方面来看，都市农业社会化服务的发展环境要远优于传统农业，能够克服农业社会化服务需求分散、需求规模小的弊端，具备企业化、产业化经营的市场条件。

最后，政府对发展都市农业的政策支持和转移支付力度大。在农业社会化服务业发育的初期，多数服务是作为公共产品投放的。这主要是基于将服务作为要素投入，起到调整农业产业结构，吸纳农村剩余劳动力就业的目的，短期的直接收益并非政府的目标。我国不同地区经济发展水平的差异较大，在农业社会化服务的组织结构、服务内容和服务方式上表现明显。在经济发达地区，集体经济组织和官方组织起主导作用，农民自办组织相对弱小；对社会化服务的综合性、配套性要求较高；对于服务费用一般由农村集体组织承担或由政府补贴，社会化服务甚至转变成为一种“生产福利”。而在经济发展水平不高和欠发达地区，农业的社会化服务在上述几个方面都存在明显的差别。大都市政府财力雄厚，财政转移支付力度大，农业社会化服务的内容更为丰富。

4. 现代化信息技术提供智力支撑

随着大数据、互联网、物联网技术的快速发展，推动了农业社会化服务方式变革，同时为农业社会化服务模式创新带来新的机遇。北京市农业社会化服务发展应加大对现代化信息技术的整合力度。重点推进北京市涉农信息资源、北京现代农业物联网应用服务、农产品市场行情信息服务、“三农”线上服务等平台建设。北京市涉农信息资源平台建设面临的挑战是整合网络农业信息资源，充分释放农业信息资源融合的乘数效用，拓展农业信息资源功能阈值；利用现代农业物联网技术对生产环境状况、工具使用、资源利用等信息进行采集与监

测，从而实现对生产过程的全面掌握与科学规划；提供农业市场行情信息服务，利用大数据技术，坚持以“数据”为核心，不断推进农产品市场信息采集、分析的规范化、机制化，不断完善农产品市场信息服务体系，建立比较完整的信息监测链条、深入开展农产品市场行情分析研究、不断创新市场信息服务产品和渠道；利用信息化技术，完善“三农”互联网、电话咨询服务平台，为农户与农业专家之间搭建有效的沟通途径，为首都现代化农业高质量发展提供有力的智力支撑。加大对北京市农林科学院“京科惠农”网络大讲堂投入扶持力度，支持利用现代媒体传播方式，邀请农业专家，传播先进技术，解答生产难题，充分发挥网络大课堂的普惠功能。

（二）不利条件

1. 国际国内要素成本上涨，服务价格倒挂

北京市国际化大都市的区位特点，导致农村人力资本、土地和资金等服务要素被“外部市场定价”，农业土地的使用成本和机会成本、生产资料价格、劳动力成本等都在不断抬升，国际国内市场全面开放，北京农业面临的市场竞争将愈加激烈。农业社会化服务投入成本也随之大大增加，社会化服务业市场发展空间被制约，加之巨大技术和商业模式冲击，各类服务主体需要“抱团取暖”，探索新的社会化服务经营模式，才能在激烈市场竞争中争得一席之地。

2. 农业空间狭小，服务难以形成规模

随着非首都功能疏解，北京市农业空间格局发生巨大的变化，农业生产空间不断调减。而2万亩畜禽养殖、5万亩渔业、70万亩菜田、80万亩粮田组成的“2578”格局成为北京农业的主战场，北京农业生产规模持续压缩（见图2-3-1）。全市农作物播种面积自2008年以来持续下降，其中，“十三五”期间从177千公顷下降到106千公顷，降幅达到40.11%。主要农作物中，蔬菜播种面积也出现了明显的下滑，从2015年的54.3千公顷，下降至2018年的36千公顷，降幅达到33.7%。农业减量化，市场空间小，吸引力弱，服务成本高。“盈利空间小，服务成本高”，进一步制约了社会化服务体系发展。为节约农业服务成本，需要推进农业生产的适度规模经营。此外，北京作为首都，服务业发达，2019年服务业GDP占总GDP的80%。对于农业服务体系建设有显著的理念、人才、技术、资金等资源优势。未来发展中，需要“跳出北京”发展服务体系，参照国际标准，建设引领和带动京津冀区域乃至全国的服务体系。面对北京农业规模大幅缩减的现状，农户种植规模小、地块分散、种植结构不统一，难以

实现适度规模经营。加之，农机、农艺还无法实现深度融合，供需双方信息不对称，需求无法得到满足，导致社会化服务主体难以形成规模。

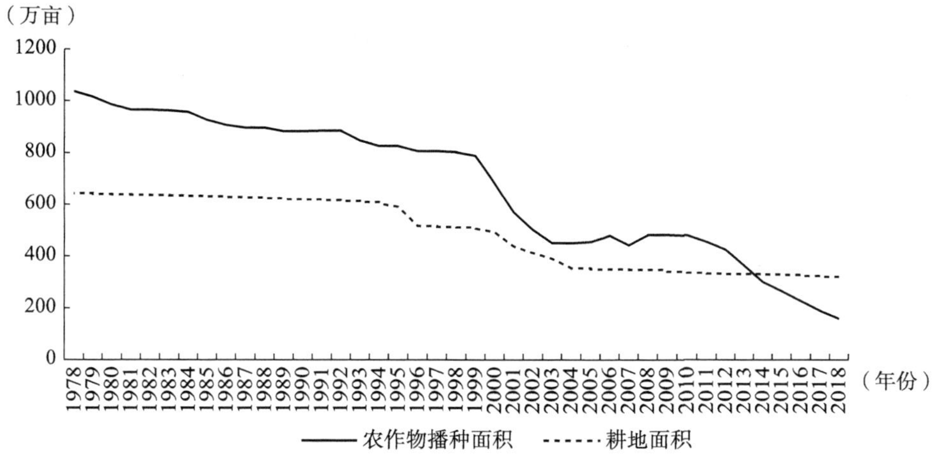

图 2-3-1 1978—2018 年北京市农业生产面积变化

数据来源：课题组农户调查。

3. 以分散化、小规模家庭经营为主，服务组织化成本高

在从事第一产业经营的农户中，经营耕地 10 亩以下的农户数为 129.7 万户，占比为 97.07%，其中，未经营耕地的农户数为 78.2 万户；经营耕地 10~30 亩的农户数为 3.4 万户，占比为 2.54%；经营耕地 30~50 亩的农户数为 0.27 万户，占比为 0.2%；经营耕地 50~100 亩的农户数为 0.14 万户，占比为 0.1%；经营耕地 100~200 亩的农户数为 0.06 万户，占比为 0.04%；而经营耕地 200 亩以上的农户数仅有 0.04 万户，占比为 0.03%（见图 2-3-2）。“小散低”的北京市农业生产现状是制约农户购买意愿的重要原因。蔬菜种植者长期习惯于亲力亲为的农业生产方式，农业社会化服务不仅仅是为农户节省劳动，其最终目的是通过专业化服务提高生产效率，提升农产品品质与质量，从而提高我国农产品质量整体水平，为生产者带来更高的效益，农户尤其是散户生产理念需要一个转变过程。另外，农民合作组织、产业化龙头企业、农资农机商等经营性服务主体数量众多，面临着竞争压力大、市场空间小、盈利能力弱等问题，培育明星企业尚存在较大的提升空间。农户面对众多的服务主体，不知道怎么选择服务主体和规避销售假冒伪劣农资等问题。例如，蔬菜病虫害防治的专业化服务公司尚处于起步阶段。服务队伍年轻化，有创新勇气，但专业技术和实践经验缺乏；有干活的热情，但与农户沟通技巧、服务管理能力不足；有学习的能

力，但学习培训渠道有限。蔬菜产业的专业化服务属于新兴事物，多数地区缺少先例，加之农业社会化服务市场鱼龙混杂、规模不一，缺少监管，农户对社会化服务组织服务识别能力差、了解少、存在疑虑。很多生产者对专业化防治服务的认可度不高，仍旧习惯于采用传统的大剂量打药方式，对专业化防治模式半信半疑。例如，购买蔬菜病虫害专业化防治服务，通常是种植草莓、西兰花等高附加值作物的农户或是种植规模较大的农户，在病虫害防治技术高、增值效益明显的情况下，农户才愿意出资购买服务。其他作物或者种植规模较小的农户，农户购买意愿还很低。

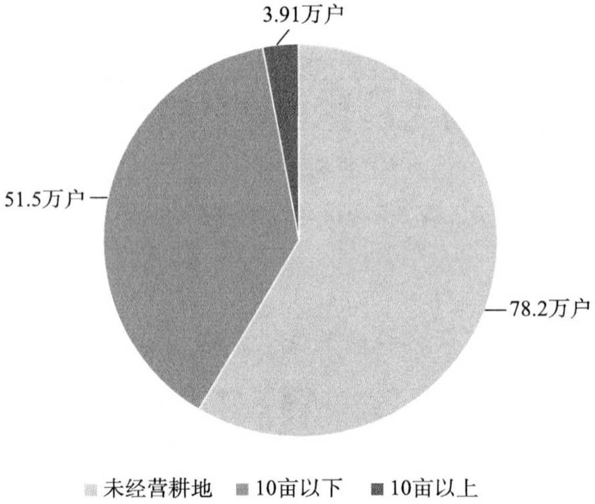

图 2-3-2　2020 年北京农户分散经营情况

数据来源：课题组农户调查。

4. 种植结构变化快，服务与需求之间存在结构性矛盾

当前，北京市经济社会整体上已经步入后工业化时代与发达城市化阶段，土地及水资源紧缺的“双紧”约束加剧，市场高风险与劳动力高成本的“双高”压力加剧，农业占 GDP 的比重将越来越小，2020 年北京第一产业所占 GDP 比重仅为 0. 3%。近 10 年，北京市农作物播种面积从 2008 年的 32. 2 万公顷降低到 2018 年的 10. 6 万公顷。北京市蔬菜种植面积从 2008 年的 6. 8 万公顷降低至 2018 年的 3. 6 万公顷。北京市农业播种面积与结构发生较大改变，大田作物播种占比大幅度下降，设施蔬菜占比大幅度上升，设施蔬菜播种占蔬菜种植面积比重由 2008 年的 49%上升至 2018 年的 89. 78%；粮食作物种植面积、占比分别由 2008 年的 22. 6 万公顷、70%下降至 2018 年的 5. 56 万公顷、52%，如图 2-3-3 所示。建设蔬菜产业集群是未来北京市农业发展的重中之重。蔬菜产业品种较

多，不同品种种植方式与技术存在较大差异，加之蔬菜种植空间分布极为分散，蔬菜社会化服务难以形成连片规模化。面对北京市农业“小散”的发展现状，北京市社会化服务规模效益不高，削弱了社会化服务主体与被服务主体参与的积极性。面对农业种植结构调整，设施蔬菜播种环境、技术等均不同于大田作物，如大田作物需要精度低的大型机械，而设施蔬菜需要精度高的小型机械。设施蔬菜设施化程度较大田作物高，需要水肥一体化、温室大棚、防虫网等大田作物不需要的服务，大田生态与高效技术服务组织转型升级阻力较大。

面对这一结构变化，北京市社会化服务重点需要及时调整，否则会削弱社会化服务主体与被服务主体参与的积极性。

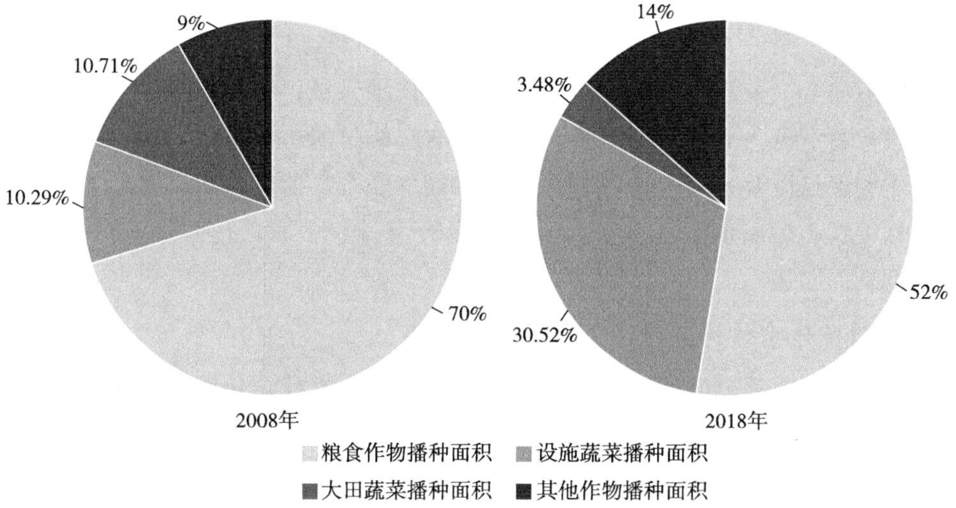

图 2-3-3　2008 年、2018 年北京市粮食作物与设施蔬菜播种面积变化

数据来源：北京市统计局。

四、北京市农业社会化服务体系建设存在的问题

（一）社会化服务组织管理

1. 服务组织部门管理分散

对市场化服务体系的发展，政府的引导和重视程度不够；镇乡农业技术推广体系不健全。多数镇乡无推广机构和专业技术人员，乡镇级分工不明确，工作渠道沟通不畅，平时联系不多。部分区推广部门的土样采集、调查工作等业务工作也仅与村级相关全科农技员有些沟通、联系。监管人员不足，尤其是乡镇、村级农产品质量安全监管人员少，多数为身兼多职，且监管人员专业性、规范性有待加强。

2. 服务体系结构与现代发展需求不匹配

随着北京市都市型现代农业产业结构调整，农机社会化服务由单一粮经作物服务向粮经、畜牧、林果、蔬菜、水产、园艺、种业、农产品初加工等多元化产业服务转变。

现有社会化服务体系建设，没有根据新形势的发展需要、北京都市型现代农业的特点，进行功能整合和管理观念上的及时转变。推广体系机构以推广单项技术为主，综合技术模式集成推广少，对接生产者的技术需求不足，偏重对传统产业和传统技术的推广，对产业升级和新兴产业的技术储备不足。科研院所农业科技研发方向对接关键环节不够，技术研发存在单一性、不延续性，对产业科技水平提升作用发挥有待评估，缺乏对经济价值的考量；支撑产业发展的标志性成果较少，重大应用型研发成果不足。

绿色、优质农产品生产覆盖率有待提高。北京市绿色、有机农产品尤其是有机农产品的认证率较低，增长速度缓慢，与首都市场需求之间存在差距；农业标准化生产方式还需要进一步推进，需要完善现代农业全产业链标准体系，加大标准推广应用。

（二）社会化服务主体

1. 服务主体数量少、规模小

社会化服务组织位于市场最前端，对于市场信息最为敏感，其发展壮大，可以更好地解决农产品“天花板”和劳动力、农资“地板”上移双重压力，实现提质增效，对于带动农业发展具有重要意义。从农机作业服务来看，户多社少（专业户 1.23 万个，合作社 131 个，合作社占比仅 1%左右），专业化、品牌化服务能力不足；大中型服务组织比重需要提升。以农机合作社为例，发展质量较好的大中型农机合作社数量 15～20 家，占比约 15%。绝大部分是实力弱小、名存实亡的小型农机合作社。当前，北京市农业社会化服务主体规模和能力都存在不足。具体表现为以下几点。一是农民合作组织、产业化龙头企业、专业服务组织等经营性服务主体数量少、规模小。如蔬菜病虫害防治的专业化服务公司尚处于起步阶段。服务队伍年轻化，有创新勇气，但专业技术和实践经验缺乏；有工作的热情，但与农户沟通技巧、服务管理能力不足；有学习的能力，但学习培训渠道有限。二是服务主体面临转型升级。北京市加快转变农业发展方式调整，粮田面积被大幅度削减。原来从事大田服务的农机服务组织出现了农机过剩，养护成本提高。大田农机服务组织存在转型难的问题，农机服务领域从传统的耕种收向产后加工和农业废弃物综合治理拓展，从粮食作物向蔬菜、设施农业、林果业等产业发展，农机新购置成本增加，操作技术门槛提升，服务规模标准提升。三是需要探索利益联结新机制。高效设施蔬菜产业的发展，基础设施建设投入资金量大，投资回收期长，农民专业合作社、中小涉农企业常常面临资金困难问题。而且，由于抵押担保不足，很难从金融机构获得融资支持，制约了发展。此外，现有的农业保险保障水平不够弥补生产成本，且赔付存在不规范现象，有针对性的农业保险服务较为缺乏，对新型经营主体的保障范围仍有较大拓展空间。需打造一批以龙头企业为引领、以合作社和农户为纽带、以农户为基础的农业产业化联合体，探索创新利益联结机制，增强乡村产业发展的内生动力。

2. 产后经营性服务不完善

农业社会化服务体系短板突出表现在营销服务体系、金融服务体系建设上。其中，金融服务体系，是农业社会化服务体系建设“短板”中的“短板”。因此，未来发展需要重点强化营销服务体系、金融服务体系建设等产后经营性服务体系。就农产品销售服务体系而言，农产品销售的服务站点、零售网点建设有较大进展，但是服务模式与溢价空间有待完善，加之农产品销售利润分配机制问题，导致农产品无法实现优质优价，农户收入水平无法实现预期；就金融保险服务体系而言，农业生产在基础设施建设投入，投资回收周期，抵押担保标的物等方面，农民专业合作社常常面临无法获得贷款支持的问题，制约了农民专业合作社的发展。另外，具有显著公益性作用的农业废弃物资源化处理、动植物疫病防控体系虽然投入使用成本较高，但是其具有较强的外部性，既保障了农产品质量安全，也有助于生态环境保护，应促进农业废弃物资源化处理、动植物疫病防控体系广泛应用。

3. 服务组织经营成本较高

北京市农业服务组织经营成本较高，主要体现在以下两个方面。一是服务组织要素成本较高。北京市农业区位特点导致服务业基本要素人力资本、土地和资金都被“外部市场定价”，人力、设备单价较高，投入成本较大。加之由于北京耕地面积逐年缩减，大田农机全年开工率不足，农机折旧、损耗与空置成本较高。二是农业产业平均利润率小于社会行业平均利润率。中小企业平均利润率实际上超过10%，而农业收益远低于社会平均利润率，加之银行资金经过影子银行及其他费用添加，这些综合因素造成外部市场对农贷价格定位较高，最终导致农村资金长期净流出。

4. 服务领域有待拓宽

当前，农业社会化服务的供给与农业生产主体的需求衔接不畅，供求之间尚未做到精准对接，农业社会化服务模式比较单一，服务能力还比较弱，服务范围和领域尚待拓宽。

从服务内容来看，单一环节专业性服务多，一体化全程式综合性服务欠缺；从服务链条来看，“重技术、轻市场”现象突出，农业社会化服务主要集中于产前和产后，对于农民急需的市场信息提供、金融保险服务、法律咨询、品牌创建、产销对接和农村电子商务等农业社会化服务不足。目前，大部分农机合作社均不同程度地开展托管作业服务，以大田粮食生产环节为主，设施农业、蔬菜产业、林果产业等产业社会化服务能力薄弱、服务内容单一，处于起步阶段，规模较小的农机合作社开展了部分环节托管，尚未形成全程托管模式，农机服务领域有待拓展。

5. 服务带动能力有待提升

现阶段农业社会化服务仍主要依赖于政策扶持，没有完善的体系难以吸引资本进入社会化服务市场，单一的服务组织难以满足多领域、多样化的产业需求。目前，家禽产业社会化服务主要依靠中小型合作社，缺少专业化服务组织，服务主体“散小弱”的现象还比较普遍，有一定实力的服务类合作社、专业服务公司还较少。虽然龙头企业逐步建立了社会化服务平台，并尝试开展全链条社会化服务，但是受限于成立时间较短和运营经验不足，难以形成长效的利益联结机制，导致其带动辐射能力有限。

服务意识需要转型。面对产业结构调整、大城市小农业市情等客观实际，大部分的服务组织缺乏创新发展内在动力，开拓进取意识不强，融合适应能力不够，需要努力开拓创新，谋求发展。

农机信息化管理服务能力不足。农机合作社还缺乏统一的机具管理调度平台，一些作业服务内容还缺乏作业质量物联网监测手段。

6. 服务技术手段有待提升

围绕同一目标，依托各自优势开展协同攻关的模式有待完善，出现部分问题扎堆研究，有的短板无人问津，并且配套研发不够。以设施生产为例，针对生产环节的研究较多，部分单位信息共享不足，研究内容相似或重复，针对温室设计等环节的研究较少，不能有效满足标准化设施设备和配套农机的使用。

（三）社会化服务营商环境

1. 服务硬件设施建设投入不足

农机具“存放难”“保养难”问题突出。受北京市土地政策和农业结构调整的影响，近些年农机服务组织场库棚、维修车间很多被拆除，很多机具都处于露天存放状态，由此引起的投诉上访事件比较突出。约 80%的中小型合作社办公基础设施简陋，机库棚、维修车间建设滞后，不能满足机具停放的要求，大型机具普遍露天存放，导致机具老化加速、锈蚀损坏严重，使用寿命缩短。

现有装备结构不合理，重点产业的装备配套需要加强。现有农机装备以大田粮食生产机械为主，大田粮食机械趋于饱和甚至过剩，但蔬菜产业、林果产业、经济作物等方面的农机技术及装备供给不足；许多植保专业化防治服务组织的设备较陈旧，设备的高效性、科学性不高，许多设备“带病”作业，存在安全隐患。

农产品产后服务设施不完善。本地农产品大多缺少采摘后的预冷、分拣、包装等环节，多数农业生产主体仍然存在规模小、品种多、生产量不稳定、包装标识不规范、冷链体系不健全、耗损率高、销售渠道单一、同质化严重等问题，品牌优势不明显，难以实现稳定供应和优质优价。各级在农业品牌价值和农业品牌故事的挖掘、宣传、推广等方面还比较欠缺。

2. 社会化服务的有效需求不足

农户有效需求不足。北京市农户种植规模小、地块分散、种植结构不统一，难以实现集中连片耕种。“小散低”的农业生产现状，使得社会化服务面临着农户购买专业化服务的有效需求不足，专业化服务订单少，企业“吃不饱”，及专业化服务组织的规模效益难以发挥，成本难以降低的问题，制约了农业社会化服务的发展。近年来，畜牧业产业结构调整，家禽产业受环保压力和市场风险双重影响，政策不确定性较大，生产养殖主体锐减，且积极性不高，导致社会化服务主体不够稳定，使已建立的社会化服务组织被迫转型。

农业整体效益偏低，特别是规模化经营程度偏低，农民的生产经营收入占其家庭总收入的比重不到10%，大部分生产经营主体缺乏采用新技术的驱动力。农业投入高，收效慢，短期效益不明显，社会资本进入农业生产和服务领域的积极性不高。

（四）社会化服务业实用人才

1. 农业服务人才缺乏

一是农机驾驶、维修实用人才缺乏。现有农机作业操作人员普遍年龄偏大、文化水平相对较低，不具备驾驭新型智能农机装备的能力，亟须实用人才更新。缺乏年富力强的农机手，缺乏现代实用的农机人才。

二是植保专业化防治服务组织总体发展水平参差不齐。无论是设施装备还是人员水平、规范程度，组织间都存在较大差距，影响了整体形象和口碑。

2. 专业技术服务人员知识更新存在滞后

随着生态农业、加工农业、城市农业等新型业态的发展和信息化、网络化等技术手段的提升，以及在产业发展需求农业技术推广服务领域的拓宽，对农业技术推广人员的知识需求越来越高，在农业科技提供支撑的基础上，对园区规划、结构调整、品牌打造、产销服务、信息化手段等的需求不断增加，但是专业技术服务人员获得新知识的渠道少，农业技术推广人员更新知识培训体制机制不完善。深造的机会少，听取专家教授讲解、专业人员指导和亲自实践操作的机会更少。

对技术人员的考核和激励机制尚不健全，面对新技术和新产品不断涌现，知识更新和业务能力升级不及时，部分专业技术能力有待提高。

（五）社会化服务政策

1. 支持专业化服务组织发展的投入不足

植保专业化防治服务缺少政策性支持。目前，北京市还没有长效的政府购买专业化植保服务机制，植保专业化防治服务组织设施设备更新、人员队伍培育等方面存在发展瓶颈，服务组织发展动力不足。

2. 宣传力度不够，市场供需信息不对称

农户对社会化服务认可度不高。很多生产者对专业化防治服务的认可度不高，仍旧习惯于采用传统的大剂量打药方式，对专业化防治模式半信半疑。发挥互联网优势与合作社纽带作用，减少农机供需市场信息不对称。

（六）社会化服务模式

北京市农业社会化服务模式亟待创新，体现在以下三个方面：第一，信息平台协调合作模式需要探索，虽然农业社会化服务信息技术服务平台建设较为完备，但是平台间整合力度不足，难以充分发挥其生产服务能力，需要重点探索农业社会化服务信息技术平台整合机制，探索多样化、个性化的高效服务方式；第二，农产品销售的服务站点、零售网点建设有较大进展，但是服务模式与溢价空间有待完善，加之农产品销售利润分配机制问题，导致农产品无法实现优质优价，农户收入水平无法实现预期；第三，农业生产在基础设施建设投入，投资回收周期，抵押担保标的物等方面，农民专业合作社常常面临无法获得贷款支持的问题，制约了农民专业合作社的发展。

五、“十四五”期间北京农业社会化服务体系建设重点任务

（一）服务主体培育

鼓励模式创新，充分发挥多元主体在农业社会化服务中的作用。采取财政扶持、税费优惠、信贷支持等措施，大力发展主体多元、形式多样、竞争充分的社会化服务，推行合作式、订单式、托管式等服务模式，扩大农业生产全程社会化服务范围。通过政策支持、特许经营、合同外包、政府采购、定向委托等方式，支持各类有资质的经营性服务组织参与公益性、区域性服务。鼓励引导农业社会化服务按照行业规范和行业标准提供服务，提高服务的针对性和专业性。

1. 强化公益性服务主体基础性作用

强化农技推广、农机服务、动物疫病防治、职业农民教育培训等领域公益性服务组织的基础性作用。统筹推进区级农业技术推广体系改革，提升高级专业技术岗位的占比。深入开展全国星级基层农技推广机构遴选工作。探索合同外包、政府采购、定向委托等方式，推进公益性服务与经营性服务的有效衔接。发挥村集体经济组织“统”的功能，发挥“党建引领”作用，宣传引导农户广泛接受农业社会化服务。

2. 发挥涉农龙头企业服务带动作用

引导涉农龙头企业发挥资本、技术、渠道等优势，通过基地建设和订单方式为农户提供专业服务。推广“订单收购+分红”“土地流转+优先雇用+社会保障”“农民入股+保底收益+按股分红”和财政支持资金折股量化等多种利益联结方式，让农户分享更多乡村产业发展政策红利。鼓励龙头企业与农民专业合作社建立农业产业化联合体10个，由龙头企业提出对农产品原料数量和质量的要求，在互助互利的基础上，为企业创立稳定的原料生产基地，带动农户增收。

3. 支持各类农业专业服务公司发展

鼓励各类农业专业服务企业发挥服务模式成熟、服务机制灵活、服务水平

较高的优势，重点提供生物防治、智能农机作业、农机具维修、品牌包装设计、农业废弃物无害化处理和循环利用等专业服务，支持其技术升级、模式创新、示范引领。推动农业经营主体向服务业延伸，鼓励与各类服务主体的联合合作，培育能够为农业生产全程提供服务的专业服务公司20家。

4. 支持农民专业合作社开展农业社会化服务

发挥农民专业合作社服务成员、对接市场的纽带作用，加强对技术人员的技能培训，鼓励其向社员提供各类生产经营服务。发挥大型农机合作社组织机构健全、基础设施完善、装备配套齐全等综合优势，推进区域性全程机械化农机服务中心建设，使其为农业经营主体提供全程机械作业、粮食烘干、农资统购、机械维修、技术培训等“一站式”综合服务。农业社会化服务专业合作社被评为市级示范社和国家级示范社10个。

5. 鼓励科技创新服务主体发挥支农作用

健全农业科研成果产权制度和成果转化收益分配机制，允许具有技术职称的事业单位人员到农业社会化服务组织兼职并取得合法合理报酬。支持和鼓励农业科研人员在职或离岗创办企业；支持和鼓励事业单位选派科研人员到农业企业工作或者参与项目合作等。加强“产业技术体系创新团队”建设，推广“科技小院”“专家工作站”“植物诊所”等新型服务模式，为农业经营主体和农户提供专业化服务。推动高校和科研院所到村镇建设农业试验示范基地，逐步健全基层农业科技服务网络，深入开展“千名科技人员进千村入万户”活动，提升农户农业科技水平。

（二）服务平台搭建

1. 搭建农产品流通营销服务平台

创新电商营销方式，积极开展直播带货销售，引导实体零售企业搭建电商平台，实现线上、线下融合发展。支持社会化服务主体开展农超对接、农批对接、农社对接、社区团购、产地直销等多种形式的农产品产销对接活动，实施供销、邮政服务带动小农户工程。持续开展“北京优农”宣传推介活动，参与中国农业品牌目录评选，培育和提升北京高效设施蔬菜品牌。加大冷链仓储、农产品加工、冷链运输车等基础性投入，布局建设农产品集配中心。加快推进新发地蔬菜交易楼、黑庄户北京鲜活农产品流通基地、京北（大孙各庄）生鲜物流中心、北京大兴国家粮食储备库等重点项目建设。

2. 搭建金融支农服务平台

发挥政策性农业融资担保机构作用，做大面向新型农业经营主体的担保业务。根据产业发展需要和农民需求，鼓励各区和保险公司进行险种创新，推动农业保险“提标、增品、扩面”，探索推动保险产品由保成本向保产量、保收入延伸。探索以市场化方式设立乡村振兴基金，撬动和引导更多社会资金支持农业社会化服务。支持银行业金融机构创新金融产品，研究包括服务订单、农业保单、农业设施在内的增信措施，推动温室大棚、养殖圈舍、大型农机、土地经营权依法合规抵押，助力解决各类农业社会化服务主体融资需求。

3. 搭建农民培训服务平台

整合农民培训资源，加强公益性培训机构与生产基地、经营服务主体对接，培育一批实践培训教育和农技推广示范基地。坚持分类施策，对有意愿从事农业的返乡下乡人员、大学毕业生和退伍军人开展农业创业教育与技能训练，使之成为现代农业建设后备主力军；对从事生产性作业的小农户开展职业技能培训，使之成为现代农业产业工人；对农场主、合作社带头人、企业家，强化现代经营管理知识教育和技能培训，使之成为企业家型的人才。加大农村劳动力就业政策宣传，办好各类农业就业招聘会，满足本市农村劳动力就业需求。

4. 搭建信息化服务平台

实施“信息化+小农户”计划，加强互联网、物联网、大数据、5G、北斗等在农业社会化服务中的应用，为农业经营主体提供“触手可及”的专家服务、信息服务、数据服务。探索农机社会化服务技术模式创新和示范引领，推进“互联网+农机”“北斗+农机”“智能+农机”“共享农机”等新型作业模式，推广应用农机作业实时监测、维修诊断、跨区作业、远程调度等信息化服务平台，实现数据信息互联共享，提高农机作业质量与效率。整合首都农业科技专家的资源优势，加强“中国农技推广”农业科教云平台和“北京农业科技大讲堂”的应用。

5. 搭建服务主体信用服务平台

探索建立农业生产经营主体和服务主体信用信息收集、共享查询以及守信、失信发布平台，加强信用跟踪管理，将信用等级作为服务主体项目扶持、示范社（户、场）与农业龙头企业评选、农产品公共营销服务等的依据，引导服务主体诚信经营。建立农业生产性服务业统计制度，全面监测农业服务业情况。

（三）服务机制创新

1. 创新农服中心建设机制

围绕当地主导优势产业和特色产业规划布局，设置服务项目。把农服中心建设作为产业链上不可或缺的一环，打造农业全程规模化服务主阵地，确保建成一处、覆盖一域、服务一片。整合聚集各部门资源要素，打造“一站式”农业社会化综合服务平台，解决为农服务“最后一公里”。

2. 创新服务组织机制

鼓励服务主体积极创新服务模式和组织形式，大力发展多层次、多类型的专业化服务。大力推广行之有效的“服务主体+农村集体经济组织+农户”“服务主体+各类新型经营主体+农户”等组织形式，提升小农户组织化程度。推动农资企业、农业科技公司、互联网平台等各类涉农组织采取“农资+服务”“科技+服务”“互联网+服务”等方式，推进技物结合、技服结合，实现农业社会化服务向产前和产后的延伸。

3. 创新用地保障机制

各涉农区应制定年度建设用地指标，按比例用于支持农业社会化服务的制度办法。细化点状供地和混合用地政策，实现精准供给。鼓励各区将农村闲置宅基地整理、土地整治等新增的耕地和建设用地，优先用于农业社会化服务发展。

4. 创新利益联结机制

统筹兼顾培育服务主体和扶持小农户，发挥服务主体对小农户的带动作用，促进各主体紧密联结。形成利益共享、风险共担的利益共同体，实现小农户家庭经营与合作经营、集体经营、企业经营等经营形式共同发展，提升小农户自我发展能力。将带动小农户数量与小农户利益联结程度，作为支持服务主体的重要依据，将培育服务主体政策落实情况纳入各级农业农村部门工作绩效考核，建立科学的绩效评估监督机制。

5. 开展试点示范创建活动

按照“服务约定有合同、服务内容有标准、服务过程有记录、服务人员有培训、服务质量有保证、服务产品有监管”的要求，制定完善农业服务标准，规范服务行为。开展农业社会化服务试点示范创建活动，分级培育农业社会化服务示范户（场）50个、示范社（村、基地、企业）20个、示范乡镇10个、示范区2个。

（四）服务水平提升

1. 开展高效设施农业全产业链专业化服务

实施“蔬菜全链条服务+小农户”计划，围绕高效设施农业园区，形成蔬菜育种、种苗生产、栽培种植、采收、分拣、加工、销售、物流、金融、信息和各类服务组织等各环节分工明确、密切协作的全产业链专业化服务体系。培育专业化、标准化、智能化设施蔬菜种苗公司5家，完善种苗质量检测实验室建设，保障优质种苗供应；扶持发展设施蔬菜产业链上的基质生产、生物农业、蜂授粉、水肥一体化、智能装备研发企业50家。围绕高效设施农业园区，实现农产品采后处理和流通服务的区域分工与专业化。每个园区根据蔬菜产量和产品品种，建设蔬菜采后处理生产线，配备完善农产品产地冷藏保鲜设施，同时培育与之相适应的一体化运作、网络化经营、专业化服务的农产品产地冷藏保鲜设施运营主体。

2. 开展特色农业绿色生产技术服务

紧盯市场需求和北京实际，发展特色农业。探索制定农业产业“菜单式”项目清单，为经营主体发展高品质农业、绿色生态农业、特色林下经济和有机农业提供绿色农资和生产技术服务。鼓励精耕细作，实现小规模基础上的高产出、高效益。大力支持绿色农资、保护性耕作、秸秆还田离田、精量播种、精准施药、高效施肥、有机肥替代化肥、节水灌溉、残膜回收利用等绿色清洁生产技术的示范推广。“十四五”末期，主要农作物耕、种、收综合机械化率以及秸秆综合利用率达到98%以上，农机深松整地、秸秆粉碎还田、少免耕播种三项关键保护性耕作技术应用率达到80%以上，设施农业机械化率达到55%以上，统防统治覆盖率达到56%以上，特色产业总产值占农业总产值达到50%以上。

3. 开展动植物疫病绿色防控服务

鼓励社会化服务组织提供专业化土壤消毒、病虫害诊断与防控、土壤障碍修复改良、测土配方施肥等绿色防控和化肥农药减量增效技术。推广生态环保养殖技术，推进兽用抗菌药减量使用。加大畜牧、渔业抗病选育力度，高标准推进畜禽养殖向规模化、标准化、智能化、品牌化方向发展。创新多元化兽医社会化服务体系建设，探索畜牧兽医综合数据平台应用，加强种畜禽重点疫病净化，完善动物疫病监测预警报告系统。加强病死畜禽无害化处理及畜禽粪污资源化利用，建立畜禽养殖废弃物资源化利用安全性监测管理机制与技术体系。

4. 开展农产品质量安全监管服务

以公益服务体系为主，逐步建立和完善市、区、乡镇、村四级监管体系，构建市、区、乡镇、生产基地（企业）“3+1”检测体系，强化农产品质量安全认证与标准化生产体系，加强农产品质量安全技术服务体系，着重推进乡镇管理站质量安全技术指导、巡查督导，探索村级服务体系建设。构建重大活动服务保障体系，增强首都重大活动农产品质量安全服务保障和应急快速反应能力。整体提升全市农产品质量安全监管能力和主体自控能力。引导龙头企业、合作社等辐射开展产品自检、技术培训、标准化生产、科学用药指导等方面的技术服务。鼓励第三方技术单位应用信息化手段加强农产品质量安全生产过程管理、产品追溯及基层网格化监管服务。“十四五”末期，农产品质量安全信息化应用基本实现全覆盖，农产品质量安全抽检合格率稳定在98%以上。

5. 开展农业生产托管服务

把首都“菜篮子”产品的托管作为重点支持对象，通过专业化、规模化服务提升生产效益，提高普通农户生产的积极性和规模经营能力。提升设施农业技术装备水平，引导经营主体进行棚室适应性改造，对设施蔬菜生产的必要环节制定农机与植保服务方案。要把农业生产托管作为推进农业社会化服务、发展服务带动型规模经营的重要方式。对于农户经营意愿较强的地区，从推广单环节托管、多环节托管入手，逐步转变农户的生产经营方式；对于农业劳动力转移程度较高的地区，重点推广关键环节综合托管、全程托管等，逐步扩大托管对小农户的服务覆盖面。

（五）服务人才培养

1. 提升农机人才素质能力水平

加大对农机大户、农机操作及维修人员、农机合作社带头人的培育力度，培养创新型、复合型、技能服务型农机人才，夯实乡村人才基础。着力加强农业农村机械化管理人才、科技创新人才、技术推广人才、新型实用人才的培养，打造一支懂农业、爱农村、爱农民的农机人才队伍。

2. 提升农技推广人员能力

鉴于北京都市农业是知识技术密集型产业的发展特点，需要增加高级专业技术推广人员数量。统筹推进区级农业技术推广体系单位专业技术岗位编制数量的调整改革，适当增加各推广单位的专业技术岗位编制数量，以市级单位为参照。建议高级专业技术岗位占比从现在的20%提升到40%。加强农业技术推广人员的知识更新培训。定期组织专题培训班，提升农业技术推广人员的职业素质和技术水平。

六、“十四五”期间农业社会化服务体系的政策建议

北京农业社会化服务体系建设应以习近平新时代中国特色社会主义思想为指导，全面贯彻落实党的十九大和十九届二中、三中、四中全会精神，坚定践行新发展理念，以推进农业供给侧结构性改革为主线，加快形成以国内大循环为主体、国内国际双循环相互促进的新发展格局，扎实做好“六稳”工作、全面落实“六保”任务，坚持“服务三农、市场导向、创新驱动、资源共享”四项原则，积极培育社会化服务主体，强化行业管理，完善支持政策，着力提高农业生产经营的规模化、集约化、标准化、信息化和绿色化水平。

“十四五”期间，北京农业发展面临重大的机遇与挑战。为保障首都“菜篮子”产品供应，北京市政府提出到 2025 年蔬菜自给率达到 20%的目标。新形势下，“督粮、保菜”将是北京农业产业发展的重中之重。针对北京农业发展的现状，降低成本、提高效益，是稳定农业生产的核心。大量实践表明，通过服务组织集中采购、集成技术、标准作业、统一服务、订单收购等，能充分发挥农业机械装备的作业能力和分工分业的专业化服务效率，有效降低农业物化成本和生产作业成本。同时，农业社会化服务是小农户与现代农业衔接的有效路径，也是未来农业发展的主要模式。调研认为，北京市农业社会化服务体系建设正处于蓬勃发展的新阶段，需要政府积极引导与参与，力争在“十四五”时期，为全国农业社会化服务发展提出“北京经验”、打造“北京样板”，为北京市民提供优质安全的农产品，真正实现带动农民致富增收的目标。

1. 加强农业社会化服务装备建设

首先，完善农业科技服务设施。以公益性农技推广机构为主导、其他服务组织广泛参与，加快实施农业科技进村入户工程，加强农技推广示范基地建设，添置必要的农技推广设施，完善技术试验示范设施条件。其次，加强农机化服务装备建设。深入实施农机化促进工程，进一步完善农机购置和作业补贴政策，引导区域性经营服务组织使用先进适用农业机械装备，鼓励开展农机跨区作业服务。最后，加强农产品质量检测能力建设。建立检测设备和检测结果信息共享机制，促进检测资源优化整合，提高检测设备利用率。引导农业生产经营主

体和服务主体添置农产品质量快速检测仪等设备，鼓励其为周边农户提供速测服务。支持市场化动物诊疗机构以及畜禽排泄物、病死动物无害化处理专业服务组织配备必要设备，改善动物安全生产条件。

2. 革新农业社会化服务模式

巩固发展公益性服务，大力发展市场化、专业化服务，促进公益性服务和经营性服务、专项服务和综合服务融合、协调、互补发展。实施小农户生产托管促进工程，根据不同地区不同产业的生产需求和小农户的意愿，因地制宜发展单环节托管、多环节托管、关键环节综合托管和全程托管等多种托管形式，加快推进农业生产托管服务，不断扩大生产托管对小农户的覆盖面。重点支持首都“菜篮子”产品的生产托管，鼓励各地按照补短板、强弱项的要求，合理确定当地重点支持的服务环节、服务内容和服务形式，形成支持的优先序，满足多元化、多层次服务需求，加快形成绿色高效现代农业生产方式。

3. 大力拓展农业社会化服务领域

根据各乡镇产业结构、人口规模实际，加强乡镇农业社会化服务平台的重点服务功能建设。因地制宜拓展农业社会化服务的广度和深度。在耕地集中连片、农业产业规模较大的乡镇，侧重建设农业社会化服务中心、新型庄稼医院、智能配肥中心等生产服务平台，强化农资供应、测土施肥、统防统治、农机作业等生产服务功能；在粮食和鲜活农产品主产乡镇，侧重建设农产品烘干、冷藏、仓储、加工、交易等服务设施，强化商品化处理功能；在商贸集散地和人口集聚乡镇，侧重建设社区综合服务中心或乡镇经营服务综合体，强化商贸流通、电子商务、文体娱乐、养老幼教、生态养生等生活服务功能。

4. 壮大农业社会化科技服务力量

支持农业高新技术企业、科技型中小企业等市场主体开展技术创新研究，搭建科技服务平台，创新“产学研用服”利益联结机制，提高科技服务能力。优化财政支持农业科技服务方式，探索建立农业科技服务后补助机制，激励涉农企业开展农业科技服务。加大科技服务企业培育力度，支持农技人员、大学生村官、返乡农民工、种养大户等领办创办农业科技服务企业。开展农业科技服务企业建设试点示范，树立农业科技服务品牌。鼓励高等院校、科研院所等面向社会化服务组织需求，开展农业科技研发，通过社会化服务集成推广应用先进适用技术和现代物质装备，提升服务的科技含量。

5. 提升农业社会化服务信息化水平

充分利用互联网、大数据、云计算、区块链、人工智能等信息技术，推广应用成熟的智能化设备，提高农业社会化服务的信息化、数字化和智能化水平。推进北京农业社会化服务平台试点和全面应用。推动各类农业社会化服务智慧平台对接，共享服务资源和服务数据，实现互联互通、融合发展。

6. 开展农业社会化服务创新示范

健全政策体系和工作机制，促进农业社会化服务规范化建设。鼓励各区开展示范服务组织认定，引导其在服务模式创新、服务技术集成、服务标准化推进等方面发挥示范作用。及时总结典型模式和经验做法，按照可学习、能复制、易推广的要求，遴选树立一批农业社会化服务典型。

7. 加大农业社会化服务资金支持

充分发挥财政资金作用，统筹用好现有资金渠道支持农业科技社会化服务体系建设，新增资金更多地向符合条件的农业科技服务领域倾斜。引导银行信贷、投资基金、资本市场等支持农业科技社会化服务体系建设，形成多元化投资渠道。加大科技创新券对涉农科技型中小企业的支持，加强知识产权质押融资、科技担保、保险服务等产品创新，为农业科技社会化服务提供优质金融产品。加大对投入资金的风险评估和管控力度，保障资金安全。

8. 构建农业社会化服务行业监测评价

加强对农业科技社会化服务体系建设和各类任务目标的监测评价，形成激励约束机制，将科技服务的绩效评价结果作为衡量工作成效的重要依据，形成全市上下齐抓共管、各级各部门协同推进的强大合力，全面完成农业社会化服务体系各项目标任务。

第三部分

专题研究

一、北京市农业科技服务体系建设

目前，我国经济产业运行步入新常态，资源约束、国内外环境压力不断增强，农业生产面临巨大挑战，保持农产品供求平衡的任务将更加艰巨。农业科技服务体系是农业科研成果转化为现实生产力的桥梁，是联系科研、教育及生产的纽带，是促进科技进步、增强综合生产能力、实现农业现代化的重要依托。因此，建立和完善现代农业科技服务体系，提高其服务于农业的能力和水平，将对加快推进现代农业建设，不断提高农业现代化水平和综合生产能力具有重要意义。随着都市型农业的快速推进，北京市坚持以现代服务业引领现代农业发展，加快推进科技创新、公益型农业科技推广机构改革、社会化主体培育等工作，取得了显著成效。然而，基层农技推广组织薄弱、区域发展不平衡以及社会化程度低等问题依然存在。因此，加快农业科技服务体系建设，着力构建与都市型现代农业发展结构相匹配、功能相协调、体制机制相适应的新型农技推广服务体系迫在眉睫。

（一）北京市农业科技服务体系的发展现状

1. 坚持创新驱动，促进农业科技与产业的融合

北京市积极优化整合科技和人才资源，搭建了以中央在京及市属农业科研院所（校）、国家工程技术研究中心、市级农业高新技术创新基地为基础的首都农业科技创新平台。强化农业基础性、前沿性科学研发，在农业生物技术、信息技术、新材料技术、物联网技术、精准农业技术等方面，抢占农业高技术领域制高点，打造全国科技创新源。以国家现代农业科技城建设为契机，积极推动科技创新成果服务于籽种产业、“菜篮子”工程、农产品物流、循环农业、农业农村信息化等都市型现代农业，以及改善民生，树立了首都科技高端引领形象，促进了农业科技与产业的进一步融合。

2. 坚持深化改革，不断完善农业技术推广体系

北京市围绕“机构定性、职能定位，重心下移、完善机制，改革建设并重、公益经营剥离”三大重点，加快公益性农技推广体系改革。明确公益性推广机

构承担的八项公益性职能，健全和完善乡（镇）级综合性服务机构，落实农技推广、疫病防控、农产品质量安全监管“三位一体”职能。在全国率先推动村级全科农技员队伍建设试点工作，以此强化乡镇农业服务中心、村级服务站点和专业技术服务队伍的服务能力建设。实施了现代农业产业技术体系创新团队、国家基层农技推广体系改革示范县、院区（校）合作等服务项目，搭建了现代农业技术成果应用和转化快速通道。

3. 坚持多措并举，充分调动社会化服务主体的积极性

围绕都市型现代农业建设需求，充分调动农民专业合作组织、农民专业协会、龙头企业、高等院校、科研机构、农民经纪人、批发市场等社会化主体科技服务的积极性，以拓宽服务领域、扩大组织规模、增强市场竞争力。启动了“科技套餐”工程，整合市科协所属45家涉农科技社团及相关农业科技组织的资源，服务于北京现代农业建设。

4. 坚持城乡资源互动，引导农业科技用于农村民生

北京市农业科技服务体系不但推动了都市型现代农业建设，同时面向农村民生需求，在新农村建设、生态环境保护、村镇规划、农村住宅、饮用水安全、农民健康等更广阔领域发挥了重要作用。发挥了服务体系的“桥梁纽带”作用，将新能源、农村废弃物处理和资源化利用、农村信息化等关键技术应用到新农村建设中，改善了农村生产、生活条件。

（二）北京市农业科技服务体系的主要特征

1. 公益性农技推广网络脉络清晰

为切实改进乡镇级推广力量薄弱的状况，按照市政府“机构定性、职能定位，重心下移、建好新机制，改革建设并重、公益经营剥离”部署，与乡镇政府综合改革相衔接，稳步推进基层农技推广体系改革和建设。与此同时，围绕郊区的优势主导产业，体系还完善了人员公开竞聘制、农技推广服务团队包村联户责任制、以农民满意度为核心的绩效考评制、基层农技人员和全科农技员定期培训制等。此外，为增强体系活力，北京市还采取了项目扶持、政府购买服务、农民技术员补贴、地方配套资金等措施，以局院合作、科技示范园区建设、农资连锁配送、科技套餐、“1+1+X”、院区（县）合作等公益性推广项目为依托，引导和调动在京农业科研院校、农民专业合作社、涉农企业、国际合作单位等其他多元服务主体开展科技示范和推广服务。在政府引导下，这些经营性服务主体之间通过横向联系、沟通协调，拓宽了推广网络服务领域，成为体系内推动科技成果产业化和第一、第二、第三产业融合发展的一支重要力量。

2. 保障水平有效提高

为确保科技服务体系顺畅运转，市各级财政、发改、科技等部门进一步加大履行公益性所需经费的投入。经改革核查认定，实施了国家级示范县建设，落实了远郊区县基层农技推广体系补助项目和乡镇条件建设项目，部分区县、乡镇还建立了村级农业综合服务站点，为村级全科农技员配备了智能化设备，农技推广体系的基础设施建设进程得到加快，“两覆盖、一衔接”取得明显进展。

3. 服务模式不断创新

以支撑与服务农业产业为重点，以提高效能为目标，以优化运行机制为动力，以科技项目为载体，推动服务模式创新。一是依托国家现代农业科技城，在农产品加工、食品安全、籽种产业、设施农业、农村水环境治理等领域组建了 10 个科技服务联盟，整合技术创新链上、中、下游资源和各类社会主体，形成了企业牵头的产学研用一体化技术创新体系，实现了研发、转化和产业发展的紧密衔接。二是依托科技入户示范工程和基层农技示范县建设，在郊区的优势主导产业上，构建了“首席专家+岗位技术指导员+全科农技员、科技示范户”的包村联户技术责任制，开展划区包片、定岗定责、签约服务。三是凝聚科技创新与推广资源，组建 8 支产业技术体系创新团队，打造以产品为单元，从产地到餐桌、从生产到消费、从研发到市场的技术和产品服务链条。四是通过推广农民田间学校，形成以农民为中心、以田间为课堂，以参与式推广方式为特征的农民培训培养模式。此外，阳光工程、科技惠农工程、农村远程教育工程、设施农业骨干农民培训工程，“走出去、请进来”等科技资源源源不断到村入户，公共服务普及程度全国领先。

（三）北京市农业科技服务体系发展中存在的问题

1. 科研与生产脱节的问题尚未完全解决

北京高校云集、人才荟萃，有上万项科研项目，上千项科研成果，但每年科研成果转化率仅为 10%～20%，且转化项目多在外地，普遍存在着“京内开花、京外结果”的现象。对农业科研单位的考核，偏重学术价值而轻视生产应用价值；科研项目选题，偏行政指导而轻市场导向，使科研成果与生产实际有脱节现象；农业科研院所缺乏统一组织协调和有效合作，无法建立有效的大联合、大协作农业科技服务机制。不同领域农业科研各自为战，导致良种良法不配套、农机与农艺不协调；农业科研院校缺少相关的科技示范与推广专项经费，科技服务难以“下沉”和维持长久；对科研人员绩效考核依然比较重视学历、论文和作者的排名，基层人才获奖难、晋升难的问题依然存在。

2. 服务体系仍不完善

尽管北京市农业科技推广体系中的市、区（县）级组织比较健全，但还存在体制不顺、经费尚未得到足额保障、基层服务站点薄弱、专业队伍服务能力不强等问题。在新近的机构改革中，北京市各区（县）都相继成立了农业局，原有农业服务中心依然保留，然而区（县）农业局与农业服务中心职能交叉，存在有权无责、有责无权的问题；各个乡镇政府虽然组建了农技推广服务机构，但是存在多头领导，外聘人员混岗、混编现象。部分区（县）和乡镇农技推广机构公共服务经费没有得到充分保障，部分专业技术人员不得不把精力放在创收上。一些乡镇农技服务机构办公场所破旧，科技设施和仪器装备陈旧、老化，普遍没有相对固定的试验示范基地，不能完全满足新品种、新技术推广的要求。

3. 社会化主体服务有待强化

京郊所建立的农民合作组织、产业化龙头企业、科技示范园区等社会化服务组织，大多数为农产品买卖合同契约型、买断型或临时性的，具有较大的不稳定性，对成员利益保护不够。社会化服务组织“小、散、低”的问题比较突出，且合作组织运行依靠企业、经营大户的多，依赖政府扶持的多，而能独立拥有自己的加工销售企业，能开展“产、供、销”一体化服务，开展有组织的批量采购活动，创建自己的品牌、有市场影响度的少。

（四）国内外“科技农业”对科技服务体系的经验借鉴

综观全球各主要农业发达国家以及我国发展状况较好的经济地区，其对现代农业采取的发展方式虽不尽相同，但均注重科学技术在农业发展中的重要地位，重视农业科技成果推广转化的重要性，着力推进农业“产学研”融合发展，并组建各有特色的农业科技创新和成果推广创新团队。

1. 国际科技农业发展

国际上的典型代表有美国实行的政府领导、以州立大学农学院为主体的科研、教育与推广三结合的体系；英国的科研机构、农业企业、农户以及政府管理的多级联动机制；法国以政府、农业发展协会、企业和科研单位等为核心的农业科技创新和推广体系；荷兰的以科研、教育、推广服务为主要支撑的农业生产的基础模式以及以色列的政府绝对主导，私营农业推广组织、农业专业协会和农业教育培训机构等社会相关组织广泛参与的农业科技服务模式。

（1）美国

美国实行政府领导，以州立大学农学院为主体的科研、教育与推广三结合的体系，并用法律、法规的形式固定下来。

美国的农业科研体系包括公共研究机构和私人研究机构。公共研究机构主要由美国农业部的农业研究局和56个州的农业试验站组成，私人农业研究机构则主要有与农业有关的私人企业、家族基金会、协会等创办的研究机构。政府的农业科研机构在美国农业科技创新体系中起着不可替代的作用。美国农业部的农业研究局设有四大研究中心和56个州农业试验站，构成了美国农业科技创新体系的主体。美国农业局领导的科研机构负责全国公共研究任务的40%左右。美国农业科研与推广工作已形成一套相当成熟的体系，即颇具美国特色的农业教育—科研—推广体系。

从纵向来看，美国农业科研与推广工作体系由两部分组成：一是农业部农业研究局、合作推广局等联邦农业服务机构，二是由各州立大学农学院及其附属机构农业试验站和合作推广站组成的农学院综合体；从横向来看，则包括相对独立又互为一体的三个部分：由各州农学院组成的公共农业教育系统，由各州农业试验站和联邦农业推广机构组成的合作农业推广系统。

（2）英国

英国现代化农业经历了机械化农业、化学农业、生物农业、生态农业等发展阶段。在各个阶段中，政府引导起到了不容忽视的作用。科技创新是英国农业发展战略与政策制度的重要评价指标。

从整体来看，英国农业发展的科技创新模式属于政府引导型模式。

第一，健全的农业科技质量保障体系。英国政府早在2004年就建立了农业科技质量保障体系，该体系主要包括三个方面：一是英国农业科研投入坚持公开透明的原则，接受社会各界人士监督与检查；二是农业科研成果必须由同行进行评价，不仅需要英国国内相关学术咨询人员的评价，而且需要世界优秀的农业学家进行评价；三是英国科研成果必须得到明确的应用，要求农业科研人员将科研成果中可以实际应用的内容推广到农户、农业企业中，以农业科技创新带动英国农业发展。

第二，强大的农业科技支持与推广应用力度。英国政府每年投入大量的科研费用用于农业科学与创新研究中，不仅体现在农业发展上，而且体现在农业科研成果的推广应用中。英国农业推广应用主要从以下三个方面入手。一是研发有针对性的农业科技。英国科研机构在选择研发项目时，必须按照市场需求及农业发展需求有针对性地选择。二是完善科研推广体系，包括农业科技推广机构、农业行业协会、农业服务咨询公司及各种农业科研机构协作企业等农业中介机构，通过高效的农业中介机构将科技新成果推广应用。三是提高科研成果的市场转化率。加强科研机构、农业企业、农户以及政府管理的多级联动，形成各部门、各企业的密切配合，采用多种有效措施提高科研成果的市场转化效率，促进科研成果的推广应用。

第三，鼓励农民应用新的农业科研成果。英国政府运用欧盟共同农业政策（Common Agriculture Policy，CAP），将每年的农业资金补贴给应用新科研成果的农户，鼓励农户参与农业科研成果应用。具体的做法如下。

相关政府部门与农户在双方自愿的前提下，签订农业科研成果合同，明确所要达到的农业指标，在农户完成指标后，将补贴直接发放到农户手中；农户为了提高农业生产效率，结合自身生产需求，按照农业科研成果合同，采用先进的农业生产技术、生产设备以及生产工艺。

（3）法国

法国农业科技创新和推广主体主要包括政府、农业发展协会、企业和科研单位等。在法国，农业科研成果要先经过农业科研单位试验成功后才可以推广，农民专业合作社和农业企业针对农业生产中遇到的问题提供技术培训和指导。法国的政府推广机构由政府部门和合作社联合成立，负责农技推广的管理工作。高校和科研机构承担政府的公益性推广工作。

法国负责农业基础研究的机构分为公共研究机构和私立研究机构两种类型。公共研究机构中，主要包括法国农科院和法国农机及灌溉森林研究中心等机构。法国农科院是世界上几大农业科学院之一；法国农机及灌溉森林研究中心的主要职责是研究灌溉、农副产品的加工利用等，并与第三世界国家在灌溉、农产品的副产品利用等方面展开合作研究，这也是法国农机及灌溉森林研究中心的职责之一；法国高校农业专业及相关专业的研究机构也从事农业科技方面的研究。同时，公共研究机构的高级研究人员也在大学兼任客座教授。法国公共研究机构和私立研究机构并存，其所在的领域和从事的研究在某种程度上有一些交叉，但侧重点不同，私立研究机构的性质使其更加注重盈利。

法国农业科技推广服务模式在经过公共研究机构和私立研究机构做基础性研究之后，进入应用研究阶段，为农业技术推广到基层做出铺垫。法国的农业应用研究是由技术研究机构承担的，动植物方面的研究侧重点都在实用技术研究方面。法国农业技术研究机构经费的主要来源是依据预提税法的规定，即在农产品销售环节按一定比例征收科技税，再由政府按照规定分配给相关技术研究机构，因此，从根本上来说，这些经费其实来源于生产者自身。

法国农业科技推广体系健全，从中央到地方都设置了各级农技推广机构，农业科技推广工作主要由政府机构组织负责（见表 3-1-1）。

表 3-1-1 法国农业科技推广体系

级别	机构	职责
中央	全国农业发展协会	由政府代表和行业代表各一半组成理事会，资助纳入国家计划的农业科技推广活动
省级	技术推广委员会	由各省农会的技术顾问负责具体的技术工作
县区级	农场主自愿组成的农业推广组织	专门负责农业科技推广工作

在法国整个农业科技推广体系中，隶属于“农业技术协调协会”的专业技术研究所和技术中心最为关键。因为研究所和技术中心根据当地农业发展情况开展科研工作，并通过各省农会的技术顾问或农场主将农业科研成果推广到各省及地方，及时有效衔接中央和地方，并且将产、学、研紧密结合。

农业合作社是法国农业生产体系中最为基本的一种组织形式，也是农业发展的主要推动组织，在发展农村经济中具有非常重要的作用。经过多年的发展，这种农业合作社组织规模不断扩大，已经由一个单纯的生产组织单位发展成为一个以生产组织为基础，以产业经营为主导的合作组织，经营内容也已经由原来的初级农产品生产，延伸到农产品加工、贮藏和销售领域，逐步形成了从生产到加工、销售的农产品产业链。法国农业合作社虽然由政府支持，但是政府很少干涉合作社的内部事务，合作社与农民都在很大程度上拥有自主权利。因此，法国农业合作社逐渐发展成为一个对外实现利益最大化，对内实现利益公平化的农业合作组织。农业合作社的存在与发展为法国农业科技的研发和推广提供了一个让农民乐于接受的平台。

（4）日本

与中国类似，日本也存在“人多地少”的情况，全国 70%的农户人均耕地在 1 公顷以下，属于典型的小农制农业模式。一般而言，小农模式很难融入世界农业市场化的生产体系中，但日本根据国情，探索建立了完善的农业科技普及与推广组织，早已跻身世界农业发达国家之列。

一是建立了从中央（由农林水产省负责）到各都、道、府、县四级政府的推广体系；二是建立了农业协调组织。“农协”是农民自己的互助合作经济组织，其根本职责是为农民提供资金、技术、农资、保险、经营等方面的服务，“农协”最早始于明治维新时期的“产业组合”，在 1947 年颁布《农业协同组合法》后，“农协”最终以法律形式确定下来。在中央，由科研机构和政府推广部门给予“农协”各方面的指导；在基层，由“农协”的营农指导员与国家的普及指导员协同工作，共同制订推广计划。经过一百多年的发展历程，“农协”逐渐形成了完整的组织体系、良好的运转机制。协会成员的广泛性、事业的广泛性以及在日本农村生产和生活中的不可替代性对拥有农民协会的国家有着不同程度的借鉴作用。

日本“农协”是农业科技推广的主力军，其良好的运转体系与“农协”内部严密的组织结构密不可分（见表3-1-2）。“农协”队伍的规模不断壮大，已经超过政府部门的农技推广体系。与政府行政部门的中央、县级（相当于我国的省级）基层行政组织相对应，“农协”包括全国、县级和基层农业协同组合联合会三个层次。“农协”由各层级的“农协”自上而下逐级入股组成，每一层级的农业协会都是独立的法人，彼此之间不存在隶属关系。日本基层农业协同组合联合会的会员是面向农户的，因此存在着由农业协同组合成员自发组成的合作小组，农户们通过农户之间的合作小组参加各种活动。“农协”的经费来源也很广泛，一部分来自农户缴纳的会费以及“农协”在为农户服务中的收入提成，另一部分是工商企业的投资和捐赠。政府的主要目的就是支持农业科技的推广和相关人才的培养。营农指导员是“农协”的正式职员，其工资由“农协”统一支付。另外，“农协”拥有完整的教育体系，全国和县一级“农协”都分别设有教育培训中心，培训中心定期对“农协”理事会、监事会成员以及各类管理人员进行脱产轮流培训，对接受培训的人员开展互助合作基本精神以及合作社原则等方面的教育，并加强各项专业技能的培训。

表3-1-2 日本“农协”的内部组织结构

<table>
<tr><th>层级</th><th>内部结构</th><th colspan="2">职责</th></tr>
<tr><td rowspan="2">全国农业协同组合联合会（中央级以县级联合会为会员）</td><td>领导机构</td><td rowspan="4">两大系统</td><td rowspan="2">从事经济运作的农协联合会系统（民间组织）</td></tr>
<tr><td>业务部门</td></tr>
<tr><td rowspan="2">县级农业协同组合联合会（都、道、府、县级以基层农协为会员）</td><td>领导机构</td><td rowspan="2">从事指导业务的“农协中央会系统”（行政机构）</td></tr>
<tr><td>业务部门</td></tr>
<tr><td rowspan="3">基层农业协同组合联合会（市、町、村级以农户为会员）</td><td>领导机构</td><td rowspan="2">综合“农协”</td><td rowspan="2">辖区农民（营农指导员）</td></tr>
<tr><td>业务部门</td></tr>
<tr><td>合作小组</td><td>专业“农协”</td><td>特定农户</td></tr>
</table>

日本“农协”为农户提供了方方面面的服务。包括农业产前、产中和产后的全产业链服务，还在农业种植方面提供信贷、购买、销售、加工、农业医疗、互助合作、农业设施“一条龙”服务，在农村生活方面提供农民婚丧嫁娶等日

常生活中各个方面的服务。总体而言，日本“农协”就是尽可能全面地为农民提供从出生到死亡的协助。因此，“农协”是日本农户生活的重要组成部分，也为日本农业振兴、经济发展和社会稳定做出了巨大贡献。

（5）荷兰

在荷兰，农业科研、教育、推广服务被称为农业生产三大支柱，这三个部分的连接以及与农民的合作，构成了荷兰农业生产的基础模式。

它们之间相互联系、相互依赖关系的总和称为农业知识系统。简单地说，科研提供科学信息和新的知识，教育提高农民素质，使他们能理解与使用这些信息和知识并普及推广，使新技术、新知识不断应用于农业生产过程，使技术和知识在生产中变成现实的生产力。农业知识系统沟通了农业科学信息的供应和需要，促使农业企业更多地参与农业科研和教育，从而极大地促进了科学技术和知识在系统内的传递，同时也促进了荷兰农业的发展。

荷兰国家农业研究委员会协调全国的农业研究工作，由农渔部领导。农业研究委员会既是行政管理机构，又是执行机构。委员会的主要职责是促进荷兰的农业研究，提供农业研究资金和大型公用设施。委员会也负责对农业研究成果评审、注册和登记的管理。此外，委员会下还设有一些专业咨询委员会，在研究和生产部门之间起桥梁作用。它们提出生产上需要研究解决的问题，并把新的研究成果推荐给生产部门，对研究工作也提供部分资助。研究机构之间的协作由研究课题管理处组织，并负责研究经费的分配。

荷兰农业教育也归农渔部管辖，并由农渔部负责执行农业教育政策。农业教育的任务主要是协助农业知识传播网，面向农业生产过程中的各个环节，从初级产品的生产到产品的深加工及销售，全方位地提供农业知识。荷兰的农业技术推广体系实行政府与地方或农民合办的协作方式，即由国家推广系统、农协组织、商贸私有咨询服务系统和农民合作社组织四个方面的力量组成。

在国家级的研究所和试验站的附近设有20个对应的联络办公室。联络办公室的职责是协调科研、教育同地区推广站之间的关系，尤其是地区推广站与相应的科学研究所之间的关系，主要收集和整理有关的农业科技情报。联络办公室是地区推广站首要问题专家和不同学科专家的后盾，除进行技术推广、咨询外，还将科研成果推广和应用过程中出现的问题及时反馈给科研部门，也为农渔部制定各项政策、法规提供科学依据。

（6）以色列

以色列的农业科技服务是一种政府绝对主导，私营农业推广组织、农业专业协会和农业教育培训机构等社会相关组织广泛参与的模式。政府农业科技服务机构是农业科技创新和服务的主体，所需经费几乎全部来自政府财政拨款，以色列的农业科技服务经费投入比重超过农业投入的3%，远远高于其他国家，农业科技服务工作者属于政府公务员序列，这从资金和人员层面有效地保证了农业科技服务工作的开展。在整个体系中，私营企业、行业协会仅仅是补充部分，基本上游离于体系之外。

以色列农业推广方式多样。一是区域性农业推广服务中心派人员到农场田间和果园现场示范，集中推广；二是针对农民生产中的实际问题，由专家通过全国农业技术推广网络系统提供技术咨询服务，或者由推广人员到现场指导；三是推广机构利用宣传册、录像带、光盘等推广和传播农业知识，或者举办各类技术培训班，向农民传授新的农业生产技术；四是在支付一定的专业推广服务费用的前提下，由区域性农业推广服务中心对采用试验新品种和新生产技术的示范性农户提供全程跟踪式的专业服务。

以色列模式的另一特点是强调资格认证。正因为有政府的绝对主导，所以对工作人员的从业资格就好严格控制，农业科技服务工作者首先必须有相关专业技术资格；其次参加政府组织的从业考试，合格后才能录用，成为国家公务员。可以说以色列每个农业科技服务工作者都是某一方面的专家，能及时有效地为农业生产、经营提供服务。

2. 国内科技农业发展

国内，上海市提出了“产学研”一体化合作的现代都市农业发展途径；天津市构建了以农科院为主体的农业科研创新体系、以政府推广机构为主体的新型农业科技推广体系以及以园区为平台的农业科技成果转化与产业化体系；台湾地区实行了农、科、教一体化农业科技创新与推广机制。

（1）上海市

自2014年提出整建制创建国家现代农业示范区以来，上海市大力推进科技农业建设，其中“产学研”一体化合作是推进上海现代都市农业发展的有效途径，对于有效整合创新资源，提升自主创新能力具有重大推动意义。

第一，上海市农业科技创新体系。上海市农业科技创新体系包括服务上海市的农业科技创新中心、农业科研基地、农业科学指导站三级。农业科技创新中心是农业科技创新体系的核心，形成的是以专家为主体的创新群体，其功能定位主要是开展上海市现代农业的基础和应用基础研究、重大共性及关键技术研究、战略规划研究以及事关全局的基础性科技工作；农业科研基地是形成以上海市农业科学院下属各专业研究所、上海交大农业与生物学院、上海海洋大学等农业科研教学单位为基础，农业龙头企业科研力量参与的区域创新群体，主要开展针对上海特色农产品的关键技术研究，区域产业发展重大技术研究，重大技术集成与转移，开展产业技术人员培训，收集、检测并分析产业发展动态与信息，监管功能研究室和综合试验站的运行；农业科学指导站是以形成优势科研机构为基础的科学观测和试验示范平台网络，主要开展科学试验、观测、数据积累和分析处理等，开展科技成果的集成创新、试验示范和技术传播扩散活动。

第二，上海市科技农业创新模式。创新模式包括院区（县）合作模式、院企共建模式、建立多类型“产学研”合作试验站模式和技术服务联盟模式。

院区（县）合作模式。上海市农业科学院与金山区、奉贤区、崇明区等开展“院区合作”“院县合作”，分别签署了农业科技合作框架协议。围绕当地主导优势农业产业的技术需求，联合开展了紧密且成效显著的科技服务与合作。创建了一批集聚优势特色新品种及安全高效关键技术的农业示范基地，遍布区县各乡镇，培训了一批现代农业产业发展急需的农业技术与管理人才，有效推动了郊区农业整体科技水平的提升。

院企共建模式。上实东滩集团联手上海市农业科学院，通过院企共建，进行“产学研”战略合作，共同打造东滩现代农业。早在 2005 年，上实集团就和市农科院合作，生产的“沪玉糯 3 号”速冻糯玉米，凭借上佳的口感获得社会认可，2012 年的加工销售量已经扩大到 100 吨以上。

建立多类型“产学研”合作试验站模式。目前，崇明以县内的相关农业科研和服务部门为主体，与上海市农业科学院、上海海洋大学、华东师范大学等科研和高校单位展开广泛合作，建立了果树、绿叶菜、水稻和中华绒螯蟹等多品类的“产学研”合作试验站。

技术服务联盟模式。2011 年，上海“农产品深加工技术转移服务联盟”成立。联盟由上海技术交易所联合上海市农业科学院食用菌研究所、中国人民解放军海军医学研究所、中国水产科学研究院东海水产研究所、上海市食品研究所等 9 家研究所共同成立，围绕农产品的提取纯化、加工设计、保鲜保质等环节开展研究和技术转移服务。

（2）广东省

为贯彻落实中央和省建设社会主义新农村的部署，扎实推进现代农业的建设，广东省科技厅在加强农业科技项目攻关的同时，积极开展农业科技成果的推广应用。

第一，建立农业科技示范和平台基地。广东省以农业科技创新中心、健康农业科技示范基地和农业科技园区为主要载体，有效构建起覆盖全省的农业技术创新和示范推广平台。广东省建立了60个农业科技创新中心，涵盖了粮油作物、瓜果蔬菜和农业装备等18个领域，辐射带动农户3万户，年均推广科技成果、新品种、新技术、新工艺33项，开发新技术、新品种和新工艺16项。广东省建立了103个健康农业科技示范基地，涵盖粮油作物、瓜果蔬菜、茶叶、畜牧、家禽和水产等11个领域。组建了24条“星火技术产业带”，包括粤闽台乌龙茶、粤湘米业、粤赣脐橙、广东广西沿海水产等4条跨省“星火技术产业带”以及茶叶、水产、果品、畜牧、林产化工、都市农业、竹业、南药、蚕桑、北运菜、南药等20条省级“星火技术产业带”。在韶关、河源、汕尾等17个地市建立起56个城镇化技术集成应用试点。在肇庆、云浮、汕头建立起7个现代农业科技示范县，在汕头、河源、肇庆等15个地市建立了48个新农村建设科技示范村。广东省在粤东、粤西和粤北地区建设了梅州、汕尾、湛江、韶关和汕头5个符合现代农业发展方向、具有较强示范带动作用的农业科技园区，推广农业先进适用技术110多项，辐射带动农户种养殖面积大于1.33万公顷。根据农业发展的特色和趋势，在不同区域以不同农业类型建立了一批示范区和平台基地，为农业科技成果转化和推广提供了窗口，为广东现代农业发展提供了示范。

第二，选派农业科技服务团队。广东省从2007年起实施田园农业科技服务专家行动，在全省遴选出了一批具有农业专业特长和丰富实践经验的田园农业科技服务专家，对口服务全省50~100个农业科技服务点，推广优良新品种和先进实用技术，培养了近千名农村技术人才，带动了一批新型劳动者。2010年开始，开展了广东农村科技特派员科技服务行动，选派农村科技特派员6000多人，建立农村科技特派员工作站550多个，推广农业新品种1200多个，推广先进农业和农村适用技术2500项，建设1000个农村科技特派员服务基地。全省农村科技特派员及其团队每年派出10000多名科技人员赴全省各地开展科技成果展示、技术推介、科技咨询等系列活动，搭建了农业技术人员与广大农民群众的沟通桥梁，使一大批农业新品种、农村先进适用技术成果得到广泛的推广应用，为当地农村经济发展和新农村建设做出了积极贡献。同时，对于高校、科研院所而言，将原来束之高阁的农业科技成果推广到田间地头，大幅度提高了农业科技成果转化率和农业生产力。

第三，推进农村“信息直通车工程”建设。近年来，广东省科技厅以广东农村“信息直通车工程”3年行动方案为指南，稳步推进广东农村“信息直通车工程”建设，围绕“信息稳农”“信息强农”“信息惠农”开展工作，通过科技成果在生产中的宣传、转化和应用，确保农业和农村稳定发展，促进现代农业发展和农民增收，全面推进新农村建设。

2010年，农村“信息直通车工程”组建了“12396语音咨询专家服务团”“网络在线咨询专家服务团”“远程视频诊断专家服务团”，多渠道为农民提供农业科技信息服务，全省各地组织发展科技咨询专家共计833名，发展网络特派员5000名，专家上传科技信息221条，网上解答农业生产疑难问题221人次，专家语音服务421人次。农村“信息直通车工程”的建设，加强了科技成果在农业生产中的宣传，加深了农民对科技成果的认知，加速了科技成果在农业生产中的转化推广。

（3）天津市

天津市围绕都市型现代农业发展提出了现代农业科技支撑体系，该体系由农业科研创新体系、农业科技推广体系以及农业科技成果转化与产业化体系构成。

第一，以农科院为主体的农业科研创新体系。天津市农业科学院是天津市唯一的综合性农业科研单位，下设蔬菜、农作物、黄瓜、林业果树、畜牧兽医、资源环境、植物保护、园艺工程、保鲜中心、农经区划、农业信息等14个研究机构，初步建成包括高新技术研究、应用开发研究和软科学研究等学科门类的农业科研创新体系，成为天津市农业科技创新的主力军。此外，还有水产研究所、农机研究所、水利设计院和奶牛发展中心等专业性科研机构，分别隶属于对口机构市水产局、农机局、水务局和农垦集团。

天津农学院是天津市唯一的农业高等院校，建有12个研究中心，在创新体系中发挥着越来越重要的作用。同时，天津市对外科技合作不断深化，通过共建科技创新与成果转化基地等形式，使中国农科院、林科院等“三院两校”资源成为农业科技创新体系的重要力量。

第二，以政府推广机构为主体的新型农业科技推广体系。2010年，天津市基层农业科技推广体系改革全面完成，新型政府农业科技推广体系初步形成并发挥作用。全市形成了完整的农业、畜牧兽医、水产、农机、林业5个专业三级推广网络，共有市、区县、乡镇三级推广机构575个，其中，351个机构为全额拨款，50个机构为差额拨款，174个机构为自收自支，分别占机构总数的61%、8.7%和30.3%。此外，农业科技推广服务模式多元化初见成效。科研院所、农业院校、合作社、专业技术协会和涉农企业已成为新型农村科技服务体系的重要组成部分。农业专家大院、科技特派员、科技下乡、科技入户、科技大集、农业科技110、科技书屋等科技服务模式初步形成，多元化主体广泛参与的农村科技推广服务体系已现雏形。

第三，以园区为平台的农业科技成果转化与产业化体系。在巩固津南国家农业科技园区、农业高新技术示范园区功能的基础上，结合天津市优势主导产业启动建设了梦得奶牛等一批市级农业科技园区，葡萄、花卉、观赏鱼、海水养殖、耐盐碱植物等5个滨海农业科技园区和14个现代农业示范园区，并规划建设蔬菜、种猪、转基因棉、奶牛、优质粮、花卉、食用菌、淡水鱼、海珍品、林果苗木等十大种业基地，园区作为科技企业孵化和成果转化平台日益健全。

农业高新技术产业化能力不断增强，建成了天津科润农业科技股份有限公司、中法合营王朝葡萄酒公司、天津滨海国际花卉科技园区有限公司、天津梦得集团公司、宁河原种猪场等一批涉农高新技术企业，通过自建研发中心，加强与科研机构合作等途径，不断提升自主创新能力，成为农业科技成果产业化的主体。

（4）台湾地区

台湾农业科技成果转化率较高，主要得益于其农业科技成果转化组织体系、措施保障体系、农业科技研发与应用体系，以及功能齐全的农民组织推广体系的相互协作、共同推动，由此极大地促进了农业生产率的改善与提高，进而加速了台湾农业现代化的实现。

第一，科技农业组织体系。台湾有一套比较完整的科技农业组织体系，如“科学委员会”负责研究和协调科学发展工作，“‘行政院’科技顾问组”负责制定科技发展策略及其评估情况，是最主要的资讯机构。农业科技发展问题通常由“科技顾问组”研究讨论，提出建议后，由“农委会”制订具体的计划，颁布措施，并提供经费。农业科技研究系统具有层次分明、结构合理、力量集中的特点。“科学委员会”以资助农业基础理论研究为主，“农委会”则侧重于资助农业科技应用研究和推广；“研究院”主要从事学术及基础研究，大专院校在培养农业科学研究、教育和管理的高级人才的同时也从事农业技术研究；“农委会”所属的试验研究机构进行农业应用技术的开发和研究以及推广试验。农业科学的研究机构主要有：“研究院”下属的生物农业科学研究所，“经济部”下属的两个研究所（糖业、畜产），“教育部”下属的各大学院校农业研究所以及“农委会”下属的若干试验所和农业改良场等，其中“农委会”下属的各试验所和农业改良场集中了台湾地区主要的农业科技研究力量。

第二，农、科、教一体化机制。台湾地区重视农业科技成果的推广应用工作，不仅设有相应的组织部门，建立了推广服务体系，而且各组织机构之间合理安排，职责明确清晰，相互协调，有助于资源整合，从而创立和发展了行之有效的农、科、教一体化的管理体制和运行机制。

台湾地区各级农业主管部门为农业推广的主管系统。各级主管部门分设有“农林厅”“农林科”“建设科”“办公处”，并组成相应的农业推广教育辅导委员会；台湾地区的农业推广体系是当局主导交由农协具体负责的运作模式。台湾地区农会组织有三级，即市（县）农会、乡（镇）农会和村农会。各级农会分设有推广组、推广课、推广股，农会会员建立了农事研究班、家事改进班、四健会、示范农家等组织，负责农事、家政和青年教育的推广工作，通过组织的力量执行农业推广教育计划，切实为农民、农村青少年、农家妇女提供科技新成果、产销新技术等；此外还设有区农业改良场以及大专院校设有的农业推广中心、精致农业发展中心、农业推广教育系，它们专门负责培养农业人才和协助农业推广教育工作。这些机构功能齐全、相互协调、彼此配合，形成了台湾地区独特高效的多元化农业推广组织体系。

第三，农业科技成果转化机制。台湾农业科技成果转化机制的高效率运行，主要得益于政府有效政策的支持，农业主管机构的有力执行，以及产业团体、农业科研机构和农业院校之间的密切协作。

其中，台湾农会组织在农业科技推广方面发挥了重要的作用，台湾地区农业推广经费 30%～40%来自农会，台湾农会的农业推广，包括农事推广教育、“四健”教育、家政推广教育三部分。农事推广教育以成年农民为主要对象，其任务在于增进农民的知识、技能与更新观念，着重在有关生产技术、经营管理、市场营销各方面对农民进行教育与辅导，同时配合农业推广委员会及农业改良场、试验所等机构的专家，为农民开办各项咨询服务工作；“四健”教育以 9～24 岁农村青少年为对象，使其手脑并用、身心俱健，以培养优秀会员及农村干部。农会每年都开设专业训练班，对受过专业训练、留农创业的青年继续给予经营指导，并配合各种产销计划贷给低息长期资金，以协助有志务农的青年发展农业；农会家政推广教育以农家妇女为对象，以强化家庭功能，增进家庭经济管理，改善农家生活环境。另外，台湾农业科技运用推广重视发挥“产学研”机构的优势资源，将以研究科技成果为主的大学学院，以科研实践为主的科研机构，以生产、销售为主的企业有机地结合起来，通过运用有效的运行机制，积极开展农业研究、人员培训、技术指导、家政教育等研究推广活动，力求以较少的成本和较快的速度，把知识成果转化为现实生产力。2001 年，台湾地区实施产学合作计划和产业合作计划，同时制定了《农业科技计划产学合作实施要点》。台湾地区“产学研”合作计划，涵盖农、林、渔、牧、食品加工、环控机械及生物科技等。

（五）北京市农业科技服务体系建设的思路

1. 以现代农业科技城建设为核心，强化农业科技创新

集成并制定促进国家现代农业科技城发展的配套政策，推进相关政策在农业科技城先行先试，深化探索股权激励、科技金融、农产品期货交易、农业技术交易、产权交易、代办股份转让系统、企业上市等改革试点。理顺农业科研、教学、推广与生产的关系，有效整合科技资源，建立大联合、大协作机制。要大力培育优质、高产、安全的农作物新品种和健康、专用的动物新品种，同时要重点推广新品种使用、耕地保护与节约利用、减灾增效、节水灌溉、动植物重大病虫害防控等关键性农业技术。

2. 进一步深化改革，理顺公益性农业科技服务体系

本着“权责一致、分工合理”的原则，进一步明确理顺区（县）农委、农业局、农业服务中心的行政管理和技术服务职能。继续建好乡镇农业综合服务中心，根据各镇农业面积和农业人口等情况，合理配置专职技术人员，并将编制纳入镇级农业科技服务中心。逐步实行人员准入制度，通过严格选拔，扩充基层特别是乡镇农业科技服务队伍。坚持农业推广机构的公益性和主体地位，保障公益性农技推广机构运行所必要的经费来源。大幅度提高区（县）财政用于农业科技服务体系基础设施建设的资金比例。重点支持现代农业产业技术体系建设、农业新技术和新品种试验示范基地建设、农业技术推广人员知识更新培训及农民生产技能培训等工作。

3. 提高农业生产经营规模，调动龙头企业积极性

按照依法自愿有偿的原则，完善土地承包经营权流转管理和服务。以区域特色产业或产品为基础，推动土地使用权向种植能手、农业科技人员、农业企业、农民专业合作社等主体流转，提高基地的专业化、标准化、集约化、规模化水平。通过新品种、新技术的引进、示范和推广，充分发挥农业科技示范园区的示范和辐射带动作用。加大对精深加工企业、食品加工企业和外向型农业龙头企业的扶持力度，提高企业的科技创新和新产品开发能力，促进农产品加

工企业从量的扩张向质的提高转变。

4. 搭建农业信息服务平台，强化农产品流通服务

加快北京市农业信息资源的互通、互联和共享建设，着力提高信息的有效性、多样性和综合性服务水平。重点培育一批具有较强市场经营能力的贸易流通型龙头企业、中介服务组织，推动城镇社区、批发市场、超市与郊区农产品标准化生产示范基地、农民专业合作组织对接。加强市场配套建设，完善仓储、保鲜、运输、检测、信息服务等功能，增强市场的聚集和辐射能力，畅通农产品进入市场的渠道。

（六）推进北京市农业科技服务体系建设的建议

1. 理顺体系，建立健全农业科技服务体系

（1）理顺管理体制

本着“权责一致、分工合理”原则，进一步明确理顺区（县）农委、农业局、农业服务中心的行政管理和技术服务职能。重点加强乡镇农业综合服务中心和村级技术服务岗位工作，做到专人专岗专用，使专业技术人员集中精力为“三农”服务。建议乡镇机构的人员、经费、资产等由区（县）级农技推广机构统一管理，在人员调配、考评和晋升中，充分听取乡镇政府意见。坚持农业推广机构的公益性和主体地位，敦促落实基层农技推广机构纳入全额拨款事业单位相关政策。

（2）加强人才队伍建设

进一步强化公益性职能履行，科学核定公益性农业技术推广机构人员编制，保证专编专用，尽量防止在编不在岗和混岗混编现象。加快推进村级全科农技员工作，力争在北京市 10 个远郊区（县）实现全覆盖。建立健全以农户覆盖率、解决问题有效率、农民满意率为主的动态考核评价机制。采取不定期的实用技能培训和中长期综合素质培训相结合的方式，不断提高农技人员的专业技术水平、服务意识和责任意识。切实提高农技推广人员待遇水平，落实工作倾斜和绩效工资政策，提升推广人员工作积极性和主动性。

（3）加大推广经费投入

大幅度提高区（县）财政用于农业科技示范推广、基础设施建设的比例，改善基层推广机构业务用房、仪器装备、基地建设、配套交通工具等条件。选择一批重点乡镇或中心区域站，重点支持其设施设备、交通工具、现代化综合服务手段等的改进，扶持一批示范展示效果好、运行管理模式新、“产学研”一

体化、地点相对固定的农业新技术、新品种试验示范基地。继续推进农民田间学校、现代农业产业技术体系北京市创新团队、农业科技入户示范工程、现代农业示范园区、科技套餐工程等的建设，并探索科技服务的新渠道和新模式。

2. 完善机制，引导社会力量参与农业科技服务

（1）加快农民合作组织建设

按照《中华人民共和国农民专业合作社法》等文件要求，完善农民合作组织章程和组织机构的建设，推动和扶持“五有”品牌农民专业合作组织发展。围绕主导产业，鼓励和支持建立产业联合社。充分发挥农业专家指导组和辅导员队伍作用，加强对农民办社的指导、培训和服务，提高合作社管理人员素质，培养懂技术、会管理、善经营的复合型人才。

（2）加快农业科研体制改革

理顺农业科研、教学、推广和生产的关系，有效整合科技资源，建立大联合、大协作的机制。研究制定北京市院（校）区合作促进办法、农业科技成果转化促进办法，促进科研院校农业科技成果转化及其与郊区农业生产和经营等领域中合作工作的进一步开展。基于都市型现代农业发展需求，建立农村实用技术普及推广专项经费，完善科研与推广并重的绩效考核机制，根据科研和技术推广人员不同的研究领域、研究层次、研究项目等实际情况确定评估难度。进一步扩大农业推广教授（研究员）制度实施范围，将研究职称评价指标的设置向一线人员倾斜，向创新人才倾斜，向农村实用人才倾斜。

（3）加大新型农民培养力度

充分利用农民田间学校、村级全科农技员培训、骨干农民培养等手段，开展多种形式的农民教育培训，扩大培训规模，创新培训模式，造就具有一定科技素质、职业技能和经营能力的新型农民。采取内引外联、产学联手共同开发的方式，培育种养业能手、农机作业能手、科技带头人、农村经纪人和专业合作组织领办人等农村经济发展急需的人才，实施农村农业实用人才素质提升计划，对村级组织和农民专业合作组织负责人、大学生村官进行培训，提高其带领农民群众共同致富的能力和水平。引导和鼓励大专院校涉农专业大学毕业生到农村工作，落实相关配套政策。

3. 搭建平台，提高农业生产经营组织化程度

（1）搭建农业科技服务信息化平台

加快北京市的农业信息资源建设与整合，促进信息资源的互通、互联和共享。充分利用广播、电视、网络等现代传媒开展技术服务，发挥“12316”、手

机短信、远程教育等现代化服务手段，着力提升信息的有效性、多样性、综合性服务水平。组建由合作组织、种养大户、运销大户为主体的信息员服务队伍，向农民及时传递各类信息。支持规模大、带动能力强的专业合作组织、龙头企业建设农产品市场信息系统、逐步推广数字终端设备、条码技术、电子标签技术等新技术。

（2）壮大农业生产经营组织的实力

以区域特色产业或产品为基础，推动土地使用权向种植能手、农业企业集中，提升农业科技示范基地的专业化、集约化和规模化水平，落实相关政策，充分发挥农业科技示范基地的辐射带动作用。加大对精深加工、食品加工和外向型企业的扶持力度，提高科技创新和新产品的开发能力，促进农产品加工企业从量的扩张向质的提高转变。由骨干企业牵头，建设内部分工协作、相互促进的行业协会，充分发挥行业协会的服务、自律、协调等职能，以整体优势提高企业对农户的带动能力。

（3）加强农产品流通体系建设

重点培育一批具有较强市场经营能力的贸易流通型龙头企业、中介服务组织，推动城镇社区、批发市场、超市与郊区农产品标准化生产示范基地、农民专业合作组织的对接。加强市场的配套建设，完善仓储、保鲜、运输、检测、信息服务等功能，增强市场的聚集和辐射能力，畅通农民进入市场的渠道。

二、北京市农机服务体系建设

（一）北京市农机社会化服务发展现状

1. 农机社会化服务组织基本情况

北京市农机社会化服务发展是在2007年《农民专业合作社法》颁布实施和农机购置补贴政策实施大背景下逐步发展壮大的，经历了先发展再规范，边发展边规范和以规范促发展三个阶段，农机社会化服务组织主要由农机专业合作社、农机户构成，形成了以农机专业合作社为主和农机户为辅的多种组建模式并存的农机社会化作业服务体系，社会化服务内容主要是为大田粮食生产提供农机作业服务。

截至2018年底，全市农机从业人员达到18728人，拥有各类农机社会化服务组织及农机专业户总数为14003个，其中农机作业服务组织315个，占总数的2.2%；农机户数量为13688个，占总数的97.8%。农机专业合作社总数为129个，占农机作业服务组织总数的41%。农机作业服务组织中，农机原值50万元以上的有153个，100万元以上的有48个；原值50万元以上的占总数的63.8%，农机服务总收入2.96亿元，农机作业服务总收入1.978亿元。

2. 农机维修服务基本情况

截至2018年，全市拥有农机维修厂和维修点232个，其中一级修理点4个，二级修理点8个，三级修理点210个，专业修理点10个。三级修理点占总数的90.5%。

3. 农机信息服务基本情况

一是以“信息服务直通车”为主体，在“春耕、三夏、三秋”等重要农时季节，为农机社会化服务组织提供天气预报、作业供求信息服务。开发全市农机合作社管理系统，实现农机合作社的内部信息化管理。

二是建设基于北斗的农机管理和作业调度平台，大型农机合作社实现了农机作业信息化调度。在信息化技术推进农机生产全面智能化方面，充分利用北斗定位导航技术、传感器技术，进行作业的精准化管理，实现农机作业过程实时监测、作业质量的全程追溯、生产环境的实时调控监测，打造顺义区金鑫生态园区“智能展示中心”，提高农机社会化服务组织管理信息化应用水平。

（二）农机社会化服务发展新特点

随着北京农业产业结构调整，农业的生态、生活和示范功能成为重点，设施蔬菜、经济作物、农业废弃物处理与利用等产业成为重点发展产业，产业调整对农机社会化服务提出了新的需求，北京的农机社会化服务出现了新的特点，主要体现在以下几个方面。

一是蔬菜农机专业服务组织成为农机社会化服务新的组织形式。蔬菜产业的规模化、园区化发展对农机社会化和专业化的服务需求，使蔬菜农机专业服务组织成为新的组织形式，北京目前蔬菜农机专业服务组织已发展到28家，但服务组织还处于初期发展阶段，在配套基础设施、蔬菜农机配套装备、服务内容和服务规模以及社会化服务功能的发挥等方面规范化、组织化程度与农机合作社相比还存在一定差距，需要逐步规范和实践探索。

二是农机社会化服务内容由大田粮食产业为主向重点产业拓展。由传统的大田粮食生产耕整地、播种、田间管理及收获等机械化作业服务，向重点产业提供农机服务作业内容拓展，如蔬菜生产关键环节旋耕、起垄、移栽等，生态产业中农业废弃物收集与处理、农作物秸秆和林果业残枝集中收储与粉碎加工综合利用，休闲农业中独具农机特色元素的农机文化科普与农机装备展示活动等，新的服务内容成为农机社会化服务的组成部分。

三是农机社会化服务组织发展方向由作业服务型向集农业经营与服务为一体的新型农业综合体发展。农业产业结构调整对以提供大田粮食生产农机社会化服务为主业的服务组织经营效益产生了直接的影响，以农机合作社示范社为代表的服务组织基础配套和装备配套设施实力较强，又具有开展土地适度规模经营的优势，创新意识和经营思路转变较快，积极跟进和适应调整，拓宽服务领域，拓展服务内容，多元化经营，农机社会化服务组织通过多元化经营和多样化服务，实现了经济效益的稳定增长。发展实践证明，多元化经营与多样化服务的农业综合体是农机社会化服务组织未来的发展方向。

四是结合重点农机化工作任务，农机推广部门发挥技术优势，扶持和引导农机合作社开展综合农事服务，开展农机技术培训、农机维修、为低收入户提供农机公益服务等。北京兴农天力农机服务专业合作社和北京张书安农业技术专业服务合作社入选第一批全国“全程机械化+综合农事服务”70个典型案例。

顺义兴农天力农机服务专业合作社依托首都巨大的消费市场及地域优势，不断引进购置先进适用的农机装备，配备有约翰迪尔精量播种机、指针式喷灌机、植保打药机、无人植保飞机、约翰迪尔收获机、秸秆捡拾打捆机等系列全程机械化装备，实现了玉米、小麦等作物生产全程机械化。2018 年，完成玉米、小麦全程机械化作业面积 5 万亩，在此基础上，合作社创新发展思维，利用规模土地经营优势，重点发展生态休闲农业服务新业态，打造建设田园综合体“兴农天力农业园”，成为北京市民小长假田园观光、农事体验、农耕文化科普的打卡地之一；延庆张书安农业技术服务专业合作社，结合延庆区农业玉米种植区域优势，以玉米全程机械化农机配套装备为重点，先后购置了东方红 1204、854 拖拉机 2 台，约翰迪尔 1204、654 拖拉机 6 台，玉米免耕播种机 1 台，博远、勇猛玉米收获机 4 台、植保机械 3 台，华德和纽荷兰秸秆打捆机 5 台、自走式压包机 5 台，2018 年，玉米全程机械化作业总面积达 3 万亩。在市、区农业部门指导下，经过探索实践，形成了依托农机合作社，以市场化运行、社会化服务为核心，建立了一套可持续运行的秸秆收储运模式，合作社成为秸秆综合利用延庆模式中重要环节“秸秆打包”农机作业服务的主体，解决了种植农户秸秆回收难和秸秆利用企业秸秆资源短缺的现实问题，在实现社会效益的同时，提高了合作社的经济效益，真正实现了持续稳定发展和效益双赢。

（三）推进农机社会化服务发展的主要经验及成效

一是对于农机合作社在农机购置补贴政策和承担农机化发展项目等方面进行重点倾斜，促进合作社服务能力提升和农机作业主力军作用发挥。为引导农机合作社跟进农业结构调整，通过农机社会化作业提档升级，推进合作社持续稳定健康发展，在农机购置补贴政策实施上，对规模经营种植模式调整及农机服务模式创新的农机合作社作为补贴重点对象，如马铃薯、胡萝卜两茬种植，小麦种业生产，经济作物，甜玉米、青饲玉米种植等配套农机装备进行重点补贴，对从事农业废弃物回收处理与资源化利用配套农机装备进行敞开补贴，为引导农机合作社跟进产业结构调整，推进重点产业农机社会化服务能力提升提供装备保障，对机械化土壤深松作业、秸秆回收与处理等作业补贴重点农机化任务，确定以农机合作社为承担主体，有效发挥了农机合作社农机作业的主体作用。

二是以农机合作社为主体，通过农机化重点工作和农机科技推广项目合作实施，推进农机社会化服务向“全程机械化+综合农事服务”方向延伸发展。各级农机推广部门以综合实力较强的农机合作社为项目实施合作对象，发挥农机专业合作社装备、土地、技术、人才优势，加强联合，通过项目实施在农机合作社开展先进、适用的农机化新技术、新装备示范、推广和应用，如在顺义鑫利、兴农天力、延庆张书安、密云河南寨等农机服务专业合作社，先后开展了玉米全程机械化技术应用与示范、小麦机械化节水播种试验、谷子生产全程机械化试验示范、玉米籽粒直收机械化技术试验示范、北斗卫星导航系统农机精确作业统计与调度应用等项目，发挥了农机合作社农机化新技术的应用引领和示范作用，使农机合作社成为先进农机化技术示范应用和大田粮食作物全程机械化服务的主体。

三是加强对农机社会化服务组织管理人员及农机作业人员培训，提升农机社会化服务组织作业技术水平。在农机化人才培训方面，结合“春耕、三夏、三秋”等重要农时，作业前，组织农机专业合作社理事长、操作人员、维修人员农机化技术培训班，以培训需求为导向，结合重点农机化工作任务，开展农业废弃物处理与综合利用、土壤机械化深松、青贮收获机械化技术、设施蔬菜生产配套机械化技术等专题培训，提高农机合作社人才队伍的素质，提升农机合作社的经营管理水平和技术水平，为农机合作社实现健康可持续发展提供保障。

（四）农机社会化服务存在的问题

1. 数量与质量需要“双提升”

一是需要提升大中型服务组织比重。以农机合作社为例，截至 2018 年，发展质量较好的大中型农机合作社数量 15~20 家，占比约 15%。绝大部分是实力弱小、名存实亡的小型农机合作社。二是需要提升基础设施配套建设水平。约 80%中小型合作社办公基础设施简陋，机库棚、维修车间建设滞后，不能满足机具停放的要求，大型机具普遍露天存放，导致机具老化加速、锈蚀损坏严重，使用寿命缩短。

2. 装备与人才需要“双配套”

一是需要加强重点产业装备配套。目前，重点产业装备结构不合理，现有农机装备以大田粮食生产机械为主，大田粮食生产机械趋于饱和甚至过剩，但蔬菜产业、林果产业、经济作物等方面的农机技术及装备供给不足。二是需要加强现代新型农机人才配套。目前，农机作业操作人员年龄偏大、文化水平相对较低，缺乏年富力强的农机手，缺乏现代实用农机人才。

3. 服务与创新需要“双开拓”

一是需要全面开拓服务领域。农机社会化服务领域以大田粮食生产环节为主，设施农业、蔬菜产业、林果产业等产业社会化服务能力薄弱、服务内容单一，处于起步阶段。二是需要全面开拓创新能力。应对产业结构调整、大城市小农业市情等客观实际，大部分的服务组织缺乏创新发展内在动力，开拓进取意识不强，融合适应能力不够，需要努力开拓创新，谋求发展。

4. 政策与环境需要“双优化”

一是需要优化扶持政策。目前，对农机社会化服务组织的扶持政策不多，基础设施建设、配套用地、农机融资、农机保险等政策较为缺乏，需要进一步完善扶持政策体系。二是需要优化发展环境。当前，农业发展形势变化较快，为使农机社会化服务更加适应农业农村现代化发展，还需要管理部门在政策服务、技术服务、培训服务、监管服务等方面更加细致、及时、精准。

（五）农机社会化服务下一步工作重点和措施

1. 推进规范化创建，提高组织建设水平

一是完善管理机制。以农机合作社为重点，按照《农民专业合作社法》要求，从民主决策制度、利益分配制度、财务公开制度等方面进行规范化建设，提升农机合作社规范运作与民主管理水平。二是加强组织管理。建立健全安全生产、财务、机务管理、配件贮备、油料供应、维修管理等制度，提高合作社内部组织管理水平。三是完善技术保障。针对不同作业内容、作业环节，制定配套农机作业服务标准和操作规范，提高农机社会化服务标准化水平。

2. 打造“一站式”典型，提高服务能力水平

一是推动农机作业服务主体创新服务业态。树立“共享农机”思维，积极建设“全程机械化+综合农事”服务中心，为周边农户提供全程机械作业、农机维修（销售）、农资统购、技术培训、信息咨询、农产品销售对接、金融对接等“一站式”综合服务。二是拓展服务领域。按照农机服务模式与农业适度规模经营相适应的原则，围绕蔬菜生产、林果生产、农业农村废弃物资源化利用、美丽乡村建设等内容，加大先进适用农机装备配套，打造一批设施农业、林果业、农业农村废弃物资源化利用农机作业服务主体，提高农机社会化服务能力水平。

3. 加强信息化升级，提高服务质量水平

一是建立农机作业服务综合信息平台。利用“互联网+”和“大数据”手段，以市场化运行为方向，服务农业农村机械化作业为目标，开发信息化平台，提高农机作业服务供需信息的时效性、针对性和精准性，保证农机作业服务需求与农机作业服务供给的有效对接。二是积极发展智慧农机。加强互联网、物

联网、大数据、智能化等信息技术在农机装备及服务组织建设中的应用，积极推广导航定位、作业监测、维修诊断、自动驾驶等终端技术，提升农机作业服务的精准化、轻便化、作业服务监管信息化水平。

4. 优化扶持政策，提高服务管理水平

一是按照便民惠农的原则，优化技术培训、农机补贴、贴息贷款、作业补贴、政府购买服务等扶持政策，并向大型化、综合型农机作业服务组织倾斜，降低农机服务作业成本，提高扶持政策的导向性。二是加强人才培训。采取研修、集中办班和现场实训等方式，强化技术人员现代农业生产知识的更新培训，培养农机推广能人、科技能人、服务能人和本土能人，为农机社会化服务提供人才储备。

三、农业社会化服务主体特征与需求

北京市农业社会化服务主体特征与需求是制定相关对策建议的关键与依据，在梳理北京市农业社会化服务发展成效的基础上，研究分别以农户与合作社作为调查对象，通过问卷调查，以便从微观层面探讨农业社会化服务主体特征、参与方式以及需求，以期为相关施政方针制定与调整提供理论支撑。

（一）调研问卷情况

北京市农业社会化服务体系建设课题组在市农业农村局的支持下，于 2020 年 9 月 7—17 日通过纸质与电子版形式向农户和合作社负责人发放问卷，最终获得农户问卷 354 份，合作社负责人问卷 110 份，以农户为主。问卷区域分布情况见表 3-3-1。

表 3-3-1　合作社、农户问卷区域分布情况　　单位：份

地区	合作社问卷区域分布	农户问卷区域分布
延庆	13	35
昌平	5	12
密云	7	13
顺义	18	19
通州	5	5
房山	8	35
门头沟	30	144
大兴	10	33
平谷	9	18
怀柔	5	40
总计	110	354

（二）供需主体特征

北京市农业社会化服务体系建设研究首先需要回答“谁提供农业社会化服

务？”“谁需要农业社会化服务？”“相关群体具有怎样的特征？”等问题，厘清农业社会化服务主体的特征是农业社会化服务体系建设研究的基础与前提。农户问卷调查结果显示，农业合作社与农村集体经济组织提供社会化服务业务量占总业务量的57.8%，是提供农业社会化服务的主要主体。因此，本节分别从合作社、农户角度阐释农业社会化服务供需主体的特征。

1. 农业合作社特征

根据合作社负责人问卷结果，北京市农业合作社发展特征见表3-3-2，合作社平均注册年限、平均注册资金、平均净资产、合作社种植平均规模、平均入社户数、平均带动农户数、合作社销售平均收入、平均利润总额分别为9.47年、274.43万元、852.64万元、1138.72亩、81.11户、294.65户、648.52万元、75.84万元，其中市级以上示范合作社占总数的53%，加入联合社的合作社占比为38.9%，北京市农业合作社平均经营规模较大、实力雄厚，具有跨镇或跨区作业能力合作社占比达到68.1%。农业合作社主要由农民或村集体领办，提供服务主要集中于农产品的生产、销售、加工、运输、贮藏及其他相关服务，同时提供农业生产资料的购买、使用，农村民间工艺及制品、休闲农业和乡村旅游资源的开发经营，与农业生产经营有关的技术、信息、设施建设运营等服务。

表3-3-2　北京市农业合作社发展特征

变量	变量说明	调查结果
平均注册年限（年）		9.47
平均注册资金（万元）		274.43
平均净资产（万元）		852.64
合作社种植平均规模（亩）		1138.72
平均入社户数（户）		81.11
平均带动农户数（户）		294.65
合作社销售平均收入（万元）		648.52
平均利润总额（万元）		75.84
合作社级别	A. 国家级示范社；B. 市级示范社；C. 其他	A：27.4%；B：25.6%；C：47%
合作社类型	A. 农民领办；B. 村集体领办；C. 公司领办；D. 其他领办	A：47.4%；B：24.7%；C. 13.2%；D：14.7%
是否加入了联合社	是=1；否=0	是：38.9%；否：61.1%

续表

变量	变量说明	调查结果
合作社经营范围	A. 农业生产资料的购买、使用；B. 农产品的生产、销售、加工、运输、贮藏及其他相关服务；C. 农村民间工艺及制品、休闲农业和乡村旅游资源的开发经营等；D. 与农业生产经营有关的技术、信息、设施建设运营等服务	A：38.74%；B：81.08%；C：30.63%；D：32.43%
合作社服务覆盖范围	A. 本村内；B. 本乡镇内；C. 跨区	A：33.6%；B：34.5%；C：31.9%

2. 需求主体特征

根据农户问卷结果，北京市农户实际经营的耕地面积、流转土地面积、蔬菜播种面积、粮食作物播种面积、其他作物播种面积分别为82.35亩、55.07亩、25.14亩、47.09亩、15.36亩，家庭户均收入、家庭农业户均收入、农业经营亩均收入分别为131346元、104567元、1269元。购买农业社会化服务农户占比约为33.6%，购买农业社会化服务亩均支出约为135元。依据是否购买农业社会化服务将调查样本分为购买农业社会化服务与未购买农业社会化服务两个类别，通过对比两类样本发现，购买农业社会化服务的农户较未购买农业社会化服务的农户呈现种植经营规模大、收入高等特点。

（三）使用效果与评价

就农户购买农业社会化服务的效果而言，因为“农业社会化服务效率高”与“农户自身缺乏种植技术”而购买农业社会化服务农户样本占总样本比重分别为68.07%、65.55%，农户购买农业社会化服务的主要原因在于专业性的农业社会化服务能够弥补农户在农业生产经营过程中专业技能的不足，提高农业生产效率，提升农产品产量与品质，进而实现节本增效的效果。

就农户对农业社会化服务购买使用评价而言，口头与书面协议是农户与农业社会化服务组织达成合约的主要方式，两种方式占总样本比例达到87.3%，其中口头协议占总样本比例超过50%，服务规范性有待提升。71.4%的农户样本仅针对关键环节购买农业社会化服务，农户一般采用服务完成后或者签订协议后等支付方式，主要缘于农业社会化服务规模整体较小，农户资金足以支撑相关服务费用，但随着服务规模逐步扩大，服务协议规范需要强化，并需要金融服务作为支撑。超过90%的农户认为农业社会化服务收费合理，并且会继续购买农业社会化服务，农户对农业社会化服务体验评价良好，服务满意度高，复签比率高。初步形成一批可推广的农业社会化服务模式，大部分合作社农业社会化服务业务辐射至北京市外的其他省份，例如，怀柔三山、昌平东瑞盛、密云河南寨等合作社相关业务辐射至东三省及内蒙古等地，北京市农业社会化服务发展对全国具有较为明显的引领示范作用。

就部分农户不购买农业社会化服务的原因而言，缘于“当地没有提供服务的组织”“不了解，没有使用过，不知道效果”等，而未购买农业社会化服务的农户占比约为61%，农业社会化服务普及程度不高，相当多的农户对于“如何购买农业社会化服务?”“农业社会化服务效果如何?”“谁提供农业社会化服务?”等问题不甚了解，这是制约农业社会化服务的关键因素，也有潜在的发展市场空间。

另外，缘于“购买服务成本较高”“服务内容不符合需要”而未购买农业社会化服务的农户占比分别为33.19%、14.89%。相对于种植规模小的农户，农业社会化服务难以形成规模效益，农业社会化服务使用成本较高，在散户中难以普及。同时，农业社会化服务内容存在供需结构性失衡现象，农业社会化服务组织结构亟待优化。

（四）供需主体需求

1. 农户需求

农户农业社会化服务需求问卷调查结果显示，农户对农业社会化服务诉求呈现多样化特征，对农资供应、农技推广、农机服务、农业信息服务、植保防控等类别的农业社会化服务需求最强，对应样本量均超过80%。就农业社会化服务详细项目而言，农户对便捷购买质优价廉的农资产品、病虫害防治技术、提高农业保险的赔付额、病虫害绿色防控技术、农资废物回收等方面需求最强，样本量均超过60%。由于北京市农业生产结构发生了较大程度调整，粮食作物播种面积比例大幅度降低，加之气象变化预告与农业融资等公共服务逐渐完善，农户对产地烘干、播种、收获、气象变化信息、延长贷款时间等社会化服务需求较弱（见表3-3-3）。

表3-3-3 北京市农户急需的农业社会化服务

服务类别	类别诉求统计	农业社会化服务详细项目诉求统计结果
农资供应	83.05%	便捷购买质优价廉的农资产品（75.71%）；可以较快地掌握正确的农资使用方法（43.79%）

续表

服务类别	类别诉求统计	农业社会化服务详细项目诉求统计结果
农技推广	86.44%	农作物高产栽培技术（58.47%）；病虫害防治技术（61.86%）；土壤改良技术（44.35%）；科学施肥技术（46.61%）；节水灌溉技术（42.37%）
农机服务	84.18%	秸秆处理（46.33%）；专业化植保（42.09%）；产地烘干（12.99%）；播种（25.42%）；犁地（38.70%）；收获（24.58%）
农业信息服务	87.85%	农产品价格信息（57.91%）；市场供需信息（53.95）；农业政策信息（50.56%）；气象变化信息（24.01%）；病虫害防治信息（52.26%）
资金融通	66.95%	简化贷款手续（41.81%）；延长贷款时间（26.84%）；降低贷款门槛（40.96%）；低息贷款（47.46%）
农业保险	79.94%	增加农业保险的覆盖品种（56.21%）；提高农业保险的赔付额（63.84%）
植保防控	84.18%	病虫害绿色防控技术（70.06%）；病虫害绿色防控设施供应与维修（53.95%）
农产品质量安全	75.99%	“三品一标”认证服务（41.53%）；农产品质量追溯（37.85%）；农产品质量检测（46.61%）
废弃物资源化处理	77.40%	尾菜回收（37.29%）；农膜回收（42.66%）；农资废物回收（62.71%）
农产品营销	77.97%	产地初加工（39.83%）；产品冷链储运服务（34.46%）；农产品电商服务（56.21%）

2. 合作社需求

合作社负责人问卷调查结果显示，82.73%的合作社负责人表示了解农业社会化服务，并且均经营农业社会化服务相关业务，认为农业技术推广、农产品营销、农产品质量安全管理为最关键的农业社会化服务的农户样本占总样本的比例分别为36.3%、30.9%、14.5%。

合作社不仅能够为农户提供农业社会化服务，而且合作社负责人一般会同时经营一定规模的农业产业，其对农业社会化服务供需情况较为了解。因此，通过分析合作社负责人对北京市农业社会化服务重要性与满意度评价，能够揭示农业经营者对北京市农业化服务的诉求，两者差值越大，则表明某项农业社会化服务诉求越强，从而能够探讨北京市农业社会化服务体系建设的诉求与未来发展重点。农业社会化服务诉求情况见表3-3-4，种子采购育苗服务、废弃物资源化利用服务、农产品加工、农产品流通、农机具作业服务、农产品电商、农业保险等农业社会化服务重要性与满意度差值均大于9%，相关农业社会化服务体系建设亟须改善。

表 3-3-4 农业社会化服务诉求情况

	重要性评价	满意度评价	诉求评价	诉求排名
种子采购育苗服务	84.55%	71.82%	12.73%	1
废弃物资源化利用服务	73.64%	62.73%	10.91%	2
农产品加工	74.55%	64.55%	10.00%	3
农产品流通	82.73%	72.73%	10.00%	4
农机具作业服务	77.27%	68.18%	9.09%	5
农产品电商	77.27%	68.18%	9.09%	6
农业保险	84.55%	75.45%	9.09%	7
农产品质量安全管理及认证服务	78.18%	70.91%	7.27%	8
农业技术推广服务	82.73%	77.27%	5.45%	9
农业信贷、担保、投资	71.82%	67.27%	4.55%	10
农产品市场供求、价格信息	80.91%	77.27%	3.64%	11
动植物疫病防控服务	72.73%	70.00%	2.73%	12
新农业技术、政策信息	81.82%	79.09%	2.73%	13
农药化肥等投入品供应服务	79.09%	76.36%	2.73%	14
农机具经销、维修服务	71.82%	69.09%	2.73%	15

农业合作社经营者通过拓展农业社会化服务业务范围积极应对北京市农业社会化服务体系建设存在的不足，67.2%的合作社准备拓展农业社会化服务，拓展重点主要包括农业技术推广、农产品质量安全管理、农产品营销、农业信息化、农资供应等多个方面，相应的样本占比分别为58.18%、30%、53.64%、39.09%、36.36%。

综上所述，北京市农业社会化服务市场对农资供应服务、农业废弃物资源化处理、农产品加工销售、农业技术推广、农业融资保险、农产品质量安全管理认证等方面诉求较高，合作社通过拓展并调整服务内容，进而对农资供应服务、农业废弃物资源化处理、农产品加工销售等方面社会化服务体系建设进行完善，政府相关部门应针对相应农业社会化服务建设为私人部门提供政策、制度、财政等方面的支持。同时，公共部门应该承担农业技术推广、农业融资保险、农产品质量安全监管认证等外部性较强的农业社会化服务体系建设。

合作社作为提供农业社会化服务的主体，其对于完善农业社会化服务体系建设尤为关键，政府相应部门应针对关注农业合作社发展面临的制约因素给予重视。“人力、物耗成本提高”“竞争者越来越多，利润空间缩小”“北京市农业社会化服务市场需求缩小”“稳定的客户群体不足”均是制约北京市农业社会化服务建设的关键因素（见表3-3-5）。市场平均利润外部定价提高合作社农业社会化服务经营的人力、物耗成本，对于该问题政府相关部门应给予重视并予以支持。面对北京市农业规模削减与结构调整的现状，北京市政府应及时转变农业社会化服务发展思路，北京市农业社会化服务建设重心应向培育孵化农业社会化服务组织、模式转变，在全国范围内发挥引领示范的作用。

表3-3-5 北京市农业社会化服务发展困境

项目	统计结果	项目	统计结果
人力、物耗成本较高	81.82%	北京市农业社会化服务市场需求缩小	35.45%
竞争者越来越多，利润空间缩小	56.36%	稳定的客户群体不足	50.00%

四、北京市平谷区农业社会化服务体系调查报告

（一）平谷区农业农村基本情况

1. 农业生产条件

平谷区地处京津冀三省市交会处，区域面积 948.2 平方公里。西与顺义区接界，距北京市区 70 公里，北与密云区接壤，东南毗连天津市蓟县和河北省兴隆县，西南与河北省三河市为邻，为京津冀区域农业协同发展提供区位优势。山区、浅山区、平原各占 1/3；野生动植物资源 600 余种。全区森林覆盖率达 67.3%，居全市第一，创建北京首个国家森林城市，多年平均水资源总量为 2.8 亿方。

2. 农业产业发展情况

（1）大桃产业

一是支柱产业持续壮大。全区现有大桃面积 22 万亩，17 个乡镇街道均有大桃种植，大桃生产专业村 111 个，10 万农民从事大桃生产。大桃品种 260 多个，主栽品种 40 余个，供应期从 3 月一直延续到 11 月，品牌价值 101.84 亿元。二是组织化程度不断提升。建立了区、镇、村三级立体化销售网络，2020 年在减产 7.5%的情况下，总产值仍实现了 11.9%的增长比例（2020 年总产值 12.76 亿元），为产业发展提供了坚实保障。三是“国宴礼桃”助农增收。平谷大桃已连续两年成为“国宴礼桃”，并圆满完成供应任务，品牌影响力不断提升，有效带动农民增收致富。

（2）畜牧业

平谷区是首都传统畜牧业大区，以蛋鸡养殖为主导产业，整体呈现“三大两强”特点。一是养殖体量大。2020 年，畜禽存栏 527.3 万头（只），家禽和生猪存栏位列全市第一；生猪存栏 10.15 万头，占全市生猪总量的 31.5%。二是规模比重大。全区现有规模化养殖场 63 个、存栏 468.4 万头（只），规模化比重达 89.9%。三是发展潜力大。已完成生猪布局，建设了 5 个现代化规模猪场；

正在积极打造畜禽种业高地。四是育种能力强。区内峪口禽业公司，为世界三大蛋鸡育种公司之一，自主研发蛋鸡“京”系列品种和肉鸡“WOD”系列品种，全国市场占有率50%。五是供给能力强。全区禽蛋产量6.6万吨，全市排名第一。其中，正大蛋业公司，全国单体规模最大、现代化程度最高，蛋鸡存栏300万只，主要供给首都市场。

（3）蔬菜产业

一是面积产量不断增加。2020年，蔬菜播种面积2.6万亩，产量6.27万吨。设施大棚1.3万栋，年产量2.5万吨。蔬菜产业以黄瓜、西红柿、大白菜为主。二是园区规模化水平不断提升。建成了沱沱工社、诺亚、农众物联、京东绿谷、光明农业等多个现代化园区。全区共有育苗场10余家，年育苗量可达5000万株。三是乡土品牌不断做强。打造了杨各庄村西红柿、赵家务村大葱、贤王庄村红薯、西柏店村菊花等一批小而精的蔬菜特色品牌，深受消费者欢迎。

（二）平谷区农业社会化服务开展情况

1. 基本情况

平谷区种植业以果品最具特色，目前果品种植仍然以小农户为主。2020年底，课题组随机对17户小农户进行桃园生产经营服务项目需求调查；其中，有农业社会化服务需求户13户，占比为76.47%，无农业社会化服务需求户3户，占比为17.65%。在调查中，服务需求由高到低依次为：套袋、产品销售、标准化改造、机械化作业（挖沟施肥回填、机械除草）、整形修剪、病虫害防治服务。针对服务需求，依托《平谷区桃全产业链社会化服务体系建设乡镇试点奖补政策工作方案》（以下简称《方案》）开展相关工作。在大桃主产区大华山镇和刘家店镇开展桃全产业链社会化服务体系建设乡镇试点工作，依托新型农业服务组织，组建专业性、综合性的果树管理服务队伍，进一步解决农村家庭联产承包责任制体制下技术推广难和农村劳动力老龄化问题，努力摸索出一条可持续发展的新路。《方案》明确菜单式服务落实试点政策。制定以倒拉枝为基础的“1+X+3”社会化服务清单。“1”是老旧果园倒拉枝改造服务，是必选服务；“X”是倒拉枝改造园套袋、冬剪、植保、机械除草、深沟施肥、产品销售6项服务内容中的最少3项；“3”是新建园引进新品种、栽植管理、肥水一体化应用3项服务内容。将果农需求最多的套袋、冬剪、植保、机械除草、深沟施肥和产品销售列入服务清单，对新建果园列出3项服务内容。

2. 取得成效

一是建立社会化服务组织，为农民提供全过程“保姆式”服务。在大华山镇和刘家店镇分别组建了社会化服务组织。服务组织建立了菜单式服务运营体系，制定“1+X+3”服务清单，明确服务质量和收费标准。在核心服务的基础上拓展全程服务，在自愿的基础上，为农民提供修剪、打药、套袋、割草、施肥、销售等系列服务，实现“四统一”标准化管理，即统一技术、统一管理、统一包装、统一品牌。

二是老旧果园实施倒拉枝型标准化改造，为社会化服务进果园创造基础条件。该工程主要目的是通过主要技术的标准化改造，打开行间距离，便于机械化作业，把“小散户”桃园连接起来，形成可以机械化作业的“规模化”果园，实现联户规模生产，破解“小散户”无法机械化作业的困境。目前，集中连片30亩以上老旧果园倒拉枝型改造工程落实面积1082.93亩，共涉及果农372户。

三是利用优新技术及高科技作业设备，为果园提供高效的社会化服务，促进农业生产节本增效。首先，抓住时机，拓展服务内容。在做好项目服务的同时，根据农户和企业需求，辐射开展果园弥雾机植保服务2万亩次，应用无人机对小麦、豌豆、蔬菜飞防作业累计1万亩次，由此果农认识有了新变化。其次，通过优质服务，转变果农思想认识。通过服务示范后果农的顾虑打消了，第二轮打药都不再“盯着”了，弥雾喷药得到越来越多果农的认可。

四是新建高标准示范园扎实推进，集中连片管理，推动土地规模化经营。试点乡镇通过打造集中连片30亩以上的高标准示范园，引领全区大桃产业的可持续发展。目前，集中连片30亩以上的新建高标准示范园落实面积345.24亩。新建示范园包含两种模式栽植：一种是平地新发展桃园，面积208.5亩，每个园区都统一采取“（2~2.5）米×（5~6）米”的栽培模式；另一种是大华山镇梯子峪村山地围山转栽植模式。

五是政府搭台，精准对接，启动多渠道、多形式大桃销售服务。随着早熟桃陆续成熟，启动了大桃销售服务，服务组织与服务对象按照签订的销售收购协议，达到产品标准的优先收购。例如，北京绿农兴云果品产销专业合作社服务组织通过与正大、盒马、华润达成合作协议，帮助服务对象进行果品销售。服务组织收购小于平均单果重的小型果，帮助农户解决小型果的销售困难问题，提高果农的收入所得。

六是在生产端统一技术标准、统一植保，保证果品品质和质量安全，为实现大桃销售供需端的精准对接奠定基础。果品办积极组织大桃主产乡镇、销售合作社进行深度调研座谈，了解各方需求，促进社会化服务区域内果品销售。以乡镇为单位，明确销售社区，确立重点大桃专业村、合作社对接物业子公司，根据消费能力，提供不同等级的大桃，实现消费与供给的精准对接，达到居民、果农双满意。

3. 工作经验

一是全面做好销售服务。区政府采取“政府搭台、乡镇组织”的形式，帮助社会化服务组织拓宽销售市场，对接城区物业子公司，实现消费与供给的精准对接。启动丫髻精品店，将特色果品与丫髻旅游相结合，进一步扩大平谷大桃品牌影响力，拓展农民增收空间。

二是统一服务标准、优化服务流程，做好服务档案留存。严格按照服务标准进行服务，在服务过程中，按流程每服务一户，资料汇总一户，以保证相关资料完整性。

三是加强服务质量的监督管理。区政府将组织第三方公司对老旧果园倒拉枝型标准化改造工程、新建高标准园的落实情况和服务组织已开展的服务情况进行抽查验收，及时发现问题，对发现的问题及时整改，确保各项工作任务保质保量完成。

（三）存在问题

一是果农的思想认识和参与积极性不高。社会化服务是新生事物，果农对社会化服务的认识还不高，各项工作的推进仍有一定难度。有些果农还处于观望阶段，致使规模化园区整体推进速度较慢；由于果农收入水平较低，并享受传统的政府部门提供的无偿技术培训、技术咨询、生产性扶持政策等服务多年，还没有形成和接受花钱买服务的习惯。

二是服务组织运行规范性有待进一步提升。目前，平谷区社会化服务刚刚起步，服务组织在组织建设、制度建设、队伍管理等方面还不规范，需要统一培训管理，建立考核机制，优胜劣汰，逐步建立起一支相对稳定的服务队伍。

三是果园缺少用于农机设备储存、水肥一体化的设备间等。同时，随着规模化桃园不断新建，需要在园区内配备有一定面积的建设用地用于果实筛选、包装以及相关设备间等建设。

四是一家一户分散经营制约了全程社会化服务工作的开展。平谷区 40 多万亩果园，栽植密度、树龄、树势参差不齐，品种混杂，不适合机械化作业，水肥一体、标准化、智能化等优新和生产关键技术的配套应用，不利于统一管理、统一病虫害防治。

五是服务主体、合作组织和农户之间还存在互不信任问题。对于双方长期服务合作的预期差、双方的服务合作交易关系中缺乏足够的社会资本，在一次性服务观念指导下形成的短期行为，使企业和农户双方缺乏市场经济社会中应有的信任。双方合作的制度环境较差，没有形成相互激励、相互约束、互利共赢的利益调节机制。

（四）对策建议

一是农业生产托管与农业补贴政策结合开展。如社会化托管服务中的良种引进、苗木繁育等支持保护补贴与集中采购相结合，将补贴资金向承担和接受服务企业、服务组织及农户倾斜，采取“政府补贴+农户自筹”的共同投资模式，调动经营主体投资的积极性。

二是农户接受并愿意购买农业社会化服务需要一个过程，政府的参与与引导尤为关键。扩大社会化服务试点范围，让农户感受社会化服务组织带来的效益，提高村民自发购买、使用的积极性。加强服务标准、服务机制等引导，以及对服务组织的规范和管理，建立完善配套的扶持、评价、监管机制，引导其不断提升服务能力。

三是进一步加大政策宣传和解释力度。应以多种形式加大有关政策的宣传和解释力度，尤其针对分散经营、土地尚未流转或存在撂荒风险的散户，充分调动其土地流转的意愿，从而进一步扩大全程社会化服务对象的覆盖面。

四是推进农业服务全程化，帮助小农户节本增效。大力扶持各种农业社会化服务组织的发展，把小农户不想办、难办到、办不了的事情办好，解除小农户“后顾之忧”，让小农户专心务农，发挥小农户经营优势。新型社会化服务组织为农户发展现代农业提供全方位的服务，搭建合作服务、互利共赢的服务共同体。

五是创新惠农利益分享机制，激发小农户内生活力。完善小农户分享现代农业发展红利的利益联结机制，通过保底分红、股份合作、利润返还等多种形式，让小农户合理分享全产业链增值收益。

五、北京市通州区农业社会化服务体系调查报告

（一）通州区农业基本情况

1. 区域概况

通州区位于北京市东南部，地处永定河、潮白河冲积洪积平原，属温带大陆性季风气候区，是北京城市副中心，也是环渤海经济圈中的核心枢纽部位。全区面积906平方公里，下辖11个街道、10个镇、1个民族乡。现有涉农乡镇9个，平房村庄359个，农业发展的主阵地集中在于家务、漷县、西集、永乐店“南部四乡镇”。2020年末，全区户籍人口82万人，其中农业人口25.7万人，第一产业从业人员2.77万人，非农业人口56.3万人。

2. 农业总体情况

一是农业农村现代化水平加快提升。通州区耕地保有量25.5万亩，其中永久基本农田面积18万亩，农业种植生产总面积6.5万亩，其中粮田面积2万亩，菜田4.5万亩，备案畜禽养殖场10家，水产养殖水面积约1万亩。2020年，全区实现农、林、牧、渔业现价总产值30.8亿元，比上年增长1.8%，其中，农业产值13.1亿元，同比增长31.7%。粮食总产量达到1.7万吨，同比增长5%。蔬菜产量24.9万吨。全年设施农业收入8亿元，同比增长27.5%。

二是农业产业结构不断优化调整。优化粮食生产和养殖业在农业中的比重，支持农产品加工业发展，实现农产品加工业产值与农业总产值比值达到2.5∶1，大力促进农、林、牧、渔服务业发展，推进农业内部产业间协调平衡发展。大幅调减高耗水作物种植面积，清退禁养区内规模化养殖场，使高消耗、高污染的产业形式转型为低消耗、低污染、高效益的产业形式，实现农业生产兼顾经济效益和生态效益。

三是农业基础设施逐步完善。整合国家农业综合开发、农业部种子工程、北京市农业改革发展专项等项目资金9.58亿元，集中改善农业基础设施条件，硬化道路46万平方米，沟渠河道治理近3万米，景观绿化16万平方米，建设高

标准农田 6.83 万亩，高效设施面积 1.82 万亩，现代化智能温室及种苗车间 50 栋，产业园内水、电、路、网等基础设施更加完善。

四是产业融合发展水平持续提升。重点实施了现代农业产业园区创建、都市型现代农业示范镇建设、“一村一品+”行动、北运河休闲农业畅游行动等重点农业项目，打造了一批产业特色鲜明、要素高度聚集、设施装备先进、生产方式绿色、一二三产融合、辐射带动有力的特色产业镇、专业村和农业园区。西集大樱桃、张家湾葡萄荣获国家地理标志保护产品，果村芹菜、柏庄生菜、孔庄食用菌、沙古堆村大樱桃入选全国“一村一品”示范村。西集镇特色林果、于家务乡现代种业入选北京市现代农业产业园。2020 年，全区农业观光园接待游客 65.8 万人次，实现总收入 1.4 亿元，从事乡村旅游的农户达 133 户，乡村旅游总收入 987.8 万元。

3. 主导产业情况

一是现代种业优势突出，成为种业科技创新标杆。在原有的种业优势基础上，加快打造“种业硅谷”，建立全球最先进的农作物分子育种服务平台、农作物种子质量及检验检测平台、国内首个社会化的种业科技成果交易系统。承载起现代种业创新服务、国内外种业企业集聚、现代种业创新成果转化、种质资源及创新成果交流交易等功能。依托国家现代农业产业园项目，建成种子科研试验与展示基地 3 万亩，良种推广应用种植基地 3 万亩，形成了要素高端的农作物种业主导产业。2020 年，种业总产值 7.9 亿元。

二是高效设施蔬菜集群化，成为农业产业发展新高地。推进设施农业基地建设，重点发展设施蔬菜项目建设，通过探索开展建设连栋钢架蔬菜设施试点，推进设施蔬菜产业集群建设，充分调动农民从事蔬菜生产的积极性，鼓励蔬菜生产设施向规模化、宜机化、智能化、节能化、质量安全化方向发展。2020 年，全年设施农业收入 8 亿元，同比增长 27.5%，设施农业实际利用面积 1658.4 公顷，同比增长 16.1%，其中，温室占地面积 919.8 公顷，同比增长 1.3%。

三是特色产业加快发展，成为京南亮点名片。通州区发挥资源和政策优势，持续推进现代种业和精品蔬菜产业发展，基础设施不断完善，种业研发推广持续深化，“菜篮子”保障能力不断增强。通过都市型现代农业示范镇建设、“一村一品+”行动、北运河休闲农业畅游行动等重点农业项目，培养了一批特色优质农产品，同时带动了休闲观光农业发展。

（二）通州区农业社会化服务开展情况

近年来，通州区蔬菜产业快速发展。目前，通州区主要围绕蔬菜专业化统防统治项目开展服务。2015 年至今，先后在通州区成立了中捷四方生物科技股份有限公司专业防治队、北京中农富通植保专业化服务组织等 5 家蔬菜专业化防治组织。

2016 年，在通州区永盛园种植基地建立专业化统防统治示范区，示范面积 300 亩，进行全程土壤消毒防控。2017 年，推广蔬菜全生育期统防统治示范，项目只提供防控服务费用，示范面积 1000 亩，专业化防治过程中基本只提供了巡棚和药剂防治两种技术手段。2018 年、2019 年结合区级预算，提供蔬菜霜霉病防治 2500 亩次，提供蔬菜蓟马防治 2510 亩次。

2020 年，为推进蔬菜专业化统防统治与绿色防控技术相结合，更好地推进化学农药减量，大力推广理化诱控、生物制剂、天敌释放等防治措施，提升统防统治含金量。统防统治服务因受疫情影响自 5 月开始服务，全年为绿色中天、国奇能量等 6 家园区提供防治服务 2500 亩次。防治作物涵盖番茄、甜瓜、黄瓜、辣椒、玉米、草莓等 10 余种作物，其中利用物理诱杀防治 253 亩次、生物农药防治 2247 亩次。

同时，针对草地贪夜蛾、玉米黏虫、草地螟等几种迁飞性重大农业害虫进行监测预警工作。以政府购买服务的形式，与北京中捷四方生物科技股份有限公司签订服务协议，对草地贪夜蛾、草地螟、玉米黏虫、玉米螟、美国白蛾等 10 余种常发害虫进行监测，每周二、周五定时向本站上报监测数据，并对监测仪器进行日常维护，保障其正常运转。

（三）存在问题

一是服务主体实力不足。目前，社会化服务主体数量较少，实力较弱，服务企业经营存在诸多困难。90%的农业经营企业和服务组织处于亏损经营，没有有效的经营和服务盈利途径。缺乏形成全社会、全方位的农业社会化服务体系，农民形成了一种“种田靠自己，服务靠集体”的观念，把服务投入当成村集体和政府的义务，仅仅把自己看作村、政府部门的服务对象。

二是服务水平层次不高。其特点是：服务过程缺乏连续性，往往是“零打碎敲”；只求应付刚性基础服务，如常规性生产环节的喷药治虫、花果管理、耕作、产后销售服务等；缺乏软设施配套服务，如健全“产、供、销”一体化实体服务，科技（含高精尖农业开发项目）投入服务，工程咨询管理和综合效益经营服务等。

三是服务需求观念不强。目前，农村不少干部存在“服务不服务，仍然一个样”的思想。认为只要基础设施完善，就可实现农户独立耕种、经营土地。

由此导致服务观念不强，致使农业长期徘徊于简单粗放、低效的生产，无法实现标准化、现代化、高品质生产，甚至造成农村土地、果园弃耕、良种退化，管理粗放、品质降低，收入增长缓慢等问题。

（四）对策建议

第一，明确社会化服务发展思路。首先，调整服务方式，服务组织通过对接合作社，发挥合作社纽带链接的作用，整合“小散”农户，提高服务供求信息获取效率，通过集中服务，降低单位成本，提高农户承受能力，同时提高规模效益，提高社会化服务主体提供服务的积极性。其次，明确发展思路，充分借助北京市首都农业的平台宣传优势，将北京市打造成知名蔬菜社会化服务组织“孵化场”。进一步壮大社会化服务组织实力，形成社会化服务质量提升、组织成长、辐射示范能力增强的良性循环。

第二，加大社会化服务组织扶持与监管力度。政府从人才、财政资金、金融等方面对社会化服务主体进行帮扶与支持，为社会化服务主体发展做好服务。首先，加大社会化服务主体人才培育力度，通过培训交流、人才对口帮扶、服务组织“下沉”等方式帮助服务主体解决人才短缺的现状。其次，通过财政资金、融资优惠等方式为农业社会化服务组织发展壮大提供充足的资金支持。

第三，加强生态与高效技术服务组织转型升级。农机、植保、设施建设等服务于大田作物的生态与高效技术服务组织亟须转型升级，以满足设施蔬菜产业发展对社会化服务的需求。农机研发与推广是提高蔬菜产业生产效率与供给能力的关键途径。同时，亟须加大设施蔬菜生态和高效技术研发与推广力度，例如，农机技术亟待升级，普遍投入使用的二代农机无法满足蔬菜机械化生产需求，鼓励农机服务企业和科研机构加强技术创新，针对设施蔬菜生产，研发和推广三代智能农用机械。

第四，明确组织管理部门，推进产业化联合体建设。系统全面开展社会化服务体系建设规划，引导各部门发挥集合作用，共同打造适应都市型现代农业发展、融合性的社会化服务体系，引领全国现代农业发展。同时，推进产业化联合体建设，实现农业社会化服务内部化，减少社会化服务主体与被服务主体间的信息搜寻与谈判成本，同时能够充分满足现代化都市农业复合型需求。

六、北京市昌平区农业社会化服务体系调查报告

（一）昌平区农业农村基本情况

昌平区位于北京西北部，北与延庆区、怀柔区相连，东邻顺义区，南与朝阳区、海淀区毗邻，西与门头沟区和河北省怀来县接壤，总面积 1352 平方公里。其中，山地面积 800 平方公里，占总面积的 60%，2019 年末，农业人口 17.4 万人，占全区户籍人口的 26.8%，总耕地面积 46.1 万亩，山场面积 106 万亩。由于昌平气候适宜，降雨量充足，高温期与多雨期一致，特别是北部和西部山区，山前热量堆积，形成山前暖带，为区农业生产提供了有利条件，为其他产业的迅速崛起提供了雄厚的基础保障。

（二）昌平区农业社会化服务开展情况

北京市昌平区农业社会化服务体系按照“主体多元、功能互补、竞争充分、融合发展”的原则，当前呈现出以公益性服务主体为基础、合作社引领带动及农业专业服务公司融合发展的新业态。

1. 公益性服务主体方面

截至 2021 年 12 月，区、镇两级共有农技推广机构 30 个，区级推广机构 16 个，全区实有农业技术推广服务人员 463 人，其中区级农业技术推广服务人员 287 人，区级基层农技推广队伍拥有正高级职称 7 名、副高级职称 48 名，为全面开展基层农技推广改革与建设工作打下了基础。规范机构设置，细化岗位职责、明确工作标准，每个镇级机构达到“五统一”，为全面开展基层农技推广改革与建设工作打下了基础。年度大力吸引大学生村官、应往届农学专业大学本科毕业生充实区基层农技推广队伍，不断提升区基层农技推广队伍的整体素质。“十三五”期间，下属各单位专业技术人员累计获得“全国五一劳动奖章“首都劳动奖章”“全国农牧渔业丰收奖”“神农中华农业科技奖”“全国十佳农技推广标兵”“最美农技员”“北京市农业技术推广奖”等国家级奖励 23 人次、市级奖励 59 人次，近期昌平区农业机械化技术推广站被农业农村部评为“全国星级

基层农技推广机构”。

2. 合作社引领带动服务方面

目前，昌平区有各类农民专业合作社达 471 个，农民专业合作社组织基本覆盖了水果、蔬菜、草莓、花卉、食用菌、养殖、经济作物等农业产业，种植类合作社 297 个，其中以草莓种植销售为主的合作社 49 个，以蔬菜果品为主的合作社 248 个；养殖类合作社 43 个；其他类型合作社 131 个。近年来，昌平区通过政策集成，精准扶持，已发展培育了一批条件成熟的农业专业合作社，在生产、管理、科普、培训、销售等方面，发挥着引领带动作用，助推昌平农业向高效绿色发展迈进。昌平区的合作社可以分为以下三类。

一是典型的社会化服务型合作社。北京圣泉农业专业合作社，成立于 2014 年 3 月，位于北京市昌平区南口镇红泥沟村村南，现有在册社员 109 人，辐射带动社员 160 人。合作社占地 7.5 公顷，拥有 32 个日光温室标准大棚。年营业收入 680 万元。合作社有 15 名技术人员随时为社员提供技术指导与服务，推广农业新技术、新品种，积极参与并开展相关试验、示范、技术培训与推广。合作社筹建了农资服务中心，向社员及昌平西部地区农户提供农资服务，建立了农业废弃物回收站点和农业废弃物资源回收利用站点，回收西部地区农业生产的废弃农药瓶、包装袋、地膜的同时，为农户种植产生的秸秆进行粉碎发酵制肥。开办“植物诊所”为社员和农户进行病虫害防治指导与服务，建立农产品农药残留检测室，定期为昌平西部地区进行蔬菜、水果的农药残留检测。每年开展各类农民培训近 5000 人次、科普培训社区居民 8000 多人次、科普全国中小学生 15000 人次。销售方面收购社员的农产品进行统一包装统一销售，打造“红泥乐”品牌，解决社员销售难题。

北京鑫城缘果品专业合作社，合作社位于昌平区兴寿镇西新城村，现有社员 243 户，占地 2700 余亩。其中，有标准日光温室 705 栋、草莓育苗基地 300 亩，各类果树近 1000 余亩，是一家集农产品生产、销售、观光、采摘、农业技术培训、社会化服务于一体的股份制农民专业合作社，是国家级农民专业合作社示范社，是北京市“全程绿色防控示范基地”。为更好地服务社员，合作社筹建了农资销售服务中心，不断引进各项植保绿色防控技术，开展相关试验、示范、技术培训与推广，开办“植物诊所”，建立农产品农药残留检测室。创建了北京鑫城缘蔬菜、草莓病虫害专业化防治服务队，为社员和周边农户提供棚室巡查、技术指导、绿色防控、农资销售、废旧农膜药瓶回收、草莓蔬菜生产全程机械化服务、农产品销售等社会化服务。合作社在草莓、蔬菜全生育期多方面一体化的跟踪式生产服务，以昌平兴寿为核心示范实施面积 $1400hm^2$，辐射带动面积 3000 亩以上。

北京金惠农农业专业合作社，成立于 2011 年，位于昌平区兴寿镇肖村，基地占地 100 余亩，是一家集生产、试验示范、销售、科普教育、新技术推广应用及培训为一体的综合性专业合作社，现有入社社员 207 人，日光温室 362 栋，土地面积 1700 余亩，主营品种有蔬菜、草莓、食用菌，还含有樱桃、桃、杏等果品，合作社以产业化经营为模式，采用立体式销售，线上、线下相结合，现已与周边数十个高档社区、超市、企业达成合作。合作社采用规范化生产管理模式：从生产前培训到生产作业中细致指导；从农资的统一采购到农药、肥料使用中的监管；从果蔬品质监察及检验到统一包装销售。每个生产环节都细致跟踪记录，健全了生产记录制度。拥有良好的品牌意识，努力做好品牌建设工作，注册了“御享”商标。同时，合作社建立了信用管理制度，以产销合同及严谨的管理制度约束每位社员及合作社，各个合作环节严把质量关。

二是产业转型升级型合作社。北京谷氏农业专业合作社，位于北京市昌平区流村镇黑寨村，成立于 2010 年 1 月，注册社员 119 人，非注册社员 576 人，合作社原来主要是集养殖獭兔、种兔繁育、兔皮产品开发于一体的产业链合作社。2017 年，合作社依据首都北京的城市发展规划，结合首都发展的功能定位，将獭兔养殖疏解到外埠，本地的主导产业进行转型，基地改造后以种植食用菌为主，同时发展民俗旅游，在此基础上合作社创新思路，把农村富余劳动力组织起来进行综合、系统的皮草手工制作培训，合作社提供材料包，通过手工技术培训使农民实现居家灵活就业，目前合作社正筹备在试点村成立“益兔坊”，进一步促进就业增收。

三是农机专业合作社。昌平区现有四家农机专业合作社，包括东瑞盛农机专业合作社、克满农机专业合作社、百悦阳光科技发展有限公司、伊田谷专业合作社。截至 2021 年末，共有驾驶人员 47 人，维修人员 4 人，入社成员 71 户，托管土地 6400 余亩。四家农机合作组织有各类农业机械及其配套设施 150 余台（套），2021 年四家农机合作组织农机播种作业面积 1.4 万余亩，收获作业面积 9000 余亩，粉碎还田作业 7000 余亩，深松作业 1 万亩，设施草莓、蔬菜耕整地面积 80 亩，果树、花卉作业近 1000 亩，带动服务农户近 1300 户。

3. 农业专业服务公司方面

目前，昌平区有农机服务、生物防治、农业废弃物无害化处理和循环利用等各类农业专业服务组织。如北京捷西农业科技有限责任公司，是一家农业科技综合服务公司。具有国际领先、国内一流的土壤消毒技术服务队伍，是北京市最早开展土壤社会化服务的组织，是唯一一家系统完全掌握氯化苦、棉隆、威百亩、辣根素及还原法土壤消毒处理的公司，已形成诊断、方案制定、托管服务、消毒修复系统化模式，服务首都“菜篮子”工程。公司服务种植园区超过 500 个，绿控补贴合作经销商 26 家，田间培训农民累计约 8000 人次。

（三）存在问题

一是虽然昌平区合作社数量多，但是存在运作不规范、运营状态不活跃、总体带动作用不突出的情况。

二是相当一部分合作社与社员缺乏紧密有效的利益联结机制，导致合作社在提供社会化服务方面服务功能不强，尤其是在产品销售、品牌营销方面缺乏有效手段。

三是当前面向种植、养殖农户的普惠制政策较多，在发展服务型合作社方面缺少政策的精准支持，产业规模及水平提升难度大。

（四）对策建议

第一，“十四五”期间，以联合社、龙头企业、村集体为单位，提高农业产业的组织化程度，撬动社会资本、积极发挥政策的引导作用，不断壮大集体经济组织，通过实施“政策集成，一企一策，精准支持”，培育一批成熟的服务型农业专业合作社和龙头企业，实现对农户开展产前、产中、产后的“一站式”综合服务。

第二，继续以农民职业素质提升、“草莓学院”、农民田间学校为依托，加大对专业合作社领头人、职业农民的培训力度，提高全区农业从业人员科技素质和技术水平。

第三，通过全国农业社会化服务创新试点建设与提升，进一步加强合作社的规范，完善合作社的管理机制，加强与社员之间的利益联结，强化品牌意识，充分发挥合作社的引领带动作用。

七、北京市大兴区农业社会化服务体系调查报告

（一）大兴区农业农村基本情况

大兴区地处北京南郊，全区 1036 平方公里，辖 14 个镇、6 个街道办事处、437 个建制村（村庄形态 356 个）、224 个社区居委会。2021 年，农业户籍人口 9.16 万户、26 万人。

全区现有耕地面积 29.88 万亩，农业设施大棚 4.75 万栋、5.09 万亩（棚内面积），设施数量约为全市的 1/4。多年来，培育了蔬菜、西甜瓜、果品、花卉等几大种植主导产业。2021 年，粮食播种面积 8.45 万亩，产量 3.8 万吨；蔬菜播种面积 21.2 万亩，产量 46.5 万吨，是北京市蔬菜主要产区之一。西瓜播种面积 4 万亩，产量 12 万吨，居全市首位，目前已形成了以庞安路为主线的特色产业带。

（二）大兴区农业社会化服务开展情况

近年来，大兴区紧紧围绕市委、市政府关于全面推进乡村振兴总要求，聚焦农业产业发展薄弱环节和服务小农户，逐步完善政策支持，发展多元化、多层次、多类型的农业社会化服务。目前，形成以政府公共服务为主导，多元市场主体共同参与的农业社会化服务模式。

1. 提升重点领域服务水平

（1）以政策为引导，开展设施农业全产业链专业化服务

建设加工仓储、集约化育苗场、蔬菜专业镇、生产管理及产销服务 9 个产业集群项目。聚焦增加蔬菜产能等关键环节，安排资金 1.29 亿元，通过“以奖代补”对 8 个镇的 30 个重点项目给予支持（预计新增高质量农业设施 200 栋左右、提升农业设施 700 余栋，设施蔬菜产量预计增加 9000 余吨，产值预计增加约 7000 余万元，带动就业人数预计增加 700 人左右），推动魏善庄镇、北臧村镇两个高效设施农业试点建设，建设高效设施 106 亩。在 9 个镇 185 个村实施农业设施和农田信息化建设，覆盖 115 个园区及合作社，面积 4.86 万亩，实现全

区菜田信息化覆盖率达到30%。

（2）以公益服务体系为主，开展农产品质量安全监管服务

完成了“国家农产品质量安全区”创建，农产品质量安全监管形成区、镇、村三级管理体系和区、镇、企三级检测体系。不断在人员、设备、资金、制度等多方面强化镇级农产品质量安全管理站建设，进一步提升镇级农产品质量安全监管与服务能力。持续推进农业标准化基地建设、“三品一标基地”建设（区长子营镇蔬菜“三品一标”基地入选农业农村部第一批100家全国种植业“三品一标”基地），大力推行食用农产品合格证制度试行工作。2021年，开出蔬菜、西甜瓜等农产品合格证54万余张，附带合格证上市农产品1.9万余吨；完成农产品定性检测3.2万余个，累计抽样检测3700余件，合格率100%。

（3）加强政企合作，依托社会资本开展生产托管服务

随着机场建设、产业结构调整，一部分土地从农民手中流转出来，由于农村劳动力短缺且年龄偏大使得流转出的土地在一定程度上无法实现高效利用。如北京大兴机场周边村庄拆迁后，榆垡镇流转农用地23085亩。为了高效利用这些土地，榆垡镇将机场周边所有流转土地及原镇属公司经营的千亩设施农业园托管给新农创公司管理（成立了“北京新农创建设发展有限公司”，榆垡镇镇属公司持股40%，新农创科技集团持股60%，乡村振兴的产业发展运营工作均由北京新农创建设发展有限公司承担）。目前，该公司已完成种植面积16460亩，分别建立起生产种植基地、新品种示范基地及节水示范基地（未来镇企双方将依托各自优势，从农业生产组织化、流通组织化、城乡互动组织化入手，助推榆垡镇第一、第二、第三产业融合发展，推动乡村全面振兴）。

2. 培育多元协同服务主体

（1）发挥集体经济“统”的功能

2021年，依托市级940万元资金，实施5个集体经济项目建设，覆盖7个村。以自主经营、入股合作的模式，通过发展设施种植、加强产销对接、提供技术指导、开展订单销售等实现产业提振，带动村民就地就业。

（2）发挥龙头企业“带”的作用

引导农业产业龙头企业发挥资本、技术、渠道优势，通过“土地流转+优先雇佣+社会保障”的利益联结方式，让小农户分享农业产业发展政策红利。如北京宏福国际农业科技有限公司流转租赁庞各庄土地1272亩，建成50000平方米独体智能温室及6000平方米配套设施，引进荷兰现代温室技术和智能管控技术，主栽多用途番茄和樱桃番茄。公司吸纳周边农民112人到园区从事生产作

业和包装作业，按时足额支付薪酬，并交纳五险，保障基地产业工人工资在4000元以上，年收入达5万元以上。

（3）发挥农民专业合作社“联”的作用

目前，全区共有区级以上示范社28家，不同程度在联农带农、示范引领、生产托管、销售帮扶等方面发挥了服务和带动作用。其中，庞农兴、庞安路合作社入选“2021中国农民合作社500强”。此外，加大政策引导，鼓励合作社开展社会化服务。2021年，安排一定比例的资金用于支持农民专业合作社围绕农业生产中的耕、种、防、收等环节开展托管服务。广源富民、京采兴两家合作社通过开展种植托管和防控托管服务，托管农户作业面积440亩，实现户均增收4000~8000元。

3. 搭建专业高效服务平台

（1）搭建农产品流通营销服务平台

一是指导生产经营主体带动周边社员、农户开展农超、农社、农企、农餐产销对接，鼓励其积极探索网络直播、社区团购、社区直营店、休闲采摘、产品展卖等多元化销售模式。二是联合北京新媒体技师学院开办“网络直播与短视频制作”培训班，提升生产经营主体电商销售实战能力（目前，已有多家合作社、家庭农场开设淘宝、抖音账号，积极探索电商销售方式）。三是政府搭台，企业唱戏。2021年上半年，区农业农村局、商务局、产促中心联合举办了产销对接会，为30余家合作社及头部平台企业搭建平台（对接会后首农等多家企业与大兴区合作社、生产基地建立订单业务，推动了农产品本地化销售）。

（2）搭建金融支农服务平台

一是落实农业领域贷款贴息金融扶持政策。2021年，协助49家符合贷款贴息条件的新型农业经营主体申请贷款贴息及担保费补贴，申请发放补贴65笔，共计1496.8767万元。二是落实农业保险政策。按照每年不超过政策性农业保险年度保费总额的10%向各镇安排工作经费，用于投保人保费补贴、协保员补助、宣传培训经费、防灾防损费等方面。2021年，全区政策性农业保险参保农户达10562户，承保小麦、玉米、西瓜、果树、温室大棚、蔬菜、育苗、肉牛等23个险种，实现总保额7.3亿元，总保费2663.69万元。截至目前，已决赔款5219.67万元，涉及7255户。

（3）搭建农民培训服务平台

以提升产业发展、促进农民增收为主要目标，整合各类农民培训资源，做好农民培训工作。在培训模式上，采取培训时间“集中+分散”、培训组织“住宿+走读”、讲课方式“讲授+讨论”、课堂安排“教室+基地”的灵活模式。在课程设置上，分别设置了面向基层农技推广人员、村级全科农技员、农业科技示范主体开展的基层农技推广服务能力提升培训，以及面向涉农企业、种植园区、合作社、农户等新型农业经营主体开展的生产技能培训。全年累计培训农民3000余人次。

4. 探索创新服务运行机制

（1）创新监管服务模式，区、镇两级开展流动检测工作

区级配备农产品流动检测车，直接服务田间地头，实现了现场抽样、现场检测、现场出结果、现场处置安全隐患的即时监管服务，全年检测样品1700多个。镇级探索建立“网格化+流动检测”，如长子营镇结合实际建立起网格化日常巡查和田间地头速测监管模式，将整个镇域划分为5片，每片配备移动速测电瓶车，每日按片进行巡查，发现有即将上市的产品，现场采样，现场检测，结果合格方可上市，日检测样品达100余个，3天可100%覆盖全镇生产主体。

（2）创新利益联结机制，探索打造“凤河联盈”模式

一是党建引领强根基，锻造脱低增收工作的“主心骨”。由镇党委统筹，小黑垡村、上黎城村、潞城营三村、赤鲁村、北蒲州营村5村党支部负责人联合发起，以合作社联合社为依托，采取“支部+合作社”模式，充分发挥“头雁引领”作用。二是联合经营抵风险，组建开拓市场的“联合舰”。北京泰丰肉鸽养殖专业合作社、北京绿泉农产品产销专业合作社、北京长亦兴民俗旅游专业合作社、小黑垡旅游专业合作社和北京台达梨产销专业合作社，5家合作社抱团发展，整合资源，优势互补，开展种养结合、农旅结合，共抵市场风险，开辟流通渠道。三是盘活资源增效益，形成加速农业产业结构升级的“助推器”。联合社流转整合全镇800余亩农地资源，开展农业标准化生产、农产品加工、农业服务、技术交流等，探索“共享菜园”“直供直销”“休闲农业”等多种经营模式，加强产业融合，促进提档升级。四是带动就业稳民心，给农民吃下托底帮扶的“定心丸”。联合社一方面发挥产业帮扶、就业帮扶带头作用，通过吸纳周边村民来合作社上班，吸纳社员入社入股，以安置就业、股份分红等形式促进农民增收；另一方面积极承担社会责任，为全镇残疾人和低保户建立分红保障，使其充分享受联合社发展成果。

（三）存在问题

一是从事生产环节等服务的多，从事加工、销售等服务的少。缺少龙头带动，服务覆盖范围较窄。

二是以政府为主导的公益性服务多，社会资本参与服务较少，缺少市级层面有针对性的支持政策，缺少对社会资本参与服务的激励机制。

三是现代农业高质量发展和“高精尖”农业科技的应用水平不高，社会化服务组织的专业化程度不高，需要更多“外脑”加入其中。

（四）对策建议

依托大兴区区域功能定位、资源优势、产业特色、市场空间，积极探索创新社会化服务业态、机制，以点带面，示范引导农业社会化服务加快推进。主要围绕以下几点开展相关工作。

第一，扩大服务产业规模，打造特色优势产业集群。创建国家级现代农业产业园，通过“以奖代补”项目建设，推进高效设施农业建设任务、推动绿色有机示范带试点和标准化基地建设。

第二，提高核心产业服务水平，大力发展种业。建设国际新品种引进测试中心，丰富华北地区种质资源库。建设北京瓜菜育苗产业基地，提升存量，培育增量。计划到 2025 年育苗量达到 3 亿株。创建健康种苗检测中心，完善行业标准，加大行业监管力度。

第三，增强数字化服务能力，加强农业科技和数字化应用场景建设。建设数字农业试验室，摸清全域农业资源结构，分析产业适配性；实施农业项目入库，开展透明化管理；下大力气抓全产业链试点，聚力强链、补链；探索推行“西瓜指数”，引领价格指数。

第四，整合资源，扩大服务领域，持续开创“三产融合兴农业”新局面。推动“农+旅”“农+科”“农+文”“农+商”等模式建设，做精休闲农业和乡村旅游。

第五，提升服务质量和效果，持续推进快速增收。拓展农民就业和增收空间，不断缩小城乡居民收入差距。培育新型“农创客”，引导发展订单农业、直播带货等生产经营模式；探索发展“共享农宅”，开发特色农产品“伴手礼”，吸引更多社会资本投入农业农村。

第四部分

经验案例

北京篇

一、北京张书安农业技术服务专业合作社：延伸产后服务领域努力实现持续稳步发展

随着北京市农业产业结构调整，以大田粮食作物机械化作业服务为主的农机合作社生存空间和经营效益受到了一定影响。北京张书安农业技术服务专业合作社主动调整业务方向，持续保持了玉米全程机械化作业面积稳中有增，又结合北京秸秆禁烧行动，发挥自身综合优势，抓住机遇，开展农作物秸秆回收，成为秸秆综合利用延庆模式中重要环节“秸秆打包”农机作业服务的主体，解决了种植农户秸秆回收难和秸秆利用企业秸秆资源短缺的现实问题，在实现社会效益的同时，提高了合作社经济效益，真正实现了持续稳定发展和效益双赢。

（一）基本情况

北京张书安农业技术服务专业合作社位于北京市延庆区旧县镇西龙湾村，于2007年9月成立。目前，合作社拥有各种类型的农机具92台，固定资产达576.6万元；入社社员户数为26户、农机手及维修工人12人、管理人员3人，占地面积2200平方米，机库576.6平方米，办公面积301平方米。合作社2018年年收入200余万元，是建社之初的15倍以上。2015年，被评为延庆区农民专业合作社示范社；2016—2017年，被评为延庆区规范化管理先进农民专业合作社；2018年，被评为北京市农机合作社标准化建设示范社。

（二）主要做法和成效

在合作社成立之前，张书安本人是一个为本村玉米种植户提供部分环节农机作业的农机大户，随着2007年1月《农民专业合作社法》（以下简称《合作社法》）实施，北京市农业局组织以农机大户为主体的农机社会化服务组织管理与运行培训班，对《合作社法》及相关优惠扶持政策进行了解读和讲解，引

导符合条件的农机社会化服务组织注册成立农机合作社，张书安作为延庆区综合实力较强的农机大户，看到了农机社会化服务将大有可为，在2007年9月依法注册成立了以农机社会化服务作业为主业的张书安农业技术服务专业合作社，经过多年的发展，合作社服务能力逐年提升，2018年，合作社为本村及周边村镇农户提供各项作业服务近5.6万余亩，服务农户7000多户，走出了一条依法规范发展、农机服务特色显著、经营效益稳步增长的健康持续发展之路，成为延庆区农机合作社的翘楚。

1. 农机装备设施水平不断提升，实现玉米全程机械化作业服务

2007年合作社成立之初，农机装备只有铁牛55、江西180和洛阳170等大中型拖拉机4台，配套机具10台（套），受机具种类和数量限制，只能开展耕整地和粮食作物播种作业，年作业面积约6000亩。合作社成立后，国家农机购置补贴政策的实施和农机社会化服务旺盛的需求为合作社发展壮大提供了机遇，合作社结合延庆区农业玉米种植区域优势，以玉米全程机械化农机配套装备为重点，先后购置了东方红1204、854拖拉机2台，约翰迪尔1204、654拖拉机6台，玉米免耕播种机1台，博远、勇猛玉米收获机4台、植保机械3台，华德和纽荷兰秸秆打捆机5台、自走式压包机5台，玉米生产全程机械化农机装备水平显著提升，为玉米全程机械化作业提供了完善、坚实的装备支撑，使玉米生产由单一的耕整地、播种机械化作业，发展到耕整地、播种、植保、中耕施肥、收获、秸秆回收全过程的机械化作业。合作社优质、全程、高效的农机作业服务，赢得了良好的口碑，赢得了当地政府和种植农户的信任，旧县镇和沈家营镇全镇玉米种植全程机械化作业服务和秸秆回收作业全部由合作社提供农机作业服务，2018年，玉米全程机械化作业总面积达3万亩，为推进延庆区实现玉米生产全程机械化做出了贡献。

2. 发展综合农事服务，"一站式"解决农户生产难题

为种植松散农户提供"一站式"预约农机作业服务。对于一家一户小规模种植散户，农机作业服务需求只是单一环节，如播种、收获等，合作社对农户做到一视同仁，采取提前预约式农机作业服务模式。与农户提前沟通，确定作业计划，周密安排，合理调度机具，使农户享受到与合作社成员同样的农机服务，确保作业质量；合作社始终坚守"扶低济困、爱心服务"的经营理念。对于低收入困难户给予帮助，采取无偿、降低、延缓付费等方式，仅2018年合作社就减免作业费3万余元。合作社始终坚持降费不降质的原则，合作社的"一站式"服务为松散种植小农户和低收入户提供了农机作业服务，有效解决了小

农户农业生产中机械化作业的难题。

利用合作社场地、装备和技术优势，开展农机化新技术、操作技能和维修技能、农机安全等专题培训，为农机作业人员提供培训服务。每年举办多种形式的培训，合作社先后举办了北京农机安全巡回训话大讲堂，延庆节能减排装置加装培训，延庆区三秋农机安全监理培训、延庆区新型职业农民—农机手培训，年培训数量达300余人次。

合作社在为农业生产服务的同时拓展服务范围，作业服务由大田全程机械化向花卉、药材、林果业机械化快速发展。协助区园林部门处理林业废弃物9000多亩；承担了大爱国泰（北京）花卉科技有限公司近1000亩郁金香种球的机械收获任务；承担了康庄镇榆林堡村2000亩藜麦的全程机械化作业任务；承担了沈家营镇香村营村1100亩中药材的整地和药材收获任务；为永宁镇一个种植合作的600亩药材提供耕整地、开沟、播种等作业。通过多元化农机作业服务，扩大了作业面积，提高了经营效益。

3. 整合秸秆废弃物农机装备资源，发挥农机作业主力军作用

在开展玉米生产全程机械化农机作业服务的基础上，合作社积极承担完成秸秆回收与综合利用农机作业任务，自2015年以来，合作社先后购置了5台自走式压包机，5台打捆机，1台抓草机，2台挖掘机，1台大型移动式综合粉碎机等秸秆废弃物回收与利用配套农机装备，先后整合北京东祥环境科技有限公司、聚龙蚯蚓养殖专业合作社、北京百绿草种植专业合作社、北京茂源祥达农机服务有限公司等秸秆机械化处理中标的合作社和农机大户等农业机械资源，提高了农业机械的利用率，合作社成为延庆区机械化秸秆回收任务的主力军。近几年，合作社先后承担旧县镇、沈家营镇和永宁镇的秸秆机械化处理任务，服务农户7000户以上，2018年冬季到2019年春季机械处理秸秆达15000亩。成为德清源公司的秸秆燃气化试验站，及北京东祥环境科技有限公司、聚龙蚯蚓养殖专业合作社和首创集团延庆污泥处理厂有机肥生产与污泥处理方面的秸秆供应方，秸秆回收成为合作社主要经营服务内容，在杜绝了农业面源污染，发挥了社会效益的同时，增加了合作社经营效益，为打赢北京“蓝天保卫战”，实现北京市秸秆全面禁烧发挥了重要的作用。

4. 创新性地形成秸秆回收与利用“延庆模式”

秸秆回收与利用是北京市农机部门的重点工作任务之一，张书安农业技术服务专业合作社作为任务的承担单位之一，在市、区农业部门指导下，经过探索实践，形成了依托农机合作社，以市场化运行、社会化服务为核心的可持续

运行的秸秆收、储、运模式，该模式在延庆区成功运行并取得显著成效，因此又被总结为“延庆模式”。该模式采用“农户+农机合作社+秸秆用户”的运行方式，在作物收获后，该农机合作社利用秸秆捡拾打捆机进行秸秆打捆回收作业，并支付给农户一定的报酬，再由农机合作社将打捆后的秸秆集中出售给秸秆用户，用于加工秸秆肥料、饲料或燃料等。该模式对农户来说，农机合作社负责给农户解决净地问题，农户还可以得到20~40元/亩的秸秆销售收入；对秸秆需求企业来说，解决了秸秆回收成本高和秸秆来源难题；对农机合作社来说，由于农业生产的季节性，每年的11月至来年的2月原本是农闲时间，而秸秆打捆业务可以填补这部分空白，延长了农机合作社作业周期，拓宽了农机社会化服务内容，每亩地秸秆回收纯利润约100元，年秸秆回收面积15000亩，每年合作社秸秆回收纯收入达150万元，增加了经营效益，三方都受益。此种模式的农机合作社在农户和秸秆用户企业中发挥了桥梁和纽带作用，既增加了合作社经营收入，又解决了分散农户秸秆处理难和企业用户秸秆回收成本高的难题，在北京地区得到了广泛的推广。

二、北京兴农天力农机服务专业合作社：土地适度流转与多元化经营助推合作社健康发展

北京兴农天力农机服务专业合作社依托首都巨大的消费市场及地域优势，充分挖掘农耕文明的文化底蕴，以大田粮食生产全程机械化为基础，努力拓展农业社会化服务的内涵，大力发展矮化密植果园、设施蔬菜园区、农耕文化体验区等，打造综合性现代农业生态园区，深度挖掘农业潜在资源，立足生产、生活和生态，开发集观光、休闲、体验、教育等功能为一体的综合园区，谱写出了一首一二三产业、都市与农村相互融合发展的交响曲。

（一）基本情况

北京兴农天力农机服务专业合作社成立于 2008 年，位于顺义区赵全营镇前桑园村，现有社员 365 户，有 30 名管理人员，拥有各种现代化农机装备 281 台（件），主要包括整地机械、播种机械、植保机械、施肥机械和收获机械，农机原值 3000 万元。粮食种植 3 万余亩，设施大棚 200 栋，苗木果树种植 500 亩，总资产 1.1 亿元。合作社发展初期主要从事农机作业服务、配件销售、农机维修等服务，经过多年发展，已成为集多元化经营与多样化服务为一体的新型农业经营主体。合作社立足农机作业服务，通过土地流转、全程托管等形式，实现了土地适度规模经营，同时积极跟进北京市农业产业结构调整，抓住机遇，迎接挑战，调整种植结构，开展设施蔬菜、设施花卉、露地蔬菜、休闲景观农业、农机文化科普与展示、农产品产后加工与销售等多元化经营与服务，实现了规范创新持续健康发展。合作社先后被评为全国农民专业合作社示范社、全国农机专业合作社示范社、北京市农民专业合作社示范社。合作社理事长陈领被农业部评为高级农村实用人才，被推选为北京市农民专业合作社联合会副会长、顺义区农民专业合作社联合会会长，北京市“劳模”。

（二）主要做法和成效

1. 抓住机械化玉米青贮黄金发展期，合作社驶上“快车道”

2007 年，国家颁布了《农民专业合作社法》，鼓励农民专业合作社“抱团”发展。从事农机修理和配件销售的合作社带头人利用自身优势和带领大家共同致富的情怀，于 2008 年，带头组织了 8 户社员成立了北京兴农天力农机服务专业合作社，采取以土地入股、农机入股和资金入股的方式开始合作经营，为农户进行农机作业的同时，合作社流转了 600 多亩土地进行统一种植。农机作业是很多农机合作社主要甚至唯一的营收来源，成立之初的兴农天力也不例外，合作社成立以后，采取“服务本地，跨省作业”模式，积极扩大作业范围，先后将北京、天津、河北、山东、安徽、内蒙古等地纳入自己的作业区域。跨省作业不仅提高了机手收入，也大大提高了农机利用率。

传统的玉米收获既费时费力，收益还低，当时的顺义区是养殖大县，各大牧场对青贮饲料需求旺盛，但是市场上青贮收获机械特别是高端机械并不多见，市场供不应求。在 2009 年，合作社与当地奶牛场合作，以每吨 310 元的价格将玉米连同秸秆一起收割送到牛场做青贮饲料。合作社利用租用的青贮收获机，仅用 2 天就完成了青贮玉米的收获，平均每亩收益比传统玉米种植增加了 150 多元。看到了青贮发展前景的合作社在 2010 年利用政府贴息贷款，分期付款购买了价值 197 万元的迪尔 7250 青贮收获机 2 台。由于作业质量好、效率高，再加上多年跨区作业积累的人脉，兴农天力很快就获得了几笔大型亩产的订单。至此，兴农天力农机服务专业合作社能够为社员和周边农户提供青贮玉米的耕、种、管、收全程机械化服务。周边村庄的许多农户发现，将土地流转给合作社既省心还能增加收入，纷纷申请加入合作社，2011 年合作社的社员就已经发展到 165 户，流转土地增加到 1 万多亩。

2. 加快农机装备发展，推进粮食作物全程机械化

农业机械是合作社的功臣，也是农机作业的主力军，所以，合作社成立之初，陈领就认为先进可靠的农业机械必不可少，产品的价格、质量和产品购买后的售后服务问题是必须考虑的因素，不能贪小便宜吃大亏。现在的合作社机库棚里，全是一线知名品牌的农业机械，虽然这些机器首次投入高，但是作业质量有保障，关键时刻不掉链子，成为合作社的赚钱利器。近些年，随着业务量的增加和农户对全程机械化作业的需求，合作社不断引进购置先进适用的农机装备，陆续购买了约翰迪尔精量播种机、指针式喷灌机、植保打药机、无人

植保飞机、约翰迪尔收获机、秸秆捡拾打捆机等系列全程机械化装备，经过几年的努力，实现了玉米、小麦等作物生产全程机械化。2019 年，完成全程机械化作业面积 5 万亩，是 2008 年的 50 倍。

3. 探索土地流转模式，推进都市粮食生产规模化

2012 年，北京市政府为促进城乡一体化发展，推广“新三起来”发展战略，打造北京市高标准粮食生产农田，提高土地产出效率和农田生态景观价值，在顺义区实施了都市型现代农业万亩示范区建设，凭借较强的装备及丰富的作业经验，兴农天力最终承担了这一项目的种植和农机作业服务。通过统一良种，统一播种，统一管理，统一防控，统一收获，兴农天力种植高产新品种和实施大规模全程机械化作业，大大降低了种植成本，提高了亩均纯效益。示范区之前的土地需要 1000 个农户经营，合作社仅需 65 个社员。而且，通过土地流转和规模经营，每亩地能多收一茬小麦，土地产出率和劳动生产率大大提升。

同时，合作社还积极组织农民进行土地流转，采取农民自愿，村集体负责组织的办法，即“村民+村集体+合作社”，合作社与村集体签订流转协议，共计流转了 12000 亩土地，另外还有 10000 多亩土地由合作社统一托管。合作社采取“七统一”服务模式，即统一种植品种、统一采购肥料、统一农艺管理、统一农机作业、统一购买农作物保险、统一销售、统一分红。规模化种植之后，大型农机有了用武之地，也实现了小农户与现代农业发展衔接。合作社严格遵循农民专业合作社法的相关规定，种、肥及保险的各种补贴量化到每一位社员。合作社给托管的土地上保险，给托管农户吃了一颗“定心丸”，遇到旱灾、风灾、雨灾、雹灾，有保险公司担保。合作社统一安排上茬种植小麦、下茬种植玉米，收获的农作物合作社负责统一销售。合作社与顺鑫种业公司合作种植培育小麦优良籽种，销售价格比普通小麦每公斤多 0.6 元，与首农集团合作配送青贮饲料，每亩小麦收入 1200 元，青饲玉米收入 1400 元，亩收益比农户自己种植多收入 500 元，极大地调动了社员种田的积极性。此外，合作社还为流转土地的农户优先提供就业岗位，农民忙时去种地，闲时学习科学种田技术，不仅能领取到 1260 元的保底收益，还能领取每月 4000 多元的工资收入。合作社给入社社员上五项社会保险，入社后每户年增加收入 1.2 万元，社员还将得到 60% 的盈余返还，几年来合作社带动了周边乡村 5000 多农户增收致富。

4. 进一步拓展服务链，开展综合农事服务

合作社在做好农机服务和粮食种植的同时，还发展了 2000 亩的蔬菜种植和 200 个设施大棚，主要种植叶类蔬菜、果类蔬菜、葡萄、草莓、无花果等。为了提

高蔬菜品质，合作社实施有机绿色种植，进行了有机认证和绿色无公害认证，并注册了“乡土风”“兴农鼎力”等商标。合作社以联保的方式，为30户社员担保，共融资贷款150万元，与合作社共同出资300万元建设了冷链保鲜库和蔬菜包装车间。为了提高蔬菜和水果销量，合作社建立了电商销售平台，并与春播、彩虹雨等多家电商合作，销售各类优质农产品，深受市民的欢迎，价格是同类产品的3倍，年销售额达1500万元。2018年，“兴农鼎力”商标被评为“北京农业好品牌”，合作社种植的草莓被北京市民评选为2016年草莓之星二等奖。

合作社是农业农村部农业干部管理学院、顺义区农机学校等多家培训机构的实训基地。从2013年起，合作社依托农机装备和技术实用人才优势，先后举办了粮食种植技术、蔬菜种植技术、农机驾驶操作与维修技术、农机安全等多期培训，培训了3万人次，得到了培训机构和参训人员的广泛好评。

合作社还依托专业化的农机维修装备和人才，为社员和周边农户提供农忙修理、农闲维护保养的服务，年维修收入80万元，同时培养了一批农机维修实用技术人员，其中社员司庆振获得“全国拖拉机作业技能大赛技术能手”称号，司庆振和陈军峰获得“全国农机手机王大赛十佳选手”，多名经验丰富的农机修理工经常为当地的农机手进行培训指导。

理事长陈领根据作业过程中遇到的实际问题，带领社员进行农机具技术革新，发明了有机肥深松施肥机和宽窄行播种机、玉米剥皮机及太阳能自动追光装置等适于农业生产和节省劳动力的各项发明机具，获得了六项国家专利。

5. 立足产业融合，打造都市现代农业发展样板

围绕党的十九大提出“乡村振兴战略”，结合北京市农业“大城市小农业，大京郊小城区”的特点，2017年，合作社创新发展思维，利用规模土地经营优势，重点发展生态休闲农业服务新业态，打造建设田园综合体兴农天力农业园，成为北京市民小长假田园观光、农事体验、农耕文化科普的打卡地之一。2018年以来，举办了醉美油菜花节、小白菜采摘节、鲜食玉米节、中国农民丰收节等节庆活动，吸引了游客30万人次。通过举办各种生态观光、休闲采摘活动，宣传和销售优质农产品，进一步提升了合作社的影响力，取得了经济效益和社会效益的双赢。2018年，兴农天力农业园被评选为“四星级休闲观光农业园区”，被北京市教委评选为中小学生大课堂资源单位。2019年，作为中国农民丰收节庆祝活动的主会场，国务院副总理胡春华来到兴农天力农业园，与合作社社员共同庆祝中国农民丰收节，给予了社员极大的鼓舞，更加坚定了合作社带领社员建设美丽乡村，大力发展现代农业的信心和决心。

三、北京市大华山农业技术推广站："互联网+"全程服务推动农业提质增效

北京市大华山农业技术推广站以"政府支持、企业主体、大专院校、科研院所合作、农民参与"的市场经济模式，推进"互联网+"全程社会化服务。打造全国最具特色的优质农产品生产、营销网上平谷交易平台，形成产前、产中、产后全服务链条。促进小农户和现代农业发展有机衔接，提供线上、线下全覆盖、"批发+供货+零售+分销"，实现集中连片推进农业生产托管。帮助农民快捷、便利、高效促销农产品，引导消费者网络体验式订购，提高产品附加值，促进区域经济发展，带动农民增收。

（一）基本情况

北京市大华山农业技术推广站创建于1987年，坐落在"中国桃乡"平谷区大华山镇。全站现有职工45名，固定资产1000万元，农机具60多台（套），实验室、试验示范基地、培训教室、服务设备等齐全，与100多家农资经销商和农业部农技推广中心等10多家科研院所建立了合作关系。32年来，该站以科技促进农业发展，为解决当地农业生产技术难题发挥了关键作用。2015年以来，先后多次获得首都"精神文明先进单位"和"诚信经营企业"、全国"农化服务明星单位"、全国"统防统治星级服务组织"等荣誉。2020年2月，被国家知识产权局认证为农业高新技术企业北京"科技小院"工作站，中国农大科技特派员工作站入驻该站。

（二）服务特点

北京市大华山农业技术推广站通过"产业+互联网"的融合和创新，创造与互联网、物联网、传统优势立体并轨的全新产业模式。

第一，以农产品溯源体系建设为突破口，贯穿产前、产中、产后，连贯四大方向，打通农业全产业链的"任督二脉"。

第二，瞄准农业生产、经营、管理和服务"四大应用"，突破大数据、物联

网、数字农业等前沿技术，建立全产业链条智慧农业系统。

第三，依托淘宝、京东、北京新发地农贸市场等，发展农产品交易电商平台，拓展线上交易市场。打造淘宝农业、农产品微商等“小而美”的经营模式，逐步扩张品类，如联想佳沃。

第四，发展多元化农业众筹模式，利用股权、订单农业、大家种等方式，实现农产品、农场、农业技术、农业产业各领域众筹，整合资源。

第五，构建“农业云”平台，利用大数据指导生产，开发新技术，预测市场行情，促进农业产业模式创新和效益提升。

第六，推行“五大服务”，即优质农资供给配送服务，菜单式技物结合服务，“保姆式”全程社会化服务，把脉式技术指导、咨询服务，订单式果品营销和深加工增值服务，提升农业生产专业化、商品化和社会化水平。

第七，建立核心专业团队，组建科技智囊团，推进“政企+科研+农户”合作，实现全流程社会化“优质、绿色、安全、集约”服务，带动农产品销售，引领“科技+农户”取得社会效益。

第八，瞄准市场，建立专业服务队、“月例会”制度、技术培训课堂，开展专供式和订单式农产品销售，推行“电商+底商”模式，为果农繁育优种苗木、提供优新品种，让市民享受来自绿色食品的饕餮盛宴。

第九，建立与中国农业大学等科研院所联合运营管理机制，将科学研究成果转化、人才培养和市场需求融合，提升首都农业科技创新示范的作用。

第十，农资供应、植保技术推广和农业产业社会化服务涵盖范围广阔，延伸辐射河北、天津、内蒙古等地区，北京市 16 个郊区县共有大华山推广站连锁加盟店 200 多家。

（三）典型做法

采取“政府支持、企业经营、农户参与网络运营”的方式，构建“互联网+农业生产+农技服务+农产品销售+农民教育”的优质互联网产供销学一体化服务新平台。

“互联网+农业”生产平台。采用自动化、智能化、远程控制的生产设备，通过生产可视化系统、园区环境智能控制系统、农事管理系统等智慧农业管理平台，让消费者在网上就可浏览生产过程，并及时发现解决生产过程问题，打造完整的质量标注、追溯体系。

“互联网+服务”创新平台。建立产前农资等投入品监管配送、产中科学管理、产后营销等三大服务平台。对生产经营主体实行动态监管，提供如农资补贴等个性化定制需求。开通农业投入品下乡“快车道”“直通车”，实行“六统一”服务，实现订单式批量销售、看样订货、网上预约订货、配送上门。设立并推广果园规划设计、新品种引进等10余项订单式服务项目，全部网上结算。

“互联网+销售”电商平台。采取“公司+农户+营销市场+深加工企业+电商”的服务模式，开展产后产品营销、深加工产品开发延伸产业链，实现产后增值。入驻京东、淘宝扩大营销规模，注册“蜜多邦”互联农业品牌。采取社区、农超对接，体验采摘，线上微店销售等形式拓展营销渠道，并利用24小时无人智能售货柜在社区开展线下销售。

“互联网+课堂”培训平台。开设“互联农业空中大课堂”，制定每月课程计划，以视频图文语音形式传播农业科技理念，“农时到了我必讲”“农民有问我必答”“高手在民间”三个栏目深受农民欢迎，现已建群40个，吸收会员2000名，拍摄播放技术类视频10项，为农民解答生产中技术问题10项。与中国农业大学开展合作，对产品包装设计，开展技术咨询、成果发布、企业诊断等活动。开展农产品产后分选、分级、包装试验示范，引导产后标准化。

（四）成功经验

承担和完成了国家级星火计划项目“科技部平谷桃产业科技服务体系建设”、北京市科技成果转化平台、“平谷桃分级分选设备引进”、“中国企业科协—创业先锋项目”、北斗导航农机自动驾驶等X个项目，辐射带动大华山镇16个大桃专业村、3.7万亩桃园、3000农户户均增收1300元，建成农业机械装备性能测试、中试熟化基地，开展农产品产后分选、分级、包装试验示范，保持了行业产后标准化领先水平。

2016—2019年，承担和完成北京市植保站果、蔬绿色防控项目，带动120户农户开展无公害农产品生产；2018年，完成北京市平谷区科委桃树主要病虫害统防统治项目，实践总结保护生态环境的科学防治病虫方法在全区22万亩桃园推广应用，避免经济损失约2000万元。

2018—2019年，承担和完成北京市科协“科普惠农兴村计划”“优质安全平谷桃科普基地、桃产业科普平台建设项目”，建立了2个科普示范基地、5个科普示范村、1个科普驿站，年开展科普活动30余次，科普服务人次50000余次。

2017—2019年，开展果树优种引进繁育基地建设项目，年引进桃树优新品种15个，繁育优质苗木10万株。开发病虫害诊断及综合防治、农产品追溯系统软件2项。引进配套先进信息化监控设备7套，免费为农户开方抓药800余次。

每年为果农、企业喷药耕作5万亩次。申请专利5项、软著5项，解决技术难题8项，推广应用、创新技术10项。

2016—2019年，推广站和北京市植保站、平谷区科委一道在平谷、顺义、怀柔、延庆等地进行绿色防控示范工作，确保示范区绿色防控覆盖率达到100%，达到绿色产品标准或无公害农产品标准，示范区平均减少化学农药使用率30%以上。

（五）主要成效

一是推动农业经营方式的转变，促进农业产业链的有机整合，提高农业附加值，服务面辐射京津冀。

二是改善农产品生产与市场关系，实现生产与调控的动态平衡，解决“小生产”与“大市场”的矛盾。

三是促进农业生产手段创新，打造“蜜多邦”、互联农业优质品牌，提高科技对农业的贡献率。

四是完善农业发展路径，加快低碳农业、生态农业与可持续农业并举发展，解决自然、市场和农产品质量安全的关联问题。

五是探索建立完善的合约机制，推广全程社会化服务，为做好“三农”工作进行示范和引导。

四、北京一亩田新农网络科技有限公司：互联网商业模式创新

由北京一亩田新农网络科技有限公司营运的“一亩田”成立于2011年，平台定位于推动“农产品进城”，致力于“让每一亩田更有价值”。一亩田依托移动互联网技术，开发运营了具有多重功能的手机App，形成系统的移动电商平台。

截至2018年11月，一亩田平台用户总数已突破1300万人，平台在售农产品1.2万余种，产品来源于2800余个县，一亩田已经发展成为全国领先的农业电商平台。

（一）发挥B2B业态优势有效推动农产品上行

一亩田以解决农村面临的最重要问题——“农产品销售”为切入点，利用互联网自身优势，有效缓解了农村地区因地理位置偏远道路不通畅，信息相对闭塞带来的农产品销路难、滞销等问题，带动农产品走向更广阔的市场。

一亩田平台买方主要为农产品批发商、餐饮连锁企业、商超、电商平台等，卖方主要为合作社、家庭农场、种养殖大户、农产品经纪人等。在以上这些规模化、专业化农业经营用户基础上，一亩田采用的B2B电商业态，能够有效解决一般农产品电商形态下单位业务量偏小造成的交易成本过高的问题，也成为农村市场现有服务条件下推动农产品上行的重要模式之一。

（二）以交易撮合为核心形成完善的农产品交易体系

一亩田以提升农产品交易撮合效率作为平台核心竞争力，通过开发运营精准对接、诚信体系、行情查询、线上支付等多重功能，为农业经营群体提供更加高效、安全、便捷、完善的农产品交易体系，这是传统农产品贸易中无法实现的。

一亩田基于平台用户大数据积累，构建了用户画像、产品分级、地理位置、供需特征等多维度的数据标签。通过大数据算法，不断优化用户排序规则，实现了农产品供需间的精准智能匹配，最终提高了线上撮合能力，也大幅改善了

传统贸易环节中因信息不对称导致的农产品卖难等问题。

传统农产品交易环节中以次充好、强买强卖等违法销售行为时常发生。一亩田平台构建了实名认证、信用评价等诚信体系，教育用户在线上积累自身的信用，基于良好的信用评分用户将获得更多的流量和商机。通过此举一亩田构建了一个公平公正的农产品交易环境。

农产品市场行情是影响利润的关键因素，一亩田收集了全国 10000 个以上的价格采集点，成为全国覆盖最广、品种最全、数据最准的首个免费农产品产地信息查询平台。有效地解决了个别地区因信息不通畅而出现的农产品价格洼地，保证了交易双方的收益。

一亩田平台中的新农人通过利用互联网优势，将家乡产品推往全国各地，其间也涌现出了很多优秀的案例。例如，2017 年河南民权县霍发林通过一亩田销售了 600 万斤山药，并带动合作社发展成为 3000 亩山药标准化种植基地，霍发林通过一亩田电商改变人生的故事，登上央视财经频道《第一时间》栏目。

广西壮族自治区河池市凤山县马良建通过一亩田将当地 10000 多亩百香果销往全国各地，占凤山县百香果种植面积的一多半。吸纳了 100 多家贫困户，帮助每户增收 2000~3000 元。

（三）以用户需求为出发点延伸农业产业链配套服务

一亩田平台中的每个用户在农业产业链中均扮演着多重角色。一亩田从农产品交易撮合环节入手，根据用户的角色转变延伸出多方面的需求，开发了土地流转、农技知识、农资、物流等农业产业链服务功能。

其中，物流服务功能实现了车找货和货找车功能，让货主顺利发货，让司机减少空驶；农资服务功能提供了化肥、农药、种子、种苗、农机、农具等农资在线交易，用户可以货比三家，方便采购；农技服务功能以图片看病的方式，为用户精确对接周边的农技“大咖”，构建了线上解答，线下上门服务的全新农技服务体系；生意社群功能为用户提供了一个免费、精准的提问互动频道，足不出户就能向全国同行、各个层次的专家和朋友咨询问题、进行交流、发现机会；视频直播功能打造了真实丰富的农产品交易互动直播社区和生活秀，支持直播卖货功能。

一亩田开发了农业产前生产资料购买、产中农技知识服务及产后农产品销售等服务环节，形成了农业领域移动互联网化的产品群服务，即单一窗口下的高效行业流程，一亩田也获得了千万用户的口碑相传。

（四）构建学习社区探索新模式、新技术、新品种

针对农村地区获取知识渠道狭窄、获取知识能力较弱等问题，一亩田在开展线上、线下培训过程中，以培训带头人、“领头雁”等人群的电商应用技能作为电商培训重点，为农村地区培育一批带不走的带头人。

线下，一亩田已经在全国范围内开展百余场培训会议，为上万人提供了电商培训，从提升农村地区种植户互联网意识和能力入手，大大提升了农村地区的互联网化程度和农业电商渗透率。如 2017 年 6 月，在远安县举办的“2017 宜昌电子商务精准扶贫领头人培养工程启动仪式暨远安县域电商大会”上，一亩田为远安县的第一批学员进行电子商务方面的培训。2017 年 12 月，一亩田在四川省苍溪县举办电商培训，激活农户“造血”功能，通过讲授提升了当地电商讲师的培训认知和水平。

线上，一亩田构建了全国最大的农产品生意社群——生意圈。在生意圈中，用户之间通过发布文章、视频和直播等新媒体形式，形成内容生产、分享、沉淀和传播的正向循环。生意圈已经成为农村地区用户学习先进生产经营经验，种植技术，以及互相交流的新工具。

（五）以大数据优势开展农村地区电商产业新模式

一亩田公司基于平台上千万企业级农业用户的数据沉淀研发出农业大数据服务系统“天机”，该系统可帮助地区农业管理部门和经营主体及时了解本地农产品以及竞争性地区农产品的市场情况，做到科学决策，精准施策。

“天机”系统主要功能包括供需关系走势、农产品采购渠道分布、农产品市场行情监测分析以及本地区、竞争对手竞争力排名和全国农产品新品种、新技术情报等内容，能够帮助农业生产经营者判断未来农产品的市场需求情况和销售趋势，合理安排销售计划；帮助地区农业主管部门了解竞争地区发展情况，提升县域农业竞争优势。

一亩田数据产品已经成为媒体、政府涉农部门的重要智囊。一亩田连续三年为北京市农委提供专业的行情分析报告，为决策部门提供参考；与央级媒体 CCTV7、中国乡村之声合作，通过解读农产品价格走势和行情波动，为农业生产经营者提供参考。

一亩田开启了大数据带动县域产业发展的新模式。2018 年 6 月 26 日，在农业农村部举办的“2018 年贫困地区产销对接启动仪式”活动中，广西田东县人民政府和一亩田签署协议，通过大数据助力田东芒果在市场竞争中获得品牌先发优势。

五、北京中农富通园艺有限公司：蔬菜病虫害专业化统防统治

为响应北京市推进蔬菜病虫害专业化统防统治，规范专业化统防统治服务行为，提升蔬菜病虫害防控能力，减少化学农药用量，保障蔬菜产品质量安全和生态环境安全的政策精神，中农富通成立植保专业化服务组织，通过开展统防统治工作，辐射周边，带动发展，促使更多农业生产企业、种植户因专业化服务而获益。

（一）基本情况

中农富通现有植保机械操作人员近 10 人（可独立操作机械，简单维修、保养），各类大中小型高效植保机械 26 台。其中，三叉戟打药车 1 台；履带自走式喷杆喷雾果园打药机 2 台，履带自走式风炮打药机 1 台，意大利进口牵引式风送打药机 1 台；露地大田、果园、塑料大棚蔬菜的兼用型大型打药车 2 台，包括拖拉机打药车 1 台，摩托车打药车 1 台；中型手推式汽油机打药车 2 台；小型高效施药机械 6 台，背负式常温烟雾施药机 7 台，汽油机背负式高效施药机 2 台。

（二）主要做法

1. 服务流程

①建立服务关系，甲乙双方需签订服务合同（作业内容、作业标准、双方权利和义务、违约责任、其他事宜）。

②服务过程中，服务对象需要在现场确认服务质量，便于服务完成后填写服务作业确认单。

③整个服务过程中，中农富通需要定期整理服务对象、服务面积数量及时汇总。

④服务完成后，服务对象定期填写满意度调查表，以便对服务情况进行调查。

2. 服务特色

服务过程中遵循“生态农业，绿色防控”原则，做到产前园区清洁，棚室

消毒，土壤消毒，无病虫苗育苗；产中提供健康栽培技术、生态调控技术、理化诱控技术、两网覆盖技术、生物防控技术、高效施药技术；产后应用病残体无害化处理技术，植株残体循环利用技术。

3. 服务实施

在宣传推广方面，通过微信公众号定期推送相关植保服务过程中照片、视频等宣传资料或通过外围媒体合作发送相关信息。

在服务对象选择方面，通过拜访种植大户，掌握园区 92 家信息，筛选服务对象。

在技能提升方面，针对农机植保机械操作不熟练，不懂得如何防治的团队成员，开展专业培训，7 天培训 1 次，熟练后可以 15~25 天培训一次。

在回访服务方面，完成第一次服务后，在进行下一次服务前进行回访，调查病虫害防治效果，农机服务满意度调查，了解存在不足，及时进行改进。

（三）服务成效

2018 年，对外植保服务面积达到 2105 亩次，对内服务 2000 亩次。服务内容包括以下 6 项，病虫害鉴定、定期巡棚、用药咨询、药械租售、施药、其他（物理防治、生物防治）。合作园区为 7 家，包括碧海园观光农业、五彩田园农业合作社、旺生源农业、圆梦缘农业专业合作社、三宝香农业、德鑫农场、紫藤假日葡萄庄园。其中，蓟马专项防治面积达到 2053 亩次，合作园区 6 家，包括北京碧海园生态观光农业有限公司、北京五彩田园种植专业合作社、北京伟浩农业科技有限公司、北京旺生源农业发展有限公司、北京阳光满园种植有限公司、北京三宝香农业发展有限公司。

2019 年，蓟马专项防治面积达到 2510 亩次（见表 4-5-1）合作园区 5 家，外出服务共计 52 次，出动人数共计 151 人，出动车辆 52 车次，外出使用药械 3 种（高效常温烟雾施药机、车载式担架动力喷雾机、手推式动力喷雾机）。

表 4-5-1 2019 年蓟马专项防治服务园区具体情况

序号	服务园区名称	合同面积（亩）	服务完成（亩次）
1	北京绿色中天农业科技有限公司	200	519
2	北京五彩田园种植专业合作社	387	387
3	北京睿扬通源商贸有限公司	200	601
4	北京圆梦缘农业专业合作社	220	514
5	北京三宝香农业科技发展有限公司	215	489

2020 年，蓟马专项防治面积达到 2500 亩次（见表 4-5-2）合作园区 6 家，外出服务共计 52 次，出动人数共计 160 人，出动车辆 52 车次，外出使用药械 2 种（车载式担架动力喷雾机、手推式动力喷雾机）。防治作物主要有：番茄、茄子、甜瓜、西瓜、黄瓜、辣椒、玉米、韭菜、草莓。防治病虫害：蓟马、红蜘蛛、蚜虫、粉虱、黄瓜霜霉病、白粉病、玉米螟、番茄叶霉病、灰霉病。

表 4-5-2　2020 年蓟马专项防治服务园区具体情况

序号	服务园区名称	合同面积（亩）	服务完成（亩次）
1	北京绿色中天农业科技有限公司	125	365
2	北京五彩田园种植专业合作社	315	520
3	北京睿扬通源商贸有限公司	147	147
4	北京圆梦缘农业专业合作社	220	256
5	北京三宝香农业科技发展有限公司	210	660
6	北京国奇能量	215	552

六、北京市农业投资有限公司：首都“十农”金融服务体系

北京市农业投资有限公司是北京市委、市政府为探索金融支农新机制出资授权首创集团组建的创新型农业投融资平台。公司成立以来，不断创新金融支农的新途径、新办法，先后搭建了农业产业基金、农业融资担保、小额贷款、农村产权交易、农副产品交易、农业融资租赁、农业保理、农产品供应链服务等业务平台，形成了自成一体的农村金融服务体系，为北京市乃至津冀地区“三农”经济组织和小微企业提供了综合性、多元化、个性化的融资服务，在构建首都农村金融体系建设中发挥了非常重要的作用。展望未来，北京市农业投资有限公司将继续在市委、市政府的领导下，在市农业农村局、市金融监管局等各市委办局的大力支持下，为首都农村金融体系建设做出更多更大的贡献。本报告就北京农投公司“十三五”时期金融支农取得的成效和贡献以及“十四五”时期金融支农各方面的具体规划分别进行阐述。

（一）“十三五”时期金融支农取得的成效和贡献

1. 农业投资

“十三五”时期，北京农投公司累计为涉农主体提供融资服务超过7.2万笔，占公司成立以来的73%；累计融资额约400亿元，占公司成立以来的55%，财政资金期间累计放大12.7倍，最大限度地发挥了财政资金的杠杆作用，有效填补了“三农”经济组织和小微企业多元融资渠道的空白，成为首都“十农”金融服务体系的重要力量。

时任北京市多位领导先后对北京农投公司进行了考察调研，充分肯定了公司在金融支农工作上取得的成绩。近年来，公司积极响应国家及北京市关于扶贫脱低工作的号召，在京内外积极开展对口扶贫和帮扶工作，促进对口支援地区产业发展及农户增收，取得了显著社会效益。2019年、2020年市委书记蔡奇先后两次对公司京蒙对口扶贫工作和蔬果进京中转站进行专题调研，市长陈吉宁、杨晋柏等市领导和相关委办局领导对公司承担社会责任、发挥国企担当给

予了高度肯定。

2. 农业融资担保

“十三五”时期，公司农业融资担保平台累计提供融资担保 3.5 万笔、190 亿元，在保规模稳步上升，并于 2017 年达到峰值 58.22 亿元，此后由于受财政部“双控”政策影响，非农项目及超额农业项目集中退出，“双控”业务受到单笔规模上限的限制，业务总量有所下降，截至 2020 年末，在保项目规模为 30.76 亿元，在保客户数量近 4000 户，充分发挥了支农强农作用。产品创新方面，公司农担平台以“一横一纵一延伸”为思路，打造出创新的“优农贷”品牌暨产品体系，“一横”是以农业产业链为逻辑的“优农贷”担保产品体系，包括福农卡、奶牛贷、生猪贷、禽贷保、西瓜贷、板栗贷、栗蘑贷、市场贷、民俗贷等；“一纵”是从农业经营主体出发的雁系列产品体系，包括龙头企业信用保、龙头企业金融保、合作社信用星、平谷创业贷、农权保、农宅保、农机贷、微农个贷保、光伏保等；“一延伸”是结合智慧农业、科技农业打造的供应链等产业金融产品，包括农信互联平台、中化农资保平台等，形成了特色标准化产品和批量化业务，打造了北京农担品牌，公司产品化及创新业务规模贡献率 51.6%。政策性（贴息/贴保费）产品方面，公司协助原市农委出台贷款业务补贴办法，向北京市的农户、家庭农场、农村集体经济组织及其所属单位，农民专业合作社，中小农业企业和农业产业化龙头企业给予部分贷款贴息奖励及担保费补贴。此外，公司积极响应国家京津冀一体化的战略布局，在津冀区域内累计放款规模 4.39 亿元，放款项目 600 个，通过在河北地区的业务拓展及与核心企业的合作，在生猪、奶牛养殖领域及农产品流通领域进行了行业研究，研发生猪贷、奶牛贷，升级了禽贷保产品。

3. 农业信贷

在农业信贷方面，公司综合运用小额贷款、融资租赁和商业保理三个农业信贷工具，为涉农企业提供组合金融服务。

“十三五”时期，公司小贷平台积极推进“小贷+行业+互联网技术”创新业务模式，立足行业拓展供应链金融业务，打造出了可复制、可管控的标准化业务体系，实现了由传统的熟人小贷模式向产品标准化、流程标准化、技术标准化的方向转换，其间为涉农、小微企业累计发放贷款 3.66 万笔、157 亿元。产品创新方面，公司小贷平台聚焦供应链金融创新，深耕木材等行业，研发一系列标准化产品，努力向“小额、分散”类业务转型，同时通过与优质的渠道供应商合作准入，面向全市拓展业务渠道，寻找和开拓新的业务增长点，形成以“普贷业务为基础，创新业务为主导”的业务布局，使自营小贷业务在经营环境恶劣的情况下继续保持了较为稳健的发展态势。

“十三五”时期，公司的融资租赁和商业保理平台始终坚持“立足北京、服务三农”导向，投放范围涵盖农业基础设施、节能环保、农产品物流运输、畜禽养殖、园林绿化、农贸市场、农副产品深加工等多个涉农领域，在京津冀区域现代农业产业综合金融服务领域扩大了专业影响力，树立了北京农投品牌特色，其间为涉农主体累计投放资金达 53 亿元。公司租保平台立足自身优势，以创新和资源整合为突破口，业务开拓精准着力，目标领域深耕细作，探索了以生产性生物资产作为标的物的售后回租业务，拓展了公司在经济林木和苗木领域的市场空白；针对区域内农业龙头企业开发出“裕龙通”产品，迈出标准化创新产品的实质性步伐；积极探索金融科技实践，潜心研发了“农投餐饮供应链保理融资系统”，即“利农贷”系统，面向蔬菜种植专业合作社以及小微农产品流通企业，利用保理产品信用转移的特点，借用核心企业信用，提供小额分散融资额度。

4. 农业产业基金

“十三五”时期，在市委、市政府、市财政局、市园林绿化局、市商务局等政府机构的领导和支持下，公司基金板块积极应对行业和产业调整，把握政策机遇，进一步完善了“政策性引导基金+市场化产业基金”的基金管理业务格局。市场化产业基金方面，管理规模 6.2 亿元的农业产业基金一期累计 8 个投资项目中 6 个已实现退出，退出项目回报率超过 40%。政策性引导基金方面，“十三五”时期，新增北京市果树产业发展基金、北京外经贸发展引导基金、定州农业产业发展基金三只在管政府引导基金，在管基金管理规模近 40 亿元。

5. 农村要素市场

“十三五”时期，北京农村产权交易所在统筹推进农村集体产权制度改革和成果落地、提升北京市农村集体资产的运营和管理水平、提高北京市农村治理体系和治理能力现代化水平等方面做出了突出贡献，获得了市、区各级政府部门的认可，并通过筹建中国农村产权交易行业协会、积极推进京津冀农村产权交易市场一体化等工作，引领了全国农村产权交易行业发展、确立了行业龙头地位。“十三五”期间，北京农村产权交易所累计完成农村产权交易项目 851 笔，成交金额 231 亿元，确保了农村产权流转交易规范操作、阳光运行，助力政府规范农村三资监管，有效防范了农村基层廉政风险。产权所积极推动探索农村承包地“三权分置”、试点农村承包土地经营权融资担保、推进乡镇统筹利用集体产业用地、试点利用集体建设用地建设租赁住房、规范盘活利用农村闲置农房、协助实现低收入村脱低等工作，积极参与深化农村集体产权制度改革试点和成果落地工作。此外，产权所还深度参与了多项全国及北京市农村改革领域前瞻性研究，为政府部门深化农村改革提供了重要的政策参考，获得了广泛的肯定与好评。

（二）“十四五”时期金融支农各方面的具体规划

作为具有政策功能性的北京市农业农村投融资平台，“十四五”时期，北京农投公司将努力提高政治站位，始终不忘服务首都“三农”的初心，积极履行强农、惠农、支农使命，并根据市委、市政府和首创集团的新要求、新部署和新任务，适时调整“三农”服务内容、服务方式和服务范围，有效实现市政府政策性支农资金的导向性、引领性作用，继续努力为完善首都“三农”金融服务体系贡献力量。

1. 农业投资

“十四五”时期，公司农村金融服务业务将坚持稳中求进的总体基调，专注服务“三农”和中小微企业，立足北京、辐射津冀市场，完善业务体系布局，优化产品体系建设，以专业化、特色化和差异化策略形成业务竞争优势，力争实现累计为“三农”和中小微企业提供金融服务超过 2 万多笔，金额超过 100 亿元。

2. 农业担保

一是坚持发挥政策性农业担保功能，继续争取财政资金支持，做大业务规模，力争“十四五”末在保规模达到 60 亿元。二是持续推进和完善北京市农业信贷担保网络体系建设。三是行业布局重点围绕“菜篮子”保供、乡村旅游、属地特色产业深耕细作。四是产品体系建设以标准化、属地化、线上化带动业务规模化，打造农业担保明星产品。五是以政府政策为突破口，与各级政府建立良好的合作机制，与政府、银行三方共同推出支农产品。

3. 农业信贷业务

一是通过区域聚焦、行业聚焦、客户聚焦和场景聚焦，立足产业链、服务供应链，提高获客能力，错位发展，探索差异化、特色化经营之路。二是深入推进“+行业”“+互联网技术”的创新业务模式，打造具备一定规模效应的标准化产品集群。三是建立与标准化业务规模发展相适应的风控体系和模型，实现管理规范化、产品标准化、操作流程化、作业线上化。

4. 产业基金

一是通过争揽新设、扩围等方式，不断壮大政策性引导基金管理规模，推动果树基金向都市林业基金扩围，积极参与并推动北京乡村振兴产业发展基金、绿色生态涵养产业发展基金、北京中传寿光果蔬产业投资中心等多只政府引导基金的设立工作，远期新增认缴管理规模超过 30 亿元。二是围绕乡村振兴与大农业领域，完成首只市场化并购基金的设立及投资运作。三是拓展社会化募资渠道，积极接触母基金、产业龙头、地方政府等潜在出资方，打造持续稳定的募资渠道。

七、北京比奥瑞生物科技有限公司：“多元化社会服务”助力农业绿色生产

（一）三大运营模式相结合，全面扩大服务范围

1. 全程专业化托管服务模式

目前，北京市海淀区、房山区、平谷区等果蔬和叶菜生产区域，以采摘和生鲜配送为主，安全、绿色、健康、无残留是生产的主要目标。面对生产分散的小农经营，种植人口老龄化、劳动力供应不足、技术管理不到位、病虫害防治不及时是影响生产的主要问题。

北京比奥瑞生物科技有限公司在推进全程托管模式中，全面实施农作物病虫害专业化防治与绿色防控相融合，对小农经济实现了高效服务和有效带动。服务面积28000亩，配套土壤改良、良种选择，种苗繁育及先进绿色防控综合技术方案。改善传统的种植方式，推进从化学农药到生物农药，从靶标害虫到作物—害虫—天敌食物；从单一作物到区域性农田，从病、虫害防治到生态服务功能，做好新技术和新理念的应用与推广，最大限度降低投入产出比，把农户真正从土地中解放出来，实现劳动力的有效利用。

2. 全程专业化绿色防控技术输出模式

针对分散性的种植区域，传统的农业生产技术已跟不上现代农业生产的步伐，滥用化肥农药已成为普遍现象。土壤盐渍化、面源污染等现象严重，农产品质量参差不齐是制约农业发展的主要问题。

北京比奥瑞生物科技有限公司在北京昌平、海淀、房山、大兴、平谷，天津蓟县、东丽区、津南区，河北承德等地开展了全程绿色防控技术输出服务模式，服务面积50000余亩。根据农户种植作物种类不同，将其服务分为三类，一类以草莓和长季节番茄（1180元/亩）为主，二类以茄果类（750元/亩）为主，三类以叶菜类（350元/亩）为主。服务期限根据作物类型确定3~8个月不等。整个生长期从前期整体环境评估、定植、管理到采收，要求技术人员随时

与园区保持紧密联系，每个生产环节由专业的团队和专家负责技术指导，及时做好园区种植情况跟踪，技术支持和培训，带动农户做好早预防、定期防控、快速诊断、精准施药等防控措施。

3. 整村推进绿色统防统治服务模式

北京比奥瑞生物科技有限公司于2017年在北京市昌平区辛庄村、麦庄村开展草莓统防统治整村推进服务后，服务效果明显，有效地解决了各村种植户劳动力老化，管理经验不足，药剂使用量大，病虫害防治成本高等问题。到2020年，服务面积扩展到15000余亩，涉及村、社29个。

该模式主要以村或种植专业合作社为单位。一是在服务前期，开展绿色防控技术服务对接，组织种植户到公司服务过的园区进行观摩、考察，并开展绿色防控技术培训，达成服务意向。二是由公司服务团队面向全村果、蔬种植户解决生产全程出现的病虫害问题，并与每位农户签订《自愿接受服务意向书》，明确每位农户的接受意向和生产面积。三是服务团队协助农户采取大量的预防措施，统一提供以生物防治为主的必须防护植保产品，包括消毒垫、粘虫色板、微生物源、植物源、矿物源的防护产品等。四是线上、线下相结合，做到日监测、周巡视。按一定的频次派技术管理人员到服务园区进行技术巡棚，开展技术专家每周1~2次深入田间会诊服务，针对棚室种植情况，由专业的植物医生在植保通App上开具处方，由技术服务人员指导用药。在整个服务过程中，以解决农户生产中的实际问题为目标，不局限于病虫害绿色防控技术问题，还包括作物种植计划、栽培、水肥、温湿度环境管理等所有可能对植物长势造成影响的问题。

（二）以创新模式提高绿色防控服务效率

1. 开设远程服务系统，线上、线下相结合指导模式

目前，绿色防控服务面积较广，涉及农户和园区数量较多。为及时有效地解决各园区问题，北京比奥瑞生物科技有限公司开创了线上、线下相结合模式，定期进行技术培训。一是对各园区、各村及合作社，建立了微信诊断平台，由技术人员和专家顾问进行24小时的技术答疑，若线上不能解决的，指派技术员到园区实地查看指导。二是开展网络空中课堂，定期与服务对象进行植保技术沟通，提高农户自身管理水平，加强防控意识，增强绿色防控服务理念。

2. 开展测报，做好病虫害预警服务

北京比奥瑞生物科技有限公司在进行绿控服务过程中，兼顾了北京市各区

县的病虫害及鼠害监测工作。在每个区定点选择主要种植的作物，通过悬挂色板、高空测报灯、安装鼠夹、定期巡棚等方式调查病虫鼠害的发生情况，每周五汇报监测结果，分析近期病害发生情况，做好防治预案。通过长期监测，服务组织能够及时掌握病虫害发生规律和首次发现时间，对未来病虫害发生的危害程度早发现、早报告、早预警，为农户提供准确、及时的预防服务。同时，将各地监测结果与公司新产品、新技术推广相结合，为农户开展综合植保防控措施。

3. 整合环境，构建物种多样性和景观多样性

依据各区域地理位置、周边环境生产实际情况，整合多种天敌、益生植物等资源，通过生态调控增效技术，促使园区生态系统不断趋于稳定，有益微生物及益虫数量不断增加，有害病菌及虫口数量自然减少，合理进行生物多样性配置。

（1）引进功能性植物

棚室间及空地除了种植各类特色蔬菜外，棚室外部还引进了苜蓿、锦葵、鸢尾等20余种功能性植物，在美化环境的同时，通过产区生物多样性的打造，辐射周边，为周边有益生物提供栖息地，降低了周边农作物病虫害发生指数。减少了病虫害防治的成本，改善了生态环境。

（2）构建昆虫防御系统

生产区周边利用废弃木板、纸板、枯枝、秸秆、树皮等材料建造昆虫酒店，为蜜蜂、蝴蝶、瓢虫等昆虫构建栖息环境，帮助植物授粉，抑制病虫害的发生。园区内部，根据作物生长情况及园区害虫情况，有选择性地释放捕食螨、东亚小花蝽、瓢虫卵卡等天敌昆虫。

（3）增强土壤有益菌群

为改善土壤肥力和土壤通透性，在园区配套土壤修复套餐，让有益微生物成为土壤物质和能量的推动者，消化分解农业废弃物的生力军，提高植物抗性，达到资源循环利用。

4. 开创药械租赁与共享服务模式

农户普遍使用背负式电动喷雾器进行施药作业，此类喷雾器雾滴大，跑冒滴漏现象严重，施药强度高、效率低，每亩施用药液量50~100升，施药时间1~3小时，而农药利用率最高只有30%，受天气限制，防治效果差。为提高操作效率和节约用水，以精准的施药技术达到最佳防治效果，北京比奥瑞生物科技有限公司率先提出了施药器械租赁服务，对各园区开放租用各类施药器械，以

三种服务模式进行推广。

服务模式 1：雇用长期工人，成立固定打药队。成立药械服务部，负责联系施药业务，同时雇用打药工，经过培训后持证上岗，开展打药作业，并按照 40 元/亩收取作业费。

服务模式 2：雇用闲散劳动力，发展共享模式。公司成立药械服务部，招聘社会闲散劳动力，集中培训，持证上岗；公司联系施药业务后统一委派打药工，并按照施药面积支付打药工酬劳，多劳多得。

服务模式 3：药械租赁。公司成立药械服务部，负责器械租赁，农户缴纳一定数量押金后，可使用公司施药器械开展施药作业，施药结束后退还机器，经验收机器无破损后归还押金，同时按时间收取器械租赁费用。

5. 推进农用废弃物回收与植株残体再生化资源利用

（1）农用废弃物回收

正确使用农药可以有效防治病虫草鼠害的发生，促进农业增产增收，但生产者一般将使用后的农药包装废弃物随意丢弃，造成农业生产生态环境的污染。

为减少农药包装、农膜等废弃物对土壤和农田环境带来的安全隐患，北京比奥瑞生物科技有限公司从 2018 年起，结合专业化绿色防控服务，又延伸了农药包装、农膜、过期农药等废弃物的回收处置工作。在蔬菜生产园区及生产户设置农药包装、农膜等废弃物回收点，按照规定采取以物换物的形式进行回收，并定期对回收的废弃物进行集中统一处理。2018—2019 年，全市回收农药包装废弃物 30 吨，废旧农膜 35 吨，过期农药 534 千克；2019—2020 年，回收农药包装废弃物 28.5 吨，废旧农膜 32 吨，过期农药 418 千克。通过回收项目的实施，有效地解决了农用包装废弃物储存难、处理难、随意丢弃等现象，降低了农药包装废弃物对土壤和农田环境带来的安全隐患。

（2）植株残体的再生化资源利用

一是针对规模化生产园区及合作社引进先进的制肥设备。一方面将植株残体处理加工成动物颗粒饲料和生物质颗粒；另一方面将园区内部农业废弃物资源快速、清洁、无味化处理，加工粉碎后堆沤有机肥并回田。

二是推进村庄集体处理服务，在村内设置定点残体回收处理区域，生产结束后，集中堆放，由服务人员定期采用生物熏蒸剂处理堆沤、太阳能高温堆沤或利用移动式臭氧农业垃圾处理装置进行无害化处理，根据农户运送残体的数量，为农户兑换有机肥，实现病虫害防除与资源的循环利用。

（三）依托优质创新绿色防控服务促进农业发展

1. 带动小农经济增效增收

在不同的服务模式下，农户药肥使用量逐年下降，2019—2020 年，全程专业化托管模式下化学农药的使用量整体减少了 80%，生物农药占 65%，天敌昆虫的使用占 30%，茄果类蔬菜与农户自防效益相比增收 2500 元/亩，叶菜增收 800 元/亩；全程绿色防控技术输出模式下化学农药的使用量整体减少了 75%，生物农药占 53%，天敌昆虫的使用占 28%，茄果类蔬菜与农户自防效益相比增收 1800 元/亩，叶菜增收 620 元/亩；整村推进绿色统防统治模式在各技术人员的带动下，进行及时的病虫害监控与高效预防，使得农户对病害的识别和预防能力有了极大提高，绿色防控技术逐步渗透，防控效果明显，草莓延长了 10~20 天采收期，果菜用药次数减少了 6~8 次、叶菜减少了 2~3 次，综合防效提高了 45%，节约了农用成本 300~600 元/亩。

2. 扩展全程绿色防控服务范围

北京比奥瑞生物科技有限公司通过三大运营模式，以服务质量为根本，先进技术为保障，不断加以创新和改进，积极推行生态发展之路。针对不同的园区和农户，因地制宜地选择不同的服务模式，逐层推进全程专业化绿色防控技术体系。农户们感受到了专业化绿色防控与农户自防的差异。显著的服务效果得到了各级政府部门的大力支持，也获得了园区和农户的认可，每年服务面积呈 40%的正向增长。

3. 打造生态农业持续发展之路

最大限度地减少化学药剂使用量，增加生物药剂和天敌昆虫使用比例，高效科学合理地使用安全药品。将物种多样性和景观多样性相结合，合理引进天敌昆虫及益生植物，改善有益微生物菌群。对农用废弃物进行有偿置换、集中储运、统一无害化处理等工作模式，营造了友好的生态环境系统，打造了农产品绿色安全的农业可持续发展之路。

八、北京“金剪子”果树专业化服务队

果树技术推广体系是科学技术转化为生产力的主导力量，没有积极有效的果树技术推广，就没有果树产业的快速发展。随着市场经济的深入发展，果树技术推广体系也得到了不断的发展和完善。除了以政府为主导的技术推广模式外，还形成了以农业科研单位、农业教育单位、农村技术专业协会以及农业企业等为主体的推广模式。现有的推广模式一方面在果树技术推广工作中发挥着重要的作用，另一方面在实施过程中暴露出了一定的问题。

（一）现行的果树技术推广模式分析

1. *以政府为主导的果树技术推广模式*

以政府为主导的果树技术推广组织是果树管理技术推广事业中的核心力量。经过几十年的发展，已经形成了一个从上至下基本完整的推广体系，主要由农业部、省级、地级、县级和乡级 5 个层级构成。其中，基层农业推广服务机构在农技推广中发挥了重要的作用，因其直接面向生产第一线并直接服务于农民，这也是由我国的国情和农业技术推广的特点、规律决定的。但随着经济的发展和管理体制的变革，这种推广模式在实施过程中遇到了诸多问题，科技推广效果不理想。

管理体制方面。由于这一政府主导的推广体系隶属行政事业部门，而行政事业主管单位行政事务繁重，市、县两级科技人员每年下乡到田间地头、园区推广科技次数很少，或走马观花式指导生产，而乡镇一级农技人员一年四季更是忙于行政事务，推广技术有名无实。另外，技术推广是个软指标，在干部考核中难以制定考核标准，这也影响了干部推广果树管理技术的积极性。

技术培训方面。传统的果树技术推广工作一是开培训会，二是搞现场示范。一个乡或一个村召集起几十人至几百人在一起，讲一讲课，做一个现场示范就算培训了技术。由于所来的农民文化程度参差不齐，听课农民接受能力不一致，时间又短，技术就很难落实到位。培训方式是老师讲什么，农民听什么，与农民的

实际需求结合不够紧密。另外，近几年政府出巨资鼓励扶持的系列培训，大都是政府定指标任务、定培训项目、定补助政策，培训机构根据政府的授权，组织开设培训班。为了鼓励农村劳动力通过培训，提高素质，实现转岗就业，构建和谐社会，政府制定极其优惠的政策，充分调动大批失土农民参加培养的积极性。但是许多人参加培训，动机可能不是为了就业和转岗，大多数人是为了补贴而来，甚至有了培训专业户。由于缺少市场竞争机制，实际培训效果有偏培训宗旨。

2. 以农业科研院所和大专院校为主体的推广模式

以农业科研院所和大专院校为主体的推广模式是以农业科研教学单位为依托，即依靠科研教学单位的技术信息资源以及人才资源，采用多种方式把先进的农业技术传播给农民。这种推广模式所采用的方式主要有以下几种。①技术咨询服务。即组织由专家学者组成的科技服务团，通过有偿和无偿相结合的方式，为各级政府和企业提供技术咨询和发展规划。如2010年，北京市农林科学院与北京郊区县乡镇进行技术对接服务，由北京市农林科学院的专家对当地的观光农业发展规划出谋划策，并无偿提供花卉苗木、蔬菜种子以及技术服务等，通过示范园区的建设来促进当地观光旅游业的发展。②技术开发、转让或技术入股。③组建科技型企业。教育、科研单位依靠本单位人财物等条件，组建自己的科技型企业，形成研究、开发、推广和转化的良性循环。

这种推广模式，科技含量高，示范带动强，可实现科技和农村、专家和农民、技术和生产、科研成果与示范的有效对接，是科技成果转化、新技术推广的有效方式，是建立和完善农民培训和技术示范体系的重要途径。但是，有些教学、科研单位因实行传统的科研管理模式，即立题、科研、试验、鉴定、申报成果，与推广部门、用户农民没有直接的联系，使一大部分科研项目变成了以获奖为目的，真正先进实用的科技没有推广到千家万户。

3. 农业龙头企业主导型农业技术推广模式

农业龙头企业主导型农业技术推广模式以企业投资经营为主体、农业技术专家以技术入股等形式组成利益共同体，企业开展新成果、新技术的引进、试验、示范和产业化开发，组织农户自愿参与企业的生产，形成了以公司为龙头、以发展订单农业为保证，上连科学家、下连农户的产业链，建立了产加销、农工贸一体化的运行机制，较好地解决了企业与政府、科技、市场、农民的对接问题。这种模式的主体主要是某些大型加工龙头企业为了自身的利益，一方面不断从科研部门等引进新的栽培技术来提高产品的技术含量；另一方面跟基地农户签订生产合同，由农户按照企业的生产技术标准生产果品，而这些果品又将作为加工企业生产的原材料。通过这种形式，企业就能顺利地把果树管理新技术推广给农户。另外，有些从事生产或销售农药、化肥、农机具、种苗等生产资料的涉农大企业，为了提高其产品的销售量和树立产品品牌，采取多种形式，如散发技术宣传材料、聘请专家做咨询、讲课等向农户介绍其产品的特点、使用方法及注意事项等，也从客观上起到了良好的技术推广效果。这种形式虽对推广技术有利，但毕竟数量太少。

4. 以农村（民）专业技术协会为主的新型推广模式

随着农村改革的不断深化，农村中涌现出了一批推广良种良法的科学种田示范户和多种经营的技术能手及生产专业户，基于对技术的迫切需要，具有相同或相似技术需求的农业生产者在自愿互利的基础上自发组织起来成立了农民专业技术协会。“十一五”期间，我国各省市普遍实施“科普惠农兴村计划”，培育了一批辐射带动作用较强的农村专业技术协会，这些协会分布门类涉及粮食作物、经济作物、养殖业、瓜菜业、林果业等多个行业，在农业技术推广和扩散方面发挥着相当重要的作用，是介于政府推广组织、企业推广组织和农户之间以及政府科研推广组织和农户之间的一座桥梁，有效推动了农村经济社会发展。如广东省阳江市阳西荔枝龙眼协会，与华南农业大学等科研院所结成教学实践试验基地，有效地推广和运用了以荔枝果实套袋为核心的荔枝绿色食品生产技术，充分利用现代科技降低成本，果品质量有了较大提升，取得了良好的示范效果。北京通州区充分发挥了果树产业协会、梨协会、葡萄协会等组织的作用，带领2000余名会员进行有序生产，将科学发展、合理规划与市场供求充分结合，增强了通州区果树产业的整体竞争力。在生产管理中，充分发挥了农业科技推广的主导作用，通过大面积推广有机果品生产技术、果园农艺节水灌溉技术、“圣诞玫瑰”葡萄延时采摘技术、高产修剪等实用技术，提高果品生产的科技含量，带动了果农增收致富，推动了通州区果品产业的发展，加快了新农村建设步伐。

农村专业技术协会的主要功能体现在组织管理、承担技术转化和指导以及信息咨询等方面，对于提高农民知识技能、促进农业现代化、增加生产收益、改善农民生活、发展农村经济都起着重要的作用。这种推广模式是近年来形成的一种技术推广新体制，虽然不够完善，却是今后的发展方向。

（二）“金剪子”专业化农民服务队的组建可改善农村果园的生产状况，提高果农收入

普及推广先进的果树科学管理技术，是提高果树产量、品质，达到占有市场而行之有效的措施，如合理施肥、果园覆盖、节水灌溉、果实套袋、辅助授

粉、疏花疏果、越冬寒、整形修剪、病虫害综合防治等。已有的多种果树技术推广模式虽然发挥过重要的作用或呈现出比较美好的前景，但是针对目前农村劳动力“老龄化”和“女性化”的状况，将文化程度相对较低的老人和女性劳动力作为果树技术推广的主体，显然已经不太现实。然而，现代果树产业面对的果品多样化、品质高端化的消费需求，却又对果树的技术管理提出了更高的要求，在此形势下，农技推广工作应重点放在农民带头人的技能培训上，组建专业化的农民技术服务队，直接对缺少技术性劳动力的农户提供服务。在每个村选择几名文化程度高、热爱果树生产的农民，进行一个生长季节、一门专业技术（嫁接、修剪、病虫害防治和土、肥、水管理等）的培训，这样就培养了一批专业的农民技术员。第二年再进行一些后续培训，就培养了一批果树管理的带头人。在此基础上，组建起专业技术服务队，可对外进行多种形式的有偿服务，即可根据农户的实际困难如技术劳动力短缺等为其开展产销结合型服务、产加销一体型服务以及生产型服务等。

“金剪子”果树专业化服务队是在北京市农林科学院林业果树研究所王玉柱等专家对农户多年进行技术指导的基础上，2006 年在延庆区香营乡新庄堡村成立的由 30 多人组成的专门的修剪队伍。“金剪子”服务队有如下特点。①技术实践能力强。村里出资培养几个技术员去农校学习并获得中专学历，学习了理论知识，他们不仅知其然，还知其所以然。回来后担当村里的技术员，作为“二传手”培养了 100 多名修剪人员。②有良好的技术支撑。县里和北京市农林科学院林业果树研究所经常提供帮助和技术支持。③服务的需求量大。由于果农家中劳动力和专业技术的短缺，迫切需要技术服务队进行上门服务。电视台、网站、报纸等媒体的宣传，使“金剪子”服务队一年四季有干不完的活。由于是有偿服务，服务队和果农的收入均因此大幅增加。④组织管理简单。修剪队成员之间是靠经济关系维系的，多劳者多得，大家干劲十足，管理问题相对简单。

“金剪子”服务队每年在全县多个果园及其他区县开展苹果、葡萄、杏等北方果树的修剪工作，推广示范开心形等高光效树形，为广大果农送技术、送服务，“金剪子”服务队剪出了“富裕果”，使果园增产，果农增收。自 2006 年成立以来，该服务队每年在县内外修剪果树 400 公顷，涉及果农 800 多户，帮助果农增加收入 500 多万元。同时，被北京日报、新京报、京郊日报、北京电视台、北京市园林绿化科技网、新浪网等多家媒体积极报道，产生了良好的社会效益。可见，“金剪子”果树专业服务队是社会发展到一定阶段的产物；培养农民带头人，发展不同门类的专业技术服务队是当前农村劳动力短缺形势下果树技术推广的一种有效方式。

九、北京市创新团队“奶牛保姆行动”

“奶牛保姆行动”是依托于以项目为支撑的奶牛产业技术体系北京市创新团队和以政府为主导的公益性技术服务体系互补融合构建的技术推广新模式，是以需求为导向、以“保姆”式服务为宗旨，致力于北京奶牛产业技术提升的实践活动。“奶牛保姆行动”以职能、人员、推广、资金和管理等为基础，创新融合了考评动态管理、推广路径调控、合作带动协同和基层服务保障四种机制，构建了“政产学研”相结合、“科教推”一体化的高效技术服务体系。“奶牛保姆行动”具有完备的工作流程，通过“一对一”“一对多”“多对一”“多对多”等工作方式，高效实现人员、资源、技术的全程交流与互动。

（一）主要做法

1. 整资源，组建人才队伍

借助北京市畜牧总站有效地吸纳了各区、乡镇及村级畜牧兽医技术推广人员，整合了中国农业大学、中国农业科学院、北京农学院、北京市农林科学院、北京农业职业学院等多种人力机构的资源，联合北京奶牛创新团队及代表性奶牛养殖企业，组建了一支由 39 个单位参加，在技术上涵盖奶牛繁殖、育种、饲养、营养、兽医、环境、乳品加工、生鲜乳安全、产业经济等 9 个领域，在单位性质上包括大专院校、科研机构、推广机构、大型企业等单位，在行政设置上拥有市、区、乡镇、村等 4 个层级的“农科教”“产学研”有机结合的合作团队，完全能够胜任北京市奶牛产业在“全链条”方面的技术需求与服务支撑。

2. 定方案，做到依规推行

在北京奶牛创新团队成立伊始，即发动所有成员，以京郊 10 个奶牛养殖优势区（县）（怀柔、大兴、昌平、延庆、平谷、密云、房山、通州、顺义和门头沟）的不同规模牛场为主体，政府管理机构为辅，组织来自不同领域及不同层级的人员，开展了大量有针对性的产业需求调研，基本达到了了解产业现状，把握产业发展方向的效果，为制定《团队五年任务规划》、确定发展思路提供了依据。

在首席专家的领导下，由团队首席专家办公室牵头，组织执行专家组等团队成员，对北京市奶牛养殖环节存在的主要问题进行了准确研判，确定了以“提高从业人员业务素养和产业技术水平”为主的培训方向，制定了涵盖“总体思路、运行模式、运行机制、基本原则、服务对象、工作目标、主要任务、工作流程、结果反馈与效果评价、阶段性考核”等内容的《奶牛保姆行动实施方案》，明确了开展“奶牛保姆行动”应该执行的标准，依据实施方案要求有序推行“奶牛保姆行动”。

经过七年多的努力，“奶牛保姆行动”已经成为服务北京奶业技术提升的一张“亮丽的名片”，响彻京津冀，传播全国，得到了产业界相关领导和同行的认可。

3. 重培养，提升人员素养

人员业务素养，是决定产业持久健康发展的根基。提升技术人员、管理人员的业务水平是开展“奶牛保姆行动”的重要任务。团队通过产业需求调研、技术研发、技术培训（一对一、一对多、多对一、多对多）示范推广、技术指导和应急保障等多种形式，一方面，从技术层面对相关人员进行了培训、实践，提高了其技术水平；另一方面，通过管理培训、交流、互动等活动从管理、信息交流等层面开展了大量活动，有效地提高了从业人员的管理水平和综合素质，显著地提高了其综合素养。同时，还利用各种会议、培训机会，给参与人员阐述启动“奶牛保姆行动”的初衷、出发点、任务、目的等，明确各项活动与日常科研工作的区别，使参与人员能够从有利于促进产业发展的角度入手开展各自的工作，确保了“奶牛保姆行动”沿着有利于产业技术提升的方向发展，达到全体成员“心往一处想，劲往一处使”的效果。自 2012 年“奶牛保姆行动”启动以来，共开展各类活动 3761 余场次，培训各类技术、管理人员 72133 人次，其中观摩 544 次，7270 人次参加；组织农民活动日 1011 次，20719 人次参加；开展技术指导、培训、服务 2206 次，42994 人次参加。

大量的实践、培训活动取得了显著的成效。据统计，共有 495 人取得家畜繁殖工等行业资格认证。北京奶牛创新团队 31 位专家中，有 12 人成功晋升正高职称，占全部专家的 38.7%。团队成员中有 36 人晋升了技术职称，占团队成员总数的 76.6%；30 人晋升到更高的管理职位，承担起了更加重要的工作，占团队成员总数的 63.8%。

4. 搞调研，厘清主攻方向

要当好“奶牛保姆”就必须清楚地知道从业人员、奶牛、养殖场、产业层面等各环节存在的主要问题和实际需求。通过调研，对问题分类汇总，政策层面的需求可以通过政策建议或报告的形式按照正常程序向上级政府反映和呼吁；技术层面的需求可以整合“产学研”资源加以解决，按难易程度可分为亟须研究突破类、推广应用类和技术指导类。

按照精心组织、认真实施的原则，在需求调研理论及主要方法的指导下，“奶牛保姆行动”定期及不定期组织开展多种产业需求调研活动。需求调研活动主要分为集中调研和专项调研两部分。集中调研为统一组织，集中实施，规模较大，涉及的调研内容较为全面，带有普遍性，如于2015年初开展的“倒奶、杀牛”调研、2016年的“环保风暴”调研、2017年的京津冀地区中小规模奶牛场隐性乳房炎发病现状调研、2018年的构建京津冀奶业标准化管理信息平台调研；专项调研由北京奶牛创新团队功能研究室、单个成员根据自己对产业研究、示范推广的需求展开，如奶牛场繁殖现状调研、饲料应用现状调研等。经过一系列的调研，不仅及时摸清了产业现状，而且提炼出了产业发展特点，找出了影响奶牛产业发展的瓶颈问题，为定向开展“奶牛保姆行动”提供了切入点。

2012年以来，“奶牛保姆行动”累计开展产业需求调研1406次，受调研人员11049人次。“奶牛保姆行动”每年以京郊主要奶牛养殖优势区（县）的规模牛场，养殖合作社、养殖户为主，开展大量的产业技术需求调研，调研的对象包括养殖户、养殖企业、加工企业、行业协会以及农民合作组织等，自下而上了解它们需要什么样的技术，通过技术需求进行梳理、分类和汇总，决定了“奶牛保姆行动”的关键环节；针对需要研究的共性技术，组织专家依据专业分工开展针对性研究，提出切实可行的技术解决方法；如果需要多学科知识协助加以解决，则通过北京奶牛创新团队不同功能研究室之间的横向联合，形成综合解决方案，予以解答；针对已有技术示范推广的广度或深度不足的现象，根据存在问题的层级或问题的种类，选定相应人员开展技术示范推广工作。主要通过综合试验站和田间学校工作站进行示范推广，它们牵头建立示范场，作为示范和推广的主体进行辐射和逐级带动，专家作为技术负责人参与其中，确保技术成果落实到位。

在依据产业需求调研结果不断调整、补充完善“奶牛保姆行动”的实施内容，服务产业、解决“瓶颈”问题的同时，“奶牛保姆行动”还根据国家及北京市对北京农业及奶牛产业发展提出的大政方针要求，进一步完善了“奶牛保姆行动”的工作模式和内容，积极践行“调转节”“京津冀协调发展”“打造高精尖，引领京津冀”“疏解非首都功能”等战略方针，取得了显著的效果。

5. 促研发，占领产业前沿

“奶牛保姆行动”依托北京奶牛创新团队和全市畜牧兽医技术推广体系，在试验研究的硬件设施、设备、专业人员、技术积淀等方面具有较强的优势。北京奶牛创新团队专家在完成各自团队研究任务的基础上，针对“奶牛保姆行动”执行过程中发现的技术性问题，开展了大量研究工作，既支撑了“奶牛保姆行动”的高效推行，又补齐了产业发展的技术短板，占领了产业科研前沿，取得了双赢的效果。如乳房炎新兽药研发与示范推广、犊牛初乳灌服技术的集成与应用、简易犊牛初乳灌服器的研发、育成牛培育技术等研发成果都在取得显著科研成果的同时，取得了显著的生产实效，深得生产一线推崇。由北京奶牛创新团队主推的“奶牛围产后期健康监控新技术”等技术成果被行业认可，作为农业部2016年主推技术在全国范围内推广。“缓解奶牛热应激综合控制技术”“全株玉米及其秸秆菌酶联用发酵技术”等技术已经通过初选，作为农业部2019年主推技术备选向全国推广。实践证明，这些根植于生产需求的研究与创新，不仅为产业发展解决了难题，占领了产业前沿，而且具有更持久的生命力和活力，在示范推广、技术落地等方面更接地气，是我国畜牧产业应用型技术研究可以借鉴的思路之一。

6. 建基地，筑牢立足基石

为了使“奶牛保姆行动”更具有生命力和活力，就必须有一批奶牛养殖场与成员之间形成良好的互动，充当“奶牛保姆行动”立足的基石，使“奶牛保姆行动”所推广的技术、方法、思路等通过示范场加以“适应性”检验和“率先示范”，之后通过“样板带动”和“口碑传诵”等，达到“以点带面、全面落地、整体提升”的效果。

为此，从2012年开始，北京市就启动了“示范基地”的建设活动。经过长时间的沟通、酝酿、筛选，最终从全市奶牛养殖场中选定了40余家牛场作为奶牛保姆行动的“示范牛场”，奶牛总存栏21674头，成母牛存栏10574头，约占北京奶牛存栏总数的17.45%。

“奶牛保姆行动”示范基地建设方案规定，示范牛场应以月为单位向北京奶牛创新团队报送《示范奶牛场动态信息月监测表》，团队则按月通过《北京奶业监测月报》向示范牛场及成员发布分析结果。《示范奶牛场动态信息月监测表》主要从“基本情况、原奶储存及销售情况、繁育情况、饲料供应情况、疫病及乳品安全情况、固定资产使用情况、其他”等 7 个方面 300 多个指标对“示范牛场”的生产情况进行月度监测，为团队提供基础数据支持，为团队进一步的工作开展奠定基础。

7. 重示范，凸显带动效应

根据调研发现的奶牛生产过程中存在的主要问题，组织专家进行研发集成，形成主推技术，以“奶牛保姆行动”的模式加以示范、推广，解决产业“燃眉之急”，提高实用技术的“转化效应”，是“奶牛保姆行动”开展工作的主要方式之一。“奶牛保姆行动”以年度为单位，筛选主推技术编辑成册，七年多来，累计免费发放一万余册。

团队专家先后研发、集成形成的主推技术，如“奶牛诱导发情与定时输精技术”“泌乳期奶牛乳房炎药物防治技术”“奶牛管理云计算平台数据采集软件”“犊牛早期培育新技术”“奶牛场数字化生产管理系统”“优质青贮制备技术”“奶牛寄生虫诊断与防治”“奶牛子宫内膜炎新组方药剂”“奶牛腹泻病抗原抗体检测技术”“兽药快速监测技术”“干乳期奶牛乳房炎药物防治技术”等在生产中普遍使用，得到了广大养殖户的普遍认可，有效地提高了北京市奶业技术水平。“奶牛保姆行动”累计示范主推技术（产品）455 项（个），累计覆盖牛群 1786704 头次。

随着示范推广工作的深入，单一技术（产品）示范推广的不足逐步显现。为此，“奶牛保姆行动”加大了“套装主推技术”的推广力度。涌现出了“繁殖调控技术套装”“犊牛培育技术套装”等套装主推技术，有效解决了不同技术之间的磨合与衔接问题。“奶牛保姆行动”由“单一技术”支撑过渡成为“交钥匙套装主推技术”支撑。

8. 搭平台，共享行动信息

注重交流信息平台建设，为“奶牛保姆行动”交流、沟通提供服务，促进服务团队内部的横、纵向交流，不同单位、组织之间的沟通和交流，扩大对外的交流，实现了“奶牛保姆行动”各项工作的可视化、透明化，进一步辐射带动了更多奶牛养殖场技术水平的提高。“奶牛保姆行动”依靠的平台主要有团队网站、《工作简报》、《研究简报》、《北京奶业监测月报》、奶牛保姆 QQ 群、奶牛保姆微信群等。

《工作简报》设有首席动态、团队动态、保姆活动专栏、技术交流、基层动态、调研与交流等栏目。共刊发 83 期，刊发工作动态近 1300 余条。较全面地向外界展示了团队及“奶牛保姆行动”的活动进程；共计刊发与“奶牛保姆行动”

相关信息420余条，较全面地展现了“奶牛保姆行动”的活动动向，也为其他奶牛养殖场提供了可供借鉴的管理方式。《研究简报》设有专家之言、研究简报、试验研究、综述、调研报告、技术应用等栏目。共刊发41期近400篇专业文献，较及时地将团队专家的研究成果传达到了生产一线。奶牛保姆QQ群、奶牛保姆微信群以不定期的形式，转发团队工作简报、研究简报内容，转发行业有影响力的技术文章，为奶牛养殖场技术人员和团队成员所使用。

9. 重评估，确保工作效果

任何工作模式要做到行之有效，都需要有与之配套的考核评估措施。考核评估结果应用于管理过程，对充分发挥工作模式的功能，确保其工作效果有着积极的作用。在“奶牛保姆行动”创建伊始就引入了效果评估环节，以对参与人员的工作效果进行较为公正的评价。“奶牛保姆行动”以年度评价为主，采取“参与人员自评、服务对象评价、外部评价”等多种方式，力求达到评估方案合理、严谨，评估过程简单、高效，评价结果公平、公正。有效的评估为“奶牛保姆行动”取得众多的重要成果起到了积极的作用。

此外，根据“奶牛保姆行动”工作开展的需要，评估方案也在不断的完善之中。从2015年年终考评起，正式引入了服务对象参与“奶牛保姆行动”人员绩效考核的机制。除在日常服务效果评价中加大服务对象的考核权重外，牛场管理技术人员还全程参与了所有“奶牛保姆行动”参与人员的年度考评打分，其打分结果与考核专家组成员同等比例计入成员年度绩效成绩中，更全面、客观地反映了成员的工作绩效，为团队成员更好地服务产业提供了明确的导向。

“奶牛保姆行动”完善的工作模式，严格的评估过程，公正、公平的评估结果，在有效提升北京奶牛产业技术水平的同时，极大地促进了北京奶牛创新团队各项工作的开展。北京奶牛创新团队自成立以来，在北京市现代农业产业技术体系创新团队年度考评中，取得了5次第一的佳绩，得到了各级主管部门的认可，受到了广大奶牛养殖场的充分肯定。

（二）服务模式创建特点

“奶牛保姆行动”是以解决产业存在的科研成果转化率低的问题为切入点，针对奶牛产业中存在的从业人员业务素养不高，新技术、新产品应用不足，标准化程度不高，应急保障能力缺乏，推广模式单一等突出问题，以需求为导向、以“保姆”式服务为宗旨，通过机制创新，整合在京科技资源，集成“成熟、高效、实用”的技术推广模式，建立“一对一”“一对多”“多对一”“多对多”等多种技术服务方式，创建的新型畜牧技术推广模式，成功打造“奶牛保姆行动”服务品牌，服务于北京奶业的发展。“奶牛保姆行动”已成为北京市支撑奶业发展的重要手段，是广大技术人员服务于基层的重要桥梁，是畜牧技术、科研成果（产品）突破“最后一公里”，实现“技术落地”的重要途径，有力地促进了北京奶业竞争力的全面提升。

1. 模式创建是“奶牛保姆行动”创建的重中之重

“奶牛保姆行动”创建伊始就制定发布了《奶牛保姆行动实施方案》。在实施方案指导下，通过“整资源，组建人才队伍；定方案，做到依规推行；重培养，提升人员素养；搞调研，厘清主攻方向；促研发，占领产业前沿；建基地，筑牢立足基石；重示范，凸显带动效应；搭平台，共享行动信息；重评估，确保工作效果”等工作方法，以“职能、人员、推广、资金、管理”等为模式创建基础，融合了“动态考评管理机制、推广路径调控机制、合作带动协同机制、基层服务保障机制”等多种形式，构建了“政产学研”相结合、“科教推”一体化的高效技术服务体系，达到了“创建模式、打造队伍、提高单产、提升能力、打造品牌、建立基地”的目的。“奶牛保姆行动”在服务于北京奶业的过程中，体现了“管理精、培训专、服务亲、交流广、科研实”等特点，实现了模式与品牌的协同创新。

2. “接地气”是“奶牛保姆行动”的最大特点

一是在培训与技术指导方面，深入生产一线开展了大量的调研工作，掌握了当前养殖者急需解决的问题，针对问题进行培训，将过去“专家讲什么，养殖者就听什么”的传统培训方式，转变为“养殖者想学什么知识，专家就讲什么内容”的新型培训方式，组织了“奶牛繁殖技术培训区县行”“京津冀精准服务牧场行”等活动，取得非常好的成效，得到广大养殖者的一致好评。

二是在技术推广方面，养殖生产中需要什么技术，就组织专家研究什么技术，然后进行推广，几年来，研发出一大批实用技术和产品，有力推动了北京奶牛产业的健康发展。比如，在解决奶牛场污水处理方面，针对牛场周边没有农用地可有效消纳污水的问题，项目专家在北京市密云区某牛场建成了以“连续回分式活性污泥处理工艺”为核心、全自动无人值守的奶牛场废水处理示范线，将化学需氧量（COD）在20000毫克/升以上的高浓度有机废水通过处理降低到50毫克/升以下，并实现了场内回用，真正做到“零排放”，彻底解决了影响奶牛场生存的废水处理难题，同时解决了夏季奶牛场的臭气、蚊蝇等相关难题，为奶牛场废水处理提供了切实可行的“北京方案”。在服务过程中始终遵循“有求必应、有问必答、有需必到、有难必帮”的“四有四必”工作原则，真心实意服务于养殖者，深得广大养殖者信赖，“有困难，找保姆”已成为许多京郊奶牛养殖者的口头禅。

三是通过培训指导，改变了养殖者的观念。比如，在青贮饲料制作方面，过去养殖者大多关注青贮玉米的收购价格，每吨能便宜几十元钱就非常开心，而对收储的青贮玉米干物质及淀粉含量并不关注，这恰恰是影响青贮饲料质量的关键所在，项目专家通过大量的培训和科学实验数据告诉养殖者事实的真相，彻底改变了养殖者的观念，现在提到青贮饲料，养殖者一开口就是“干物质”“淀粉含量”以及“籽粒破损度”等专业术语，青贮饲料质量大幅度提高，为奶牛的高产提供充足的能量。又如，在奶牛卧床舒适度方面，过去养殖者为节省开支，不舍得投入改善卧床的舒适度，项目专家通过培训及实验数据告诉养殖者，同一头奶牛吃同样的东西，每多躺卧1小时，奶牛的产奶量可以提高1.5~2千克，这样的培训方式潜移默化地改变了养殖者的观念。现在到了京郊的奶牛场，场长不再说每年奶牛卧床更新垫料需要多少钱，而是经常说自己的奶牛每天躺卧多少小时。“奶牛保姆行动”的实践，改变了养殖者的观念，而观念的转变是对产业最大的贡献！

3. 提升服务水平是“奶牛保姆行动”的重要目标

一是提升了集成创新能力。通过“奶牛保姆行动”的推广应用，大大提高了技术集成创新的能力。七年多来，共研发新技术174项，开发产品76个(套)，覆盖牛群1164589头次。以奶牛新兽药研发为例，专家通过需求调研、关键技术突破、试验研究、效果验证等环节，研制了系列乳房炎防治药物，成功取得新兽药证书，填补了国内空白。以乳房炎系列新兽药研制为主要内容的“奶牛重要细菌病防治药物创制与应用”获得了“2017年第十届大北农科技奖动物医学奖”，达到了以奶牛生产实际为突破口，进行测试与推广应用的效果。

二是提升了指导服务能力。通过技术推广模式的合作创新，有力地提升了“奶牛保姆行动”提供技术指导和综合服务的能力，不仅增强了成员间的凝聚力，发挥了系统的整体功能，而且加强了人员队伍的指导能力、服务能力和转化能力建设。七年多来，累计开展各类“奶牛保姆行动”3761场（次），培训各类技术、管理人员72133人次。

三是提升了推广应用能力。通过创新多元服务方式，通畅技术转化通道建设，围绕奶牛产前、产中、产后的全链条提供服务，全面提升了畜牧兽医高新技术的示范、推广、应用能力。“奶牛保姆行动”创建以来，累计示范推广主推技术（产品）455项，覆盖奶牛1786704头次，辐射全市奶牛存栏的93.8%

以上。

四是提升了应急保障能力。“奶牛保姆行动”的创立与推广应用，不仅为奶牛产业应对各种产业应急难题提供了重要的人员保证，而且形成了一系列应急预案，如《京郊某奶牛场暴发冬痢的诊治与病原调查》《帮助奶牛养殖场渡过目前“寒冬”的几点建议》《奶牛场应对暴雪灾害的专业技术预案》等都极大地提升了奶牛产业的应急保障能力。在人员支持和预案指导的双重作用下，2012年以来，北京奶牛产业成功应对了“7.21暴雨灾害”“11.3雪灾”“倒奶、杀牛”“寒潮天气”等自然或市场应急工作，得到了社会各界的认可。

（三）取得成效

“奶牛保姆行动”推广应用七年多来，共开展各类实践与服务活动3761场（次），在全国各地培训各类技术、管理人员72133人次；共建设示范基地45家，开展试验研究722项，形成“奶牛繁殖调控技术”“奶牛乳房炎综合防治技术”“犊牛早期培育技术”“奶牛围产期保健技术”等新技术174项，开发产品76个（套），覆盖牛群116.5万头次；示范推广主推技术（产品）455项，覆盖奶牛178.7万头次；获授权专利167项（发明专利34项），申请软件著作权登记11项，制定省部级以上技术标准21项，发表研究论文663篇（SCI文章124篇）。

七年多来，“奶牛保姆行动”取得了显著的经济、社会和生态效益。在经济效益方面，成乳牛单产水平显著提高。2020年，示范牛场单产为10.9吨，较2014年的7.43吨上涨了46.45%；土地产出率从2014年的5.6万元/亩上涨到2020年的12.92万元/亩，增长了1.31倍；劳动生产率从2014年的53.19万元/人上升到2020年的97.84万元/人，增长了83.94%；示范牛场的成本收益率从2014年的20.94%上升到2020年的34.64%，上涨了13.7个百分点。经第三方（中国农业科学院农业经济与发展研究所）测算，通过成乳牛单产水平提高，繁育技术、犊牛培育技术、精准饲喂技术等主推技术的推广应用，直接经济效益达到17.09亿元。

在社会效益方面，“奶牛保姆行动”整合了在京大专院校、科研院所、市级畜牧技术推广单位、相关企业及大兴、房山、昌平、延庆、密云、顺义等郊区396名专业技术人员参与，不仅提高了服务对象（牛场）工作人员的技术和管理水平，而且使参与“奶牛保姆行动”人员的技术水平和实践能力得到了大幅度提高。据不完全统计，几年来，“奶牛保姆行动”团队成员中，技术职称由副高级升为正高级的有15人，中级升为副高级的有45人，初级升为中级的有78

人，在为广大养殖者提供服务的同时，也提高了自身的专业技术水平，这也是大家愿意积极主动参与到“奶牛保姆行动”中来的主要原因之一。此外，“奶牛保姆行动”的实践，让北京规模化奶牛养殖场的管理水平和技术水平都得到了大幅度的提升，养殖场的标准化、规范化程度不断提高，促进了北京奶牛养殖业的转型升级。

在生态效益方面，通过鼓励采用饲草与农作物秸秆相结合的粗饲料高效利用模式，促进了饲料转化率的提高，降低了饲料中废弃物对环境造成的二次污染；构建并推广应用了北京规模化奶牛场应激环境动态监测系统，推广夏季奶牛环境综合控制技术，在健康养殖与环境控制方面较好地改善了牛场的环境污染问题；在乳品加工环节，设计制作的处理量为 1 吨/小时 CIP 废酸碱液净化回收设备，有效提高了乳品加工厂加工污水中有机物质回收的效率；在节水方面，加强养殖场节水培训，节水意识贯穿了奶业产业链的各个环节，奶牛养殖业逐步向“节水高效”转变；均衡饲粮饲喂技术、新型高效沼气发酵工艺对奶牛场粪污处理与利用等技术的应用，累计减排 COD140 余万吨，氨氮约 7 万余吨，有效改善了牛场周边的生态环境。

经过七年多的实践，“奶牛保姆行动”已成为服务北京奶牛产业健康发展的一张“亮丽名片”。

十、北京市家禽创新团队支撑产业新业态发展

在北京市功能定位战略和一系列政策的实施与落实的大背景下，北京市家禽创新团队按照《北京市人民政府关于全面推进都市型现代农业服务体系建设的意见》（京政发〔2011〕8 号）和《北京市新型农业社会化服务体系建设实施方案》，以产业高质量发展为导向，整合农民专业合作社、龙头企业和其他涉农组织资源优势，开展整个家禽产业链的社会化服务，引导并支撑北京家禽产业实现规模化、集约化和现代化生产。

（一）家禽科技服务队伍建设和服务机制建设有成效，成为都市家禽产业发展强有力的科技支撑

经过 10 年的发展，北京市家禽团队形成了“首席+功能研究室+岗位专家+综合实验站+田间学校”组成的家禽科技服务团队，摸索出了稳定、有特色、有力量、高效、默契的科技服务队伍和科技服务模式，引领并支撑了北京市家禽产业和企业的科技发展。

（二）引导各类主体按照产业链条开展产前、产中、产后全程服务

峪口禽业、伟嘉集团、北农大集团等企业建立了“智慧蛋鸡”“嘉农在线”“蛋鸡管家”和“蛋 e 网”等多个社会化服务平台，培育了多个新型专业化服务组织，并围绕品种定制选择、标准化养殖技术推广、资讯信息共享、饲料兽药供应、疾病诊断及禽产品销售等开展了菜单式服务。基本实现了高科技产品“送货上门”、技术服务和品牌服务“配送到家”，产销服务“智慧决策”。通过标准化生产和统一管理，促进农业生产专业化和简单化，实现增产增收；有效引导农业产业的聚集、进行规模化生产，进而提高农业的产业化水平。

（三）科技与理念创新不断，引领并支撑产业新业态发展

通过家禽团队的科技支撑，京郊的中小型蛋鸡养殖企业在不断探索、创新中形成了“无抗养殖模式”“林—草—禽生态养殖模式”“合作社带动模式”

"以销带产模式""放养蛋鸡规范化养殖模式""功能性鸡蛋研发与生产模式"等发展模式，促使北京市家禽产业形成多品种、多规模、多模式、多层次并行发展格局，为北京市鸡蛋供给保障和都市消费者美好生活做出了重大贡献。

（四）通过技术集成与示范，培养新农人

北京双银养殖场就是家禽典型的技术集成和示范场。通过功能性鸡蛋、精细化饲喂（物联网环境控制）疫病综合防控技术、鸡蛋分级喷码包装、品牌建设与营销等多项团队技术的综合示范，该养殖场成为团队技术集成度较高的田间学校工作站，场主也经历了"从修车匠到科技新农人"的蜕变。

（五）加强现代家禽技术的综合推广，促进第一、第二、第三产业融合发展

充分利用现代信息技术、育种技术、加工物流技术的发展，综合建设家禽现代支撑服务体系。包括家禽育种科技、动保等投入品、禽蛋加工保鲜、市场流通、信息咨询等为家禽养殖服务的相关产业，提升了家禽产业现代化水平，提高了家禽产品的商品率、品牌化和产业可持续发展能力。

（六）通过全程质量安全标准化生产体系，创建品牌企业

北京绿都峪口兴合养殖有限公司采用"公司+农户"的生产经营模式。在家禽团队技术支持下，建立了合作社全程农产品质量安全标准化体系，顺利通过良好农业生产规范（GAP）认证，获批北京市全程农产品质量安全标准化示范基地。秉承"民以食为天，食以安为先"的理念，合作社向家禽团队提出"鸡蛋现场快速检测是否无抗无残"的技术需求，引入了家禽团队研发的鸡蛋药残快检技术，用简单的试纸条约束了养殖户，提升了回收蛋品的质量安全水平，保证了市民"舌尖上的安全"。此举也为合作社带来了好的口碑和品牌影响力，日本、韩国的企业纷纷上门签订合作协议，订制生产品牌鸡蛋，为企业带来了可观的经济效益。

（七）种养结合，发展特色禽产品的生态养殖

北京绿多乐农业有限公司的养殖场坚持"改善动物福利、提升蛋禽品质、回归自然生态"的原则，多年来致力于打造"林—草—鸡生态种养循环模式"，发展林下经济。北京油鸡养殖场自主设计了成本较低、生态感强的第一代简易鸡舍，以及相继开发了第二代别墅式放养鸡舍和标准化的第三代林下放养鸡舍。2019 年，在家禽团队支持下，养殖场自主设计了一套鸡蛋分级、清洁设备，有效提升了鸡蛋的外在品质。

多年来，北京诚凯成柴蛋鸡养殖合作社利用当地的山地资源，围绕北京油鸡这一北京特色家禽品种，开展生态养殖。目前，合作社养殖北京油鸡 6 万只，并建立了种养一体化生产模式：在北庄镇承包山地 1000 余亩，以种植中草药为主，在太师屯镇承包土地 160 亩，种植苹果、樱桃等，将养殖产生的粪污进行资源化利用，为苹果、中药植物和油用牡丹种植提供了优质有机肥，按照“绿水青山就是金山银山”的发展理念，实现种养结合。

十一、北京科技创新驿站推动京冀冷水鱼产业健康发展

为了促进京冀冷水鱼产业协同发展，加强技术交流与合作，共享渔业科技成果，为生态渔业，绿色发展助力，以服务产业，富裕农民为宗旨，北京市鲟鱼、鲑鳟鱼创新团队与河北省淡水鱼创新团队共同运行“科技创新驿站”，派出岗位专家深入第一线开展技术服务、转化科技成果，提升河北养殖户渔业综合技术水平。

（一）派出专家积极参加河北省农业创新驿站工作

2020 年，养殖团队专家马国庆、安全岗位专家张清靖加入了河北省农业创新驿站，分别参加河北张家口市涿鹿县丰达水产养殖场、曲阳满鑫鲟鱼繁育养殖有限公司、邯郸市鲟鲵农业科技有限公司 3 个专家工作站，这 3 个养殖公司也是北京市鲟鱼、鲑鳟鱼创新团队的挂牌养殖示范基地。2020 年，通过发挥北京渔业科技优势，主要在渔业科技创新、成果转化、新品种选育、产业扶贫等方面开展合作和服务。

（二）转化科研成果促进产业转型升级

专家站整合冷水鱼人工繁育、品种更新、苗种培育、商品鱼养殖技术、养殖尾水生物处理技术，集成不同模式下的健康养殖技术。围绕鲟鱼、鲑鳟鱼休闲渔业特色，融合渔业文化，筹办渔业文化节，促进产业转型升级。

1. 优质鲟鱼苗种推广

2020 年，北京市向河北省养殖基地提供优质鲟鱼仔鱼 1500 多万尾，覆盖面积 1000 多亩，养殖户 31 户。鲟鱼苗种养殖成活率在 75%以上，鲑鳟鱼苗种成活率在 65%。

在河北省培育了流水养殖模式、池塘养殖模式、温棚微流水养殖模式，并在不同养殖模式下进行商品鱼的养殖技术优化和集成，在井陉威州养殖示范区进行了鲟鱼苗种规模化育种技术推广。

2. 养殖尾水治理技术转化应用

通过集成养殖废弃物沉淀过滤、人工湿地、生态塘建造、水生植物种植、生物包处理等技术，应用到涿州高英宇隆、涿鹿丰达、承德溪水湾、曲阳满鑫等养殖公司开展养殖尾水处理。所有养殖场尾水排放符合当地排放标准，对于保护流域环境起到了很好的生态作用。例如，在涿州高英宇隆公司循环水养殖模式实施养殖尾水处理后，符合水产养殖尾水排放标准的水被循环利用，用水量节省约 30%。

3. 融合性休闲渔业发展

以涿鹿丰达天关渔港为例，通过融合性的发展，使“健康养殖业—休闲渔业服务业—鱼文化”充分融合，打造具有冷水鱼特色、绿色环保可持续发展的休闲渔业典型。

公司负责人刘庆峰经营行业多年，思想敏锐，观念更新快，头脑灵活，他敏锐捕捉到渔业产业的发展必须有科技性、绿色环保、文化看点等特色，才能健康可持续发展，才能吸引人。因此，他积极主动找到河北省淡水鱼创新团队，北京市鲟鱼、鲑鳟鱼创新团队专家，请专家们为其出谋划策，确立发展方向。经过2~3 年的合作，在 2020 年取得了不错的成绩，被评为全国休闲渔业示范场。

通过对基础设施改造升级，美化旅游环境，建立了集养殖、餐饮、娱乐、旅游为一体的产业融合体系，餐厅一次可接待 100 人次，住宿 50 人次；兴建了儿童乐园、滑草运动、垂钓池塘。能招来客人，也留得住客人，使养殖的附加值提升，减量不减效，实现了利益最大化。

同时，紧紧围绕鱼文化做文章，建设渔业文化展厅，将不同品种的鲟鱼、鲑鳟鱼、家鱼、观赏鱼引入水族箱，形成向游人展示宣传渔业文化的平台；同时，兴建了 300 多平方米的仿自然环境的大鲵养殖洞；200 多平方米的渔业文化展示墙，介绍了我国渔业古老悠久的文化历史。通过这些鱼文化的建设，提升了公司的文化内涵和品位，也吸引了众多的观光游客。

（三）加强技术交流、培训、指导

养殖团队专家马国庆到河北张家口，就健康养殖技术及养殖尾水治理技术对 58 名养殖户进行培训。在疫情期间，通过电话、微信、视频等技术手段进行技术指导服务达到 60 多次。疫情相对平稳后，深入基层第一线指导服务 8 次。

十二、北京平谷区桃全产业链社会化服务体系建设

平谷区是中国著名的大桃之乡，在促进农村稳定、农民就业和农民增收等方面发挥着重要的作用。但当前，产业面临的劳动力老龄化、土地碎片化、土地撂荒、农民组织化程度低、农民抵御市场风险弱、“小而全”经营等突出问题导致了大桃生产低端化和收益低效化。为破解这些问题，区委、区政府高度重视，从提高农民组织化程度和社会化服务体系建设方面下功夫，在大桃主产区大华山镇、刘家店镇开展桃全产业链社会化服务体系建设乡镇试点工作，通过政府搭台、党建引领、合作社（新农人）运营的模式，建设大桃全产业链生态闭环服务体系，摸索出一条党建引领推进适度规模经营的新路径，培养出一批懂技术、爱农业的新型职业农民，打造出一批高标准示范园区，为全区乃至全市实现产业“农民组织化、经营规模化、服务社会化、水平专业化”提供了宝贵经验。具体情况如下。

（一）总体落实情况

高度重视，强化组织领导。区领导高度重视社会化服务试点工作，在工作方案制定过程中多次组织区发改委、区农业农村局、区财政局、大华山镇、刘家店镇和社会化服务组织召开专题会议，为试点建设提要求、扩思路，工作方案经过不断修改完善，形成《平谷区桃全产业链社会化服务体系建设乡镇试点奖补政策工作方案》。区主要领导亲自到刘家店镇、大华山镇调研社会化服务有关情况，并召开现场会议，针对工作中遇到的难点问题，提出解决对策。区农业农村局、区果品办主要领导多次深入两个乡镇及时了解工程实施进度，统筹协调各项工作。大华山镇、刘家店镇分别成立了工作专班，镇主要领导亲自部署工作，结合本镇实际情况，研究细化实施方案，为各项工作的顺利开展提供保障。

宣传动员，提高思想认识。一是召开镇级动员部署会。两个乡镇分别组织各村书记召开社会化服务体系建设试点工作专题部署会，镇主要领导亲自宣传政策，布置任务，针对有条件、有意愿、有能力的村两委重点突破，下任务、

定指标、限时间，确保项目有序实施和顺利进行。二是深入到村召开村级动员会。区、镇专班人员和服务组织一起面对面地为果农解读政策，讲好处、讲实施细节，帮助果农了解政策，调动他们参与社会化服务体系建设的积极性。

精挑细选，建立社会化服务队伍。经过前期的宣传、发动、报名、筛选等工作，2021 年 3 月 22 日，刘家店镇举办桃全产业链社会化服务队成立仪式，区领导为社会化服务队揭牌，刘家店镇政府与点点服务队签署委托桃全产业链社会化服务协议，同时，活动现场聘请吴华瑞、陆安祥、任飞等大桃专家作为服务队的技术顾问，并颁发了聘书。大华山镇成立了以北京互联农业有限责任公司合作组织为主导的社会化服务队伍。为提高服务队的业务水平，大华山镇先后举办了社会化修剪服务队职业技能培训会和倒拉枝现场培训会。

实地踏查，初步确定规模化园区地块。区、镇、村工作专班人员按照项目实施的具体要求和标准，联合走访、实地踏查，初步确定了园区地块。截至目前，集中连片 30 亩以上的老旧果园，刘家店镇初步落实地块面积 201. 2 亩，占任务数的 40%；大华山镇初步落实地块面积 600 亩，占任务数的 109%。集中连片 30 亩以上的新建果园，刘家店镇初步落实面积 89. 18 亩，占任务数的 59. 5%；大华山镇初步落实面积 202. 5 亩，占任务数的 67. 5%。最终面积由第三方审计机构按照园区选址、认定要求进行核实。

坚持标准，扎实推进规模化园区建设。本着“成熟一块园区，建设一块园区”的原则，同一园区的果农服务意向达成一致后，社会化服务组织与村、果农签订三方社会化服务合同。目前，刘家店镇刘家店村、北店村，大华山镇小峪子村、后北宫村已经签订了三方协议，服务组织正在有序为签约果农开展老旧果园倒拉枝改造服务，通过改造实现园区园容、园貌相对整齐，为社会化服务的开展创造条件。大华山镇苏子峪村、挂甲峪村、丛海逸园新建果园已经按照新的栽植模式完成苗木栽植工作，其他园区正在陆续进行整地、苗木栽植工作。

建立沟通协调机制，解决实际问题。建立区、试点乡镇、社会化服务组织、第三方审计机构四方参加的工作沟通协调机制，定期召开会商会议，针对工作实施过程中遇到的影响进度的问题进行会商，提出解决方案，推动工作顺利开展。针对新建高标准示范园个别农户不愿意进行更新发展，园区中间穿插数行大树和老旧果园倒拉枝标准化改造园个别户不愿进行倒拉枝改造制约集中连片的问题，区农业农村局会同大华山镇政府、刘家店镇政府、北京嘉禾庆财务咨询服务有限公司，参照第 26 期区政府会议纪要内容，本着“实事求是、因地制宜”的原则，对新建果园和老旧果园集中连片30亩以上园区标准进行进一步界定：新建果园如有个别不参与户的果树面积不超过总面积的20%，面积有效；老旧果园中含幼树、其他果树、个别不参与户的面积不超过总面积的20%，面积有效。

（二）存在主要问题

村党支部的引领作用还没有充分发挥。个别村党支部没有发挥桥梁、纽带作用，在推进果园的规模化和老旧果园倒拉枝改造、新建果园的规划设计工作中认识不到位，有畏难情绪，认为这是农户和社会化服务组织之间的问题，和村党支部关系不大，帮助协调解决工作中实际问题的能动性较差，缺少统筹协调，没有为实现农户和社会化服务组织的有效对接提供支持。

果农的思想认识还不高，各项工作的推进仍有一定难度。社会化服务是新生事物，果农对社会化服务的认识还不高，有些果农还处于观望阶段，果园即使放任管理，也不愿意参加社会化服务，致使规模化园区整体推进速度较慢；同时，社会化服务队伍队员的服务能力参差不齐，果农对他们的信任度有待提高。

社会化服务组织垫付资金压力较大。特别是在老旧果园倒拉枝标准化改造工程中，钢管、铁丝等物资材料需要提前备货，为调动果农的积极性，服务组织只收取果农560元/亩的押金，大部分费用由服务组织先行垫付；同时，服务组织向银行申请的贷款还没有审批到位，对服务组织的资金周转造成了一定的压力。

（三）下一步工作措施

进一步调动村级党支部的积极性。召开各村书记专题会议，进一步加强全产业链社会化服务体系建设乡镇试点奖补政策的宣传力度，提高村书记的思想认识，发挥党支部的引领作用，积极参与到社会化服务体系建设中，和社会化服务组织一起解决果园规模化推进、老旧果园倒拉枝改造、新建果园规划设计等工作中遇到的实际问题，加快工作实施进度。

强化社会化服务组织的技能培训。采取线上、线下相结合的方式开展病虫害绿色防控、套袋比武、电商、营销等方面的技能培训，提升专业化服务组织成员的技能水平，逐步提高果农对服务组织的信任度。

加快推进工作实施进度。督促乡镇、村、社会化服务组织针对已经确定的园区地块，签订村、果农、社会化服务组织三方协议，明确社会化服务项目，抓住关键时机，加快老旧果园倒拉枝改造和新建果园苗木栽植等工作，并引导社会化服务组织按照服务协议全面做好老旧果园倒拉枝改造服务、新建园引进新品种、栽植管理、植保、果实套袋等社会化服务工作。

十三、北京农信互联科技集团打造生猪产业链大数据智能服务平台

北京农信互联科技集团有限公司成立于2015年，针对我国养猪业存在的问题，农信互联大力推动人工智能、移动互联网、物联网、云计算、大数据等信息技术手段与传统养猪业深度融合，创建了生猪产业链大数据智能服务平台——“猪联网”，打造了集管理、服务、财务、资讯、教育、电子商务、金融等为一体的养猪综合服务平台，依托网络开展猪服务、猪交易、猪金融三大核心业务，贯穿整个生猪产业链的各个环节，开创了“互联网+”时代的智慧养猪模式。

（一）“猪服务”——以数据为王，打造生猪养殖全流程智能管理系统

打造融合物联网、智能设备、大数据、人工智能等新技术的智能养殖管理平台，一方面在线上对用户提供生猪智能养殖管理、财务分析、生产管理、行情监测、猪病诊断、养猪知识学习等知识培训和答疑；另一方面在线下由服务人员对用户进行手把手的指导，帮助养殖户高效解决养殖过程中面临的各方面问题，成为养殖户的贴心参谋。

一是通过生猪管理智能化系统大力推动生猪科学养殖。生猪智能管理系统连接“猪联网”平台上规模化猪场的环控、饲喂等自动化设备，实时监控生产状况和设备运行状态，同时为每头猪建立档案。截至目前，平台累计服务的猪场超过1.45万个，为262万头母猪和2600万头生猪提供信息化服务，大幅提升了猪场生产效率，每年每头母猪提供的断奶仔猪数（PSY值）相比全国平均水平高出3.98头。

二是通过猪场智能化管理系统精准实现企业高效管理。猪场智能管理系统集OA办公管理系统、人力资源系统、财务管理系统、供应链管理系统为一体。生猪养殖企业可通过平台连接产业上下游，企业管理人员可实时查询销售、采购和库存数据，有效提升企业数据管理水平及生产效率。

三是通过“猪病通”远程服务系统有效解决生猪养殖疫病。“猪病通”平台面向行业人员提供猪病远程诊断服务及交流学习机会，从而减轻生猪养殖行业疫病的危害，提升从业者养殖水平。目前，平台主要包括猪病远程自动诊断、兽医在线问答、猪病预警、智农通课堂及检测平台等五大系统。

四是通过“行情宝”猪价跟踪系统灵敏反映生猪市场行情。“行情宝”是农信互联自主研发产品，为养殖户及猪产业链相关主体提供生猪及大宗原材料价格跟踪和行情分析。在此基础上，农信互联与重庆农信生猪交易有限公司共同发布了生猪市场（交易）价格指数，反映我国生猪交易价格整体水平与变化。

五是通过养猪课堂全面提供养殖技术及经营管理知识。通过期刊、文库、视频、音频等多种形式，提供猪场建设、繁殖管理、饲养管理、猪病防治等专业知识，为经营者提供自我充电平台，帮助其提高经营管理和养殖技术水平。

（二）“猪交易”——以电商为本，搭建生产经营主体网络交易平台

“猪交易”是面向生猪产业链中生产资料生产企业、农资经销商、猪场、猪贸易商、屠宰场等各个生产经营主体提供交易的电商平台，包括农信商城和国家级生猪交易市场（猪交所）两部分。养殖户可从农信商城购买饲料、兽药、疫苗等投入品，国家级生猪交易市场可帮助用户进行生猪交易。

一是通过农信商城，为养殖户提供“一站式”采购服务。根据用户采购记录和浏览记录，推荐质优价廉的“优选商品”，实现就近撮合，减少了中间环节和物流成本。同时，为规模化猪场、运营中心和核心企业三大客户群体提供集采服务。平台通过收取保证金的措施，保障交易双方合法权益，保证商品质量，平摊物流费用，让小企业也能享受大企业的特权。

二是通过国家级生猪交易市场，实现买全国卖全国。在重庆荣昌区政府支持下，投资建设运营国家级重庆（荣昌）生猪交易市场，成功建立中国生猪网络市场，实现生猪活体“线上+线下”交易。截至目前，平台累计交易生猪高达5000万头，实现的累计交易额超过724亿元。

（三）“猪金融”——以金融为基，建立行业可持续的金融服务体系

“猪金融”业务主要为企业、养殖户、经销商、贸易商、屠宰场提供金融服务。通过平台获取的生产经营数据和农信商城获取的交易数据，利用大数据技术建立资信模型，为银行、保险、基金、担保公司提供信贷风险参考。公司金融服务体系涵盖了征信、支付、理财、借贷、保险、融资租赁、保理等产品。截至目前，农富宝累计理财金额超过506亿元，帮助用户实现的理财收益高达1亿元；农付通各支付类型累计支付总额已超过1730亿元；农信险发放的贷款额

累计超过125亿元；农信保实现的保理金额累计超过8694万元；农信租借款金额已超过1亿元。

近年来，农信互联打造的“猪联网”智慧养猪新模式，促成了科技化生产、信息化沟通和市场化运作的良性产业格局，提高了我国养猪产业竞争力，在提高生产效率、改变交易方式、促进融合发展上产生了良好的社会效益。目前，平台已聚集了超过1.5万个中等规模以上的专业化养猪场、150万名专业养猪人，覆盖生猪超过5000万头，占全国生猪存栏量的7%，是国内服务养猪户最多、覆盖猪头数规模最大的“互联网+养猪”服务平台。自2016年初上线以来，“猪交易”平台共计完成网上交易猪数量超过5100万头，市场覆盖全国28个省份，交易金额超过728亿元，是目前国内最大的活体生猪交易平台。“猪金融”为生猪产业链上、下游用户累计发放无抵押、无担保贷款超过127亿元；帮助农户管理闲置资金507亿元，为产业用户实现理财收益累计超过1.04亿元。

十四、北京平谷区刘家店镇“生态桥”治理工程

（一）基本情况

北京市平谷区刘家店镇地处环渤海经济圈的中心，农业资源丰富，是果品生产专业镇，全域共 5.34 万亩，农用地占 43%。刘家店镇素有“中国蟠桃第一镇”美誉，中华人民共和国成立 70 周年国宴上的“国桃”就出自这里。果品种植促进了经济发展，但也带来了生态环境问题，工作机制不健全、效能不足致使“小树枝”变成了生态文明建设的“大麻烦”。为彻底解决这一问题，刘家店镇创新实施“生态桥”治理工程，让“小树枝”形成“大格局”实现“大作为”，完成一场生态之旅，促进基层治理改革创新。

（二）具体做法

1. 坚持党建引领，完善组织体系

一是突出组织领导，坚持两总两分。刘家店镇党委在平谷区委的带领下，强化改革创新和统筹谋划。坚持区级总体规划、统筹，刘家店镇分阶段、分步骤开展“生态桥”试点、示范园建设。以刘家店镇为核心，辐射周边 6 镇，结合土地利用现状、农业资源分布和现有产业布局科学规划、系统推进。二是发挥党组织战斗堡垒和党员先锋模范作用，强化示范带动作用。镇、村两级出台政策性、制度性管制和激励措施，干部、党员和村民代表带头，将自家树枝首先运送到“生态桥”基地，做出示范表率，切实从思想上、行动上引领农户参与“生态桥”治理工程。三是营造改革氛围，引导各方参与。利用各类媒体、悬挂条幅、循环广播等方式，强化改革宣传；通过召开党员大会、村民代表大会进行组织动员，选树先进户、典型人，结合诚信之星评选，给予奖励，营造氛围，形成带动。

2. 实施循环农业，搭建制度体系

一是建立信息平台，实施信息智能管理。研发“生态桥”App 管理平台，农户通过 App 进行废弃物称重、信息查询和兑换有机肥，企业通过 App 减投增

效，初步实现了信息化、智能化管理。二是形成信用体系，将生态建设与基层综合治理有机结合。依托“生态桥”App 管理平台，农户注册即签署生态文明公约、获取生态信用证，村级组织考核记录农户履行生态文明公约情况，建立起生态信用体系，进一步激发农户参与“生态桥”治理工程的内生动力。三是推进园区建设，构建“生态桥”模式持续改革支持保障体系。在成功试点基础上，推进示范园建设，按照“绿色、循环、低碳、惠民”理念，整体规划设计“高标准、高效能、现代化、生态化”的“生态桥”示范园，凸显生产、生态、物流、研究、生态教育等五大功能，促进生产与生态融合，人文与创意统一。

3. 聚焦问题导向，建立工作机制

一是搭桥协同共治，统筹整合各方资源形成合力。在党建引领下，政府发挥主导作用，将政府、企业、村级、农户、科技等主体多元合一，构建“五位一体”合作共赢模式，形成协同共治局面。

二是创新激励方式，动员多元主体积极参与。制定并实施“1∶1+X”兑换政策，规定农户只要送来 1 吨树枝子，就可换得 1 吨市场价格约 1500 元的“生态桥”有机肥，而且赠送半吨防治果树病虫害的锌铜石灰液等，农户踊跃参与。

三是推动综合治理，促进基层治理迈向村级自治、百姓自觉。拓展“生态桥”治理工程的服务范围和治理深度，创新探索生态文明积分。将“生态桥”治理工程拓展成为集支部党建、村级管理、监督检查、生产管理、生态治理、生态教育、信息公开等于一体的综合乡村治理平台，为农村日常生产生活和基层综合治理探索出一条村级自治、百姓自觉的实现路径，构建党委、政府、社会、农户多方参与的基层综合治理模式。

（三）取得成效

一是建立群众基础，让基层百姓从“站着看”变为“跟着干”。试点初期，基层百姓大多抱有观望态度，但通过一系列动员举措，让农户切身得到实惠、感受到村容、村貌变化，提升了参与的主动性与积极性，多元主体参与，社会效益显著。

二是建立制度基础，让基层治理从“政府买单”变为“市场促进”。坚持“总分结合、堵疏结合与行政驱动、经济驱动”，坚持“五位一体”运营模式，综合考虑公益性与市场化因素，经济效益显著。

三是建立生态基础，让乡村生态从“绿水青山”变为“金山银山”。坚持绿色发展、生态富民，真正将生态建设和“三农”紧密结合，2019 年，刘家店镇 PM2.5 平均浓度 34.6$\mu g/m^3$，下降率为 40.7%，土壤、空气、水质明显改善，生态效益显著。

四是建立信息化基础，让乡村治理从“政府强制”变为“村级自治”。通过“生态桥”App管理平台，建立生态信用体系，记录农户生态文明积分，搭建“生态桥”模式信息链，将生态建设与基层综合治理有机结合，提升了基层自治水平，解决了基层治理的“最后一公里”难题，治理效益显著。

十五、北京绿宜生植物养护科技有限公司：巡棚指导病虫害分级防控助力农户减药控害

自2016年以来，北京绿宜生植物养护科技有限公司致力于提供农林有害生物专业统防统治与绿色防控一体化解决方案和工程实施。至今，在北京市区域范围内的50多家园区（面积1万余亩）开展了蔬菜病虫害专业化统防统治服务。

公司以巡棚为主，分级防控为核心进行统防统治服务。

公司制定了巡棚方法，定期现场巡棚指导一次，记录棚室温湿度、作物生育期，长势、肥水管理，监测棚室作物易发病虫害并提出防治方案。在巡棚过程中发现的相关棚室管理、水肥供应、设备设施等问题向基地技术对接人员进行及时的反馈与调整。对北京顺沿特种蔬菜基地、北京华耐农业发展有限公司，园区棚室采取针对性的巡棚样本采集调查方法，制订指导方案。

根据服务单元加权平均数统计分析，每亩节约开支142元，增产2665元，增收225千克。单位面积农药用量减少120.92克，减少农药包装8个，品质增加0.5元/千克。从种植户角度来说，作物品质提升0.5元/千克，产量产值相应提升，种植户更愿意去扩大种植面积，增加种植作物种类，提高种植户积极性。从农产品质量安全来说，农产品优先采用绿色防控手段进行防控，以防为主、以治为辅，从根本上减少农药的使用，治优先采用高效低毒低残留农药进行防治，残留降到最低，提高农产品质量安全。

十六、北京延庆区聂庄村：培育新产业，助力新脱低

聂庄村位于延庆区香营镇最南端，行政村域面积 1.2 平方公里，全村农户数 84 户，193 人。该村留守人口老龄化严重，矛盾多发、上访比较严重，因学、因病、因残外出就业困难，是比较典型的低收入村，到 2018 年还有 5 户低收入户（14 人）。

自 2018 年聂庄村和首发集团以及北京市农业技术推广站、北京市西甜瓜创新团队结对帮扶以来，以党建为引领，立足现状，建设农业设施发展蔬菜产业。一年多来出真招、办实事儿，在地区内起到了很好的示范效果，聂庄村走出了发展新产业助力真脱低的道路。

找准定位谋发展，发展新产业。聂庄村现有耕地 666 亩，全部为基本农田，2017 年有 530 亩被万达集团流转。传统种植大田玉米，2018 年亩产量约 800 公斤，亩产值 1200 元。由于主导产业玉米种植效益不高，首发集团和乡镇党委政府商洽发展地区产业项目，带动百姓增收致富，筹划建立了现代蔬菜种植园建设及高效栽培技术示范项目，建立聂庄村自己的现代蔬菜种植园产业基地，为村内引入现代蔬菜种植园项目，项目占地 105 亩，计划投资 340.33 万元，含首发集团自有资金捐赠 230.28 万元，香营乡财政投入 110.05 万元。种植园采取“政府+企业+农村集体+农户”的合作模式，以政府、企业帮扶为依托，以村集体成立股份经济合作社为运行主体；以企业订单式采购为支撑，北京市农业技术推广站、区、乡种植业服务中心等相关技术部门提供技术支持。

确定帮扶思路，壮大集体经济。结合村现有资源条件和现状，按照“提升农业科技水平、发展壮大集体经济、为低收入户提供稳定持续的收入来源”的工作思路，立足“做精蔬菜产业、做强集体经济”，通过科技支撑和精准服务提升现有蔬菜产业发展水平，提高产业效益，实现 17 户未稳定脱低的低收入户的成功就业。

精准服务，做实蔬菜产业。按照村集体与对口帮扶单位首发集团规划，提供园区蔬菜种植帮扶服务，一年来引进种植黄瓜、西红柿、柿子椒、西瓜、甘

蓝、生菜、土豆等22类作物、35个新品种，提供了“生产计划制定”“设施建设与改良”“育苗”等精准技术服务，共投入资金15万元。

制订生产计划。组织合作社生产人员、首发集团采购人员及种植专家，综合考虑设施和气候条件、采购方需求，召开座谈会3次，实地调研4次，制订了100亩园区生产计划。生产计划包括作物、品种选择，播种和定植时间，上市时间和产量分布，用工分布，物资采购计划和标准等。

提高生产能力。配备了水肥一体化设施，实现绿色生态生产；针对没有日光温室的现状，代育苗20万株；为园区制定了栽培技术规范，聘请技术员1名，3—11月指导生产21次，培养技术员1名。

示范优新技术。针对园区现状引进22类作物共35个新品种，示范6项综合技术模式、2项关键栽培技术。园区全部采用滴灌灌溉，全年园区平均亩灌溉量342方，化肥使用量84公斤，蔬菜长季节栽培用药6次，其中微生物制剂4次，化学农药2次，使用量350克，产品全部达到绿色标准。平均亩产量4500公斤，总产量36万公斤，总产值140万元。

脱低效果明显，产业发展可持续。2019年项目正式运行以来，吸引了本村在外谋生能人王石民（父母为本村低收入户）回村进行种植园种植工作，聂庄村与王石民合作对种植园进行管理。园区共种植35种蔬菜，总产量36万吨，产值150万元，为全村增加各种收入48万元。其中，吸纳了本村村民15人就业，共发放村民工资性收入11万元；划拨村集体直接经济收益17万元，44户增收0.2万~1万元不等，低收入平均每户增收0.39万元；26户村户从该项目中获得了土地流转收益20万元。

蔬菜种植园经过一年运营，积累了种植经验、培养了1名技术员、打开了市场，具备继续发展能力，实现了产业可持续发展扶贫。

十七、北京延庆区西灰岭村：产业帮扶助力脱低致富

延庆区永宁镇西灰岭村原是低收入村，农业产业基础较为薄弱，市农业农村局、市农业技术推广站对该村进行农业科技帮扶。

（一）措施

对接调研，制定帮扶方案。通过先期调研、现场走访，技术人员与该村村委会开展多轮农业科技帮扶对接。经过重新审视 2000 亩耕地资源，市农业技术推广站对该村进行技术支撑，从产业发展、政策支持、企业运作、市场需求、科技支持等五个方面统筹运作，形成合力，为该村制定发展刺五加黑木耳、青贮玉米、向日葵种植的科技帮扶方案，扶植新的产业。

多级协作，保证技术落地。成立由北京市农业技术推广站、区县农业主管部门、村委会组成的“三级农业科技推广协作服务体系”。市级农技推广部门负责提供优良品种、高效栽培技术及模式，食用菌栽培技术指导；区县农业主管部门技术人员负责所辖区的食用菌栽培技术指导；村委会负责所在村的生产技术措施的落实。

完善服务，保证技术落地。技术人员在生产关键时期，每周 1~2 次驱车深入田间地头，抓好每个环节的技术细节。此外，技术人员还不定期邀请专家，进行技术落实情况督导。技术人员还建立了微信工作群，将延庆区农业技术推广站、菌棒生产合作社、低收入村技术负责人员纳入群里，及时发布管理意见，开展技术交流，生产沟通，针对发现的技术问题进行解答。联合延庆当地黑木耳种植合作社，培养当地技术骨干，聘请当地技术人员在生产关键期驻扎本村进行技术指导，确保本村黑木耳种植技术措施落地。

培养本村技术骨干。在每个村培养 1 名技术骨干，负责本村黑木耳栽培管理及技术辐射，确保本村真正掌握黑木耳栽培技术。

（二）开展的工作

在为该村引入黑木耳种植的同时，还积极协调北京市农业技术推广站其他

科室，为该村的农业生产保驾护航。协调育种作物室、粮食作物科帮助该村选定青贮玉米品种；协调节水农业科完成黑木耳出耳地的微喷配水。

示范优良品种 3 个：在永宁镇西灰岭村示范种植刺五加黑木耳 1.35 万棒（3 亩）；协调示范种植青贮玉米 1300 亩；协调先正达公司，种植向日葵 110 亩。示范了 3 个优质品种。黑木耳：单片 5 号；青贮玉米：富友 9 号；向日葵：先正达 NX19012 等。

示范推广“绿色高效技术”7 项：示范省力化菌棒开口技术、草帘地膜覆盖催芽技术、小孔出耳技术、打孔地膜节水除草技术、微喷间歇弥雾增湿技术、晾晒网干燥技术、黑木耳出耳环境自动监测等。

协调落实有关政策 3 项：对接属地粮食直补管理部门；按照有关政策要求，将大田作物种植纳入粮食直补、休耕轮作政策覆盖计划中；协调水务部门，重新修淘饮用水井，保障村民生活用水。

（三）成效

经济效益。西灰岭村全光地摆黑木耳平均产量 8 钱/棒，种植 1.35 万棒（3 亩），产耳 1080 公斤，售价 51 元/斤，收入 5.5 万元，平均亩收入 2.75 万元。青贮玉米亩产 4000 公斤，1300 亩收入 104 万元，亩均收入 800 元。向日葵种植 110 亩，亩收购价 1500 元，收入 16.5 万元。

社会效益。一是植入新产业，为西灰岭引导该村发展黑木耳、青贮玉米、向日葵高效益作物种植，促进了新型农业产业的发展，实现了农业产业技术提升，推动了农民增收。二是惠及低收入户，部分低收入户参与黑木耳、青贮玉米、向日葵种植。通过种植黑木耳，直接吸纳本村部分低收入户（6 户，6 人）参与出耳管理，获得了劳务收入，人均增收 1.2 万元。

十八、北京平谷区茅山后村：党支部引领产业发展“支部+”模式助力百姓致富

（一）基本情况

茅山后村位于平谷区和金海湖镇域东北部，村域面积 1.84 平方公里，全村共有 70 户，211 人。之前，由于农户承包土地分散，务农人员年龄普遍偏高，人均收入不到 1 万元，村民增收难度很大。针对这些情况，茅山后村坚持党建引领，以“支部+”发展模式，引导农户流转土地，推进生产方式改革，建立了佛见喜梨种植基地，实行全链条、全环节、全要素的“三农”服务，实现了农村党建与产业化发展的相融互动。

（二）具体做法

1. 引导农户流转土地

以增加农民收入为主线，在联产承包责任制的基础上，通过鼓励承包农户和荒山承包大户转让土地承包经营权等方式促进土地流转。针对一家一户种植果品生产规模小、投入大、效益低、增收难的现状，党支部利用三个多月的时间，挨家挨户做工作，推出家庭适度规模经营模式，发展佛见喜梨种植。

2. 完善服务体系

在区、镇政府的指导帮助下，村注册成立了北京元宝山果品产销专业合作社，通过“五统一”，即统一技术、统一施肥、统一包装、统一品牌、统一保底收购，为果农提供产前、产中和产后“保姆式托管”服务。此外，合作社还成功注册了“茅山后佛见喜梨”商标，产销协会申请了茅山后佛见喜梨“三品一标”，大幅提升产品品质和品牌影响力。

3. 打造佛见喜梨产业田园综合体

“吹哨”区、镇各相关部门，制定茅山后村“三农”综合体建设方案，明确了佛见喜梨产业田园综合体建设 9 项任务，即制定农业企业组建方案；建立一套完整的佛见喜梨产品标准体系；重新设计茅山后村佛见喜梨的各种标志、标

识、包装；建立佛见喜梨电子档案；制定“互联网+农业”实施方案；完成申报国家级生态原产地保护产品、国际商标注册工作；编制美丽乡村建设规划，实施“双美”工程，打造农旅结合典范；逐步实现果品全自动分级、分拣工作；完成佛见喜梨基因测序。截至目前，其中7项任务已基本完成，有效推动“三农”综合服务水平迈上新台阶。

4. 成立农业企业

近年来，收入增加的同时，经营管理问题也逐渐凸显，过去架构松散、管理低效、营销业余的模式已经不适合现有需求，亟须成立现代农业企业，走专业化、市场化、企业化发展道路，组建经营公司就势在必行、意义深远。为此，在区农业农村局、镇政府的指导下，茅山后村成立了农业企业。

（三）服务特色

1. 通过“三变+特色农业”，创新农村基层治理模式

结合实际，转变组织架构、经营管理方式、分配模式。搭建“党建引领+基层治理+公司管理”的三协同组织架构，建立“政府+党支部+公司+农户”“四位一体”的经营管理方式，采取“保底收益+固定分红+效益分红+让利分红+劳务报酬”五项分配模式，最终实现“书记抓经济，引领村民致富”“农民变股东，参与公司经营”“村民赚积分，提升基层自治”“果农拼技艺，培植优质喜梨”四个主要目标。

2. 盘活“三资+企业运作”，实现保值提质增收目的

一是盘活资源。以茅山后村所有自然资源充分入股，包括土地资源、果树资源、劳动力资源等，将“死”的资源用活，让资源转化成资产。二是壮大资产。将固定资产和无形资产量化入股，比如，集体共有的路网、电网、管网等固定资产，以及商标、技术、专利等无形资产，全部量化后入股，让资产量化成资金。三是整合资金。将各级政府（包括村委会）对企业的投入归类整合，通过“拨改投”的方式全部计入股权设置中，让资金注入成股金。

3. 构建“三农+综合服务”，打造精品农业发展体系

搭建“政府监管、企业运营、镇村协调、农户参股”的组织架构，添加“田园风光、民俗旅游、文化创意、历史典故”等发展要素，将茅山后村发展成现代农业、特色农村、富裕农民的典范，政府为之建立一套科学、规范、高效的综合服务体系，为农民提供全产业链帮扶工作，将茅山后村建成美丽的田园综合体。据此，总结出可操作、能复制的成功经验，向全区甚至全市推广“三

农”综合服务体系。

（四）取得成效

目前，茅山后村佛见喜梨总量已达到 7 万多棵，年产量达 30 万公斤，年收入 700 余万元，比 2012 年增长了 4 倍，果农收入由 2012 年的户均不到 1 万元上涨到户均 3 万元以上，实现了果农“丰收”，村“三农”综合服务水平也迈上了新台阶。

（五）经验启示

1. 发挥基层党组织的战斗堡垒作用是推进土地流转的根本保证

村级基层组织是做好农村工作的基础，是落实党的路线方针政策和各项工作任务的战斗堡垒，是推动农村经济发展和社会进步的关键。茅山后村党支部在推进土地流转、种植佛见喜梨、促进产业发展过程中，充分发挥了党员干部模范带头作用，一方面通过产业协会、合作组织集中销售，既有扎堆效应，又降低了成本；另一方面通过产业协会、合作组织在买卖交易中采集市场信息，实现了市场与田间地头的“对接互通”，激发了群众的致富热情，有效促进了产业的发展。

2. “勇于创新”“敢为人先”是推进土地流转的不竭动力

村两委班子在土地流转过程中，既看重土地制度调整的经济功能，又照顾到保障农民就业、维护社会稳定的政治功能与社会性质，把握好二者的结合点，采取稳妥的互换、转让、流转承包经营权、自主经营 4 种方式，既调动了农户的积极性，也符合中央关于“稳定现有土地承包关系并保持长久不变”的政策精神。

3. 打造特色精品农业是促进农民增收致富的目标方向

土地流转不是土地在广度上的简单合并，而是广度上的规模经营和深度上的效能拓展并进的过程，土地流转，改变了以往的小规模种植，集中连片，更有利于茅山后佛见喜梨的发展，使之成为继平谷大桃之后又一个具有代表性的农产品。

十九、绿农兴云果品产销专业合作社：“示范基地+智慧果园+桃全产业链”

（一）基本情况

北京绿农兴云果品产销专业合作社成立于2009年11月，出资总额为500万元。入社会员300余人，带动农户2000多户，辐射周边四个乡镇。

（二）典型做法

合作社以育苗、培育新品种、植保技术、销售为龙头抓手，采用“示范基地+智慧果园+桃全产业链”社会化服务的模式，搭建大桃产业专家工作站和技术示范园，承接平谷农业科创园的技术转化和熟化，与国家桃产业技术体系全面对接，致力打造成为北京副中心后花园的养生地。

合作社现有四种销售模式，分别是线上销售、线下销售、推介活动、直播带货。运营了刘家店镇丫髻果品会网站，形成了网店直营、基地直供、移动销售、平台推广等网络销售模式。

（三）服务农户情况

目前，该模式覆盖刘家店镇5个村，共计老旧果园倒拉枝改造园521.53亩，新建高标准示范园工程61.74亩。

建立了社员培训基地，内设电教室和图书室，合作社定期邀请专家为社员培训果树栽培新技术。通过“线下教室”和“空中课堂”学习春耕、夏剪、秋收、宣传、营销等专业技术；通过“一站式”种植服务平台推送给农户及客商。倒拉枝为进行机械化操作提供便利条件；套袋、机械除草、销售，为果农解决生产效率低、销售渠道匮乏和销售价格低等问题，具体服务项目内容以及奖补参考标准见表4-19-1。

表4-19-1　服务项目、内容以及奖补参考标准

分类	服务项目	服务内容	作业要求	服务价格
老旧果园倒拉枝改造园	标准化改造	倒拉枝	原则上33棵左右/亩	2800元/亩
	套袋服务	套袋	一拽二看三回头	0.1元/袋

续表

分类	服务项目	服务内容	作业要求	服务价格
改造园	机械化作业服务	机械除草	10 亩/天/台班，10 亩以上	20 元/亩
	产品销售托管服务	为农户提供产后托管销售	制定收购质量标准，收购符合标准产品	签订协议，按标准优先高于市场价格收购
新建高标准示范	新品种	苗木	66 棵×20 元/棵、成品苗	1320 元/亩
	高标准新模式建园	平整土地、苗木栽植、生产管理	标准化栽植、生产管理	600 元/亩
	肥水一体化配套	安装配套肥水一体化喷灌设备	完成安装调试	4500 元/亩

二十、中捷四方专业防控服务队：蔬菜全方位专业化绿色防控

（一）基本情况

中捷四方专业防控服务队由北京中捷四方生物科技股份有限公司于2016年组建，服务队以“技术领航、生态健康、绿色防控”为工作目标，致力于蔬菜全方位专业化绿色防控技术服务，是国家及中关村高新技术企业，以向农民提供先进、实用、全面的绿色防控产品与服务为宗旨，助力农业生产安全健康可持续发展。

（二）服务流程

产前：在蔬菜定植前，服务队专业技术人员对基地管理人员进行健康栽培技术培训，以预防为主制定全程详细方案。

产中：①全程监测及巡查；②健康栽培技术；③天敌、授粉昆虫应用技术；④水肥一体化管理技术服务；⑤精准施药技术。

产后：将农药废弃物包装及时回收、处理；指导菜农将植株残体及时处理，从源头控制病虫害发生。

（三）服务特色

服务队以促进蔬菜健康生长、减少农药化肥用量为目标，通过技术集成应用，实现作物健康生长。从产前、产中和产后全程监测和管理，通过新技术整合，降低防治成本，为种植户找到低成本的解决方案。实现蔬菜安全生产、品质提升，促进农民增收。

（四）服务实施

服务队有专业的技术团队，由农业相关的博士、硕士专业技术人员组成。拥有植物医生12人；专业服务车辆6辆；植保机械33台；精准施药量具30套；测报工具箱2套。服务队为加强队伍管理，保障服务质量，提高服务效率，制定了《服务队专业服务职责》《服务队管理制度》《服务队服务实施标准》《服务队技术培训体系》《服务队人员岗位职责》等一系列服务管理制度。通过制度上墙，明确任务和职责。

二十一、北京鑫城缘果品专业合作社：统防统治与绿色防控技术相融合

（一）基本情况

北京鑫城缘果品专业合作社是一家集农产品生产、销售、观光、采摘、农业技术培训、社会化服务于一体的股份制农民专业合作社，是国家级农民专业合作社示范社，是北京市“全程绿色防控示范基地”。合作社现有社员243户，占地2700余亩，其中：有标准日光温室705栋，主要用于种植草莓、蔬菜；草莓育苗基地300亩，主要用于草莓种苗生产；各类果树近1000余亩。为更好地服务于社员，2008年合作社筹建了农资销售服务中心，在向社员提供农资服务的同时，明确3名技术人员（蔬菜、草莓、苹果）随时为社员提供技术指导与服务，推广植保“绿色防控”及其他农业新技术。近年，合作社不断引进各项植保绿色防控技术，积极参与并开展相关试验、示范、技术培训与推广，共开展农业新技术试验示范60项，技术培训100余次，走访农户1000余次，开办“植物诊所”，建立农产品农药残留检测室，具有丰富的植保服务经验。2016年，按照《北京市农业局关于印发2015年菜田补贴创建类工作创建规范和验收要求的通知》（京农发〔2016〕50号）文件要求，为保证合作社农产品安全，提升合作社农产品的生产管理水平和市场竞争力，探讨适合合作社产业发展的植保专业化防治服务模式，北京鑫城缘果品专业合作社按照市、区植保站开展植保专业化防治队伍建设的指示精神，精心组织，结合实际情况组建北京鑫城缘蔬菜、草莓病虫害专业化防治服务队开展病虫害统防统治工作，经过多年的努力北京鑫城缘蔬菜、草莓病虫害专业化防治服务队锻造成为能力全面、朝气蓬勃的专防队伍，配备了一批技术先进、高能高效的植保专用设备，建立了一套科学、规范的管理制度、业务流程和操作规程，逐步形成了适合北京市现代农业发展和专业植保服务组织可持续运营的蔬菜、草莓病虫害专业化统防统治商业运营模式，业务范围包含草莓、蔬菜全生育期多方面一体化的跟踪式生产服务，包含产前、产中、产后，每年开展服务作业面积1400亩，年营业收入达

200 万元。

（二）主要做法和成效

北京鑫城缘果品专业合作社社会化服务队以昌平区兴寿地区草莓、蔬菜种植户为重点，推广绿色防控技术，促进统防统治与绿色防控的融合，示范实施面积 1400 亩，辐射带动面积 3000 亩以上。其中，包含西新城村 300 亩，桃林村 100 亩，辛庄村 200 亩，东营村 200 亩，西营村 200 亩，香屯 200 亩，麦庄 200 亩。具体开展的社会化服务包括以下方面。

1. 棚室巡查与技术指导服务

对签订服务协议的农户进行免费的棚室巡查及带专家进行入户指导，每亩地 6 次，每年服务达 8000 余次，服务面积达 1400 亩。主要针对草莓生产特点，在草莓苗期（8—10 月）进行炭疽病、根腐病的巡查与技术指导，在草莓花期和初果期（11 月至次年 2 月）进行草莓灰霉病的巡查与技术指导，在草莓盛果期（3—5 月）进行草莓白粉病、红蜘蛛、蚜虫、蓟马的巡查与技术指导，在草莓拉秧后（6—7 月）进行土壤消毒技术、草莓间套作技术、草莓病虫害绿色防控技术、草莓水肥一体化施肥技术等集中技术培训 10 次，培训 1000 余人，技术培训服务面积达 1000 余亩。棚室巡查与技术指导紧贴生产，开展服务，通过棚室巡查及技术指导解决农户生产难题，提高农民病虫害辨识能力和病虫防控效率，降低白粉病、红蜘蛛病虫害的发生率，接受棚室巡查和技术指导农户的红蜘蛛发病率为 5%，未接受棚室巡查和技术指导农户的红蜘蛛发病率达 60%。防控效果显著，农民满意度 100%。

2. 开展土壤消毒、棚室消毒、理化诱控、天敌应用、药剂防治等服务

（1）产前土壤消毒和棚室消毒服务

以草莓为例，针对土壤栽培、基质栽培、半基质栽培模式分别推出三种不同的土壤消毒方式。采取补贴式有偿服务，农民既可享受优惠的补贴价格又能得到最专业的消毒服务。每年开展消毒服务作业 1000 亩。消毒效果显著，可有效防控土传病害的发生，实现草莓缓苗率达到 80% 以上，土传病害发生率降低，缩短缓苗时间，提前上市时间，农民满意度高。

（2）产中绿色防控服务

根据作物生产特点，在生产关键时期开展防控作业，每年每亩 4 次，服务面积达 1100 亩。在产前土壤和棚室消毒的基础上，草莓定植后采用“寡雄腐霉菌”等生物农药灌根 2 次、叶面喷施 2 次，预防真菌性病害发生，共计生物农

药灌根1000次，叶面喷施1000次，服务面积覆盖1000亩；在蚜虫发生初期采用鱼藤酮、除虫菊、苦参碱、印楝素等生物农药防治2次，共计生物农药喷施1000次，服务面积覆盖100亩；红蜘蛛发生初期采用捕食螨防治红蜘蛛3瓶/棚次，撒施5次，共撒施捕食螨1500瓶，服务面积覆盖500亩；在草莓温室内悬挂色板、硫黄熏蒸器、棚室全方位设置防虫网，服务面积覆盖600亩；病虫发生严重时，针对白粉病和灰霉病使用化学药剂防治1次，再使用生物药剂或者天敌进行控制，服务面积覆盖200亩；产后植株残体利用高温堆沤或使用移动式臭氧垃圾处理车进行处理。通过产中的绿色防控措施，实现草莓病虫害发生率降低，其中通过撒放捕食螨，红蜘蛛发病率降低至20%，起到了很好的防控效果，通过苗期防控，统防统治，白粉病、灰霉病发生率与未防控农户相比降低了60%，产中绿色防控的农户全年化学农药喷施次数为2~3次，与未防控农户相比降低了4次，大大降低了化学农药的使用量，实现了减药的目标。

（3）开展补贴农资销售及废旧农膜、药瓶药袋回收服务

北京鑫城缘果品专业合作社设立农资补贴点和废旧农膜药瓶药袋回收点，为昌平区蔬菜和草莓种植户提供补贴农资配售和废旧农膜、药瓶药袋回收工作。各种植户持北京市补贴卡或昌平区农资补贴本即可在合作社购买补贴农资，方便农户生产，保证安全生产，节约种植成本。每年6—9月开展废旧地膜以旧换新回收和发放服务。全年开展药瓶药袋的有偿回收工作，为种植户提供普惠性的服务，服务面积达5000亩。

（4）开展草莓蔬菜生产全程机械化服务

北京鑫城缘果品专业合作社成立机械化生产服务队，为周边农户提供全程机械化服务，包含机械化起垄、电动风口安装、机械破垄、水肥一体化设施安装、草莓蔬菜废弃物无害化处理、机械播种等围绕草莓、蔬菜生产的全过程服务，让农户可以获取生产过程所需要的全方位服务。

（5）科技示范、推广与培训服务

北京鑫城缘果品专业合作社共有试验示范基地166亩，每年联合各部门开展各类试验示范60余项，为周边1000户农户提供免费的技术示范、讲解，每年开展现场观摩会80余次，为农户推广新技术。与此同时，成立了北京鑫城缘果品专业合作社田间学校，聘请技术专家为农户讲解生产新技术，切实提高农户种植技术水平，每年开办培训20余场，培训农民达1000余人次。

（6）农产品销售服务

北京鑫城缘果品专业合作社与社员签订销售协议，制定生产标准，为社员

及周边示范户提供草莓销售服务，达标产品统一进行品牌化销售，带动农户增收致富。

服务队人员及物资配备情况：服务队由北京鑫城缘果品专业合作社社长任队长，聘请1名有丰富病虫害防治经验的高级农艺师任技术总监，下设蔬菜、草莓、苹果种植专职技术人员3人，病虫害专业服务队队员20余名，其中包括科技农民5名，农大硕士研究生6名，农业专业院校实习生10名，药械师2名。北京鑫城缘蔬菜、草莓病虫害专业化防治服务队与各部门积极联系，特聘专家加入服务队进行指导，共有特聘专家18名，5名高级农艺师，2名中级农艺师，局级专家1名，主任专家6名，副科级专家4名，充分满足服务对象的需要。

设置固定的办公场所，配备电脑、打印机等办公用品，满足田间服务档案、客户需求意见等资料的长期保存和备查。制度上墙，定制统一服装，实现规范化管理。制作相应的宣传、展示材料，定期组织专家为专防队员进行技术培训。

配备高效药械，提高作业效率。北京鑫城缘蔬菜、草莓病虫害专业化防治服务队配备自走式动力喷雾机（MSV615L）2套，自发电背负式常温烟雾机（JT 3YCB1200D-Ⅳ）16台，辣根素土壤消毒设备2套［每套含1台动力机（10马力）及2台施药机］，共计20套高效作业设备，按照目前的人员和设备配备水平，北京鑫城缘蔬菜、草莓病虫害专业化防治服务队全程植保服务能力可达50亩/天，年服务能力超过5000亩，达到了项目实施的目的。

二十二、北京凤河联盈农业专业合作社联合社："共享菜园""景观农业"生产经营模式

（一）基本情况

北京凤河联盈农业专业合作社联合社，成立于2020年4月，拥有5家市级示范社，北京泰丰肉鸽养殖专业合作社、北京绿泉农产品产销专业合作社、北京长亦兴民俗旅游专业合作社、小黑垡旅游专业合作社和北京台达梨产销专业合作社，是大兴区首家获工商批准成立的联合社。

联合社位于大兴区长子营镇，流转整合全镇1000亩农地资源，经营项目涵盖了农业标准化生产、农产品加工、农产品销售、农业技术交流等农业领域的多个环节，其农业生产经营模式中的"共享菜园"项目、"景观农业"项目等都是现代农业的重要发展方向。

经营的农产品品种有生态蔬菜、生态水果、散养鸡蛋、泰丰肉鸽等优质农产品，自有品牌"凤河源"是北京市著名的农业品牌。现有面向市民销售的农产品单品多达50种。

（二）主要做法

为了盘活现有资源，推动镇域内农业产业结构升级，发展属地经济。在镇党委的大力支持下，由小黑垡村、上黎城村、潞城营三村、赤鲁村、北蒲州营村五村党支部负责人联合发起，成立北京凤河联盈农业专业合作社联合社。

联合社致力于发展富民乡村产业，解决农村人口就业、促进农民持续增收，发展壮大集体经济。

1. 党建引领发展

在镇党委统筹支持下，进行长子营镇农业产业结构调整，由五村党支部负责人牵头成立联合社，整合资源，大力发展原生态种植、"互联网+"、农业产业融合发展等农业发展新模式；充分发挥党支部带头作用，建立长效帮扶机制，解决镇域农村、农业发展问题，助推镇域农业升级。

2. 解决农村就业问题、促进农民持续增收

联合社发挥产业帮扶、就业帮扶带头作用，充分吸纳周边村民来合作社上班，解决村民就业难、农村空闲劳动力就近就业问题；经济组织合作社成员每年进行分红。建立长效增收机制，通过就业、分红等形式不断促进农民持续增收。

3. 打造新型农业示范联合社

联合社以生产原生态蔬菜为前提，遵循蔬菜自然生产规律，做到生态环境保护和食品安全并重；以会员式和体验式为主要运营方式，做到蔬菜由生产者直接到达消费者，减少中间运维环节，提高农产品附加值；充分利用“互联网+农产品”电商平台，打造线上、线下相结合的乡村流通新模式，提高农产品冷链流通率，打造第一、第二、第三产业融合的新型农业示范联合社。

4. 推动镇域农业发展

联合社以农产品生产、农产品加工、农业服务三产融合发展，促进农业结构升级，提高土地利用效率，提升农产品附加值；以点带面，盘活现有资源，带动长子营镇小农户、农民合作社发展，形成不仅能为消费者提供健康蔬菜，同时还能吸纳农村人口就业、促进农民增收的政府、消费者、农民“三方盈利”的发展格局，助推镇域农业发展。

凤河联盈共享菜园已储备会员 200 余人，对接大兴、西城、经开区等高端社区 10 余个，部分农产品已具有较稳定的销售渠道，市场优势明显。

（三）服务典型模式

直销模式：以面对面的方式直接向消费者销售产品和服务，通过“会员制”与消费者直接建立联系，消费者每年或每个月缴纳一定数额的费用，联合社定期（每周一次或两次）为其配送一定数量或金额的蔬菜。

体验模式：体验式菜园是以消费者体验为主的一种菜园经营方式，体验是一种个人独特的经验，让消费者从体验中获得愉悦、乐趣等感受，从而刺激他们的消费，增加产品的附加值。

订单模式：与农产品购买方之间签订农业订单，依照订单组织安排农产品生产。

二十三、北京互联农业发展有限责任公司：“六化三标准”服务体系

（一）基本情况

北京互联农业发展有限责任公司，于2015年成立，坐落在极具盛名的“中国桃乡”北京市平谷区大华山镇，占地面积5000余平方米。是平谷区致力于农业产前、产中、产后全程服务的农业公司，依靠“诚信友善赢人心，质量安全促发展”的经营理念，秉承“生产者称心，消费者放心”的服务宗旨，为平谷区农业发展贡献力量，经过多年的发展探索形成五大服务模式，建立“六化三标准”服务体系，引领果、蔬产业高标准、高品质发展。2019年被认证为国家高新技术企业，2020年被认证为中关村高新技术企业。

公司设有专业团队用以技术支撑，其中高级技术人员3人、中级技术人员6人、其他专业服务人员33人，并经常邀请各类技术专家做客辅以指导、学习等。以“政府支持、企业主体、大专院校、科研院所合作，农民参与”的市场经济模式，激发新型专业化、社会化服务组织活力，推进全程社会化服务。几年来，先后与农业部农技推广中心、中国农大科技小院、工学院科技特派员工作站、北京市农林科学院林果研究院、信息化工程研究中心、植保所、北京市植保站、北京市林保站等10多家科研院所专家技术人员合作，开展创新创业和农业科技服务，引进新品种，推广新技术、新成果10多项。先后完成科技部平谷桃产业科技服务体系建设、农机科技成果转化平台建设、平谷区COE桃花坞创新创意设计、五行桃花皂研发、果蔬绿色防控服务、北京市科协科普惠农、科普品牌、农产品产后机械分选测糖、分级示范等科研推广项目，具有较强的科研、技术推广服务能力。

公司现有18个农资储备仓库。农资储备800多个品种，其中，低毒、低残留农药200余种，调节剂500余种；速效肥、水溶肥、缓释肥100余种；各类农机具57辆（台）、50吨贮保鲜冷库2座、果品分选包装生产线1套。年优质高效低毒、低残留农药供应1000吨，肥料10000吨，拥有试验示范基地50亩，引

进繁育优种苗木10多万株；与专家技术人员合作开展病虫害绿色防控，统防统治安全农产品生产新技术推广，2017年公司生产基地获得无公害认证、承担科普惠农、科技成果转化项目30多项。

（二）主要做法和成效

经过实践摸索总结，确立了“六化三标准”的农业社会化服务模式，建立了有组织、有机构、有人员的专业社会化服务队伍，实现了良种、良法、良技、良园的集成应用和优化组合，做到了农业生产托管“愿意托、专业干、规范做、效益增”，在当地探索出了一条现代农业发展新路子。

1. 组织化建设——在强化功能中建强战斗堡垒

农业组织化程度的高低是农业现代化的根基。互联农业公司在大华山镇政府的大力支持下，联合各村党支部成立农业社会化服务领导小组和党员先锋队，充分发挥党建引领作用，实行片长负责制，以合作的形式将分散的小农户组织起来，开展有组织的生产、服务与管理工作。采取“1+20+N”的建站模式，成立了1个大华山镇互联农业社会化服务总站—20个村级服务站—N名标准化服务队员的三级服务体系。

2. 职业化培训——凝聚科技资源培养振兴人才

乡村振兴重在人才振兴，培育新型职业农民是现代农业发展的基础。一方面，互联农业公司聘请相关专家教师，提升农民种植生产的专业技能和文化素养，培养新农人。更借助互联农业网络大课堂，采取线上、线下相结合，集“动、讲、论、交、问、答、学”于一体的多种形式的技术管理培训，平均每年组织160余场，培训学员8000余人次。建立五支专业服务队伍，修剪服务队220人、果实管理服务队190人、植保服务队30人、机械作业服务队30人、营销服务队50余人。另一方面，打造互联农业公司的“农业专家库”，先后与农业部农技推广中心、中国农业大学、北京农林科学院等科研院校合作，成立了科技小院工作站、科技特派员工作站、农业机械智能装备实验室、人工智能智慧生产技术服务示范基地等。为大桃产业人才的振兴做到智慧引领。

3. 标准化生产——拥抱新消费服务市场新需求

标准化生产是农民增收、农业增效和农产品安全的保障。大桃产业的发展，更应根据市场的变化，提供市场需要的产品。互联农业公司先后制定了《果园统防统治——桃树病虫害社会化服务规范》（团体标准，已在全国范围内正式实施）、《播种施肥作业标准》、《病虫防治作业标准》和《富硒桃生产标准》等完善的生产技术体系。建立了“六选桃”即选品种、选果园、选果农、选技术、选农资、选品质的农产品品控标准。逐步完善《大桃无公害生产导则》《大桃绿色食品生产导则》《大桃有机食品生产导则》及《平谷国桃生产导则》。为全方位、多层次满足市场各类客户需求，打造好标准生产体系。

4. 专业化服务——通过“六服六有”实现“二降”“三减”

通过全程托管、半托管、菜单式服务模式。利用机械化服务队等专业人才，无人机、弥雾机、割草机、注肥机等专用设备，物理、天敌、化学等专业技术开展服务。做到服务模式有区别、服务管理有人抓、服务措施有人做、服务进程有跟踪、服务结果有评价、服务纠纷有解决的“六服六有”管理服务系统。连片规模生产降低人工投入成本。统一采购农资，降低农药、肥料等生产资料成本达到“二降”。通过精准使用绿色综合防控技术减少农药用量，通过科学配方施肥技术和新型肥料应用减少化肥用量，通过水肥一体化技术配套减少了水资源用量达到“三减”。实现现代农业技术在农业种植行业的深度融合应用。

5. 品牌化运营——双管齐下全面推动桃产业销售

第一，四力齐发打造镇域特色大桃销售。一是联合各大收购厂家进行联合销售，保障中低档品质桃有基础销路。二是分选糖度等级、重量等级，打造精品普通包装，以较高价格销售，突出中高档桃子的销售。三是针对陆地桃、设施桃等不同品种，打造特色果品独立包装，对接高收入客户。四是做好社区对接，充分发挥“大华山”原产地品牌作用，拓市场、促营销，帮助果农实现产地直销，减少中间环节，实现产后增值。

第二，深度研发打造桃衍生产品提升附加值。与中国农业大学联合开展桃衍生品的研发，2019 年开展“桃花坞”创新创业大赛，设计西游记系列黄桃罐头包装；2020 年结合中国古文化“五行”哲学系统观，利用凋谢桃花瓣研发五行桃花运势皂，此两款商品已被收录北京礼物商品。

6. 信息化平台——打造数字农业数字乡村标杆

利用数字化手段对大桃产业的各环节进行全方位、全角度、全链条数字化改造，提高农业全要素生产率，真正实现产前、产中、产后的深度融合，推动大桃产业向精细化、定制化、价值化方向升级。重组产业组织系统，升级产业链，提高大桃产业的能级和效率。发挥北京市平谷农业智能化服务平台的作用，实现保姆式标准化服务管理系统+农业社会化服务。

通过“六化”建设保障社会化服务工作的顺利推进，从而形成产前“农业生产技术标准体系”、产中“社会化服务标准体系”和产后“农产品品控标准体系”三大标准体系。探索桃全产业链的社会化服务模式，打造现代农业综合服务体。有效解决“谁来种地”“怎样种地”“如何增收”的难题。实现全产业链服务健康良性发展和经济、社会、生态效益同步提升。为平谷区服务首都发展，不负平谷梦想，努力在乡村振兴、农业农村现代化方面走在前列，做出更大贡献。

全国篇

一、山西新翔丰农业科技有限公司：健全托管服务体系破解种地增收难题

山西省翼城县新翔丰农业科技有限公司（以下简称“新翔丰”）成立于2007年，从事种子“育繁推”业务。2012年起，尝试“统种统管”农业生产托管之路，并逐步延伸发展为农资综合营销、特色农产品开发、农业科技园区建设、新型职业农民培训、农业生产托管等多功能农业服务6大板块。围绕农业生产全程社会化服务，为从事粮食等重要农产品和当地特色主导产业生产的农户提供以生产托管为主的社会化服务，集中连片推广绿色、生态、高效的现代农业生产方式，初步形成了“三级体系强组织、四化建设保服务、五个降减重落实”的农业生产托管“翼城模式”。目前，全县粮食作物种植户在该模式带动下，接受农业生产托管服务的面积达12万亩，占到全县粮食播种面积的1/3。

（一）解决“谁来种地”难题

新翔丰在广泛宣传发动的基础上，结合实际，因地制宜，组建了县、乡、村农业社会化服务三级体系。县级由新翔丰牵头成立“翼城县农业社会化服务联合体”，整合当地土地、农资、农机和人才等资源，统一协调、统一管理；乡镇成立“农业生产托管服务中心”，选择当地具有实力和管理能力的农机专业合作社具体运营，负责托管服务的组织实施、技术培训、农机调配、质量把关等工作；村级成立“农业生产托管服务站”或者“农业生产托管服务合作社”。目前，全县已经发展了6个乡镇托管服务中心、21个村级农业生产托管服务站，通过组织整合各类资源，形成了有组织、有机构、有人员的专业社会化服务队伍，提升了农业服务规模经营水平。

（二）解决“怎样种地”难题

新翔丰推行“四化建设”管理，保障托管工作的顺利推进。一是作业标准化。组织相关专家分别制定了《耕翻整地作业标准》《播种施肥作业标准》《病虫防治作业标准》《粮食收割作业标准》，既便于农机手和植保防护人员操作执行，也便于农户和相关人员监督管理。二是服务规范化。要求各级服务组织明确服务程序、执行服务流程、履行服务协议、保证服务质量。在“自愿加入、退出自由”的前提条件下，让农户明明白白“消费”、清清楚楚“收益”、安安心心“托管”。三是管理统一化。新翔丰完善制定三级机构信用管理制度和考核退出机制，实现三级机构统一领导、职责明确统一管理、“散兵游勇”统一团队、绩效奖惩统一考核，对服务人员服务过程中出现的质量问题和违约行为予以提醒、警告、退出等处理。四是技术实效化。托管后，土地集中连片，专家跟踪服务，技术集成配套，操作及时到位，大量科研成果和先进技术都可以与服务组织对接落地，进一步提高了科技贡献率和农业生产效率。

（三）解决“如何增收”难题

为了保证农业生产托管服务健康发展，确保市场化持续运营，新翔丰提出了“三降”“两减”的“五个降减”理念。“三降”就是通过统一采购降低农资成本、通过连片规模生产降低农机作业成本、通过专业组织服务降低农民种地务工投入成本；“两减”就是通过精准使用绿色综合防控技术减少农药用量、通过测土配方施肥技术和新型肥料应用减少化肥用量。新翔丰通过层层召开农民会议，反复讲解“五个降减”，引导和动员农民接受农业生产托管服务，实现了通过良种、良法、良技、良田配套应用栽培技术增加产量，通过与粮食收储加工企业合作采取订单生产增加农民收入的“两增”目标。

新翔丰农业以三级服务体系为依托打造了“有人研事、有人管事、有人做事”的为农服务新业态，延长了产前、产后服务链条，做到了农业生产托管“愿意托、专业干、规范做、效益增”，实现了小农户与现代农业发展的有机衔接。

一是促进了农业节本增效。通过开展托管服务，不仅降低了农业物化成本和生产作业成本，而且小麦的长势明显好于往年，农产品产量和品质得到显著提高。经初步测算，采用托管服务后，每亩约可节省生产资料、劳动力等生产投入 270 元；平均每亩增产 10%，增收 88 元，农民每亩合计实际节本增收 350 余元。

二是增加了务工农民收益。通过托管服务，年迈的农民可以从繁重的劳动中解脱出来享受幸福生活；年轻的农民可以安心外出务工经商或就地转移从事第二、第三产业。农户可根据自身的兼业状况和劳动力状况，自行选择将全部农活托管给服务组织或将部分农活托管给服务组织，实现了劳动力在打工和种地之间的优化组合与合理配置，最大限度地促进了农民增收。据调查，在省城打工的农户将土地全托管后，每年减少返乡交通费和误工费就达2800多元。

三是促进了农业绿色发展。农业绿色发展是一项长期战略任务。以前农民总认为冬天小麦地杂草少、冬前防治费工费时没效果。根据技术部门安排，服务组织抢抓时机采取冬前化学除草，所到之处杂草彻底根除，有效克服了部分农户缺乏先进技术的难题。翼城县托管小麦冬前统一化学除草2.8万亩，亩减少农药用量20%~30%。防治环节统一作业服务，让老百姓尝到了甜头，他们都竖起大拇指称赞“托管就是好”。

二、吉林德惠市惠泽农业生产专业合作社：打造现代农业综合服务体

吉林省德惠市惠泽农业生产专业合作社成立于2009年，是国家级农民专业合作社示范社。从2012年起，合作社深入分析小规模分散农户的实际需求，着眼解决劳动力缺失、管理不善、先进技术推广难等问题，开始探索农业生产托管，从“产中托管”入手，积极整合上下游产业链资源，建立了集农资供应、农机作业、生产托管、农技服务、粮食收储销售、农业金融为一体的综合性服务体系，有力推进了农业规模化、集约化经营。2019年，合作社托管土地18000亩，服务农户1424户，形成了相对稳定的托管模式和托管基地。

（一）制定个性化方案

合作社与吉林农业大学建立合作关系，组建了土壤学、植物营养学专家领衔的科技团队，指导编制了生产托管服务指导手册，涵盖玉米种植、农机作业等42项具体操作标准和方案。围绕解决玉米大田种植存在的盲目购种、粗放管理等实际问题，合作社先后对托管地块采点120余个，进行土壤成分检测，获取翔实的点位数据，量身定制“个性化”种植方案，为科学种植奠定了基础。

（二）提供菜单式服务

围绕产中环节，合作社开展因地制宜、灵活多样的托管服务。面向小规模分散经营农户，依据托管手册开展全程生产托管，提供耕、种、管、收、销等8个环节的规范化、标准化服务；针对季节性外出务工农户，推出关键环节托管，重点提供定期技术指导与农业机械服务；针对机械配套不全、耕作粗放的小型农机户，采取农机“返租倒包”的形式，整合盘活农机资源，推动托管规模扩大，完善农机社会化服务网络。为解决本地玉米种植春旱偏重、出苗不齐等实际问题，合作社大面积推广“免耕+精量化播种”，每亩节约种子0.08千克，亩均节约肥药7.3%，出苗率达九成以上。

（三）提高组织化程度

在权利和义务的界定上，合作社与入社农户签订托管合同，明确了托管作业 8 项权利和义务，确保托管依法依规进行。在种植经营上，实行生产资料购置、测土配方施肥、耕种、植保、收获的“五统一”作业标准，建立以 2500~3000 亩为基本作业单元的农业机械化服务方案，推广应用旱田节水灌溉、玉米平衡施肥及生物防虫、玉米精准化栽培、玉米秸秆粉碎深埋等农业新科技、新成果，实现了生产和管理的标准化、规范化、科学化。

（四）建立一体化闭环

合作社从产中托管出发，坚持产业化思维，着力做实做深“产、供、销、服”各个环节，探索在延伸产业链中提升产业效率，实现多方收益。2015 年，合作社采取合作研制、团购定制等方式，先后定制使用玉米专用肥、授粉精华素等近万吨，推广使用玉米免耕播种机等先进农机具 100 多台（套）；在下游粮食市场，合作社与粮食加工企业合作，实现部分托管农户的粮食直接入库，减少了中间环节，让托管农户“点价结算”粮款，提高了农户收益。同时，合作社积极探索农业保险、农业大数据采集应用、玉米期货套期保值业务，为实现小农户与大市场有效对接、规避市场风险做出了有益尝试。2018 年以来，完成农业贷款 900 万元。

惠泽农业生产专业合作社服务小规模分散经营农户的农业生产托管模式，提高了生产效率，转变了生产方式，保障了产品质量，为加快推进农业现代化发挥了积极作用。

一是提高生产效率，带动脱贫致富。通过农业生产托管，统一实行农资供应、技术指导、机械作业，合作社在不流转土地的情况下，实现了规模经营，提高了农业生产效率。据测算，玉米全程托管每亩减少生产投入 36 元。

二是转变生产方式，提升管理水平。合作社开展托管服务，推进生产环节标准化，提高了土地产出率和农产品品质。通过推广“大垄窄行密植栽培技术”，增产幅度达 15%；通过开展联合收获和粮食“点价结算”，让农户根据市场行情决定卖粮时间，减少中间商赚差价，按每户托管土地 22.5 亩计算，仅此一项措施即可为农户实现 500~600 元溢价收益。

三是完善监管措施，保障粮食安全。合作社建立了严格的品种检验把关制度和追责制度，所购作物品种均经河北省农林科学院植物保护研究所接种鉴定，出具鉴定报告，确保农资安全。建立了农资产品入库和粮食采收销售信息档案制度、信息采集传递查询追溯制度，建立了以流向追溯为主的追溯平台，做到了托管产品的可查、可测、可追溯。

三、黑龙江宝清美来现代农业服务有限公司：全程托管综合服务聚力农业转型发展

2015 年，国内 40 家专业从事农业生产和服务的企业，以搭建生产性农业服务平台、解决中国农业现代化进程中的“大国小农”问题为共同愿景，联合出资成立了美来众联科技（北京）有限公司。截至 2018 年底，美来众联公司各出资股东及加盟企业的生产托管服务区域已经辐射全国 12 个省份，累计服务面积达 200 万亩以上。黑龙江省宝清美来现代农业服务有限公司（以下简称“宝清美来”）作为美来众联公司的加盟企业，成立于 2015 年，前身是具有 25 年农资经营历史的宝清丰收农业、宝清丰收种业和宝清植物病虫害防治医院，拥有丰富的作物栽培、病虫草害防治等经验。宝清美来依托长期积累形成的优势服务资源，通过农业生产全程托管经营模式，为小规模分散经营农户提供集农资供应、农机作业、粮食收储销售、农产品加工、农业金融服务于一体，覆盖产前、产中、产后全产业链的农业社会化服务，解决了小农户分散经营面临的难题，促进了农业生产规模化、标准化、现代化。截至 2018 年底，宝清美来在宝清县全程托管土地达 1.5 万亩以上，服务农户数量超过 1000 户。

（一）先示范后推广

为让小农户“眼见为实”看到农业生产全程托管经营模式的优势，公司采取先示范后推广的方式，在托管示范田经营管理上采取“三步走”。一是因地制宜，选择示范性托管服务地块。结合当地的土壤质量和土地分布情况，公司在宝清县 10 个乡镇各选择便于示范和宣传的千亩示范托管田，总托管面积 10000 亩左右，与农户商定种植作物，公司决定具体作物品种。二是流程重塑，制定标准化托管服务规范。在集约经营的基础上，实施农业标准化生产，提高农业生产科技含量和管理水平。公司实行品种、肥料、耕种、田间管理、作业标准、收获等“六统一”作业标准，实现农业生产托管服务标准化。三是宣传推广，展示高收益托管服务成效。通过托管示范，推广新品种、展示新技术、实行集

约化和标准化种植，在不增加生产投入前提下产量提高效果显著，让托管户真正看到并信服规模化托管服务的好处。

（二）联动生产全产业链

在农业生产全程托管示范取得成功的基础上，宝清美来进一步打通产业链的各个环节，通过与上下游产业的广泛联动，以集约、高效的现代化农业生产服务让农户在减少生产、销售压力的基础上获得更高收益。

1. 以强化优势领域服务带动业务延伸

一是培训动员，展现托管经营优势。组织农民参加农业生产培训，将托管服务节本增效、分享规模经营收益、通过“点价结算”得到“增收”收益、获得农业生产金融贷款等“好处”进行广泛宣传。二是资源整合，统筹服务人才队伍。公司采取社会化招募、专业化培训，将村、屯种植能手整合，培养从事社会化服务的专业人才，增强技术人才支撑。三是典型带动，拓展服务业务领域。公司通过调动各村服务能力较强的农机手和村干部的积极性，协助组织小农户在实现土地连片托管的同时，统一种植作物新品种、统一推广农资新产品和新技术，推动“粮食订单”模式快速发展。

2. 以推广农科技术服务引领转型升级

一是选育优种，科学适配种植。公司根据当地土壤、气候等情况，统一采用增产潜力大、抗倒伏、抗病的红丰 11、垦农 23 等优良大豆品种，保证粮食增收。二是技术升级，合理密植栽培。在大豆种植中，配套的生产技术采用“垄上四行大垄窄行密植栽培技术”，实现农作物合理密植，增产幅度可达 15%。三是集中作业，减少得粮损耗。托管服务模式下，统一进行机械化作业，采用联合收割机大面积统一收获，收获得粮损失率远低于分散经营模式。

3. 以实施全程贷销服务实现减压增收

一方面，探索金融领域服务，解决贷款难题。公司与建设银行合作，利用集约化经营的优势，可以将粮食作为担保物，建设银行为与公司合作的农户提供贷款，解决农户在生产过程中的贷款难题。另一方面，深化产销领域服务，扩展产品市场。为建立畅通的粮食购销通道，宝清美来与中合粮油黑龙江有限公司合资成立“宝清中合粮油有限公司”，将托管农户的粮食全部统一收购，让托管农户随行就市结算粮款，积极对接市场开展订单农业，提高了小规模散户的种植收益，降低了市场风险，受到了广大农户欢迎。

（三）共享农业规模效益

一是种植规模化，实现农户经营降本增收。生产托管经营模式能够充分调动、整合社会各方面的生产资源，在不流转土地的情况下，通过统一的产前、产中、产后的生产性服务，实现规模化生产和经营，让分散经营的小农户分享到规模化生产收益。宝清美来的实践表明，与小农户的分散经营相比，全程托管后，大豆约可减少投入 20 元/亩，提高产量增收 66.7 元/亩；玉米可减少投入 26.7 元/亩，提高产量增收可达 100 元/亩。

二是生产标准化，促进农业生产提质增效。在一定的农业生产规模化基础上，统一组织采用先进适用的农资产品、农业生产技术和实施全面农机作业，并将农业生产产前、产中、产后各环节纳入规范的生产和管理轨道，实现农业生产标准化，在提高农业生产效率的同时，提升农产品质量。

三是产销一体化，推动农业产业长效发展。公司为小农户实现了产中全程的标准化生产服务，在服务的过程中，产业链条自然延伸到产前农资采购和产后农产品销售，整个产业链自然打通，再搭载农业金融和大数据等服务，加速了“产、供、销”一体化进程。根据下游企业的农作物品种需求，向上游的种子厂家定制和集中采购相应的作物品种，在托管土地上统一使用；根据下游企业的生产需求，决定生产种植面积，通过订单农业的销售来拉动上游产业的生产，从而实现小农生产与大市场的对接，将小农户引入现代农业发展的大格局。

四、黑龙江龙江县超越现代玉米种植农民专业合作社：扎实服务小农户实现生产“全托管”

黑龙江省龙江县超越合作社成立于2013年2月，由龙江县景星镇7位农民领办，注册资金1000万元，现已吸纳社员387户。合作社致力于推广玉米专业化种植，占地30000平方米，拥有储藏钢板粮仓一间，贮存玉米能力达20000吨，机具库7000平方米，各类农机具设备齐全，总价值4000万元。

针对农户种植规模小且生产效率低、市场信息闭塞、农产品生产标准化和专业化程度低、农业先进技术接受慢、个体抗风险能力弱等问题，超越合作社按照“加快三产融合、创新社会化服务载体”的思路，以解决农村“留守老妇幼”化和土地分散化、闲置化、细碎化造成的农业收益低等问题为主攻方向，在保持现有农村土地承包关系不变的前提下，围绕玉米种植全产业链，创新提供“耕、种、管、收、售”全程托管服务，构建“金融+期货+保险”农产品产值保障机制，用规模化服务突破传统小农户家庭经营对地块和劳力的限制，逐步把普通农户引入现代农业发展轨道。通过服务小农户，合作社自身不断发展壮大，2019年服务区域拓展到与龙江县相邻的讷河市、甘南县及内蒙古扎赉特旗、阿荣旗，全程托管面积达到42万亩。

（一）层层推进托管推广模式

种好托管示范田，通过托管地块与农民自种地块对比算账，吸引更多农民接受托管服务。对托管的土地实行网格化组团式管理，每一个乡（镇）行政区域聘请一名服务经理，每一个行政村聘请一名技术员，负责业务协调推广，以点带面、层层推进；以1200~1500亩土地为一个生产单元，安排一名经过专门技术服务培训的农机手，为普通农户开展农业社会化服务。

（二）全程服务托管经营模式

在保持农户生产经营单位、家庭承包经营权不变的前提下，合作社提供农资供应、配方施肥、农机作业、统防统治、收储加工的一体化服务，社员农户向合作社支付农业生产全程托管费。为解决托管农户愁销路、卖粮难的问题，合作社紧抓“出口”销售策略，积极与中粮开展“粮食银行”项目合作，粮食收获后直接送到粮库，由托管农户根据市场行情自行选择结算时间。从一家一户单打独斗到集中卖粮，真正让农户在粮食销售上赢得话语权和主动权，让粮食有出路、有去路，实现保值增值。

（三）科技支撑托管操作模式

合作社在种植过程中充分发挥技术优势，采取了保护性耕作、测土配方施肥、大垄双行播种、中耕深松等先进技术，保证了托管地块的高产高效。同时，合作社作为中化农业智能 App 战略合作伙伴，合作开发了智能 App“智农管理系统”，实现了网上全程精准、高效、实时、便捷的“耕、种、管、收”一体化管理服务，有效助力产业提质增效，促进农业社会化服务提档升级。

（四）互惠共赢托管保障机制

为增强抵御市场风险的能力，合作社积极探索建立健全农业生产全程托管参保机制，实现了合作社与保险企业互惠共赢，打造了多元化金融服务产业链条。太平洋保险公司以每亩 25 元标准收取保费，北京一米农业科技公司给予金融支持，合作社保障农户全程托管收入每亩 700 元以上，形成农业生产全程托管“金融+保险+期货”服务平台，充分保证了农民收益，让农户吃上了托管服务的“定心丸”。

超越合作社通过全程托管，有效破解了当地玉米种植户长期面临的“小生产”经营困局，获得了规模化超额产量效益，增强了大宗农产品议价能力，实现了农业增效、农民增收和农产品增值。

一是实现了农业增效和农民增收。合作社通过集中连片的全程托管服务，集中采购农业生产资料，降低了农业物化成本；通过标准化生产、机械化作业，降低了生产作业成本，提高了单位面积产量和农产品品质，促进了农民增收。以托管一亩地实地测算，通过产前、产中、产后全程托管服务，合作社实现综合利润 25 元，农民节约成本近 100 元，全程托管作物产量明显高于同等地块未托管产量，农民选择托管方式比将土地流转出去每亩多收益 300 元。全程托管模式还把部分农户从土地中解放出来，选择自主创业或进城务工，实现了劳动力有效转移，增加了非农收入。2018 年，合作社全程托管 16.4 万亩，合作社盈利 410 万元，农民增收达 4920 万元。

二是带动了结对帮扶和脱贫致富。合作社主动承担扶贫任务，依托自身经营、技术、产业、市场等优势，针对贫困户普遍缺少劳动力的情况，与贫困户签订生产托管帮扶协议，通过科学化种植、机械化作业、专业化服务、市场化销售，提供高标准、高质量、高水平的全程免费服务。2018 年，为龙江县景星镇 62 户贫困户提供全程托管服务，产量和效益明显提升，人均增收 3000 元以上，让贫困户能够向土地要产量、要收益，带动贫困户走上增收脱贫致富之路，实现了“托管服务+脱贫攻坚”的有效结合。

三是促进了技术升级和生态保护。合作社依靠黑龙江省农业科学院齐齐哈尔分院为农业生产全程托管提供技术支撑。在栽培技术上，开展玉米保护性耕作技术试验，形成了适应当地半干旱、风沙种植环境的玉米保护性耕作技术，充分利用秸秆进行保水保沙，较以往传统种植节约了资金，提高了效率，培植了土壤肥力，解决了秸秆焚烧污染环境等问题。在施肥技术上，合作社建立了测土配方配肥站，根据当地土壤供肥实际状况和作物需肥特点确定肥料的品种、配比和施肥量，做到“缺啥补啥、找准症结、按方抓药”，保持了土壤均衡供肥，降低了化肥使用量，提高了农作物产量和品质，减少了环境污染。

五、江苏泰州市姜堰区家庭农场服务联盟：区域性服务联盟助力农业生产提质增效

泰州市姜堰区是国家农业改革与建设试点示范区，在农业社会化服务改革过程中，积极开展服务组织创新和机制创新，组建镇域性的家庭农场服务联盟，以家庭农场和种植小农户为主要服务对象，发挥各自优势，相互合作，互助共生，全面提升为农服务的广度和深度，有效解决了“谁来种地”“如何种好地”的问题，探索了一条农业社会化服务的新路子。

（一）建设服务综合体，组建服务联盟

姜堰区以村集体领办经济合作社为前提，大力引导村级为农服务综合体建设。村级为农服务综合体主要以村集体领办的合作社形式建设和存在，硬件上以建设农机具库、粮食烘干房和投入品仓库为主，服务对象主要覆盖村域范围的农业经营主体，每个为农服务综合体的建设投入一般在 150 万～200 万元。2018 年，姜堰全区以 5000 亩左右为服务单元，建成了 101 个村级为农服务综合体，建成农机具库 6.36 万平方米、粮食烘干房 3.18 万平方米、投入品仓库 2.35 万平方米。在完成村级服务综合体建设基础上，为解决其服务功能单一、辐射范围不广的问题，每个乡镇内又优选 1～2 个地理位置优、服务组织全、辐射能力强的综合体，广泛吸纳家庭农场小农户、农机植保专业合作社、农业服务企业等主体联合组建成镇域性的家庭农场服务联盟，开展更大范围、更高层次的联合，为联盟成员提供综合性的社会化服务。目前，全区 16 个乡镇已组建家庭农场服务联盟 20 个，实现了全区农业乡镇全覆盖。

（二）创新服务方式，满足多元化需求

组建镇域性的家庭农场服务联盟，将经营主体和服务主体广泛联合在一起，把为农社会化服务的供需双方变为服务联盟的内部成员，既提高服务效率，又满足互利共赢发展需求。一是吸纳家庭农场互助服务。一些家庭农场农机具充足，除了满足自有农场“耕、种、插、防、收”需求外，还可为其他农场和小

农户提供服务，在组建服务联盟时，这类农场既是联盟内为农服务的需求方，也是提供服务的供给方。二是吸纳合作组织专业服务。农机、植保专业合作社具有较高的服务能力和水平，在服务联盟内作为社会化服务的主力军，带动和联合家庭农场一起，为其他家庭农场与小农户等生产经营主体统筹开展专业化服务。三是吸纳市场主体综合服务。种子、农药、肥料的生产与销售企业进入联盟，可以提供便捷有效的产前服务。粮食购销、加工企业进入联盟，可以提供直接供销的产后服务。更重要的是，市场需求直接传导给生产主体，助推农业供给侧结构性改革。四是吸纳科研院所指导服务。区、镇两级农技推广部门为联盟提供技术支撑，负责技术培训和指导服务。联盟与科研院所合作开展研究，可以更加方便快捷地示范应用先进技术，将科技成果转化为经济效益。

（三）健全管理制度，拓展服务领域

家庭农场服务联盟在运作过程中，建立健全组织、财务、安全等各项管理制度，建立服务台账，规范服务内容、服务标准和服务收费，实行股份制运作，经营收益按股分红，规范化的管理调动了各方积极性，促进了联盟的健康发展。一是提升多样服务能力。每个联盟都具备为农业经营主体提供农机具存放、机械化耕作、秸秆还田、水稻集中育秧和机插秧、统防统治、粮食烘干等全程服务能力，还积极拓展农资配供、订单种植、粮食统销、农技培训以及金融、保险、电商、劳务、品牌创建等服务内容。二是集中开展农资配供。借助供销系统力量，服务联盟年底集中与药肥销售商议价谈判，确定来年农资配供品种和数量，节省成员购买费用。同时，家庭农场主、小农户和植保合作社、镇级服务联盟、区级回收站组织建立了包装废弃物回收利用网络，提升了农业废弃物利用率。三是着力带动订单种植。根据区粮食购销总公司订单需求，服务联盟与家庭农场等签订种植订单，由姜丰种业公司提供优质良种，粮食购销总公司以高于市场价收购后进行专仓收储、适时销售，销售获益再进行二次分红，2019 年仅优质专用麦订单就达 3 万多亩，亩均增收 70 元。四是积极举办“三新”培训。每个联盟建立一个高质创建和绿色防控示范地，不定期组织现场观摩，开展新品种、新技术和新模式的培训，全区形成了多点开放的田间大课堂。服务联盟根据病虫害情况，集中力量在最佳时间统一使用低毒、高效、无公害、无残留的生物农药进行及时有效防治，2018 年药、肥同比减施 8.8%、5.2%。

（四）发挥联盟优势，促进农业增效

组建服务联盟，弥补了区域内的家庭农场和种植小农户普遍缺乏全程社会化服务的短板，促进了生产主体和服务主体“抱团”发展，实现了农业生产提

质增效。

一是降低了农业生产成本。服务联盟通过统一购买农资，统一提供植保、农机服务，不仅提高了农产品质量，而且降低了生产成本，有效规避了自然、市场各类风险。2018 年秋收期间，联盟牵头实施服务，机收费 60 元/亩、烘干费 140 元/吨，均比市场价低 20%以上。

二是加速了先进技术应用。仅用 3 年时间，全区南粳 9108 优质水稻的种植比例就提升到了 86%，粮食烘干问题得到了全面解决，精量栽培、测土配方施肥、病虫害生物防治、稻田综合种养等技术得到快速应用，科技贡献率达到 68%。

三是提升了农业综合效益。通过服务联盟辐射带动全区稻田养鱼（虾）、养鸭面积达到 8600 多亩，“规模养殖+家庭农场”“有机肥+生物农药”等生态循环模式加快发展，“姜堰大米”通过国家地理保护产品认证，成为远近闻名的抢手货，提升了农业综合效益。

四是助力了脱贫攻坚工作。服务联盟利用土地流转溢出面积可以增加村集体收入，通过提供机具存放、烘干代储、集中采购、订单销售等多种服务增加经营性收入，再反哺建档立卡低收入农户，在发展新型农业经营主体的同时，不忘扶持小农户成长，成为全区脱贫攻坚的一项有效措施。

六、浙江乐清市金穗水稻专业合作社联合社：“三位一体”合作探索服务新模式

2014 年 9 月，乐清市绿农水稻专业合作社等 23 个农民合作社以股份合作形式成立联合社，注册资金 48 万元，流动资金 100 万元。23 个成员单位分布于虹桥等 9 个镇（街道），涉及 150 多个种粮大户，总经营面积达 3 万多亩。金穗联合社生产经营专业性强，社员区域分布范围广，个体社员经营面积大。成立以来，以水稻专业生产为联结纽带，以农民合作社为基本单位，以联合社为合作平台，开展专业化生产合作、农资农产品购销合作、资金信用服务合作，探索出“三位一体”服务新模式，社员收益持续增加，联合社不断发展壮大。

（一）深化生产技能，实现优势互补

一是开展生产技术合作。金穗联合社对每个社员的生产技能、生产设备及环境区域进行综合分析评估，提出优势互补式的生产合作模式。以生产流程中难度最大的育秧为例，把育秧环节集中在生产条件好、技术水平高的成员单位，以合同订单的形式明确育秧任务，既解决了部分社员育秧技术缺乏、育秧成本高、秧苗质量不稳定、生产时间难保证等问题，又促进了育秧成员单位扩大社会化服务范围、增加服务性收入，实现了育秧与用秧在效益上的双赢。通过集中育秧和技术指导服务，目前联合社成员水稻机插秧率达 90%以上。同时，金穗联合社还与中国水稻研究所等育秧基质、水稻专用肥、品种选育供应单位建立生产技术合作关系，促进了新品种、新技术的推广应用。

二是有效调配农机作业。在水稻生产和稻谷收获过程中社员农户对机耕、机插秧、病虫害防治、收割、稻谷烘干、清理等农机作业环节的需求高度集中，曾因农机装备不平衡，出现有些社员作业量不足而闲置农机，有些社员缺少农机无法及时完成田间生产作业现象。联合社成立后，充分发挥调配枢纽的作用，根据社员需求，进行农机作业和劳力调配，单位社员各展所长、互利合作，提高了联合社社员整体生产效率和经济效益。

三是加强生产托管指导。金穗联合社以农事季节为轴线，围绕各个生产环节管理要素，面向社员农户举办培训班、现场会，进行实地生产技术指导。帮助社员建立农业投入品和田间生产记录档案，促进绿色安全生产；组织社员开展无公害生产基地建设，目前已认定无公害稻米生产基地2000亩。同时，对自身管理条件不足的社员或农户，组织条件较好的社员对其开展生产环节托管服务。

（二）深化产销服务，实现团体发展

一是统一农资供应服务。金穗联合社是一个以水稻产业为基础的专业性组织，基本上每个成员单位所需的农资农机都是相同的。联合前各个生产主体都是自找渠道，往往价格高且质量没保证。现在由金穗联合社在生产前把社员所需的种子、化肥、农药、农膜、农机具等进行统计，通过电子商务招投标或“抱团式”直接与生产厂商谈判采购，金穗联合社统一结算，在大幅降低生产物化成本的同时，还保证了农资供应质量。2015年以来，金穗联合社每年采购化肥、种子、农药等农资达1000万元，每年组织采购插秧机、烘干机、秧盘等农机产品约500万元，“抱团式”采购比社员单独市场购买成本下降约20%。

二是统一粮食产后服务。利用现有的基础条件，金穗联合社开展粮食产后代清理、代干燥、代储存、代加工、代销售“五代”服务。根据服务要求，配置清理干燥设备、调整安排存粮仓储，积极开展稻米加工和大米销售服务，建立服务台账和服务运行管理制度。2018年，粮食产后服务代清理1264吨、代干燥6340吨、代储存4999.7吨、代加工4263.3吨、代销售4050吨，累计服务总量达2万多吨。通过开展粮食产后“五代”服务，联合社进一步拓宽了业务、提升了功能、壮大了实力。同时，稻谷质量得到有效提升，市场议价能力增强。

三是统一品牌推广服务。金穗联合社投资建立了大米加工中心，注册了“金越”品牌。通过对社员收购或代储的稻谷进行统一加工，再由社员分销或联合社直销到市场，社员每亩稻谷可增加收入100元左右。2018年，联合社共收购社员稻谷4500吨，大米经加工后产值达1400多万元，产业链的延长为社员的稻谷增值120万元。

（三）深化信用服务，实现资金互助

一是开展信用担保服务。联合社开展农资、农机、稻谷收购，对资金的需求量大、时效性强。同时，社员在生产过程中的农田租金、劳务工资等也都需要投入周转资金。为解决联合社和社员在生产周期内的资金需求，金穗联合社与乐清市农商银行合作，探索开展了“信用担保、有效管控”的融资途径，有效地解决了这个难题。具体做法包括：①以联合社出资股金的社员为界限，组成农信担保体；②联合社根据社员经营农田的面积、股金出资的额度、社员家庭的经济条件及社会诚信度等要素进行评估，确定社员信用贷款的额度；③社员在授信额度内必须交足 10%的担保金；④授信期为一年，一次授信，随借随还；⑤授信额度超过 30 万元须追加担保人，最高不超过 100 万元；⑥联合社和银行“双轨”监控信贷资金流向。2015 年以来，银行每年授信额度 1500 万元，实际社员信贷在 900 万元左右。由于监控及时，措施到位，信贷运作良好。

二是提供资金互助服务。为解决社员资金暂时短缺难题，金穗联合社成立了内部资金互助信用部，对社员在生产过程中资金暂时短缺进行互助服务。如社员在联合社统一订购种子、化肥、农机等农资，在资金不足的情况下可向联合社申请互助服务。一般每年有 20~30 笔内部互助资金周转服务，年累计周转量达 100 万元左右。通过 5 年多的规范运作和创新发展，联合社的社会化服务水平不断提高，带领“低小散”农民专业合作社对接市场的能力明显增强，社员的收益持续增长。2018 年，金穗联合社经营额达 1500 万元，社员每年每亩可增收 100~300 元。金穗联合社先后被评为市示范性“三位一体”农村合作组织、省示范性农民专业合作社。

七、安徽黟县有农优质粮油生产联合体：引领山区小农户迈向现代大农业

安徽省黟县是一个典型的山区农业县。近年来，黟县以建设产业化联合体为抓手，加快转变农业发展方式，着力推进传统农业向现代农业转型升级。2016年，由3家农业龙头企业、1家粮油联合社、6家专业合作社、21家家庭农场组建了黟县有农优质粮油生产联合体，配置农业机械、加工、检测设备等90多台（套），实现粮食产量1.2万吨，产值6800万元，利润超300万元，辐射带动农户近7000户。

（一）创新服务模式，实现共同发展

联合体以黟县有农生态农业有限公司、黟县徽源农业专业合作联社为龙头，将黟县种粮大户、家庭农场等联合在一起，通过探索创新服务模式，经营主体之间形成了紧密联结关系。

一是共同发展的“联合体”模式，整合服务资源。有农生态农业公司负责提供加工、销售、金融、保险等服务；有农科技公司负责全程追溯、质量检测、大田物联网等科技攻关和服务；农友种植合作社和有农农机合作社负责提供从育秧到烘干仓储的全程机械化服务。基地涵盖6个土地股份合作分社、6个整村流转基地、5个核心家庭农场、12个村集体，面积2.1万亩。服务内容涵盖了产前农资供应、产中耕种管收及产后销售运输等，满足了不同经营主体对社会化服务的需求。

二是整村流转的“屏山模式”，建设示范基地。公司在宏村镇屏山村签订合同，整村流转农户水田1270亩，种植优质生态粮油作物，打造优质品牌生产示范基地，示范引导周边农户开展标准化生产。目前，“屏山模式”已辐射龙江、塔川、横岗等6个行政村，流转土地4600余亩，参与农户1491户，其中建档立卡贫困户112户。

三是全程托管的“碧山模式”，打造服务样板。碧阳镇碧山村以村集体名义

与黟县徽黄旅游发展公司联合成立徽黄农业开发有限公司，将该村土地全部流转，再与有农公司签订全程托管协议。有农公司提供从育秧、耕种到烘干销售的全流程服务并按高于国家收购价格 0.1 元/斤的价格回购农产品，村集体安排专人负责田间管理。目前，“碧山模式”已全程托管土地 2170 亩，参与农户 527 户，其中建档立卡贫困户 27 户。

四是土地入股的“田川模式”，创新服务机制。碧阳镇田川村与有农公司合作成立黟县农友种植专业合作社田川分社。有农公司投入 20 万元，田川村 260 户农户以 660 亩土地入股，采取“每股 400 元保底+分红”的分配方式让农户受益。2018 年 1 月，分社分红 27.6 万元，其中农户分红 26.6 万元，村集体增收 1 万元。目前，全县已有 6 个村全面推开“田川模式”，入股土地达 2000 余亩，成功带动 6 个村集体、756 户农户增产增收。其中，建档立卡贫困户 200 户。

（二）强化服务保障，实现全程服务

通过建立完善的农业社会化服务体系，联合体实行“统一生产资料供应、统一种植安排、统一机械化服务、统一收购、统一品牌销售”措施，向农户提供从种植到加工的全程服务。

一是强化生产托管可持续。把农资、种植环节应有的收益最大限度地留给村集体、合作社及农户，让他们从托管生产中享受经济效益。在农资采购上，由公司向农资公司直接采购，并以零差价提供给联合体成员，每年可为联合体成员节约成本 20%以上；在农机服务上，将机耕、育插秧、机防、机收等服务列成“菜单”，可单点、可组合、可全包，实行成员价。2018 年，由有农农机合作社提供的水稻全托管服务面积 9083 亩、半托管服务面积 13640 亩，油菜托管服务面积 3652 亩。

二是强化金融服务可循环。积极协调银行、保险机构等，创新推出联合体贷款、劝耕贷、保单贷、多层次保险等金融产品，解决联合体内成员流动资金问题。与徽商银行黟县支行联合推出“有农联合体专项贷款”，种粮大户只需要参加农业保险，贷款资金由有农公司提供担保，从稻谷销售款中归还贷款；与上海宋庆龄基金会合作，由公司提供担保，对 20 名种粮大户提供每户 5 万元的三年免息贷款支持；创新推出以农业保险保单额度为抵押的预计收成贷款等产品，目前贷款余额 1000 万元；实施劝耕贷，已向联合体成员投放劝耕贷 4 笔共 350 万元。

三是强化品牌销售服务可增效。有农公司对联合体内成员生产的稻谷，经检测合格后，按高于国家收购价格 0.1 元/斤的价格回购，并与中石化、中石油、大型超市合作，成功进驻省内200多家连锁超市门店，实现市域重点旅游干线、省内重点城市的产品销售“全上架”。2018年，有农回购联合体成员稻谷80吨，有农胚芽米等产品实现销量4709吨、销售额3833万元，市场零售价每斤达3.8~18元。

（三）深挖薄弱环节，注入科技活力

联合体以农业生产需求为导向，不断深挖全程服务链条中的薄弱环节，提升服务意识，提供精准服务，狠抓服务质量，以高效率服务、高科技支撑为产业化发展注入了活力。

一是抓生产效率。采取工厂化育秧模式，实现公司7000余亩基地和1.4万亩联合体的秧苗统一供应；成立黟县有农农机专业服务合作社，提供从育秧、机耕、机播、施肥、植保到收割、烘干的全程专业化机械化服务。目前，在有农公司流转和托管服务的2万多亩耕地上，聘用了107名农民常年工作（人均负责180多亩），大大减少了农业用工成本。

二是抓科技攻关。投资2000万元成立有农科技公司，自主研发多用途农林植保无人机，为公司和产业联合体成员提供植保服务。推广应用大田农业物联网技术，在公司基地布设球形监控探头23个，实现育秧管理、田间作业的实时监控。与省农科院合作，完成7000余亩基地测土配方，并启动测土配方肥料厂建设。成功试用油菜毯状育苗机械化移栽技术，有效提高油菜种植生产效率，减轻劳动强度，已推广应用200亩。抢抓“五黑”产业发展机遇，2018年在田川、碧山开展黑粮生产试点，并由中国农科院水稻研究所、安徽省农科所等提供技术支撑，成功开发黑玉米、黑米等高营养附加值的黑粮产品，100亩黑玉米单季销售额达40多万元，均价达1~1.5元/棒。

三是抓技术服务。依托设备和技术优势，免费提供生态种植、机械操作、病虫害防治等技术。创建职业农民培训基地，对种粮大户免费进行旋耕机、收割机、植保无人机等农机操作培训，培训黟县大型农机操作手70多人次，连续3年举办“徽州百工”农机职业技能大赛。摸索总结规模化粮油作物生态种植管理办法，以图文形式制作《有农优质粮油种植管理手册》，建立健全优质粮油生产技术标准，向种粮大户推广。积极开展水稻、油菜优质品种试验，对引进的优良品种进行先试种后推广，保障品种的适宜性。

八、福建司雷植保技术有限公司：生态防控全程托管种出“舌尖上的放心茶”

病虫害是茶叶产量和质量的首要杀手，防治病虫害是茶叶生产的关键环节。目前，虽然农业、生物、物理等各种病虫防治手段逐步在茶叶生产管理中得到应用，但化学防治仍是病虫害防治的重要手段，茶农大剂量、高频次、不科学地使用化学农药，造成病虫抗药性越来越强，也给茶叶品质、人体健康乃至生态环境带来了损害。为有效破解茶叶病虫害防治难题，福建司雷植保技术有限公司自 2017 年成立以来，基于在军用电子、农业科学与生物领域的技术积累，成功研制出了纯物理智能虫害防治系统，以茶园植保生产托管为切入点，探索形成了生态防控全程托管模式，推动茶产业植保的专业化、规模化和智能化，解决了茶园分户经营面临的植保难题，实现了茶产业转型升级、绿色发展，促进了农业增效、农民增收。目前，司雷植保公司的茶叶生态防控全程托管模式已在福建、浙江、江苏、山东、安徽等 5 省进行推广建成试验示范推广基地 25 个涉及 30 多个茶企、合作社，近 200 个茶农，为近 3 万亩茶园提供绿色安全高效的智能植保服务。

（一）提供覆盖全程专业防控服务

司雷植保公司与茶农签订服务协议后，为茶园提供全程专业防控服务。服务内容包括改造、提升茶园生态环境，布局生态防控智能终端；委派专业人员对茶园的病虫害进行预警监测，实施生态防治与保护。公司采用智能虫害防治系统，通过远程操控多功能智能终端，综合运用声光电效应，干扰破坏害虫的繁殖链及生长活动，有针对性地对茶叶病虫害进行有效防控，减少甚至避免农药使用，改善了土壤等生态环境。在服务过程中，针对小农户茶园面积小、地块分散、服务难开展的特点，公司通过与村委会、农民合作社联合，将相邻地块小农户组织起来，在当地植保部门的指导下，开展茶园植保全程托管服务。农户不需要投入任何人力物力，只需支付服务费即可享受到专业化的植保服务。

（二）提供可控风险植保托管服务

以往茶农自己进行植保，受技术、设备等因素影响，病虫害防治效果参差不齐，保险公司开展茶叶病虫害保险服务的积极性不高。司雷植保公司在为茶农提供植保托管服务时，承诺将病虫害控制在一定标准下，并引入了中国人民财产保险公司的保险业务，凡由公司提供植保托管服务的茶农，均配套茶叶病虫害保险，一方面消除了茶农使用植保新技术的后顾之忧，加快了新技术的推广应用；另一方面提高了保险公司的承保积极性，降低了茶农生产风险。

（三）提供科学高效病虫防控服务

司雷植保公司依托农业管理平台对受托茶园进行远程操控。受托茶园安装的传感器获取数据信息后，通过传输网络传递给监控中心，监控中心在数据中心等后台支持系统的协助下进行虫情判断、决策，并远程操控多功能终端开展病虫害防控。这样将管理平台、植保工作者和茶园紧密连接，“一站式”解决了以往植保作业各环节脱离、低效的问题，整个系统不需要人工在田间操作设备，能够做到 24 小时高效、远程自控，并能大范围、规模化精准防治。经试验测算，每百亩茶园仅需 4~5 套系统即可覆盖，运用移动互联网进行远程监控，1 个人就可管理 1000 亩以上茶园，人力成本远低于传统植保方式，适宜大规模推广应用。

（四）提供精准智能信息管护服务

农业管理平台可帮助管理者实时查看农作物生长状况及环境数据，精准推算反映病虫害变化趋势，并根据茶园病虫害情况，及时调整优化病虫害防治策略，科学规划管理植保作业，体现了数字农业的优势。该技术的运用，减少了茶农日常巡视茶园的频率，原来主要依靠种植经验、耗时费力的传统茶园管理模式，开始向依靠科学数据、实时跟踪的精细化管理模式转变。司雷植保公司通过实行生态防控全程托管，创新茶叶植保模式，有效提升了茶叶品质，增加了农民收入，减少了环境污染，推动了茶产业健康发展。

一是节本增效，经济效益大幅提升。生态防控技术减少了农药使用，茶叶种植生态环境得到显著改善，品质得以明显提升，带来了可观的经济效益。对茶农来说，通过生态防控全程托管，亩产值大幅提高。与采用传统化学农药防治相比，茶叶每亩产量增加 30%，价格每斤提升 20~50 元，按亩产 100 斤干茶计算，每亩产值可增加 2000~5000 元。对茶叶企业来说，能够有效节约劳动力成本，提高管理效率水平。茶叶虫害全程绿色防控技术推广示范项目（按 1000

亩/企业计）建成后，每亩物资成本可降低50元，劳动力成本每亩降低200元，每年可为企业节本25万元。以每亩年产干茶50千克计算，每亩茶叶可增加经济效益2000~4000元，企业1000亩茶园年可增收200万~400万元。

二是优质优品，市场竞争力明显增强。茶园病虫害防治数字化技术的应用，推进了各地茶叶生产数字化，提高了茶叶品质，增强了产品的市场竞争力，产品品牌价值逐步攀升。以福建铁观音茶叶为例，采用司雷植保公司的植保技术后，每斤茶叶市场价格比之前提高了100~300元；茶叶品质达到欧盟、日本、美国等国家出口标准，出口创汇的竞争力大幅增强，消费者对品牌信任度越来越高。

三是声光防控，生态效益逐步显现。化学农药的频繁使用，导致病虫害抗药性增强，严重影响茶叶种植生态环境。司雷植保公司研发的生态防控技术，属于物理防虫，采用的特种声光波，其频率（20~20000赫兹）及距声源100米处的声压级小于50分贝，符合国家环境卫生标准，对茶园的土壤、茶树、空气等不会产生影响，对茶园管护人员也没有身体危害，保持了茶园生态系统的稳定性和生物多样性。

九、江西绿能农业发展有限公司：农业生产多种服务经营方式并举的“江西绿能模式”

江西省绿能农业发展有限公司组建于 2010 年，坐落于江西省安义县鼎湖镇，2018 年公司总产值达到 1.15 亿余元，流转土地自营面积 4.4 万亩，农业生产托管面积 15.8 万亩，带动农户 12000 余户，带动当地农民人均增收 2500 元左右。

（一）探索经营模式，扩展服务范围

1. 以全托管、半托管模式服务小农户家庭经营

所谓全托管，即农户将土地托管给绿能公司种植水稻，由公司提供产前、产中、产后全程“九统一”的托管服务，即统一供应良种、统一供应新型化肥、统一机械播种施肥、统一田间技术指导、统一病虫害防治、统一收割烘干、统一回收农产品、统一连锁销售、统一提供融资担保。农户只需跟踪管理和计量收付等，每亩坐收 1000 元纯收益。半托管，即种植什么品种水稻、季节安排、农产品销售等产前、产后经营决策环节由农户自己决定，绿能公司将农资供应和生产环节的每个服务项目作为服务菜单，以低于当地市场价约 30%的价格提供服务。

2. 以合作社委托方式实现村企合作经营

以村级为单位成立种植合作社，鼓励农户以土地经营权加入农民专业合作社，合作社成片流转土地，委托绿能公司托管经营。公司在每年支付 500 元/亩地租的基础上，再支付 160 元/亩收益给合作社，既确保了合作社社员的利益，又壮大了企业规模。目前，吸引 3 个合作社加入公司，服务面积 3000 多亩。

3. 以整村整组流转做大企业规模自营

充分发挥村组基层组织的作用，在保证农民合理流转利益的前提下，每亩支付村两委流转工作经费 20 元，由村组负责流转、生产和管理，实现整村整组

流转，既破解了公司流转难的困境，又促进了村组的结构调整、效益提升，壮大了集体经济。目前，公司在安义、乐安两县整体流转涉及500多个村组，流转面积达到3万多亩。

（二）健全管理体系，提升服务质量

1. 建立专业化服务能力体系

一是组建专业化服务队伍。绿能公司聘请了180多名专业人员从事水稻种植，组建了生产资料、田间管理、农业机械、水稻种植、农技农化、农村电商、综合服务等多支专业服务队，为种粮农户、家庭农场等经营主体提供农资购买、机耕、机插、机收、稻谷烘干等农业服务。

二是培育高素质职业农民。公司建立了员工经常性培训制度，并与江西农大、国家杂交水稻研究中心等院校及科研机构建立合作关系，选派员工、种植大户学习进修，使其成为掌握先进农科技术的“新农人”。

三是提升服务作业能力。为满足农业生产需要，投资购买新的机械设备进行生产服务，不断提升作业能力。目前，农机保有量达到430台（套），全年可完成机耕面积9万亩、机插面积1万亩、机收面积9万亩，有效仓容2万吨，日烘干860吨，年加工大米能力达10万吨。

2. 建立现代化农技支撑体系

一是带头推广良种良法。与科研机构合作建立新品种示范孵化基地，坚持先示范、后推广，引进优良品种，良种推广率100%。积极推广应用测土配方施肥、绿色防控技术和先进的种植模式。

二是开展高产创建。充分利用农业农村部水稻万亩高产创建示范基地平台，与江西农业大学等院校及科研机构建立科技应用实验基地，聘请农业专家把关指导，搭建平台进行科研合作和技术攻关，将先进的科研成果融入服务项目，带动农户提高生产科学化水平。

3. 建立全方位风险防控体系

一方面，统一回收保销路。绿能公司提供产品统一回收服务，对全托管农户和经由公司统一供种、统一指导培训的半托管农户，公司负责直接回收农产品，实行湿谷折算干谷回收，无须烘干、不用减损、减少运输环节，既解决农户产品销路问题，又间接提高农户收益。另一方面，统一保险强保障。为全托管农户购买了水稻政策保险和商业保险，每亩最高保额800元。绿能公司通过统一回收和购买水稻保险，破解了农户容易遭遇的市场和自然双重风险，基本

保证了农户旱涝保收。

（三）实现多元经营，彰显服务成效

一是激发了农村基本经营制度的内在活力。“江西绿能模式”始终坚持农村基本经营制度，尊重小农户经营意愿，通过三种经营服务方式的探索，服务了小农户生产，促进了村企联合经营，扩大了企业流转独立经营，构建了较完善的“小农户+家庭农场+农民专业合作社+龙头企业”的利益联结机制，丰富了现代农业经营体系，带动了小农户、家庭农场、农民专业合作社、龙头企业共同发展。

二是提升了农户的生产经营水平。“江西绿能模式”基本实现了以农户为主体，做到了品种、农业投入品、生产技术、生产加工、品牌销售等统一服务。通过选派农户学习进修，开展农户技能培训，切实提升了农户的生产经营水平。在保障流转租金、务工薪金的基础上，进一步拓宽了农户的增收渠道。探索建立了农户农业生产风险防控机制，有效规避了自然灾害、市场波动带来的风险，为农户生产经营保驾护航。

三是打造了农产品质量安全样板。“江西绿能模式”基本实现了农业规模化和集约化经营、标准化和绿色化生产，建立了“绿能大米”“凌继河大米”两大品牌。其中，“绿能大米”已通过有机食品认证，实现了“从田间到餐桌”的全程绿色发展，打造了保障农产品质量安全的样板。

十、山东丰信农业服务连锁有限公司：“一站式”服务平台助力小农户科学种植

山东省丰信农业服务连锁有限公司是一家基于互联网、大数据和人工智能自主研发应用的科技型农业服务公司，通过建立“一站式”种植服务平台，为小农户、专业合作社、家庭农场及种植公司等提供从种到收的全程技术托管服务。为解决农民文化程度低、技术缺乏、技术学习成本高等问题，丰信农业致力于搭建一个性价比高、接地气的农业技术落地体系，在不增加农户种植成本、不增加劳动量的情况下，让农户能够学到高产种植技术，实现种地更简单、高产更轻松、赚钱更容易。公司自2008年成立以来，通过构建“一站式”种植服务平台和以农技服务为核心的服务支撑体系，智能设计“全程技术托管方案”，实现全程技术托管，带领小农户应用现代农业科技，实现集约化、标准化、数据化种植，持续为全国105个县、83万种植户（其中小农户占83%）、1000余个合作社提供全程技术托管服务，覆盖近3000万亩耕地。

（一）搭建线上服务平台，提供智能托管方案

一是搭建“一站式”种植服务平台。丰信农业自主研发了“超级老板App（种植服务管理端）+金牌店长App（种植服务端）+丰信之家微信端（会员端）”的“一站式”种植服务平台，为全程技术托管模式的执行提供线上工具支持。

二是智能提供“全程技术托管方案”。根据种植季节、农户种植作物需求，依托农田基础数据、农业气象数据、卫星遥感数据以及公司10年来积累的精准服务数据，通过作物种植模型、人工智能算法，进行全程技术方案的设计和优化，一键“智能开方”形成专属“全程技术托管方案”，并通过“一站式”种植服务平台推送给农户。方案包括选种、播种、施肥、施药、灌溉、田间巡查、收获指导、销售及储存等全程技术内容，全部内容可由丰信全程托管实施，也可以部分托管。具体农业操作可由农户自己操作，或选择更专业的农事队伍。

目前，基于不同区域、不同地块、不同环境，丰信农业已累计在全国范围内为94种作物设计了11362种全程技术托管方案。

（二）组建线下服务队伍，探索专人负责模式

一是划片管理专人负责。丰信农业以县为单位，每个县确定1名负责人，负责整体推进该县全程技术托管方案落地。在确定服务的县域内，由县域负责人将县域耕地按3000~10000亩进行网格化划分，每个服务区域招募1名合伙人成为丰信金牌店长（线下服务人员）。店长负责将服务区内的小农户通过专业合作社、家庭农场等形式组织起来，利用“一站式”种植服务平台，实时为区域内所有地块提供各项服务。店长由农户担任，普通农户经过系统培训，即可胜任原来专业人员才能完成的工作。县域负责人和金牌店长均由丰信进行管理，丰信农业根据服务规模、服务效果为县域负责人及店长发放报酬，并由丰信商学院免费提供系统培训。

二是收集信息优化方案。对首次服务的区域，店长利用“金牌店长”App对服务区域内的农户、合作社进行系统调研，收集录入地块位置、种植作物、种植习惯、作物产量、用肥用药信息、病虫害情况等相关基础数据。农户也可关注“丰信之家”自主注册录入。对服务一季及一季以上的服务区域，店长根据“一站式”种植服务平台数据收集需求，随时组织更新种植数据，为优化全程技术方案提供更精准的基础数据。

（三）加强线上、线下对接，实现标准科学种植

农户注册后，平台根据农户地块所在位置自动匹配金牌店长进行一对一贴身服务。店长基于“一站式”种植服务平台推送给农户的专属“全程技术托管方案”，负责所有技术方案落地支持，包括开展田间巡查、农事提醒、问题处理、应急救援等，随时与种植户、平台专家快速对接，及时解决种植户的问题和需求，为农户科学种植及增产增收提供保障。

金牌店长现场服务过程中，对发现的问题及时通过“一站式”服务平台反馈给技术专家，技术专家收到问题后，均在半日内反馈。对需要到现场解决的问题，由平台根据周围专家情况，自动匹配专家到现场解决问题；对需要优化技术方案的问题，专家通过“一站式”平台优化方案，由平台重新将方案推送给农户及店长，由专家监督优化方案落地。通过金牌店长根据技术方案指导农户如何操作，可以实现种植过程农事操作的标准化，实现科学种植。

丰信农业十年来专注于帮助农户种好地，建立了以农业技术服务为核心，集农业技术集成落地为一体的专业化、规模化、立体化的农业服务体系，实现

了全程技术托管。

一是推动农业增产增效。全程技术托管模式实现了全国不同区域、不同地块种植管理的“智能开方”，实现了种植全过程的科学管理，农户只需按照平台推送的全程技术托管方案及线上专家指导和店长田间巡查指导要求，就能实现科学种植，实现增产增效。由丰信农业全程托管的马铃薯、花生及小麦项目，经全国农技推广中心专家组测产验收，比对照田分别增产 21.5%、14.5%、7.28%，增产效果明显。

二是推动科技成果转化。全程技术托管模式通过“农户服务农户”的方式，建立了一支线下种植服务队伍，通过市场化的社会化服务，将成熟的农业技术落地，导入传统小农生产中，有效推动了科技成果转化应用。2018 年，陕西省黄陵县通过购买丰信农业社会化服务，帮助农户有效提升了苹果产量和质量。

三是推动农民创业就业。通过技术托管服务模式输出，丰信农业不仅为广大农户提供了科学的种植技术及管理模式，还为有创业意愿的农民及返乡青年搭建了就业创业平台。截至 2018 年底，已吸收 4189 名农民及返乡青年创业就业，组织成立专业合作社 1000 余个。

十一、山东高密市宏基农业发展有限公司：推行“整村托管”实现“三方共赢”

山东省高密市咸家工业区辖24个行政村，总面积43.82平方公里，耕地面积3.9万亩。区内现有各类企业110余家，其中规模以上企业23家。伴随工业的快速发展，园区内很多农民到企业打工，无暇打理自己的土地，加上一家一户的生产投入成本高、经济效益低，农民种地积极性不高。为解决“谁来种地，怎么种好地”的问题，2015年，高密市供销社资产经营管理有限公司与宏基农机专业合作社、宏基农机培训有限公司共同注资成立高密市宏基农业发展有限公司，投资2600多万元建设了咸家为农服务中心，配套建设了农资库、农机库、农民培训中心、农产品零售厅和粮食产后服务中心，由村两委牵头，组织农民统一购买耕种、植保、收获、烘储等环节服务，在有条件的村成立土地股份合作社，委托服务中心开展“全托管”服务。2017年，23个村实行订单式多环节服务，1个村实行土地股份合作社全托管服务；2018年，20个村实行订单式多环节服务，4个村实行土地股份合作社全托管服务；2019年，12个村实行土地股份合作社全托管服务。

（一）引进先进农业机械

服务中心购置了爱科2204双排轮拖拉机，植保无人机，植保三轮、四轮施肥机，深松机，深松播种机等150多台（套）先进农业机械。在此基础上，以宏基农机专业合作社为依托，整合了社会上的750多台（套）农业机械投入托管服务。在作业机械上安装了GPS定位系统，组建了农机作业调度中心，建立了农机管理云平台，并与省农机主管部门的管理平台对接，实现了信息化、智能化管理。同时，投资建设了超过12000平方米的农机储存、维修、保养车间。为确保农资供应，建设了超过6000平方米的农资仓储配送中心。为延长服务链条，建设了仓容10000吨的粮食周转库，购进了2台烘干塔、7台烘干机，日烘干能力达750吨。以此为依托，与望乡、安佑、正大等粮食和饲料加工企业建立了战略合作关系，共同打造了“产、储、加、销”完整产业链。

（二）创新管理运营机制

以多元、多维、多层次的农耕和农产品溯源的数字化建设为目标，以系统协作、统筹增效为抓手，以“一图、二包、三平台”（“一图”即全市的农耕数据地图；“二包”即托管作业服务包和多层次农产品数据包；“三平台”即农机作业调度与协同平台、农机服务评价平台和为农服务竞技平台）为运营工具，系统化、平台化地提升农耕服务的效能和价值，为开展整建制托管服务提供软件支撑。同时，为提升农机作业水平，与农机部门合作，成立了高密市农机培训学校，先后承担了山东省农机手实用技术培训、山东省烘干基层体系建设培训等一系列政府惠农培训项目，现已培训 1000 多人次，有许多受训人员成为整建制托管队伍中的骨干。

（三）推行村庄整建制托管

供销社与村两委开展“村社共建”，由市供销社、工业区管委会统筹协调，服务中心和村两委具体组织，推行“村庄整建制托管”。主要有两种形式，一是小农户订单式多环节服务。由服务中心制发“宏发托管服务包”，逐项列出各环节的服务价格和服务标准，村两委组织农民根据自己的需要选择购买的服务项目。生产过程中，村两委负责引导服务中心对农户开展服务并代收服务费。二是土地股份合作社全托管服务。由村两委牵头组织，农民以土地入股的方式成立土地股份合作社，并将土地进行统一整理，开展“保底+分红”的规模化经营。宏基公司与村两委签订托管合同，为土地股份合作社开展“耕、种、管、收”全程服务，村两委组织部分农民负责日常的田间管理。

通过推行“土地股份合作社+生产全托管”的经营模式，把小农户组织起来，形成了服务型规模经营，实现了农业节本增效，小农户、村集体、服务主体三方共赢。

一是降低生产成本，农民受益。通过集中采购农业生产资料、充分发挥农业机械装备作业能力，降低了农业物化成本和生产作业成本，每亩一年可节省 260~280 元，实现了节本增效。农户既保留了土地承包权、满足了自身继续从事家庭经营的愿望，又通过合作社专业化、规模化的生产托管服务享受到规模经营的收益。另外，通过开展测土配方、统防统治，农药、化肥用量降低 20%，有效防治率超过 97%，在节约成本的同时实现提质增收，推动了农业绿色生产和可持续发展。

二是开展规模化服务，企业受益。服务中心通过开展托管服务，拓展并形成了稳定的农资经营、农机作业业务。2018 年，服务中心为工业区 24 个村 3220 户直供各种农资 3680 吨，提供植保服务 3.2 万亩，耕种收作业 3.2 万亩，粮食烘干、储销 7000 吨，经营服务总额 4000 余万元。

三是村两委参与组织，村集体受益。村两委组织农民购买服务，公司按照服务量支付一定费用，作为村集体积累，用于村级公益事业。2018 年，工业区 24 个村共获得服务费 128 万元，村均 5.3 万元。其中，60%的村达到 4 万元以上，30%的村达到 8 万元以上，最多的村达到 16 万元。

十二、山东临沂金丰公社农业服务有限公司：聚集全产业链资源提供全流程生产服务

山东省金丰公社汇聚全球种植业产业链优质资源，与国内外大型食品、饲料加工企业建立战略合作关系，创新农业经营模式，组织开展农业生产托管服务，延伸农资套餐、农产品销售、农业金融保险等服务，为广大农户提供农业社会化综合服务，打通从生产到销售、田间到市场、资源聚集到应用之间的壁垒，致力于带领小农户走上现代农业发展轨道。

（一）建立全球种植业生产“强资源”体系

建立全球种植业生产“强资源”体系，做好农业生产性服务支撑。金丰公社提出“让世界为你种田”的口号，目的是利用全球先进的农业技术与产品，为中国农民、中国农业服务。公司依托强大的平台和人才、技术、装备、资金等优势，以优惠价格向农户提供生产资料，以优势价格收购农户产品，并且在生产、销售、金融等方面提供全方位优质服务。在生产资料供给方面，金丰公社与拜耳、巴斯夫、先锋等农资企业及道依茨法尔、极飞科技、雷沃福田等农机企业建立战略合作关系，统一采购、低价供应。在农产品营销服务方面，总社与阿里巴巴、京东、美团、正大、鲁花等线上、线下渠道平台建立合作关系，打通产销对接业务链条，打造金丰公社农产品品牌。在服务人才培养方面，总社组建了金丰学院，并在全国建立107家分院，为种植业培养一流的经营服务和技术应用人才，并积极与各地农业部门联合进行职业农民培训教育。在金融保险服务方面，总社联合蚂蚁金服、光大银行、华夏银行等金融机构，通过县级金丰公社为一家一户的小农户提供种植生产中所需的资金贷款，用于定向购买农机、农资等，每户最高贷款20万元，贷款利息由县级金丰公社承担。同时，为农户购买政策保险和商业保险，最大限度降低种粮风险，保障农户收益。

（二）健全覆盖县乡村的“全网络”服务组织

健全覆盖县乡村的“全网络”服务组织，创造农户利益联结的“新衔接”

机制。金丰公社组织架构由总部和县级金丰公社两级组成。总部为县级金丰公社提供资源，涵盖农业生产全过程所需的农药、种子、肥料等农资和农业机械，同时提供套餐化服务和作业服务标准，通过县级金丰公社具体实施对小农户的土地托管等服务。县级金丰公社承担展示服务机械和套餐产品、组织农机手培训、定制社员服务方案、实施测土配方等服务。

乡镇级服务中心和村级服务站的主要功能是招募社员和物资仓配，不定期举办作物高产解决方案培训和产销订单对接“社员日活动”。

分布各村的小社长负责各村的社员组织，保证社员（小农户）土地集约化达到县社的要求。早期一般要求服务地块连片面积不低于 10 亩，随着托管面积增加和口碑积累，服务地块连片面积会逐步增加，成熟县社通常会要求连片面积为 50 亩以上。

在县级金丰公社服务体系中，大社长管理分社长/小社长，由分社长/小社长调度农技师/农机师，每名社员都可以找到长期固定服务自己的小社长。根据各地户均土地面积不同，金丰公社每名小社长服务 50~120 名社员，每名农机手作业服务 600~2000 亩地。

（三）建立贯穿种植生产的“全流程”服务

建立贯穿种植生产的“全流程”服务，提供“全程化”农户利益服务保障能下地的农机、能下地的农技、能下地的团队和能下地的方案构成了金丰公社“能下地”的“真服务”。金丰公社与小农户自愿签订农业生产托管协议，小农户根据自身实际，确定托管周期，并通过协议明确双方的权利和义务，不用下地干活的同时还增加了收入，真正成为“小农场主”。例如，在山东省临沭县，2019 年金丰公社托管土地面积达到 10 万亩，其中小麦 4 万亩、玉米 5 万亩、花生 1 万亩，土地托管费用分别为小麦 389 元/亩、玉米 429 元/亩和花生 699 元/亩，通过土地托管把耕种管收等生产种植过程完成，让小农户省心省力。

金丰公社利用“上游聚资源、中游建网络、下游能下地”的创新手段，组织开展“全程托管、农资套餐、农产品销售、金融保险”四大服务，较好解决了“谁来种地、如何种好地、种地如何赚钱”等问题，实现了多重效益。

一是有效促进农业绿色生态化发展。通过托管服务，对不同种植作物实行测土配方和先进的技术管理，实施科学的营养方案和植保方案，践行“减药减肥”理念，坚持土壤修复，达到“肥料减施 30%，作物不减产”的目标，实现对生态环境的最大保护，实现农业的绿色可持续发展。

二是促进农业种植结构调整与生产水平提升。在不改变农村土地所有权和承包权的情况下，通过土地集约的规模效应，大幅提高农机作业效率，提升农业种植生产水平。同时，结合企业的农产品订单，改良作物品种，通过市场化行为，有效调整了农业种植结构。

三是加快建立覆盖全国的农业生产性服务网络。截至 2019 年 1 月，金丰公社已招募社长和农技师 61200 名，吸纳社员 230 余万名，累计成立乡镇服务中心和村级服务站 12187 家，成立县级金丰公社 160 余家，覆盖全国 22 个省份。

四是实现农业生产成本降低与增产增收。金丰公社在全国各地开展的农业生产托管服务，相比小农户分散种植，规模化机械作业可每亩降低种植成本 10%以上，粮食增收超过 10%，实现综合收益增长超过 20%。2018 年，金丰公社累计种植订单小麦和订单玉米 46 万亩，每斤高出市场价 0. 05~0. 1 元，每亩地为农户增收 50~100 元。累计种植订单高油酸花生 3 万亩，每斤高出市场价 0. 4~1. 2 元，每亩地为农户增收 300~500 元。

五是探索壮大村集体经济与人才、组织振兴新途径。通过村级组织来整合土地，统一交由农业社会化服务组织托管种植，一方面有利于订单农业履约、农民收入增加，另一方面能够增加村集体经济收入［30 元/（亩·年）］。同时，金丰学院通过独立开班、联合办学等方式，培养农机农技实用型职业农民，为农业生产性服务做好人才储备。

十三、河南安阳全丰航空植保科技股份有限公司：航空植保新模式“五事”服务惠万家

河南省安阳全丰航空植保科技股份有限公司（以下简称“全丰公司”）是一家集农用无人机研发、生产、培训、服务于一体的现代企业，拥有国家科技部成果鉴定及农用无人机国家专利50余项，是农业农村部航空植保重点实验室试点单位。近年来，全丰公司针对小农户病虫害防治中存在的问题，发挥自身优势，大力开展航空植保，为小农户及农业经营主体提供全方位、标准化的飞防服务，促进了小农户与现代农业的有机衔接。目前，公司已配备植保无人机6000余架，服务耕地面积5000多万亩，2018年服务销售收入达到1.04亿元。

（一）完善云服务平台，推进航空植保服务智能化

全丰公司以“云享未来”为目标，建立并完善了“智能云服务平台”，大力推进航空植保服务智能化。根据飞防作业位置、飞行机体和喷施器械状态、土壤养分含量、病虫害发生程度、喷洒农药方案和作业面积等信息，通过远程传输系统，随时调整药液含量和具体操作路径，实现了远程在线监测和精准作业调度。目前，平台注册用户已达10万个，作业用户（飞手）2万余个。2018年，“智能云服务平台”被列入河南省制造业“双创”平台。

（二）建立科学服务模式，形成航空植保服务网格化

以“智能云服务平台”为依托，成立专门从事农业植保服务和全程标准作业的标普农业科技有限公司，瞄准全国农业优势主产区，建立“标普云平台+县级服务中心+乡镇村服务站+终端农户”的服务模式，逐步形成覆盖全国的航空植保专业化服务网格。县、乡镇村服务站以当地农民合作社或农资经销公司为依托，通过线上和线下接单，根据病虫害发生情况、农户（经营主体）防治需求，由公司植保专家制定具体作业方案，使用植保无人机和飞防专用药剂进行快速防治。目前，公司已经在全国17个省份成立了170余个县级服务中心、3000余个乡村服务站。每个重点县级服务中心投放200架植保无人机，重点乡

镇服务站投放20架植保无人机，作业半径为10千米。每个服务站日作业能力近万亩，比传统人工防治效率提高12.5倍，为当地构建了有效应对暴发性、突发性病虫害的强大防控体系。

（三）制定精准飞防作业计划，推进航空植保服务标准化

全丰公司接到服务订单后，会立即派出植保专家实地勘察病虫害发生情况，制订飞防作业计划，明确飞防作业标准与药剂使用标准，随后调动标普县级服务中心、乡镇村服务站按照标准精准作业。药剂监督部门对照标准严格监督，保证药效。飞机作业出现问题时，售后保障部负责及时维修，全天24小时保证有人值守。2018年，共为全国210余万农户提供了标准化航空植保服务。

（四）做好飞防"五事"，推进航空植保服务规范化

"人、机、剂、技、法"是全丰公司经过7年不断摸索，总结提炼出的飞防服务核心关键点，很好地解决了"飞防不盈利"的行业难题。"人"，就是启动"自由鹰百万飞手培训计划"，培训专业飞手，提高服务农户能力。"机"，即研发油动、电动等多款植保无人机，满足航空植保服务多元化需要。"剂"，即研发飞防植保专用药剂，提高防治效果。目前，已筛选出5大类31种飞防专用药剂产品，可覆盖绝大多数农作物常见病虫害用药。"技"，即制定严格的飞防标准，公司已为10余种作物分别制定了标准化作业方案。"法"，即云服务平台智能化调度。通过"人+机+剂+技+法"有机融合，形成了专业化、规范化的航空植保服务体系。

经过多年的实践探索，全丰公司逐步形成以"智能云服务平台"为载体，以标普农业服务组织为纽带的航空植保新模式，为农户提供线上、线下"一站式"专业化统防统治飞防服务，解决小农户难以享受社会化飞防服务的难题，提升了农业植保规模化和现代化水平。公司提供的小麦病虫害航空植保统防统治深受农民欢迎，农民对航空植保统防统治项目满意度达91.8%以上。

一是实现了农业飞防植保服务全国大调度。以"远程监控、远程评估、作业许可、设备控制系统远程升级、智能化调度、智能化平台结算"为手段，实现了现代农业植保专业化服务全国布局和全国调度。2018年，公司植保无人机全国调度2510余架次，飞防作业2100多万亩次，仅用8天时间完成安阳市200余万亩优质小麦统防统治。

二是促进了农业节本增效绿色发展。以"农业现代化、作业标准化、服务普及化"为理念，与中国农业大学等机构合作，积极完善不同作物不同时期的航空植保精准作业方案，大大节约了植保成本，减少了农药化肥使用量，绿色

生态效应凸显。经专家跟踪调查，航空植保年均减少化学农药使用量达30%，减少用水量95%以上，防治效果提高22%。2018年，仅飞防作业就可节水24万多吨，节省农药成本6000余万元，节省人工时长40多万天，通过解放农村劳动力间接增加农民收入4800多万元。

三是丰富了农村“双创”的实现形式。2017年以来，公司强力推进“自由鹰百万飞手培训计划”，以农村贫困群体、返乡创业群体为培训对象，累计培训职业飞手20000余人，为返乡青年开辟了创业通道。针对贫困人群，免费推出“无忧学习”计划，扶持贫困农民创业增收。目前，飞防作业服务已经成为农村新的创业创富模式，旺季每名飞手每天作业收入3000元以上。

十四、湖北钟祥市春源农作物种植农民专业合作社联合社：聚焦“合”字强实力，突出“全”字拓服务

湖北省钟祥市春源农作物种植农民专业合作社联合社成立于2014年，由5家农民专业合作社、1家农业公司发起，注册资金268万元。多年来，联合社秉持“合”的理念，做活“全”字文章，探索建立水稻生产全程社会化服务体系，有效破解水稻生产中农户规模小、科技含量少、产品品质低、经济效益差等难题，全力助推乡村振兴、助力农民致富。

（一）联合投资，提升全链条服务能力

联合社成员单位过去在肥料、种子、育秧等单项服务上各有优势，但服务空档期较多、业务扩张困难。为此，联合社中的6个种植专业合作社、农业科技公司等会员单位，按照每家不超过20%的比例分担，先后投资1070万元，建成2个育秧基地、78个标准育秧大棚，配套16台乘坐式插秧机、2条自动化育秧生产线，添置5架极飞P20型低空植保无人机，配备深耕深松、秸秆粉碎、有机肥撒施等农用机械54台（套），建成日烘干300吨粮食烘干生产线1条及配套厂房630平方米、湿粮仓1000平方米、晒场2600平方米、10000吨仓容的标准粮库1座，大幅提升了联合社服务能力，有效补足了成员单位经营短板，解决了水稻生产经营过程中农户和部分新型农业经营主体无力承担、不能独立完成的事项。

（二）整合资源，构建全方位服务模式

联合社采用统一种植计划、统一科技培训、统一农资配送、统一集中育秧、统一病虫防治、统一农机作业、统一收储加工、统一财务结算的“八统一”模式，对水稻生产全程进行全方位服务。为确保“八统一”服务模式落到实处，联合社成立了社会化服务专门领导小组，实行理事长负责制，1名理事长、2名副理事长、6名理事会成员、1名执行监事，负责设备购置、资金使用、项目决策、过程管控、烘干储存、统防统治、深耕深松、秸秆还田、育秧施肥、机械

插秧等事宜；配套了电脑智能管理系统，实行“会员卡”智能服务，从入社到生产资料消费、劳务费用结算、产品销售结算、分红，全部实行会员卡“一卡通”管理；针对各工种和岗位要求，定期对工作人员进行业务培训。“八统一”模式搭建起了一个相对完善的组织管理体系，实现了人、财、物资源的合理配置，节本增效明显。

（三）结合托管，满足全对象服务需求

联合社尊重农户意愿，主要采取两种形式对水稻实行生产托管：一种是对空巢户、留守户、缺失劳力户实行全程托管；另一种是对有劳力但体质较弱的农户或有资金缺技术、缺劳力的新型农业经营主体实行分段托管。对于全程托管的耕地，联合社优先实施高标准农田建设项目，完善配套沟渠、道路等基础设施，并与全程托管户签订协议，承诺每亩每年收入分成不低于 500 元。对于分段托管的对象，联合社建立客户档案，建立微信群沟通生产销售信息，开展服务满意度跟踪评价，组织开展节日联谊和送温暖活动，让托管对象感受到托管带来的实惠。经过 4 年发展，2018 年全托管涵盖 4 个乡镇、8 个村，面积达 24000 亩；分段托管覆盖 4 个县市、13 个乡镇、22 个村的普通农户和新型经营主体，面积达 60000 亩，分段托管面积年均增长 15 倍。

联合社聚集装备、人才、技术、项目等要素，搭建较为完善的“八统一”组织管理体系，采取全程托管与分段托管相结合的方式开展水稻全程社会化服务，实现了经济效益、社会效益、生态效益的“三赢”格局。

一是增加土地综合效益。同人工相比，使用联合社机械插秧每亩可增效 24 倍、节本 90 元；使用联合社飞防设备每亩打药可增效 120 倍、节本 30 元，接受服务的农民收入普遍增加。同时，通过托管服务还有效减少了抛荒现象发生。在全托管的 24000 亩土地中，有以前的抛荒地 6000 亩，占 1/4，通过托管服务土地产出效益可提高到正常水平。农户将农事环节委托给联合社后，还可以放心外出打工挣钱，再增加一份收入。

二是促进水稻产业升级。联合社通过自身在种子方面的资源优势，在托管的土地上全面推广适应性强、米质优良的水稻品种，广泛应用测土配方施肥、飞防技术、稻谷低温烘干、全程机械化等新技术，有效提高了稻米产量和品质。在全程托管区域内，水稻单产比非托管区普遍增加 100 斤以上，产品优质品率平均高出 5~10 个百分点。目前，联合社已连续两年为周边大米加工企业提供优质原料粮，共计 50000 吨，加工销售高端大米 2000 吨。

三是提高联合社经营收入。过去由于市场形势低迷，联合社、成员单位、

农户层层挂账，每年产生“呆死账”100多万元。通过配套服务设施装备，扩大经营范围，全产业链服务能力大幅提升。联合社通过工厂化育秧，每年可提供高质量大田秧苗50000~60000亩；通过机械化深松整地，每年可实施深耕深松作业面积30000亩；通过专业化防治，可开展植保作业面积21万亩。年经营收入由起初的400万元增加到1700多万元，“呆死账”也全部消除。

四是推进农业绿色发展。联合社每年为2个乡镇9个村5300余户农户实施秸秆还田作业，面积达70000亩；为2个乡镇1620余户农户提供有机施肥服务20000亩；利用低温烘干机，每年为30000亩水稻产品提供烘干服务。通过应用绿色先进技术，推动农业可持续发展。

十五、湖南隆平现代农业科技服务有限公司：生产品质原粮助力农户成长

针对农业种植结构不合理、效益低、组织化程度不高、产后处理不到位、产销对接不畅等问题，袁隆平农业高科技股份有限公司（简称“隆平高科”）于2015年全资成立隆平现代农业科技服务有限公司，专注运营农业服务。公司以粮食烘干服务为切入点，搭建了以优质粮种植服务为核心，以产后服务、交易服务、信息和培训服务为有益补充的品质原粮生产社会化服务平台，通过基层粮社带动小农户、合作社等各类农业生产主体实现规模化种植，迈入现代农业发展轨道。经过几年运营，品质原粮生产社会化服务模式已日渐成熟，形成了一个隆平粮社、一个产后服务中心、一个培训平台、一套增益系统的“四个一”体系，并向全国主要粮食种植区域推广。截至2018年底，已在黄淮海区域、湖北省、湖南省三大区域建成并运营了23个隆平粮社和产后服务中心，服务面积近40万亩，服务农户近5万户，年生产品质原粮近20万吨。

（一）通过组建隆平粮社联结小户种粮农民

公司组建隆平粮社，以“多种粮、多产粮、产好粮、促增收”为办社宗旨，不断打造“隆平好粮”品牌。充分发挥隆平高科的品牌和资源优势，依托各地粮食种植合作社、种粮大户等发展基层隆平粮社，广泛吸引小农户入社，共享资源，共享信息，共同发展。通过“小农户+隆平粮社+公司”的新型联合模式，把隆平粮社打造成一个服务小农户、组织小农户、促进小农户发展的公共服务平台，促进传统小农户生产向现代农业转变。

一是精准设计技术方案。每个隆平粮社专门留置10亩示范基地，开展优质品种的对比实验，对产量、品质、抗病性等综合指标进行评价。实行“一个品种一套种植方案”的方式，根据每个品种的特征特性，有针对性地设计种植技术方案，构建精准种植模型，推动技术服务更加精细落地。

二是集中采购生产物资。依托隆平高科商业化育种体系、丰富的优质种子

资源、强大的品牌优势及行业资源整合能力，隆平粮社聚合小农户，统一集中采购种子、农药、肥料、秧盘、薄膜等生产物资，有效降低种植成本。

三是统一开展生产服务。通过组织联合，促进原本分散的田块集中连片，便于集中采购农机作业、飞防作业等生产服务，有效降低服务成本、提高作业效果，有利于节本增效。

四是组织订单生产收购。隆平粮社承诺所有联合农户，以不低于市场价回收种植的粮食，解决农户“卖粮难”问题，避免农户直面市场风险。

（二）通过配套烘干仓储延伸产后服务链条

长期以来，粮食的烘干仓储一直是小农户在粮食生产中面临的难题。为此，公司探索通过隆平粮社就地就近配套建设产后服务中心，为农民提供粮食清理、干燥、储存、销售等服务。产后服务中心占地面积约 10 亩，投资约 450 万元/个，主要包括过磅区、烘干区、仓储区、办公区等重要功能区，仓储能力 1000 吨，年烘干粮食能力 1 万吨，每个产后服务中心可直接服务 2 万亩种植面积，辐射周边 20 千米范围内的小农户。产后服务中心有效解决了小农户的产后粮食处理和保存问题，保证粮食品质的统一化、标准化、优质化。

（三）通过建设培训平台提升农民科技素质

隆平高科与中央农业广播电视学校（农业农村部农民科技教育培训中心）共同建设了线上培训平台——“云上智农”，将小农户等经营主体作为重点培训对象，提供“教育+产业+生活”的全天候、全流程、全功能服务。截至 2018 年底，用户规模 965956 人，月活跃用户 10 万人，上线农业技术培训课程达 4000 多个。

（四）通过开发信息系统解决农民种粮难题

为帮助农民解决粮食种植和销售难题，公司投资开发了农户增益系统。农户增益系统是包括 365 益农、品质原粮交易平台、隆平粮社工作端在内的互联网网络服务平台的总称。365 益农是农户端，农户可在此客户端实现精准种植技术查看、专家技术答疑、技能在线培训、技能认证、专业技术课程学习、卖粮信息发布等功能。品质原粮交易平台是粮食需求企业端，可查看样品照片、库存情况、虚拟库存、需求发布、买粮下单。隆平粮社工作端可实现过磅数据、烘干数据、库存数据、农资数据、粮食交易数据的管理。

经过四年的不懈努力，品质原粮生产社会化服务模式已在湖南、湖北、安徽等一些粮食生产区域蓬勃发展，有效提升了小农户的生产经营组织化程度，解决了小农户与市场信息不对称的问题，降低了农业生产的经营风险，促进了小农户与现代农业的有机衔接。

一是规模生产效益得到体现，帮助小农户增产增效。以湖南水稻为例，通过隆平粮社聚合小农户，进行联合集中采购，可有效降低种植成本 20%，通过科学化种植管理还可提高产量 5%，品质粮溢价提高产出值 15%以上。与单个农户普通种植相比，每亩可增加收益超过 300 元。根据 2018 年的运营情况，单个隆平粮社按服务 2 万亩面积计算，农户自行购买农资需要 840 万元，粮社统一采购只需 680 万元，可节约 160 万元；农户自行种植产出值为 2400 万元，粮社统一运营后可达 2876 万元，增加 476 万元。按单个隆平粮社平均联结 2000 个农户计算，可为每个农户节本增收 3180 元。

二是生产资源要素得到整合，促进农业现代化进程。以隆平粮社为平台，重新整合生产要素，实现农机、飞防等设备的充分利用和人力资源的充分调配，打通“产、销、用、服”等各环节的信息链，实现了粮食生产环节各要素的组合效应，提高了农业综合效益，有效推动了农业现代化进程。

三是信息互联互通得到推广，提升农民专业化素质。通过利用信息化工具，应用互联网、物联网、大数据等先进技术，隆平粮社让小农户搭上了“互联网+”快车，掌握了更多科技知识和市场信息，提升了专业技能素质，为组织标准化生产、提升粮食产业品质奠定了良好基础。

十六、重庆市梁平区新农人农产品股份合作社：全程“保姆式”托管让农民当“甩手掌柜”

重庆市梁平区新农人农产品股份合作社成立于 2011 年 6 月 9 日，注册资本为 225. 91 万元，主要从事农作物的种植及初级农产品的加工销售。在梁平区积极开展农业生产社会化服务的背景下，合作社于 2014 年进入农业社会化服务领域，创新形成全程“保姆式”托管服务方式，目前服务范围包括 9 个乡镇 3400 余户农民，服务面积 12000 余亩，年服务收入 1100 万元，实现了政府、农民、服务组织“三满意”。

（一）提供“保姆式”托管方式

结合地方实际，根据农民需求，探索实行“保姆式”托管方式，农户只需要缴纳服务费用，将农业生产环节的农事委托给服务组织，服务组织像“保姆”一样为服务对象提供全程服务。新农人合作社最初在碧山镇、回龙镇开展服务工作时，针对农户长期不在家、不想流转出土地、收获稻谷自己食用的情况，探索为农户开展全程托管。农户向合作社缴纳每亩 450 元服务费用，合作社负责种子、机耕、育秧、插秧、统防、机收等全过程服务，承诺每亩产量不低于 1000 斤。经过宣传发动和示范推广，农户纷纷将自己的稻田托管给合作社。为让农民放心，合作社还向乡镇政府缴纳了风险保证金，并为被托管的稻田购买了水稻保险。

（二）提供“菜单式”可选服务

新农人合作社根据不同农户的不同需求，聚焦一家一户干不了、干不好、干了不划算的关键或薄弱环节，设计多种服务套餐，为农民提供“菜单式”可选服务。如套餐 A：选择机耕、集中代育秧、机插秧、病虫害统防统治、机收 5 个环节，含种子农药每亩收费 450 元。套餐 B：只提供 5 个环节的生产服务，每亩收费 280 元。套餐 C：只购买其中某一个环节的服务，按照约定价格收费。

（三）提供机械化操作手段

梁平区属于丘陵地区，服务组织无法像北方地区那样大规模地应用大机械，也无法开展大面积的托管服务，上限普遍控制在全程托管 3000 亩左右，一般很难突破。新农人合作社紧盯机插秧与统防统治两项影响水稻规模化种植的瓶颈，自行投入资金研究水稻“飞播”技术，并成功实现市场化运用，大幅度节省了机插秧时间和劳动成本，在一个机插秧周期内（一般 25 天）可作业面积达 5000 亩以上。同时，还购置了 4 台植保无人机参与统防统治，大大超过了传统的喷杆喷雾机作业速度，进一步提高了服务效率。

（四）提供全链条延伸服务

新农人合作社在农资采购过程中，根据服务地块的不同土壤、不同日照时间精心选择最适合的种子，并在农资公司团购肥料；在生产过程中，按照社会化服务的作业标准，组织人员进行作业；在稻谷收获时，推出烘干服务，农户可以选择自己晒干自家食用，也可以委托合作社烘干；在销售环节，推出寄存大米服务，农户可以按照自己的时间到附近大米加工厂取走折算后的大米，也可以直接由合作社将稻谷销售到加工厂，取走现金。托管服务真正实现了“托管农户坐在家，一个电话钱到手”。

新农人合作社通过不断创新服务模式、改进服务手段、延伸服务链条，解决了“谁来种地”的难题，提高了粮食产量，增加了农民收益，为新时期创新农业生产经营模式、实现小农户与现代农业发展有机衔接探索了新路。

一是促进了粮食生产，提高了产能。农户在参加托管服务之前，均是采取手工插秧、传统育秧等作业方式，更有因为种粮效益较低，田地大面积撂荒。托管服务出现后，一些撂荒地开始恢复生产，并由传统生产方式向现代农业生产方式转变，机械化集约化水平和农业生产率显著提高。目前，新农人合作社服务范围内的亩产量均超过 600 千克，最高可达 800 余千克，粮食综合生产能力显著提高。

二是解放了农村劳动力，提高了收入。梁平区多数年轻人离开了农村，种田人平均年龄为 58. 3 岁，一些粮田因为留守老人无力耕种而被闲置。新农人合作社推行的全程“保姆式”托管服务，实现了科学种田，解决“谁种地，怎么种，种什么”的实际问题。现在农户只需每亩土地投入 450 元托管费，就可以享受合作社提供的所有服务，除了平时做一下除草、管水等简单的田间管理工作，就可以放心当“甩手掌柜”，平均每亩土地还比之前增收 500 元。

三是创新了农业经营模式，探出了新路。单纯依靠土地流转追求规模经营，其潜力是有限的。通过实施全程“保姆式”托管服务，农户在保持土地承包关系不变、不增加任何投入、不从事田间劳动的情况下，实现了由自己种地到监管种地的转变，创新了农业生产经营模式，丰富了农村承包土地“三权分置”的实现形式。

十七、四川绵阳市川椒王子农业开发有限公司：以“抱团式服务”打造藤椒产业发展联合体

四川省绵阳市川椒王子农业开发有限公司成立于2013年。针对当地传统藤椒种植“小、零、散”，产业发展面临瓶颈性制约的问题，川椒王子公司与四川国资农旅公司合作，吸纳整合23个藤椒产业合作社，32个家庭农场、种植大户及13个农资农机合作社，组建“四川盐麻麻藤椒产业化联合体”，重点在藤椒种植、技术、加工、营销四方面提供优质服务，有效推动藤椒产业规模化、专业化、科学化发展。目前，联合体服务范围已覆盖全县85%以上的藤椒基地。

（一）创新合作模式，引领多元主体有机衔接

一是在区域抱团模式上，突出品牌联合、要素融合。一方面，公司牵头成立产业联合体，推动“龙头企业+合作社+家庭农场”产业化联合，注册“川椒王子”品牌商标，带动藤椒产业品牌化。另一方面，公司建立藤椒产业信息服务平台，通过与服务对象签订协议，明确联合体成员在资料供应、产品收购、技术服务等方面的合作关系，实现藤椒产业区域“抱团式”发展。

二是在分工合作模式上，突出全链负责、共享共担。明确企业拓市场、家庭农场搞生产、合作社包服务的“产前、产中、产后”功能定位，推动各生产环节衔接配套，实现产业链各环节共担责任、共享利益。

三是在利益分配模式上，突出利益互惠、互保共赢。公司实施分社经营管理、分社结算成本、分别承担盈亏的利益互联机制，采取“保底+二次分红”方式，即在统一收购价格基础上，由联合体先从整体利润中提取5%公积金、2%公益金、10%风险金后，再对剩余盈利部分按成员间交易量进行二次分红。若出现亏损，则由风险金和农业特色产业保险共同分担，既增强了共御风险的能力，又有效保证了稳定持续增收。

（二）搭建系统平台，推动专业服务有序开展

一是建设标准化生产平台，带动科学化发展。公司以标准化生产为目标，

在全县建设 28 个藤椒种植基地，制定栽植、管理、采摘、预冷、保鲜、加工、包装、运输等环节的操作工艺和技术标准，同时加大培训力度，将标准化技术落实到生产环节中，推动藤椒产业科学化生产。

二是搭建集约化加工平台，促进专业化运作。公司在县内规模种植乡镇建立藤椒初加工厂，开展烘干、初选、分级等初加工；筹建藤椒深加工园区，提供精深加工服务，通过延长产业链增加藤椒产品附加值，凸显产业集约效应。

三是构建市场化销售平台，推动多元化经营。联合省内外经销商，共同构建藤椒产品营销平台；在线上建立包括藤椒系列产品在内的农特产品旗舰店，线下同步建立实体店，实行线上、线下联合经营，推动藤椒产品市场化经营，促进藤椒产业化发展。

（三）强化要素保障，确保配套服务有效落地

一是拓展资本渠道，实现融资保源。公司争取各级政府土地流转、基础设施建设奖补、贷款贴息等财政扶持资金，引入“农当家”平台的产业扶持资金，吸纳联合体成员金融资本，联合体成员凭个人信用，可无抵押无担保贷款 10 万元，贷款周期一年，年利率 3.92%；若信誉良好，次年金额可提至 30 万～50 万元，周期延至三年。此外，公司对优质规模种植户优先提供资金支持，为联合体成员解决资金之忧。

二是优化人才培育，提升技术保障。公司为已投产和即将投产的业主提供预冷、保鲜、包装、分选加工等环节的技术培训，确保种植 20 亩以上的业主配置至少一名懂技术、懂管理、懂经营的人员，为产业高质量发展提供技术保障。

三是推广股份合作，实现投产保益。全面推广“公司+集体+农户”股份合作运作模式，农民、村集体可以以土地和集体资产入股公司，持股对公司藤椒产业利润享有收益、享受保护。投产前公司按每亩 300 元标准支付租金，投产后农户、公司、村集体按 5∶4∶1 的比例分成，确保农户亩均增收 3000 元以上。公司还与县内规模种植户签订生产订单合同，执行保护价收购政策，低于保护价的产品按 12 元/千克的保护价收购，高于保护价的按市场价收购，最大限度地确保种植户增收。

公司通过构建“抱团发展、分工合作、共享收益”三种模式，打造“生产、加工、销售”三大平台，强化“资本、技术、收益”三类保障的“三三三”共建共享机制，为藤椒产业的发展提供全产业链社会化服务，推动产业规模化、标准化、市场化，促进了藤椒产业快速健康发展。

一是统一技术规范推动标准生产。公司大力推动与科研院校合作，共同成

立“盐亭县藤椒技术工作站”，对经营主体、职业农民等进行种植技能培训和营销管理培训，实现藤椒产业科技支撑服务全覆盖。对园区和全县的种植户进行定期培训和现场指导，组织栽培技术、修剪整形、田间管理等技术培训会140余场次，培训专业大户、经营主体、建档立卡贫困户等2万人次，推动县内65%以上藤椒种植面积从栽培、田管到采摘收储的各个环节均按照绿色食品的标准运营。对园区种植基地实行统一种苗供应、统一栽植技术、统一农资采购、统一生产管理，促进园区生产标准化、管理规范化、经营集约化；将研发的“青花椒保鲜冷藏技术”“夏剪夏伐”等新技术在全县免费推广应用，提高了藤椒产量和产品品质。

二是开展托管服务提高经济效益。依托自身技术优势，公司与联合体共同对小农户、合作社和产业基地提供以“技物结合”为主要方式的托管服务，引导产业向标准化、集约化、现代化方向发展，运用新技术、新成果、新品种，降低经营管理成本，提高产量和品质，托管区的藤椒亩产量由200千克增加到600千克，亩收益由2400元增加到7200元。2018年，公司实现销售收入2685万元、利润249万元，直接带动农民增收800万元以上。

三是发挥示范效应带动产业发展。公司不仅致力于推动盐亭县藤椒产业发展，还按照全省农业“10+3”产业体系布局要求，主动对接本市和周边地区15个乡镇、26个村、1.51万户农户规模种植藤椒2.85万亩，提供种苗、技术、管理、销售等服务，为全省藤椒产业发展做出了积极贡献。

十八、陕西白水县美华果业有限责任公司：果园托管拓出产业扶贫新路径

陕西省白水县是国家级贫困县，全县耕地面积 72 万亩，果园面积达 55 万亩，被称为“苹果之乡”。苹果是当地群众的主要收入来源，85%的贫困户依靠果园维持生计。为解决传统果农生产中产量不高、质量不均、效益不稳等难题，美华果业有限责任公司自 2016 年起，以果园托管服务为核心，探索集技术服务、生产种植、果品包装、冷藏物流、加工营销于一体的全产业链服务体系，形成了以果园生产托管服务助力产业扶贫的创新路径。截至目前，公司服务果园面积达 7600 余亩，覆盖周边 13 个行政村 1400 多户农户，其中服务贫困户果园面积 2125 亩，涉及贫困户 356 户 1300 人。

（一）通过多方合作提升托管服务规范

一是村企联合党建，规范托管服务运作。公司在地方组织部门的引导下，在开展托管服务的村庄通过村企“联合党建”的方式，由村级党组织和美华果业党支部组成苹果产业联合党总支，同时成立村级托管委员会。在托管委员会领导下，公司与在托管果农中选出的由党员、技术能手和有威望村民组成的骨干小组达成协议，坚持果农能做的事，果农办；果农做不了的事，协商办。让果农既“划桨”，又“掌舵”，有效发挥果农能动性，增强托管服务的协同性。

二是整合村庄能人，提升本地服务能力。公司整合村庄内外技术人力，成立剪枝服务队、机防服务队、技术服务队等专业性生产服务团队，有效保证托管服务质量。

三是多方技术合作，提升科技服务水平。公司邀请西北农林科技大学白水苹果试验站、白水县园艺站专家，对托管果农进行统一培训指导，提升果农种植技术。

（二）通过丰富模式满足托管服务需求

一是以半托管模式提升个体农户经营能力。针对缺少技术、资金但仍有种

植积极性的果农，公司“对症下药”，把生产决策权交给农民，在耕、种、收等田间作业和农药、化肥、农膜等农资供应方面开展订单式服务，并对农户提供50%农药、20%化肥补助，提高了农民的生产积极性。

二是以全托管模式助力贫困农户脱贫致富。公司致力于解决无劳动能力、无资金收入的“政策兜底”保障型贫困户脱贫问题，通过与贫困户签订托管协议，在生产决策、技术管理、生产投入等产前、产中、产后各环节开展下地服务，并在配套农药、化肥补贴的同时，以高出市场价 0.1~0.2 元/斤的价格优先收购托管贫困户的苹果，助力贫困户脱贫。

三是以“反托管模式”拓宽新型农民增收渠道。针对 2016 年前土地已流转的果园，公司统筹种植计划、生产管理、果品销售等环节，将其他部分生产环节委托给有条件和能力的农户把控，并依据耕种面积向农户支付劳务工资，对高出保底收益的部分进行分红，拓宽了托管农户的增收渠道。

（三）通过示范引领扩大托管服务效应

一是流转土地打造托管示范园。公司流转土地 100 亩，建设托管果园示范园，通过开展果园肥水一体化基础设施建设、病虫害机械化统防统治、有机肥替代、果树修剪等绿色科学种植，增强托管服务示范性，扩大托管服务社会效应。

二是评先比优选出专业种植户。公司定期组织开展星级模范果园和模范果农有奖评选活动，组织果农到星级模范果园观摩学习，交流分享种植经验。此外，公司每年通过组织开展“果树修剪技术大比武”活动，评选出优秀技术人才作为托管扶贫带头人，有效带动周边贫困户接受果园托管服务。

（四）通过强化管理提高托管服务水平

公司在果园托管服务管理上下足“绣花功夫”，引入现代管理方法，为果园“建档立卡”，详细记录果树品种、树龄、长势及往年施肥、虫害、产量等情况，并记录果园托管后果树用药、施肥、修剪及其他服务情况，有效实现果树管理数据化、科学化、精细化。

（五）通过市场导向提升托管服务价值

在规模化生产经营服务基础上，为托管农户提供苹果代产、代储、代销、代运等“一条龙”服务，并以高出市场价 0.1~0.2 元的价格收购托管农户苹果，打通苹果销售“最后一公里”，促进果农与大市场有效衔接，充分带动农民增收。此外，公司注册“臻果源”有机苹果品牌，通过专业化、品牌化运作，有效提升苹果产业价值。

美华果业有限公司通过向果农提供多样化、科学化、精准化果园托管服务，形成苹果“产、供、销”“三位一体”综合服务体系，有效降低了水果生产成本，拓宽了果业产业链条，促进了果业增产、果农增收、果企增效。

一是以精准托管为核心，促进传统果农生产“大丰收”。通过果园托管，美华果业公司通过统一农资供应、技术指导、机械作业，实现集中连片果园规模化、科学化种植，帮助果农尤其是大量贫困果农在生产上实现降本提效、在产量和产值上均实现大丰收。据测算，实行标准化托管后的果园，每亩可节约生产投入约600元，增产约400千克。仅在果园种植上，每个贫困户果园预计增收每亩每年800~1200元。

二是以现代科技为支撑，推动现代果业发展“新升级”。果园托管，不仅实现了果园基础设施的全面改造，更推动了果业生产、加工、管理等技术方法上的全面升级。开展机械化托管后，果园生产效率提高50%~60%。果园农资投入实行统一配套标准，保障了果品质量安全。通过开展技术化集成托管服务，果园亩均年产量可增加5.5%~19%，优果率增加9%~16%，产值增加9%~19%。

三是以多元合作为抓手，实现乡村组织人才“双振兴”。美华果业有限公司建立“企业+组织+党员”协同运作机制，在托管服务产业链上建立联合党组织，加强党组织对产业发展全过程的领导和推动，引导农民党员带头加入果园托管，促进托管模式推广普及；成立以党员为核心的剪枝服务队、技术服务队、机械防护队，选举产生托管委员会会长、业务骨干、销售能手等，促使党组织真正成为群众的主心骨，党员真正成为产业发展的示范者、引领者、推动者。公司通过开展协同化托管服务，真正使农村集体经济壮大有依靠、群众脱贫致富有支撑、组织和人才振兴有途径。

十九、甘肃谷丰源农化科技有限公司："农工场"托管服务推动农业绿色发展

甘肃省谷丰源农化科技有限公司成立于2006年，公司在销售农药、肥料等农业生产资料过程中，发现一家一户的小农户滥用化肥农药造成农产品质量参差不齐、土壤面源污染等问题比较严重。针对这种状况，谷丰源按照农业生产标准化思路，以作物为核心，对全程植保绿色防控和科学施肥技术进行优选和集成，探索通过生产托管为服务对象提供全程水、肥、药一体化农业生产性服务，构建了"专业服务公司+生产公司（企业）+小农户"的"农工场"托管服务模式，推动农业标准化技术在小农户生产中落地，实现了从农民单家独户传统生产模式向专业化、标准化的"工场化"生产模式转变。

（一）按实际需求确定托管重点

甘肃省主要农作物为小麦、玉米、马铃薯、中药材、高原夏菜和苹果6大类。河西走廊地区是我国最大的玉米制种基地，每年玉米制种面积约120万亩，高原夏菜种植面积200万亩以上，中药材超过60万亩，这三种作物新型农业技术应用不足的问题比较突出。如玉米制种方面，河西走廊常年制种，但由于连年种植不倒茬，虫害不断加重，土壤板结、次生盐渍化等致使耕地质量下降，严重影响了制种玉米的产量。根据当地农业公司和小农户实际需求，谷丰源把制种玉米、高原夏菜和中药材确定作为托管服务的重点。

（二）以作物为核心制定托管方案

"农工场"以作物为核心，汇集科研、教学、生产、推广等相关技术专家资源，组建专业技术服务团队。根据服务领域内农作物种植相关的土壤、气候、灌溉、病虫害等信息，集成新技术、新材料，形成一体化标准种植方案。为实现不同农产品质量提升与土壤改良同步的综合效果，推出了从全程植保到配方施肥、水肥一体化、土壤改良等系列综合托管服务项目。

（三）以创新为重点探索托管模式

谷丰源主要探索出两种托管服务模式，一是“专业服务公司+生产公司+小农户”模式。公司从2010年开始，引导制种公司采取托管服务进行病虫害统防统治、测土配方施肥、水肥一体化和土壤改良，先后与隆平高科、登海先锋、敦煌种业等进行合作，制种公司与专家团队签订合同，专家团队根据制种基地测土结果和病虫害测报，提供全程病虫害防治和土肥水技术方案，服务团队和种业公司驻村技术人员负责培训、指导及监督农户执行。此外，公司在高台县与从事夏莱种植的绿洲有机农业公司合作，为其订单农户开展植保绿色防控技术托管服务，制定全程绿色防控方案，指导农户科学施药，实现平均7天一次现场指导，突发问题2小时内到达现场，病虫害得到有效控制，农户亩均增收563元。2018年，绿洲公司155户订单户都纳入托管服务协议。二是“专业服务公司+规模经营主体”模式。甘肃农垦集团经营耕地112万亩，一半以上属于盐碱地；2.24万个家庭农场，每个农场平均耕地面积50亩。为适应现代农业发展要求，农垦集团提出大农机、大产业、大条田和水肥一体化“三大一化”战略，明确统一土地经营、统一农业技术标准和农资、统一产品销售的“三统一”原则。根据农垦集团需求，“农工场”全面承接了盐碱地改良和水、肥、药等托管服务。

（四）以质量为根本构建评价体系

2016年起，甘肃省耕地质量建设管理总站、甘肃省农业技术推广总站、甘肃省植保植检站、甘肃省种业商会（协会）等第三方单位权威专家组成评价团队，对“农工场”托管服务效果进行公开测评，评价内容涵盖产量、品质、土壤、生态、环保等方面，评价结果通过新闻发布会向社会公开。公司还与张掖市农产品质量监测检验中心合作，对使用“农工场”全程绿色防控的作物进行随机抽检，确保服务到位、质量达标。

经过数年的不懈努力，农工场托管服务模式已在甘肃数个粮食生产区域蓬勃发展，不断提升小农户生产水平，实现了粮食种植增产增效，有效地促进了小农户与现代农业有机衔接。

一是整合资源，提升了小农户生产的现代化水平。病虫害统防统治、测土配方施肥、水肥一体化和土壤改良，不是一家一户能够采用和实现的。“农工场”发挥集团作战优势，全面导入现代农业资源要素，制定实施农业生产性服务综合方案，有效创新了农业社会化服务模式。近三年，累计托管玉米制种面积超过216万亩。2018年，甘州区农业绿色发展水肥药托管社会化服务试点项目托管服务面积 62.5 万亩，带领 8.21 万农户参与发展现代农业。

二是优化服务，实现了农产品生产的节本增效。通过开展农业生产性服务，节约了生产资料成本，增加了农户收益，提升了生态效益，还带动了产业的发展。据测算，通过生产托管，制种公司亩均增效 360 元，按照近三年累计托管玉米制种面积 216 万亩计算，制种公司增效 7.78 亿元。同时，谷丰源公司快速发展壮大，托管服务能力和服务水平得到显著提升。

三是突破瓶颈，促进了农业绿色发展。“农工场”集成应用玉米绿色防控、新型肥料、水肥一体化等技术，提升了农业生产标准化、专业化水平，节约了水肥药，保护和涵养了耕地。据测算，通过开展绿色防控社会化服务，每亩可节水 50~200 立方米、化肥投入减少 15~30 千克、农药用量下降 10%~25%。2018 年，谷丰源和甘肃农垦集团国营八一农场合作，开展药材绿色防控社会化服务，药材霜霉病防效达到 95%，用药量下降 10%~25%，亩均增产 20%以上，农残、重金属等含量均符合国家标准，平均每亩增收 315.5 元。

二十、河北省：加强组织引导，强化示范带动

河北是全国粮食主产省份之一。近年来，河北省认真贯彻落实国家关于加快农业生产托管服务发展的部署要求，以强化组织指导、典型带动、制度建设和政策扶持“四个强化”为抓手，引导各地结合自身实际，因地制宜开展农业生产托管服务，走出了一条符合河北实际的粮食生产托管服务发展路径。

（一）强化组织指导，夯实托管服务基础

紧跟形势发展，不断强化认知。省委省政府领导高度重视，多次对农业生产托管服务作出重要指示，提出明确要求。省农业农村厅把在粮食主产区实施农业生产托管和推广服务模式作为重要日常性工作，加强部署安排，大力推进。农业农村厅认真谋划，联合多部门印发《关于落实加快发展农业生产性服务业有关工作的通知》等。制定了《关于加快推广农业生产托管服务模式的指导意见》《关于加快在全省粮食主产区推行生产托管服务的指导意见》，明确发展粮食生产托管和服务模式的目标路径和措施。各市县也结合实际制定专项方案，上下联动推动工作开展。强化相关管理和业务人员培训，2019 年省市县开展专题培训活动 200 余次。充分利用微信群、钉钉群等沟通交流平台，进行视频调度和交流学习，指导各地根据实际取长补短，互相学习，推广先进做法和典型模式。

（二）强化典型带动，引领托管服务提升

总结各地经验，推广典型做法。第一，推广服务模式。对全省特别是粮食生产托管服务发展情况进行总结提炼，加快在粮食主产区尤其是地下水压采区推广实践中成效较好的全产业链托管、“菜单式”多环节托管、土地股份合作分红、股份托管并行、专业化托管服务、供销社“为农服务中心”6 种托管服务模式。第二，开展示范引领。从 2019 年起，以粮食主产区为重点，根据托管服务面积、示范带动小农户数量等因素，开展省级示范托管服务组织评定，认定 100 家省级示范托管服务组织并将其制度化，实行动态管理。开展全省托管服务

品牌“二十强”评选活动，评选出20个最优托管服务品牌，发挥标杆旗帜的引领作用。第三，加强案例带动。以粮食类大田作物为重点，总结印制托管案例汇编，通过沙河金福临农机合作社、滦州百信种植合作社等典型做法和经验，示范带动全省粮食生产托管服务发展。

（三）强化制度建设，规范托管服务行为

规范服务行为，严格运作项目。第一，健全管理制度。制发了《河北省农业生产托管服务规范》和《农业生产托管服务合同式样（试行）》，建立健全托管服务主体名录管理制度，指导各地在项目实施中既要推广适合本地工作的模式做法，也要加强对托管服务行为的规范化管理。第二，规范项目实施。要求生产托管服务项目实施切实做到“五个不得突破”“三个必须做到”。“五个不得突破”，即财政补助占服务价格的比例不得超过30%；单季作物亩均各关键环节补助总量不得超过100元；项目任务实施县安排服务小农户的补助资金或面积占比不得低于60%；项目补助资金补助小农户的比例不得少于50%；项目实施主体选定不得少于3家。“三个必须做到”，即必须由县级人民政府制定印发实施方案；县级政府承诺的项目管理经费必须落实到位；必须每月登录河北省农业财政项目管理信息系统反馈项目执行和资金使用情况。第三，加强项目监管。各地采取智能信息系统留痕查验、第三方抽查核实项目面积质量等举措，强化项目实施监管。省市指导项目实施县互相学习好的经验做法，发现问题及时反馈并督促整改，防范化解项目实施风险。

（四）强化政策支持，增强托管服务后劲

政策扶持引导，多元主体参与。第一，加强统筹协调。将农业生产托管服务相关任务职责分解落实到各地和相关部门，督促各地和有关部门用真劲、出实招，齐心协力研究探索促进托管服务开展的方式方法，推动粮食生产托管服务健康发展。第二，争取财政支持。用好中央财政项目资金，农业生产托管服务项目资金全部用于支持托管服务，利用支持合作社发展项目资金1.1亿元扶持开展粮食生产托管服务的农民合作社，占资金总额比例接近60%。省级财政每年安排专项资金3500万元，支持开展托管服务示范县创建。第三，对接金融保险。省农业农村厅与建设银行、农业银行等8家省级金融保险机构签署战略合作协议，积极协调金融保险机构对服务模式优、托管效果好的服务主体给予支持，有效缓解了服务主体发展中遇到的难题。

二十一、山西省：强化领导，创新模式，促进小农户与现代农业发展有机衔接

2017 年以来，在农业农村部的支持指导下，山西省以农业生产托管试点项目为抓手，推进服务带动型规模经营，培育托管服务主体 3.2 万个，服务小农户 87.6 万户，带动托管服务规模经营面积 1850 万亩，增速达到 226%。据项目试点区域测算，全程托管后粮食亩均增产 20%、亩均节本增收 350 元、托管服务主体收入增长 20%以上，实现粮食增产、农民增收、农业增效，促进了小农户与现代农业发展的有机衔接。

（一）强化组织领导，坚持政府推动

省委省政府领导高度重视，把抓好农业生产托管作为农村重点改革任务，2020 年省政府工作报告提出"健全农业社会化服务体系，深化农业托管试点"。按照农业农村部推进农业生产托管的有关要求，省农业农村厅联合省发展改革委、省财政厅印发了《关于切实抓好农业生产性服务业发展的实施意见》，把发展农业生产托管作为推进农业生产性服务业、带动普通农户发展适度规模经营的主推服务方式。试点县高度重视，县（市）政府承担农业生产托管试点项目实施主体责任，主要负责人或分管负责人担任项目领导组组长，统筹协调农业农村（农经）、财政和乡镇等单位及部门形成合力，以县政府文件印发项目组织实施方案，有力推进了项目的实施。寿阳县建立了"县级领导、部门指导、乡镇统筹、村组落实、网格对接"的工作机制，县财政安排资金 1400 万元支持农业生产托管，全县托管面积达到 73 万亩。

（二）健全管理制度，坚持规范运作

规范运作是农业生产托管持续发展的重要保证。山西省在全国率先颁布了《农业生产托管服务规范》地方标准，从服务方式、服务内容、服务组织、服务质量标准、价格信用等方面进行规范管理，推动农业生产托管步入健康发展快车道。省农业农村厅、省财政厅印发《农业生产托管试点项目绩效评价办法》，

对试点项目实行负面清单管理，设置40个评价要点，试点县按照评价得分，实行增资、减资和不合格退出机制。洪洞县实行农业生产托管服务主体名录管理制度。屯留县建立“农业生产托管大数据管理平台”，有效监管托管主体。翼城县农业生产社会化服务联合体制定耕翻整地、播种施肥、病虫防治、粮食收割4项作业标准，保证托管质量。

（三）注重典型示范，坚持创新引领

典型示范创新引领是推动农业生产托管的重要抓手。2018年2月4日，全国首个县级农业生产托管中心在山西省长治市屯留区成立，2019年玉米托管服务面积达20万亩，较2017年增加11万余亩，2020年实现60万亩全区域托管，粮食亩产年增加20%，农户亩均增收330元。2020年5月30日，托管中心、邮储银行、农担公司联合成立首家农业生产托管服务协会和粮食行业协会，基本形成“政府搭台，协会引领，金融助力，保险护航，服务主体唱戏，群众参与”的全方位生产托管服务模式。苹果大县吉县探索“家政式”模式，全程托管苹果园0.6万亩，亩均节本增效610元，带动374户建档立卡贫困户脱贫增收。

（四）带动增产增效，坚持绿色发展

提高农业综合效益，促进绿色发展和资源可持续利用是农业生产托管试点的重要目标。山西省围绕“耕、种、防、收”等环节，把病虫害统防统治、农作物秸秆还田等关键和薄弱环节作为托管服务重点内容，对市场机制相对成熟的环节，则不列入项目补助范围或降低补助标准，逐步扩大托管面积。寿阳县把“玉米机收+秸秆还田+深松深耕”捆绑实施，打破犁底层，培肥地力，解决了秸秆焚烧问题，减轻了环保和防火压力。万荣县托管麦田化学除草、病虫害统防统治环节，亩均减少农药用量20%~30%。屯留县托管种肥同播、病虫统防统治环节，减少化肥、农药用量，提高了肥效和药效。据典型调查，消除田埂、种肥统供、集约化田间管理的全程托管，玉米亩均增产250公斤；单纯的机械作业环节托管，玉米、小麦亩均分别增产100公斤、85公斤。农业生产托管通过降本增收、提质增收实现亩均增收350元以上。

（五）抓好宣传培训，坚持农户主体

农业生产托管是一种新型农业经营方式，山西省在工作推进中始终把宣传培训引导小农户自愿托管作为关键。据统计，山西省利用春节、农忙等集中时间，宣讲农户100余万户，印发宣传资料140万余册（份），悬挂条幅、刷写墙体标语1.5万条，播放托管宣传动漫1000余次。2020年4月8日，央视《新闻

联播》对山西省娄烦县农业生产托管保障小农户马铃薯春耕不受疫情影响进行报道。4 月 25 日，《半月谈》第 8 期以“谁来种地，时代之问在这里有解”对山西省翼城县生产托管进行报道。6 月 6 日，央视财经《第一时间》、6 月 7 日央视《新闻直播间》相继报道翼城县 8 万亩旱地小麦耕种收引导小农户采用农业生产托管模式，实现亩产 447. 9 公斤，比常年增产近八成。

二十二、山东省：聚力笃行，促生产托管服务高质量发展

近年来，山东省践行新发展理念，重点围绕服务规模经营和农业绿色发展，凝聚各方力量，实干笃行，推动以农业生产托管为主的社会化服务做大做强，让广大农户共享改革发展成果，推进农业供给侧结构性改革，促进农业增效、农民增收，为农业高质量发展和乡村振兴提供强有力支撑。2020 年，山东承担 430 万亩社会化服务任务，在 64 个试点县聚焦生产托管服务，落实中央发展资金 3.2 亿元。

（一）上下聚力激发发展活力

第一，高位推动。在 2019 年全国两会后，山东省委立即召开专题会议，深入学习韩俊部长讲话精神，将社会化服务体系建设作为乡村振兴重点工作推进；11 月，召开了由省委副书记出席、各市分管领导参会的全省现场会；省委书记、副书记、分管省长等多次批示要求大力发展社会化服务；2020 年，省委将健全社会化服务体系列为“重点工作攻坚年”乡村振兴重点任务，9 月 25 日，召开了由省委副书记出席、各市分管领导参会的全省现场会，进一步强调了发展农业社会化服务，是促进小农户与现代农业发展有机衔接的现实需要。第二，四级联动。厅长亲自部署安排，并提出明确要求，省厅连续印发了《关于做好农业生产托管服务工作的通知》等近 10 个文件，召开全省视频会，利用钉钉工作群做线上培训和答疑，联合厅内处室开展实地调研座谈，系统推进项目落地；市县乡层层压实责任，大胆探索试点，狠抓工作落实。第三，基层发动。引导工作重心下移，积极支持村两委、集体经济组织、农民合作社等发挥组织和服务作用。济阳区充分调动项目村和服务组织力量，利用村阳光议事会等形式开展 30 余场宣讲会，宣讲政策，展示托管效果，集体签约，大大激发了农民参与托管的热情和市场需求。

（二）内外聚力提升服务品质

第一，提供服务新模式。与中邮山东分公司、中化山东分公司等签署战略

合作协议，邮农场和中化 MAP 在山东省纷纷落地，为社会化服务提供新模式。第二，缓解贷款难题。联合省农担、邮储银行、建设银行、蚂蚁金服等金融机构先后启动惠农合作项目，对服务组织给予重点金融信贷支持。第三，加大保险托底保障。山东省加快推进农业保险“扩面、增品、提标”，鼓励探索地方特色农业险种，省财政给予50%~60%的奖励；省厅与人保财险、中华联合等多家公司签订战略合作协议，为社会化服务提供保险支持；荣成市探索生产托管地块收入险；金丰公社与太平洋保险探索组织全托农户统一购买农业政策险和商业险来规避风险。第四，加强理论研究和宣传推广。聚力社科院、山农大等科研院校共同调研，邀请行业专家为山东省生产托管工作问诊把脉；借力各级媒体，采取多种途径进行工作和示范典型宣传，鼓舞干劲，提振士气。这些社会力量的加持，为山东省生产托管服务提升品质、保驾护航、营造良好发展环境。

（三）齐心聚力规范服务市场

第一，开展规范化试点。遴选 23 个县开展社会化服务规范化创新试点，并作为省委改革办的重要改革任务，创新总结提炼标准化、规范化机制。第二，制定行业标准。在已制定的 27 个地方标准的基础上，2020 年制定了《山东省农业社会化服务标准体系建设指南》，新立项了 20 个服务标准，进一步引导和规范服务标准的制定和推广应用。第三，建立名录库。在 64 个项目县探索建立县域服务组织名录库，目前入库组织达到 329 家，迅速聚集了当地优秀的服务组织，规范了区域服务市场。第四，典型带动。山东省评选出 208 家省级示范组织，并连续两年遴选社会化服务组织省级典型案例共 22 个，其中 4 个被评为全国典型，发挥示范引领作用。

通过各方合力推动，山东省社会化服务呈现三大转变。

一是组织方式从服务组织与农户自主对接向发挥村镇服务“统”的作用上转变。2020 年，山东省实施的生产托管项目，在充分尊重农户意愿的前提下，支持村集体、党支部领办合作社等发挥组织和服务优势，把有服务需求的农户“统”起来，接受从种到收的生产托管服务，推进农业生产规模化、集约化、标准化、专业化发展，既赋予了农村统分结合的双层基本经营制度新的内涵，又发挥了各类服务组织的优势。

二是服务组织从散小无序向标准规范转变。通过政策扶持和项目推动，加快了各类服务组织联合合作，促进了多元互动、功能互补、标准规范、融合发展。目前，具有一定规模、服务理念新、管理规范、服务水平较高的 3600 多家农服企业和 2.8 万个服务专业合作社在加快发展的过程中，逐步将全省散小的服务专业户吸纳组织起来，开展标准化、规范化、信息化改造，使其成为服务产业工人，散小的服务户也快速向有规模、管理规范的服务组织聚合靠拢，形成“农服企业+服务专业户+农户”“专业合作社+服务专业户+农户”等组织形式。村集体经济组织充分发挥地缘优势和组织优势，将本村有需求的农户集中连片地组织起来，统一接受托管服务，提供的这种“居间”服务，大大降低了农服企业链接农户的成本和时间，扩大了服务范围，形成了“农服企业+村集体+农户”的组织形式，推动了优质标准服务快速落地；还有的村集体将本村的服务专业户组织起来，为本村及周边提供托管服务，逐步形成了“村集体+服务专业户+农户”等组织模式。

三是服务内容由单一向多要素叠加转变。山东省在细化专业分工的同时，鼓励服务组织聚合各类农业生产要素，为农户提供科学种植方案和落地服务，逐步形成多要素叠加。首先，以生产资料供销为起点的。例如，中化农业、金丰公社、供销社等，将农资销售渠道转变为服务渠道，对接当地的农机和专家服务，为农户提供多要素叠加托管服务。其次，以农机作业为起点的。例如，宏基公司等农机合作社，在自有机械的基础上，聚合种肥药等生产资料和专家服务，为农户提供多要素叠加托管服务。最后，以农业科技推广为起点的。例如，丰信农业、思远农业等，依托农业信息化平台，聚合适宜的种肥药等农资和农机作业，将各类种植标准方案和科学配方落地，实现线上、线下各类生产要素的融合。

二十三、陕西省：激发托管新动能，助推果业新发展

陕西南北狭长，纵跨三个气候带，果业已成为“最亮名片”，世界每 7 个苹果、3 个猕猴桃中就有 1 个产自陕西。近年来，陕西省贯彻落实习近平总书记来陕视察关于“扎实推进特色现代农业建设”的重要指示精神，大力发展千亿级苹果等特色农业，为陕西果业发展注入了“强心剂”，激发出果园托管新动能。在农业农村部的指导下，认真落实农业托管服务相关政策，支持 10 个果业大县开展果园托管试点，全省果园托管面积 170 万亩，占果园总面积的 10%，发展果园托管服务组织 1.2 万个，服务果农 35 万户，探索出各具特色的托管模式。

（一）“协会组织、主体服务、农户受益”托管模式

陕西省渭南市白水县依托县果园托管协会，建立县、镇、村三级网络托管服务体系，由 35 家企业和合作社，对政策性“兜底”的贫困户提供“产、供、销”全托管服务，对缺技术、少资金的贫困户实行管、防、收和提供生产资料的半托管，对非贫困户收费全托、半托和果品入股、售后付款及盈余分红等方式托管。全县共托管果园 4.8 万亩，惠及果农 7132 户，其中贫困户 1739 户，亩均增收 1500 元。白水县《果园托管拓出产业扶贫新途径》入选首批全国典型案例，原省委书记胡和平给予高度评价。

（二）“多样化”苹果园托管模式

咸阳市礼泉县开展“全程托管”“技术托管”“劳务托管”等“多样化”托管服务，建立“产量保底型”“产量保底+分红型”等多种利益分配机制，托管苹果园 8 万亩以上，托管后生产效率提高 50%~60%，产值增加 9%~19%，亩均增收 2000 余元。

（三）“科创联盟+合作社+农户”产业链托管模式

延安市洛川县以绿佳生态农业公司为龙头，联合科研院所、农资农机企业和大型销售终端等成立延安市苹果产业资源统筹与科技创新联盟，依托合作社推进苹果全产业链服务，共托管 3000 余户的 1.5 万亩果园。

（四）猕猴桃园“一条线”托管模式

宝鸡市眉县采取“公司（合作社）+服务站（村委会）+农户（贫困户）”的“一条线”服务，开展从种植施肥喷药到销售的全程托管和种苗、施肥、植保、收购、销售的单项或多项菜单托管，聘请教授与乡土专家对托管果园现场“会诊”，共托管2000多户农户的2万亩猕猴桃园，年收购猕猴桃超过3.5万吨。

陕西省果园托管深受果农欢迎，主要是尊重农民意愿，因势利导组织果业合作社等服务组织，坚持做到“三多三着力”。

首先，多层次搭建政策支持体系，着力营造良好服务环境。一是省委省政府高位部署。近年来，先后出台培育新型农业经营主体、推进适度规模经营等4个意见，明确要求推进果园托管等农业社会化服务。二是省级部门政策支持。省农业农村厅、省财政厅联合印发《关于进一步做好农业生产社会化服务工作的通知》，通过政策扶持、资金安排等鼓励各地结合实施“3+X”工程，推进果园托管，提高农业生产集约化、标准化、专业化水平。三是县区具体落实。农业生产社会化服务示范县以县级政府名义印发实施方案，成立以县级领导为组长的组织领导机构，制定合同样本、明确服务范围、收费标准、质量标准等内容，开展名录库建设，组织多方联合验收，大力推进苹果、猕猴桃、葡萄、柑橘等果园托管，促进果品质量提升，助力果业发展。

其次，多举措推进托管项目实施，着力保障资金使用效益。一是确定项目实施示范县。选择党政领导重视、农经力量较强、服务主体实力突出，主导产业优势明显的县区作为示范县承担项目，每个县安排资金200万元以上。全省共确定社会化服务示范县85个，已安排资金3.26亿元。二是涉农项目叠加扶持。将农民合作社发展项目向示范县倾斜，每县叠加扶持200万元。将统防统治、果园改造、农药化肥减量等涉农项目支持示范县，推进合作社等服务主体为社员和农户开展果园托管。三是落实绩效考核。组织对示范县区开展年度绩效评价，评价结果作为下年度资金分配的重要依据，推动果园托管提质增效。2021年财政部资金评审中心专家组对陕西省社会化服务项目绩效评价予以高度肯定。

最后，多元化培育托管服务主体，着力整合各类资源要素。按照主体多元、形式多样、服务专业、竞争充分的原则，果园托管从自发、零散向有组织、有规模转变，服务主体由农民合作社、技术服务队扩大到服务企业、村集体经济组织、家庭农场、供销社、托管联盟等。一是大力提升合作社服务水平，每年安排 8000 多万元，果业合作社占到一半，支持为农户生产托管和贮销服务。二是充分发挥龙头企业服务引领作用，支持龙头企业通过绿色果品基地建设为农户提供全产业链托管服务。三是积极发挥村集体经济组织统一服务功能，每年 5 亿多元支持 1000 个村集体股份经济合作社购置生产托管机械，或者入股、融资给专业合作社服务农户。四是依托中化 MAP 模式提升托管服务效益，通过 MAP 中心与服务主体构建县、镇、村“三级建点，联合经营”，为果农提供测土施肥、农资供应、技术指导、信托融资、产品收购等服务，已与 117 家合作社建立了伙伴关系。五是深化“政银”合作，推动邮储、中行、建行、农行、信合等金融机构，为托管服务主体和农户定制优惠、简便、快捷的信贷产品，优惠政策达 30 多类 110 多种，服务组织授信额度最高达 1000 万元。

二十四、重庆市梁平区："五个聚焦"推进生产托管项目规范高效实施

重庆市梁平区是传统农业大区，有耕地面积96.8万亩，农户24.6万户，承包人口73万人，人均耕地1.3亩，常年在家务农的农民平均年龄58岁，受资源禀赋影响，耕地长期处于"小而散"状态。近年来，梁平区积极探索建立市场化长效托管机制，通过"五个聚焦"推进生产托管项目规范高效实施，保证了粮食安全，促进了小农户与现代农业的有机衔接，进一步实现了农业增产、农民增收、服务主体增实力。

（一）聚焦农业生产托管服务目标，强化工作组织保障

针对农村劳动力不足、散户成本高、土地撂荒、服务组织能力弱等问题，梁平区把发展农业生产托管作为引领小农户与现代农业发展有机衔接的主要举措，列入乡村振兴日常工作和重点任务，由区委农办牵头组织开展。各乡镇也相应建班子、组队伍，重点推进。编印了《农业社会化服务宣传卡》《农业社会化服务40问》10万余份，召开专题院坝会、服务效果对比会等500余场，签订产量承诺书300余份。通过强化宣传引导，让广大群众充分认识到农业生产托管就是让专业的团队做专业的事，有利于降成本、增效益，提高群众购买服务的积极性；有利于提高农业生产集约化水平，促进传统生产方式向现代农业生产方式转变；有利于减少撂荒地，保证粮食安全。

（二）聚焦服务环节和重点内容，突出"菜单式"托管

一是确定重点服务产业。水稻与梁平柚分别是梁平区保供和特色优势产业，常年种植面积43万亩、15万亩，将其作为托管服务重点产业。二是确定重点托管环节。选择农户干不了、干不好、干了不划算的关键或薄弱环节提供生产服务。水稻选择机耕、集中代育秧、机插秧、病虫害统防统治、烘干5个环节；梁平柚选择机耕、施肥、统防、修枝、销售5个环节，下一步还将增加秸秆综合利用等环节。三是确定重点托管方式。重点鼓励实施为普通农户提供托管服

务的模式，服务组织在公允价格内提供全托管和半托管两种“菜单”，农户可以自由选择。如水稻全托管含种子、农药、“耕种防收”等服务，每亩收费450元；半托管提供“耕种防收”服务，每亩收费280元。

（三）聚焦市场化配置对接，创新项目实施方式

梁平区创新建立服务组织与服务对象双名录库。将全区所有托管服务组织的擅长环节、服务标准、累积经验、社会评价、联系方式等整理成农业社会化服务组织名录库，每年10月通过文件、电视、微信群公开发布，集体经济组织根据辖区内农户意愿在名录库中择优选择。服务组织也可根据服务对象的耕作条件、积极性等在名录库中选择服务对象。自愿达成服务协议后，申报财政资金补贴。区农业农村委、区财政局组织专家，根据就近服务、公平竞争、合理分工、全程服务4个原则，对服务组织的服务能力、技术水平、群众口碑、服务价格等因素进行综合评估，根据评估结果对服务组织名录库实施动态化管理。

（四）聚焦服务质量保证，创新项目运行监管

一是统一标准与文本。按不超过该环节同期社会公允价格30%的原则确定各环节财政资金补助标准，统一制作服务承诺书、服务合同、服务卡等示范文本，服务卡上有服务时间与规模、服务内容与满意度、签字确认等内容，记录服务过程。二是全程监管。乡镇（街道）确定专人具体负责本地项目的实施与验收，全程指导与监管，及时化解矛盾纠纷，确保满意度达到90%以上，区级部门按比例进行抽查。三是大数据智能查验。村（组）服务总面积不得超过土地确权颁证面积，每户托管面积不得超过家庭土地承包经营权证面积（有捡种、帮种情况除外），用大数据进行比对。验收合格后，按确定的补贴标准和服务规模，将补助资金直接兑付给服务组织。2019年利用北斗系统，为每台服务设备安装了定位设备，开发了生产托管服务后台监管软件，区农业农村委、服务组织在电脑上均能实时查看服务数据。

（五）聚焦服务能力提升，确保托管服务长效可持续

一是加强农业生产托管服务组织能力建设。区政府按填平补齐的原则，鼓励有一定规模的服务组织根据实际生产需要购置设施设备，支持建立育秧中心、农资超市、区域烘干中心、社会化服务调度中心，为农业生产提供更全面服务。二是建立长期服务关系。第一年服务关系建立后，服务对象对社会化服务的需求一般会延续，有的合同一签就是5年。三是补助标准逐年递减。通过逐年减少补助，让服务对象有一个适应过程，最终实现农业生产托管服务市场化运作、

可持续发展。

通过综合施策，梁平区市场化的长效托管机制日益成熟，取得了明显成效。一是托管农户收入大幅增长。通过开展农业生产托管服务实现降本增收、增产增收、就业增收，接受托管服务的梁平柚亩均增产 400 公斤，水稻亩均增产 100 公斤，常年带动 2.5 万农户，每年可节本增收 1000 万元以上。二是服务规模经营显著提高生产效率。单纯依靠土地流转追求规模经营已经出现趋缓的“拐点”，梁平区在不改变土地承包经营权的情况下，带领小农户发展服务型规模经营。截至 2019 年底，全区农业生产托管服务面积达到 12 万余亩。三是社会化服务组织实力增强。截至目前，全区有各类社会化服务组织 327 家。在服务过程中，服务组织要有台账、财务账，要接受服务对象与政府的评价，在装备、技术、管理等方面都有了显著提升。

二十五、安徽省凤台县：创新生产托管模式，发挥村集体“统”的功能

安徽省凤台县位于淮河中游、淮北平原南缘，耕地4.6万公顷，人口73万，曾获“全国粮食生产先进县”等称号，企业、农民专业合作社，农村集体经济组织，农业服务专业户等各类服务组织达到3.3万个。2019年以来，凤台县在生产托管模式上积极创新，发挥村集体经济组织“统”的功能，引导分散农户统一接受服务组织提供的生产托管服务，有力促进了农业增效、农民增收、集体增益。

（一）强化统筹指导，加大推进力度

一是抓政策引导。制定了《凤台县提升农业生产托管服务探索农业经营体系创新助推现代农业发展的实施方案》，确定了11个生产托管服务试点乡镇和70个试点村，先行先试，逐步予以推进。二是抓动员培训。县、乡、村三级累计召开动员会56次，编发工作方案、政策解读和操作规范等资料，采取以会代训的方式，统一思想认识。印发《提升农业生产托管服务　推进村集体统一经营宣传明白纸》2万份，结合农业生产方式、生产成本、劳动力等实际情况，讲清楚托管服务试点工作的便民惠民之处和具体操作流程。三是抓平台建设。全面推进农村集体产权制度改革，成立村股份经济合作社，作为村集体参与统一生产托管服务的平台。选优配强村股份经济合作社领导班子，由村党组织书记兼任理事长，组建配强理事会、监事会，增强村股份经济合作社组织农户发展能力。四是抓规范程序。在选择农业生产托管服务组织、制定村民委托经营协议等工作中，认真落实“四议两公开”制度，切实保障党员群众的知情权、参与权和监督权。

（二）创新服务模式，推进统一经营

一是组织农户接受托管服务。坚持土地承包关系不变、群众自愿的原则，引导农户将承包的土地委托给村股份经济合作社统一接受生产托管服务。全县

共有7752户与村股份经济合作社签订了委托经营协议，涉及耕地12万亩。二是统一开展托管服务。按照“服务经验足、服务设备全、服务能力强、群众口碑好”的标准，经过“村推荐、镇审核、县确定”的程序，从94家申请服务的农业生产托管服务组织中遴选出57家，与70个村股份经济合作社签订服务协议，为农户提供统一的“耕、种、管、收”等托管服务。三是确保托管服务质量。村股份经济合作社根据当地生产实际需求，制定农业生产托管服务标准和服务质量负面清单，加大监管力度，切实保护农户利益。

（三）加强支持投入，激发托管活力

一是加大资金投入。凤台县整合追加财政支农资金116.6万元，定向补贴提供统一服务的农业生产托管服务组织，增强项目实施效果，引导推广托管服务。二是落实托管服务项目。安排项目资金，指导托管服务组织及时对托管土地开展深耕深松、田间管理等环节的托管服务，确保项目任务落实到田间地头，落细到生产各环节。三是推动保险跟进。推动太平洋财险等保险公司与农业生产托管服务组织签订协议，在国家政策性保险的基础上购买商业补充保险，小麦每亩收益保额达700元，水稻收益保额达1206元，切实保障农民收益。

（四）立足提高效益，促进多方共赢

以村集体经济组织为纽带，以提高效益为目标，有机连接农户和生产托管服务组织，实现多方共赢。一是提高了农户土地收益。托管服务组织以低于市场价的标准收取服务费，生产成本每亩地降低20%。小麦亩均产量同比提高5%，总体效益提高8%；水稻亩均产量同比提高7%，总体效益提高10%。二是增强了企业服务能力。生产托管服务组织与广州极飞科技有限公司投资1200万元联合建设了“极飞学院安徽培训中心”，实现全天候监测与运营保障服务。推广安装激光平地仪4套、智能化农业机械22套，全县90%以上的耕地实现无人植保机统防统治，提高了服务效率，降低了服务成本。特别是2019年汛期，在村集体的统一组织下，服务组织积极开展淮河洪涝灾害防汛救灾及灾后补种，做到水退一亩补种一亩。三是增加了村集体经济收入。通过提供统一的托管服务，降低了服务组织的生产成本，村集体在农资集中采购、组织生产中也获得效益，2019年试点村集体经济收入平均增加5万元。同时，通过推进村集体统一经营，村党组织的组织能力、统筹能力和为农服务能力进一步增强。

二十六、建设银行黑龙江省分行：致力普惠金融，强化科技支撑，用创新理念助推农业生产托管服务发展

近年来，建设银行黑龙江省分行积极贯彻落实国家有关决策部署，不断丰富新型农村金融服务体系，持续拓展“三农”普惠金融服务场景，推动金融产品创新和服务模式创新，在省农业农村厅的支持下，推出了一批以农业生产托管贷款为典型的金融产品，为黑龙江实施乡村振兴战略提供了强有力的金融支撑。

（一）对接托管服务，创新金融产品

近年来，黑龙江省兰西县开展的农业生产托管服务取得了较好成效，形成了成熟的服务模式，具有较多的受众群体，其规模经营能够节本增效，服务模式能够分散经营风险，政府参与易于资金监管。托管的服务优势为建行创新金融产品提供了很好的条件。对很多农民来说，农业生产托管服务是新事物，农民在缴纳服务费用时有顾虑，或者缺少资金。建行以托管农户的资金需求为出发点，与兰西县政府对接创新推出了农业生产托管贷产品。农户与服务组织签订农业生产托管服务合同后，可按需向银行申请该产品支付服务费，贷款直接发放到服务组织账户。按照先行试点、总结完善、全面推进的原则，率先在兰西县推广。2020 年 3 月，为兰西县农户发放首笔农业生产托管贷款 20 万元，这也是全国第一笔农业生产托管类贷款产品。目前，已经在兰西县投放农业生产托管类贷款 2750 万元，涵盖托管面积 8 万亩。

（二）强化科技支撑，优化服务流程

在设计推出农业生产托管贷款产品的过程中，建设银行注重大数据等新技术在金融服务中的支撑作用，联合省农业农村厅、农业大数据中心及兰西县政府，以农村土地确权数据为基础，搭建农业生产托管金融服务平台“裕农宝”，提供农业生产托管信息录入、线上农户托管贷款、托管合同签订、托管组织录入、App 订单支付等服务功能，让托管农户足不出户享受到“随时、随地、随

需"的24小时在线农村金融服务，实现了在线签订服务合同与线上审批放贷的无缝对接。从过去农户窗口办理，到线上几分钟申请，金融服务质量和效率得到了质的提升。同时，建设银行注重"服、管"并重，与当地政府对贷款资金实行双向监管，为托管服务组织开通监管账户，托管服务组织经监管部门授权后方可使用账户资金，有效保障了农户权益和银行信贷资金流向的安全。

（三）降低融资利率，激发金融活力

建行开展的托管贷由于与农业生产托管服务有机融合，并通过对大数据的运用，不再受限于银行网点数量和位置，减少了运营成本，实现了免抵押、在线审批、年息4.5%等优势服务。建行的农业生产托管贷推出后，"鲇鱼效应"明显，兰西县其他金融机构纷纷推出更多竞争产品，全县农户贷款产品由2019年的20个增加到现在的25个，让需求主体有了更多选择。据统计，2019年兰西县农业贷款发放总额6.57亿元，平均贷款年利率8.174%；2020年农业贷款预计投放8亿元，平均贷款年利率降到了6.811%，可为农民节省利息1000余万元，减轻了农民的融资利息压力。

（四）培育服务组织，支持"三农"发展

建设银行开展的农业生产托管金融服务不仅聚焦小农户，更注重对服务组织的培育支持。兰西县建行主动对接有资金需求的服务组织，为它们提供贷款支持。比如，远大镇双太村整村开展了农业生产托管服务，但这个村贫困户和老年人多，其中一些不愿缴纳服务费用，建行根据双太村集体股份经济合作社的资金需求，提供了100余万元的"地押云贷"，帮助服务组织扩大了经营规模。除托管类贷款产品以外，近年来，建行还创新推出了土地经营权流转类、农资投入品销售类金融产品，为黑龙江省"三农"发展提供了"建行方案"。2018年以来，建设银行涉农信贷产品已累计投放贷款154.11亿元，惠及全省14.66万户农户和4421个新型经营主体，有力推动了黑龙江省的"三农"发展。

二十七、辽宁万盈农业科技有限公司：开创四级运营网络，提供现代高效服务

辽宁万盈农业科技有限公司成立于 2013 年，通过研发和集成先进适用的玉米种植技术，致力于为小农户、农民合作社、家庭农场提供高性价比的农业社会化服务。成立 8 年来，公司从辽宁海城走向东三省，现有 15 个子公司，是东北地区最大的玉米生产社会化服务企业。玉米全程托管面积从 2013 年的 800 亩增长到 2019 年的 12.7 万亩，2020 年托管业务范围覆盖 15 个县、83 个乡镇、306 个村。2018 年万盈农业获批国家级高新技术企业，2019 年入选辽宁省“兴辽英才”计划。在玉米托管中，公司的主要做法有以下几点。

（一）搭建四级运营网络，深入田间地头

为提高全程托管服务的质量与效率，万盈农业搭建了“平台—县域子公司—乡镇服务中心（农民合作社）—服务顾问”的运营模式，建成了四级服务网络。

第一级是辽宁万盈农业科技有限公司，设立技术中心、数据中心、财务中心、客户服务中心、人力资源中心，为公司进行全程托管提供技术方案、投入品供应、后台管理和培训支持等。万盈农业通过整合资源，集中采购，统一将投入品发放至各县域子公司，确保质量稳定可靠。

第二级是县域子公司，万盈农业在适合玉米机械化作业的地区按县市区成立县域子公司，具体管理所属区域的全程托管业务，县域子公司通过采用万盈农业平台所提供的投入品和指定的全程技术方案，对所属的县域开展农业生产托管服务。

第三级是乡镇服务中心，县域子公司以乡镇为中心，依托农民合作社等新型农业经营主体建立若干服务中心，作为公司服务广大客户的基层平台。县域子公司通过与乡镇服务中心合作，分片区开展生产托管服务。

第四级是服务顾问，服务顾问是万盈农业实施全程托管服务的“末梢神经”，一般由当地“乡村精英”担任，作为万盈农业在当地的业务联系人和“服务员”，直接与服务对象进行对接。万盈农业给予服务顾问有关合同解读、农业知识、操作规程等方面的培训，由服务顾问代表万盈农业与客户签订《种植服务合同》，并

提供全程对接服务。每一块万盈农业托管的土地，在客户与万盈农业签订合同的那一刻起，就会生成一个二维码交给客户，客户可随时扫描二维码了解万盈服务的进程及详情。万盈农业通过在不同区域建立试验示范田，组织召开播种、苗期、除草、植保、测产等现场会活动，让农户亲眼见证托管地块的播种方式、出苗率、田间管理、产量指标等，用事实证明万盈全程托管是真正的“省心高产”。

（二）构建集成技术平台，实现服务专业化规范化

万盈农业在东北地区沿黄金玉米带从黑龙江到辽宁建立了20个试验点，致力于研究不同地区的玉米生产良种良法、农机农艺的最优组合模式。2017年，建成独有的技术集成平台，提供从选种、播种、田间管理到收获等全过程的技术指导。一是加强与科研院所、大型农资企业合作，建立起作物健康管理整体解决方案。根据试验筛选和农业绿色生产要求，用部分生物肥料代替化学肥料，通过引进新型设备，使用集成技术，开展秸秆还田处理，实现变废为宝，促进了土壤修复和地力培肥。二是对农药严格筛选，选择微毒、低残留、环境友好的产品，不仅降低种植风险，控制用量，保护环境，还可以实现统一施药，过程可管，用量可查。经过不断的合作试验，万盈农业以13项增产技术为核心，形成了独具特色的高科技玉米生产方案。三是建立了一套完整的玉米生产技术规程，形成了一套“万盈标准”全程生产托管模式，把整个玉米生产过程优化为6项作业、11个阶段、27个步骤、每个地块管理175项信息，实现包括产地环境、品种、栽培技术、田间管理、收获等方面的全要素控制。

（三）开发管理系统，实现服务信息化

为提升托管服务平台的规范化、信息化、标准化、数字化，万盈农业自主开发了“万盈信息管理系统”。该信息管理系统以互联网为载体，涵盖了从服务主体到服务流程再到服务作业情况的所有信息。依托信息通信技术，实现了让服务对象实时掌握资金流、物资流、信息流、参与人员“四位一体”的配备情况，精准管控农业生产社会化服务全过程，达到服务数据实时生成、监管人员随时可查、作业过程可追溯，做到了农户不出门就能监督全程托管情况，消除了农户的后顾之忧。此外，服务信息化在提高了服务效率的同时，还降低了公司大面积分散作业带来的管理成本，实现了公司与农户的双赢。“万盈信息管理系统”基于领先的模块化设计理念，能够根据各地区实际情况生成差异化的解决方案，实现全程托管、部分托管、单项作业等多种服务模式。2018年，万盈农业还与辽宁省葫芦岛市兴城市农业农村局达成合作协议，搭建托管信息管理平台系统，为农机手、农业社会化服务组织以及市（县）、乡镇政府提供作业管理和监督管理。

二十八、供销合作总社合作指导部：发挥组织网络优势，开展土地托管服务

近年来，供销合作社系统积极贯彻落实党中央、国务院决策部署，在农业农村部门的支持帮助下，不断深化综合改革，大力实施农业社会化服务惠农工程，围绕解决“谁来种地”“地怎么种”问题，创新发展土地托管等生产服务，努力打造“农民进城打工，供销社给农民打工”的服务品牌，有效促进了小农户与现代农业发展的有机衔接，实现了农民得实惠、供销社得发展。2019 年 1—7 月，全系统土地托管面积达到 1 亿亩，同比增长 40%，开展配方施肥、统防统治、农机作业等多环节托管服务 2.06 亿亩次，同比增长 39%。

（一）加强指导，强化工作推进机制

2013 年，供销合作总社召开现场会，推广山东汶上县供销社以土地托管为主要方式开展农业社会化服务的做法，将发展土地托管作为供销合作社综合改革的重要内容在全系统大力推进。2018 年机构改革时，供销合作总社在合作指导部新设农业社会化服务处，省市县级社也相应新设处室或调整增加职能，切实强化托管工作指导力量。供销合作总社将土地托管工作列入深化综合改革年度重点任务，在对系统的综合业绩考核中逐年加大土地托管考核比重，每年召开推进会示范带动，对各地定期晒进展、督进度，引导全系统大力发展土地托管，加快由传统流通服务向全程农业社会化服务延伸。

（二）培育主体，壮大托管服务队伍

发挥社有企业骨干作用，推动农资、农产品经营企业延伸生产服务链条，创办专业型农业服务企业，1 万多家社有企业开展农业社会化服务，为土地托管提供农资、装备、技术、人才、渠道等服务支撑。强化基层供销社服务基础，组建以农民为主体的基层社 1.35 万家，一头联社有企业，另一头接农民合作社，在推广土地托管业务中发挥枢纽作用。打造农民合作社服务终端，采取出资入股、业务带动等方式领办农民合作社 17 万家，充分利用供销社资源开展土地托管。依托服务主体开展社会招聘、创业引才、教育培训，帮助青年企业家、

返乡大学生、职业经理人等优秀人才在土地托管中发挥关键作用。2019 年，全系统培训农村实用人才 202 万人次。

（三）建设平台，夯实托管服务载体

根据土地托管需要，各地供销社整合服务资源，打造服务平台，构建县有运营中心、乡镇有生产服务中心、村有服务站点的县域惠农服务网络。围绕地方主导和特色产业，充分发挥社有企业、基层供销社、农民合作社等市场主体作用，建成农业生产服务中心 1.4 万家、庄稼医院 7 万家、农产品交易市场 1399 家、连锁经营网点 84 万个，为小农户和新型农业经营主体提供全程农业社会化服务。利用全系统 42 万家农村综合服务社，承接生产服务中心业务，缩短服务距离，直接面向农民提供定制化托管服务，方便了群众生产生活，2018 年全系统实现农业生产服务收入 221 亿元。

（四）创新方式，提升托管服务效能

采取全托管、环节托管、关键环节综合托管等多种托管方式，结合农村土地制度改革探索联耕联种、土地股份合作等新型经营机制，积极推进土地适度规模经营。坚持发挥流通优势，依托农业生产服务中心开展“耕、种、管、收、加、储、销”等全程服务，联合金融机构开展供应链金融服务，推进农村产业融合发展。坚持发挥系统优势，中国农资集团和内蒙古、吉林、黑龙江、江苏、重庆等地围绕农资供应、农机作业、无人机飞防等领域组建农业社会化服务联盟，跨区域横向协作、产业链纵向协同不断增强。托管服务的拓展，有力推动了供销社为农服务业务上规模、出效益，农产品销售额由 2012 年的 4900 亿元增加到 2019 年的 1.8 万亿元，超过日用消费品成为全系统的第一大业务板块；农资年销售超过 8000 亿元，化肥供应量占全社会的 70%，发挥了主渠道作用；年金融服务额超过 700 亿元，缓解了农民融资难、融资贵难题。

（五）强化合作，打造托管服务合力

按照现代农业发展需要，立足自身优势，主动寻求合作，联合有关方面共同推进新型农业社会化服务体系建设。着力推进部门共建、社企共建，与党政涉农部门、大型国有企业和民营企业共同打造为农服务综合平台，实现优势互补、资源共享。浙江等地在党委、政府支持下打造生产、供销、信用“三位一体”综合服务体系。加快“两社”融合发展，充分发挥农民合作社组织农民、服务农民的载体作用，推进社有企业、基层供销社与农民合作社产权合作、业务协同，共同提升托管服务的规模水平。积极开展“党建带社建、村社共建”，发挥供销社经营服务优势和村两委的政治组织优势，在 6.8 万个村与村集体共建涉农项目，共育经营主体，开展托管服务，促进强村固基、富民兴业。

二十九、四川省蒲江县鹤山街道团结村：“村两委+农业社会化服务组织+农户”

（一）基本情况

团结村位于蒲江县鹤山街道。东邻公议村，南邻六台村，西邻天华场镇，北临蒲江河。全村辖区面积 2.35 平方公里，共有 667 户农户 2471 人，其中 60 岁以上 670 人，占 27.1%，青壮年外出务工 700 人，占 28.3%。经济收入主要来自种植柑橘和外出务工，经过征地拆迁后，现有地农户 310 户。柑橘种植面积约 1500 亩，其中晚熟柑橘“不知火”100 亩，“春见”（粑粑柑）1000 亩、中早熟“爱媛”400 亩，分布在 1658 个地块，晚熟柑橘种植收益水平明显落后于周边村社。2020 年，全村农村居民人均可支配收入 24000 元，为提高柑橘产业生产组织化水平，促进产业转型升级，2019 年与蒲江县农业社会化服务产业联合会签订战略合作协议，成立整村推进托管服务中心，采取“村两委+服务组织+农户”的模式，由联合会成员单位四川农托科技服务有限责任公司具体开展实施服务，村两委广泛动员整村推进柑橘产业生产托管（见图 4-29-1）。

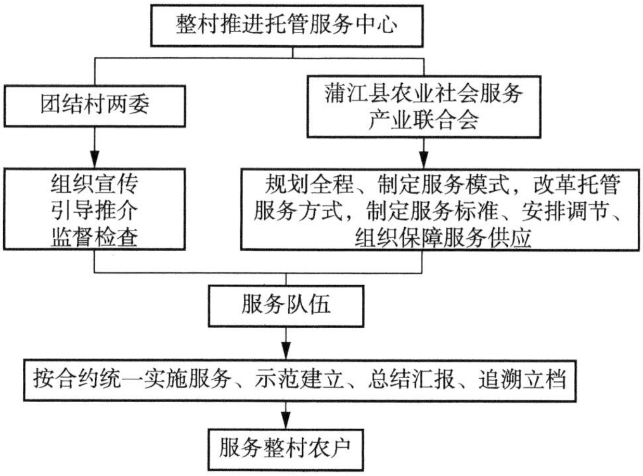

图 4-29-1　托管服务组织协同

（二）典型做法

一是村集体领头，开辟托管增收路径。2019 年起，团结村两委积极组织农户参加社会化服务，广泛宣传动员整村推进柑橘产业生产托管，与蒲江县农业社会服务产业联合会签订战略合作协议，截至 2021 年 8 月，托管农户从最初的 24 户发展到 252 户。二是标准化服务，解决农业生产共性难题。针对农业生产过程中存在的农业劳动力缺乏、老龄人口多、生产技术落后等问题，服务主体提供修枝整形、疏花疏果、套袋、果实采摘等劳务服务以及病虫害防治、土肥管理等技术服务，采用标准化服务流程，针对不同品种制定明确的作业标准和价格，按照签订的合同统一实施服务，目前整村托管面积达 1127 亩。三是多主体联合，构建全产业服务链条。联合多种类型主体，整合资源提供多元化产业链服务，与保险公司合作购买农业保险，与 12 家投入品企业合作在农药肥料等投入品安全上给予保障，与知名企业、科研院校合作研发适合当地的安全绿色药剂配方，与农产品销售企业签订战略合作协议。

（三）主要成效

通过整村托管模式，团结村劳务节本 200 元/亩，年节本 20%以上，每年亩产增收达 4800 元。同时，还有效促进了农业绿色发展，接受服务后农药肥料等投入品减量，每年病虫害防治农药成本节约 455 元/亩，通过标准化采摘服务，每亩地年均增加收益 800 元（见表 4-29-1）。

表 4-29-1 服务成效

<table>
<tr><th colspan="2"></th><th>托管前</th><th>托管后</th><th>未来</th></tr>
<tr><td rowspan="3">技术托管</td><td>方法</td><td>学用脱节，理论与实践结合不紧密</td><td>在田间地头现场教学</td><td>统一起来</td></tr>
<tr><td>时间</td><td>学习技术时间较少</td><td>在家里、田地里学习</td><td>专业技术工人，一起服务大家</td></tr>
<tr><td>成本</td><td>缺技术、农资投入量大、成本高</td><td>全面科学降低投入，节约成本</td><td>专业服务平台支持，学习、供需等更加方便</td></tr>
<tr><td rowspan="3">投入托管</td><td>施用标准</td><td>投入品施用时间、种类、方法掌握不好</td><td>生产管理各环节有了明确的标准指导</td><td rowspan="3"></td></tr>
<tr><td rowspan="2">病虫害防治农药成本</td><td>高达 140 元/亩/次×7 次/亩/年=980 元/亩/年</td><td>降到 75 元/亩/次×7 次/亩/年=525 元/亩/年</td></tr>
<tr><td colspan="2">直接节本 455 元/亩/年，节本 46%</td></tr>
</table>

续表

<table>
<tr><th colspan="2"></th><th>托管前</th><th>托管后</th><th>未来</th></tr>
<tr><td rowspan="16">投入托管</td><td rowspan="2">一般复合肥料</td><td>200 元/次/亩 × 4 次/亩/年 = 800 元/亩/年</td><td>80 元/次/亩×6 次/亩/年 = 480 元/亩/年</td><td rowspan="16">1. 可稳定规范、标准、生产；
2. 可不断进入新技术、新品种；
3. 可稳订单生产销售；
4. 可稳利收入；
5. 可无劳动力、技术的情况下稳定田地利益最大化收入</td></tr>
<tr><td colspan="2">直接节本 320 元/亩/年，节本 40%</td></tr>
<tr><td rowspan="2">有机肥料</td><td>1.4 元/斤 × 10 斤/棵 × 70 棵/亩 × 1 次/年 = 980 元/亩/年</td><td>0.7 元/斤 × 10 斤/棵 × 70 棵/亩 × 1 次/年 = 490 元/亩/年</td></tr>
<tr><td colspan="2">直接节本 490 元/亩/年，节本 50%</td></tr>
<tr><td rowspan="2">水溶肥料</td><td>4.5 元/斤×20 斤/亩/次×3 次/亩/年 = 270 元/亩/年</td><td>3.25 元/斤×20 斤/亩/次×3 次/亩/年 = 195 元/亩/年</td></tr>
<tr><td colspan="2">直接节本 75 元/亩/年，节本 28%</td></tr>
<tr><td rowspan="2">修枝、打药施肥、嫁接疏花疏果</td><td>以天计算请劳务师傅 240 元/天（8 小时）加午饭、烟费合计 280 元/天（8 小时）平均 35 元/小时</td><td>单次劳务后以小时计算请劳务师傅 30 元/小时</td></tr>
<tr><td colspan="2">直接节本 5 元/小时，合计 45 元/天，节本 14%</td></tr>
<tr><td rowspan="2">采果</td><td>小农户面积小地块分散采果费高达 0.165 元/斤 × 4000 斤/亩 = 660 元/亩</td><td>果园连片，自己服务队预实现降至 0.125 元/斤 × 4000 斤/亩 = 500 元/亩</td></tr>
<tr><td colspan="2">直接节本 160 元/亩/年，节本 24%</td></tr>
<tr><td rowspan="2">次果占比</td><td>20%/亩×4000 斤/亩 = 800 斤/亩价格在 2 元/斤左右</td><td>控制在 10%/亩×4000 斤/亩 = 400 斤/亩，价格在 2 元/斤左右</td></tr>
<tr><td colspan="2">直接节本 800 元/亩/年，节本 50%</td></tr>
<tr><td rowspan="2">销售</td><td>产量低于大果园 0.1～0.5 元/斤平均约 0.3 元/斤×4000 斤/亩 = 1200 元/亩</td><td>超过大果园以优质、安全、量大的价格销售，预实现超正常价 0.1～0.5 元/斤平均约 0.6 元/斤 × 4000 斤/亩 = 2400 元/亩</td></tr>
<tr><td colspan="2">直接增利 2400 元/亩/年，增利 100%</td></tr>
<tr><td rowspan="2">大小年</td><td>约占每户农户果园的 30%，全年降低 30% 左右，收入按亩年均收 4000 斤×4 元/斤 = 16000 元计算</td><td>全年降低 15%左右的收入</td></tr>
<tr><td colspan="2">约增利 2400 元/亩/年，增利 15%</td></tr>
</table>

续表

		托管前	托管后	未来
适用模式	技术托管	单环节、全程	大基地收费根据面积大小，路程远近，收 50~500 元/亩；整村推进小农户前两年全部免费打底夯实服务基础	专人定时 定点检查
	菜单式托管	修枝、打药、施肥、松土开沟、疏花疏果、套袋、嫁接、人工除草	提前预约，收费价格随行就市，定期调整服务价格，可以按天计算一般一个工人 150~280 元/天或者 25~35 元/小时	平台预约选择
	全程托管	包括技术、劳务、病虫害防治到套袋采收后为一年期全部由公司生产管理	收费标准：小树 600~1500 元/亩，挂果树 1.3~2 元/斤，可以分 3~4 次付清	平均化处理
	爱心托管	针对残疾户、军属户、高龄户、劳动力身体伤失户，村党申请户进行优先全程托管	收费按 8 折	越来越多户数
总计	直接投入品节本可达 1340 元/亩/年，节本 40%以上；劳务可以节本 200 元/亩/年，节本 20%以上；增产增收可达每亩每年 4800 元，空间巨大			
其他方面	问题	缺乏专业技术、不善管理	专业技术解决	标准化实施
	劳动力	缺乏	有效解决劳动力问题	机械化代替
	土地流转	担心田地流失、弃耕无收入	田地不会流失，有队伍帮做	规模化融入
	农产品市场行情	市场行情把握不准	专业营销队伍进行产销对接	信息化宣销
整村推进	全力以赴、全环节参与，整村互动、摸清整村实际需求，对症下药、稳定带动整村发展			

三十、四川省卫农现代农业科技有限公司："服务主体联盟+农户"

（一）基本情况

四川省卫农现代农业科技有限公司拥有专业高效的农业技术服务团队，公司以"天敌防控"为核心、现代植保为支撑，"药费双减"为目标，打造了"服务主体联盟+农户"模式。2019年，获评"全国统防统治星级服务组织四川省'五有五好'植保社会化服务组织"。

（二）典型做法

一是率先成立服务联盟。在政府支持下，卫农公司牵头组织成立四川省植保社会化服务组织联盟，联合农民合作社、农服企业等服务主体，探索形成了"服务主体联盟+农户"模式，带动一批农资企业、农业科技公司、互联网平台等转型发展，使其发挥自身优势，拓宽发展空间，多形式参与社会化服务。自联盟成立以来，发展成员单位68家，其中农民合作社42家，农服企业26家，服务55个区县，年服务面积超1000万亩次。服务收入超1.5亿元。二是共享飞防服务平台。以植保飞防为核心业务，依托服务联盟，建设了四川省统防统治大数据管理平台吸纳农资提供商、服务主体和农户入驻，整合各类技术、设备、物资、人才等资源，引入金融保险机构，实现"统一平台、统一调度、统一技术、统一物资、统一标准"。小农户和各类新型农业经营主体可以快捷下单，服务主体可以结合自身特长灵活接单，政府部门可以通过平台进行监管，保障了服务各参与方的权益。三是拓展为农服务领域。引导各类服务主体从服务特色柑橘产业发展到服务省内外水稻等粮油作物，进一步延伸到茶叶、枇杷等经济作物。四是联农带农开展服务。公司自建柑橘示范园2200亩，为农户免费提供技术指导和技术培训，带动周边农户超2000户、种植面积1万余亩。2021年，公司通过整镇整村连片统防统治，为14个县（市、区）提供专业服务50万亩次。

（三）主要成效

公司通过打造"服务主体联盟+农户"模式，一是发展了规模经营。整镇整村托管打破了田埂、边沟，实现土地小块变大块，解决了农业生产细碎化问题。二是带动了节本增效。公司联合当地服务组织在全省 55 个县开展统防统治服务 1000 万亩次，粮食作物亩均增收 85 元，经济作物亩均增收 500 元以上，切实帮助农民解决种地投入高、收益低的问题。三是增加了农户收入。公司年服务小农户 3.5 万户，户均增收约 3000 元。

国 外 篇

一、以色列：政府占主导地位的推广模式

政府公共推广模式是指政府农业部门及其支持的机构在农业技术推广中占主导地位的推广模式。在世界农业大国中，以色列的政府推广模式比较典型。在以色列，农业技术推广是典型的公益性的、非营利性的服务，由一个自上而下的推广体系负责，实行垂直管理。在这个体系中，政府一直占据主导地位，主要负责相关体制建设和经费投入，为农业技术推广提供全方位的保障。一是制度保障。以色列政府加强立法，为农业技术推广提供法治保障。早在 1959 年，以色列议会就通过了《鼓励研究与开发法律》，规定满足一定条件的投资项目，不仅可以获得政府的投资补贴，而且可以享受减免税优惠，以此来鼓励科研投资，促进科技与经济的协调发展。1984 年，以色列政府为鼓励开发具有高回报率的特色农产品，专门出台了《鼓励投资法案》，该法案特别设立农业开发风险基金，为农业科技研发和推广创造更加良好的条件。二是组织保障。经过多次调整，以色列建立起了一个目标明确、层次清晰、结构严谨的农业技术推广体系。该体系主要由国家级和区域级两个层次的推广中心构成，采取自上而下的运行模式，确保最新科研成果能够迅速运用到农业生产中，基本能够满足农民的生产需要，见图 4-1-1。此外，政府还支持和鼓励农民合作组织参与农业技术推广服务。在以色列，农民合作组织的主要模式是基布兹（Kibbutz）、莫沙夫（Mashay）和莫莫沙瓦（Mashaba）。这些集体形式的合作组织为农业技术大规模、规范化推广提供了良好的载体，保证农民以最快的速度接触到最新的技术成果。三是资金保障。充足的资金是农业技术推广的重要保障。以色列农业技术推广所需资金大多数由政府财政负担，用来支付推广人员的工资、办公

经费和其他必要的费用。统计显示，以色列政府每年用于农业科研与技术推广方面的投入高达数亿美元，大概占到国民生产总值的3%，居世界前列。同时，政府还鼓励农业企业、农场主等参与投资农业技术推广工作，保证推广经费呈现不断上涨之势。

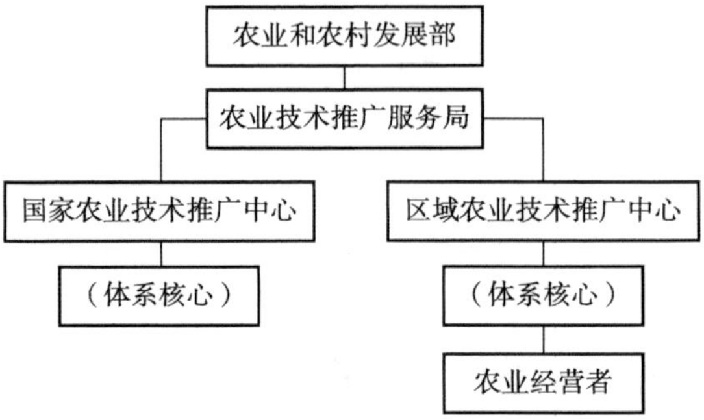

图 4-1-1　以色列农业科技推广体系

以色列建立起一套由科研机构技术推广机构—农民组成的农业科研与推广的体系，实现了农业技术研发与推广的无缝隙衔接，见图4-1-2。以色列的农业科研工作是科研人员、推广人员和部分农民共同完成的，通常一个科研项目的产生是综合各方意见的结果。科研机构在确定一个新的研究项目之前，除了要听取来自技术推广人员反馈的意见，还会委派科研人员亲自到生产第一线，参与农业技术推广工作，直接与农民接触，了解他们的需要，最终确定研究项目和研究方向。而一个科研项目能否最终立项，还必须由科研人员、推广人员和农民代表按照一定比例所组成的委员会来决定，决定的依据是科研项目能否满足农业生产实践的需要。因此，每一个科研项目都来源于生产实践，有明确的针对性，易于解决农业生产中的某一难题或关键问题。

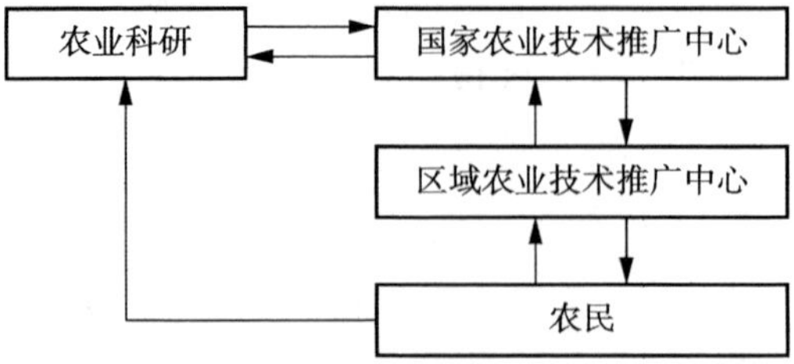

图 4-1-2　农业技术科研与推广的无缝隙衔接

二、美国：教育、科研、推广有机结合的“三位一体”的农业科技推广模式

作为对全世界农业贡献最大的发达国家，美国如此高的生产效率归因于其发达的农业科技研发和推广体系。1862 年，美国通过《莫里尔法案》（“土地赠予法案”），该法案规定，每个州均要设立赠地大学，由政府购地赠予各州成立州立大学，负责该州的农业教学、科研以及推广工作。1887 年通过《汉奇法案》，规定在赠地大学建立农业试验站（类似农科院），在农作物栽培技术等方面展开研究。1914 年，通过《史密斯和勒沃尔法》，规定农业部要在州立大学建立农业科技推广中心，由州立大学代表政府在全国开展农业科技推广工作。经过以上三个法案，美国逐步建立了以州立大学（农学院）为依托，农业教育、科研、推广三个环节有机结合的“三位一体”的农业科技推广模式。美国建立了特有的农业科技推广模式，包括联邦农业科技推广局、州农业科技推广站和地方农业科技推广站三个层级，其中州农业科技推广站在这一特有的农业科技推广模式中发挥着关键作用，见图 4-2-1。联邦农业科技推广局主要发挥管理作用，负责协调和管理全国的农业科技推广工作。每个州立大学在农学院建立农业科技推广站，并由该农学院院长兼任推广站站长。农学院一方面要负责农业科技方面的教育和科研，另一方面要负责全州的农业科技推广服务。地方农业推广站是州农业推广站的下属机构，其主要工作是对农户进行定期访问，向农户提供各种农业科技信息，帮助农户分析农业生产和经营过程中的问题，并寻求具体的解决办法。

美国的农业科技推广人员大多是聘用农学院中在各自研究领域具有极高权威的教授，这些教授一般会根据自己的专业特长成立研究团队，参与实施项目，并制订推广计划。在各州的州立大学中，农学院、农业实验站和农业科技推广站实际上是“三块牌子，一班人马”，农学院除承担教学任务外，全州的科研站以及各县的农业科技推广办公室也由农学院统一管理，州农业实验站站长和州农业科技推广站站长也由农学院院长兼任，农学院院长是全州农业教学、科研

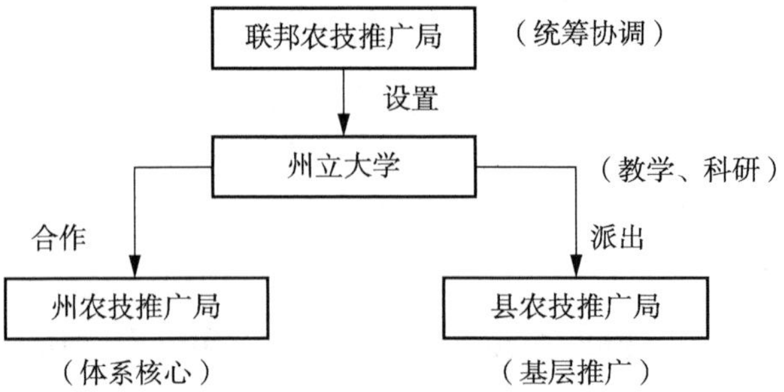

图 4-2-1 美国农业科技推广体系

和推广工作的最高负责人。各农学院要求教授同时负责教学、科研和推广三个方面中至少两个方面的工作，并将其负责的工作作为绩效、加薪、升职的重要考核依据。可以看到，美国的农业科技推广模式在领导体制上保证了教学、科研和推广的统一与协调，促进了教学、科研和推广工作顺利有效的开展，也使担任要职的教授更加注重研究、发展和解决农业生产实际中遇到的种种问题，从而形成了教学、科研和推广三者协调统一的合作保障机制。

三、法国：公私合作的农业科技成果推广模式

法国作为世界第二大农副食品出口国和欧盟国家最大的农产品生产国，其农业科技推广主体主要包括政府、农业发展协会、企业和科研单位等。在法国，农业科研成果要先经过农业科研单位试验成功后才可以推广，农民专业合作社和农业企业针对农业生产中遇到的问题提供技术培训和指导，政府推广机构负责农技推广的管理工作，主要由政府部门和合作社联合成立。

农业科技成果推广过程中，负责农业基础研究的组织可以分为公共科研机构、私立机构两种类型，见图 4-3-1。公共研究机构主要由农业科学院、农业机械研究中心、灌溉森林研究中心等组成。法国农科院是世界上几大农业科学院之一，法国农机及灌溉森林研究中心的主要职责是研究灌溉、农副产品的加工利用等，并与第三世界国家在灌溉、农产品的副产品利用等方面展开合作研究。法国大学农业专业及相关专业的研究机构，从事农业科技方面的研究，公共研究机构的高级研究人员也在大学兼任客座教授。私立机构主要包括育种家、肥料生产企业、农药公司、农机公司、食品和饲料公司等。在法国，公立机构与私立研究机构互相独立，其工作范围及研究领域在某种程度上有一定交叉，研究侧重点有所差异，相比而言，私立研究机构更加注重盈利。

在经过公立机构与私立机构基础性技术研究之后，便进入了应用研究技术阶段，农业应用研究方面任务由技术研究机构（技术研究所和技术中心）承担，其根据当地农业生产实际情况开展具体科研工作，并通过各省级农业协会的技术顾问、农场主将其农业科研成果推广到不同地方，有效地将中央、地方的“产、学、研”工作紧密地衔接起来。技术研究机构的经费主要来源是依据预提税法的规定，即在农产品销售环节按一定比例征收科技税，再由政府按照规定分配给相关技术研究机构，因此，从根本上来说，这些经费其实来源于生产者自身。

法国农业科技成果推广体系中，农业合作社是最基础的组织形式，农业合作社遍布全国各地，负责向基层农户提供良种、技术指导与技术培训、农产品

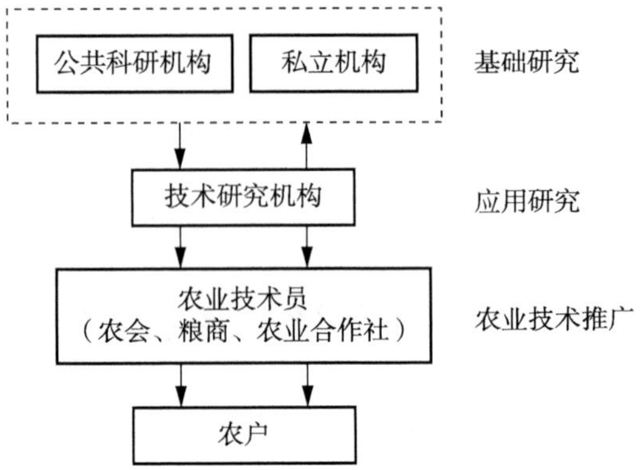

图 4-3-1　法国农业科技推广模式

加工、储藏和销售领域等服务，其职能已深入法国农业发展的各个环节，在法国农村经济中起到了十分重要的作用。法国农业合作社虽然由政府支持，但是政府很少干涉合作社的内部事务，合作社与农民都在很大程度上拥有自主权利。因此，法国农业合作社逐渐发展成为一个对外实现利益最大化，对内实现利益公平化的农业合作组织。农业合作社的存在与发展为法国农业科技的研发和推广提供了一个让农民乐于接受的平台。

四、日本：官民协同的“双轨推广”模式

与中国类似，日本也存在“人多地少”的情况，全国70%的农户人均耕地在1亩以下，属于典型的小农制农业模式。一般而言，小农模式很难融入世界农业市场化的生产体系中，但日本根据国情，探索建立了完善的农业科技普及与推广组织，早已跻身世界农业发达国家之列。日本农业技术推广体系的最大特点是实施一种官民协同运作的“双轨推广”模式，所谓“双轨推广”是指国家农技推广体系中包含了以政府为主导的官办普及型培训指导体系和以农协为主导的民营指导体系，两种推广体系相互区别但联系紧密，为日本农业的现代化发展提供了可靠的制度保障和技术支持。

以政府为主导的官办普及型培训指导体系由普及指导机构和特定支援机构组成。其中，普及指导机构的构成人员以“普及指导员”为主，在日本，普及指导员是政府为负责农业技术推广工作的人员专门设置的公务员岗位，其主要任务有两个：一是作为农技推广人员，在获取农户相关资料之后挨家挨户进行走访，目的在于了解农民的技术需求和在生产过程中遇到的困难，然后将现实情况递交到教育研发机构以寻求解决方案；二是作为农业研发部门的助理人员，把自己掌握的需求信息寓于农业技术的开发过程，最大限度地实现技术供需平衡。此外，普及指导员针对骨干农户、定向及规模经营支援户、小农户和待就业农户等异质类群体，为其提供技术改良、基础知识教育与普及、经营能力培养、政策扶持以及先进技术导入等差异化农技服务。特定支援机构由革新专员构成，主要负责向骨干农户和较大规模的农户提供科技含量和专业化程度高的双高型技术咨询服务。与普及指导员的工作流程相类似，革新专员与农业技术的研发机构保持着密切的沟通和协作关系，集中表现在科技成果需求信息的反馈环节，有力地促进了农业技术的创新与转化。需要指明的是，政府的技术研发组织采纳农民需求从事研究任务和向农民提供的所有技术成果，不存在任何的专利问题，农民能够无偿占有并使用。可以看出，日本农业技术的研发与推广都以广大农民为核心，并与农业生产实践联系紧密。

日本农协起源于1900年，分为综合农协、专业农协两种类型，目前，日本农协已是农业技术推广的主要力量，由于其良好的运行机制、内部组织严密，日本农协的规模不断壮大，农协的服务范围几乎覆盖了日本农村的各个领域，已成为农业生产者进入市场时必不可少的中介组织，其作用已远远超过政府部门的农业技术推广机构。与日本政府行政部门的中央、县级、基层行政机构相对应，农协组织系统包括全国农协、县级农协联合会和基层农协3个层级，每一层级的农协均是独立的法人组织，各级农协之间不存在行政隶属关系（见表4-4-1）。

表4-4-1　日本农协的内部组织结构

层级	职责
全国农协联合会（中央级以县级联合会为会员）	从事经济运作的农协联合会系统（民间组织）
县级农协联合会（都、道、府、县级以基层农协为会员）	从事指导业务的农协中央会系统（行政机构）
基层农协（市、町、村级以农户为会员）	农业生产第一线的农业科技推广员

日本农协除为每个农户提供产前、产中和产后全程式服务外，还为农户提供信贷、购买、产品销售、产品加工、植物保护等“一站式”服务，在农村生活方面提供农民婚丧嫁娶等日常服务。日本各基层农协均配有营农指导员，是农业生产第一线的技术普及人员，营农指导员由农协雇用，是农协的正式员工，工资由农协支付，在提供技术服务过程中，营农指导员具体负责将收集农民生产过程中所遇到的难题及相关需求提供给专业技术人员，然后，由专业技术员将此情况反映至研究机构，科学技术经改进后再重新反馈到基层农民手中。日本农协的经费一部分来自入会会员缴纳的会费、农业生产中的服务收入提成，另一部分来源于工商企业的投资和捐赠。

五、荷兰：家庭农场、合作社、公司一体化

荷兰农业不断推进一体化进程，家庭农场、合作社和公司三者构成了一体化的利益共同体。家庭农场是这个体系的基础，合作社是主导力量，公司则负责购买、加工和出售家庭农场生产的农产品，提高农产品的附加价值。以菲仕兰·坎皮纳乳业合作社为例，其产业链组织模式就是以适度规模家庭农场为基础的“合作社一体化”，在该产业链组织模式中，家庭农场、合作社和公司三者的关系是：由家庭农场组建乳业合作社，家庭农场的职责是生产高质量的鲜奶，再由菲仕兰·坎皮纳乳业合作社组建菲仕兰·坎皮纳乳业公司，公司的全部股份由家庭农场持有，公司的职责是收购社员家庭农场生产的鲜奶，并将其加工成各类乳制品，销往国内外；延伸鲜奶产业链，以提高和实现鲜奶的附加值（见图 4-5-1）。菲仕兰·坎皮纳乳业合作社本身没有盈利目标，其存在的价值体现为优化资源配置，以保障社员家庭农场的经济利益。而合作社的主要作用则是为家庭农场提供生产性服务和提升生产鲜奶的质量，并且保证鲜奶的经济收益和监督公司为成员派发分红。

在这种模式下，家庭农场的收入来源主要有两方面，一方面是销售农产品带来的销售收入；另一方面则是因加入合作社由公司派发的股息红利等，这一部分收入保证了家庭农场的收入可以持续增长。公司确保以高于市场的平均价格来收购家庭农场生产的鲜奶，2001—2010 年，菲仕兰·坎皮纳乳业公司有 9 年以高于市场的价格收购社员农场的鲜奶，平均每年的收购价格高于市场价格 2%，社员家庭农场的主营业务利润也因此提高了 10%~15%。

通过参与公司的利润分红，家庭农场可以分享到乳制品加工、批发、销售环节的工业和商业利润。例如，2012 年，菲仕兰·坎皮纳乳业公司全球销售收入 103 亿欧元，净利润 2.74 亿欧元，该公司净利润的 50%通过合作社分配给 1.9 万余家社员农场；其中，30%以现金分红和债券分红的形式按社员家庭农场对公司的牛奶供应比例发放，20%以债券利息的形式发放。2012 年，一家养殖 85 头奶牛的中等规模家庭农场的总收入可达到 6.46 万欧元。其中，销售鲜奶的

净收入为 5. 14 万欧元，占总收入的 79. 57%（见表 4-5-1）。从菲仕兰·坎皮纳乳业公司获得的现金分红、债券分红、债券利息等共计 1. 32 万欧元，占总收入的 20. 43%，这对于家庭农场来说非常重要。

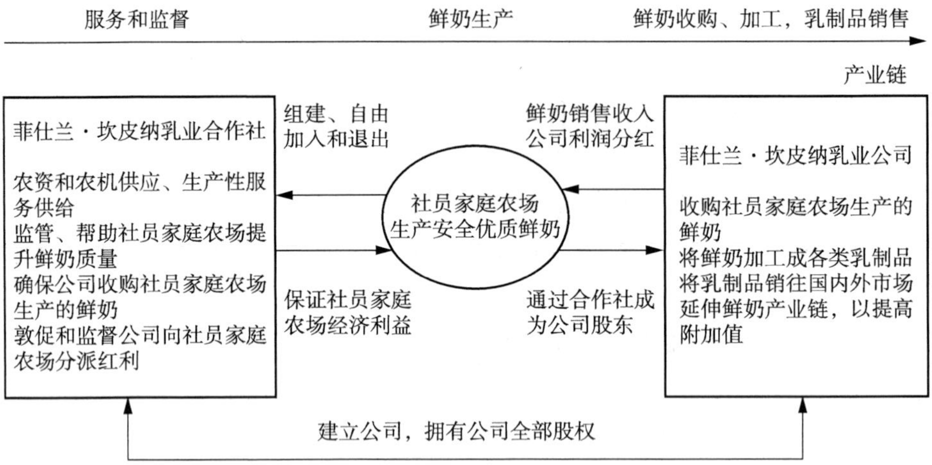

图 4-5-1　乳业合作社一体化产业链组织模式

表 4-5-1　2012 年中等规模奶牛家庭农场收入情况

	农场净收入	通过合作社从公司所获得的分红			总收入
		现金分红	债券分红	债券利息	
收入/万欧元	5. 14	0. 67	0. 45	0. 20	6. 46
在总收入中的比重/%	79. 57	10. 36	6. 97	3. 10	100. 00

资料来源：稽晓雄．中国乳业能向荷兰学点啥［EB/OL］. 光明网经济栏目，http：//economy. gmw. cn，2013-11-18.

参考文献

［1］杜洪燕，陈俊红，张俊峰，等．农业生产托管：成效、问题及对策：基于晋苏黑三省的调研［J］．农业经济，2022（1）：6-8.

［2］杨先超，马月虹．设施内蔬菜机械化育苗移栽的现状与发展趋势［J］．农机化研究，2022，44（7）：8-13+32.

［3］杜洪燕，刘宝印，陈俊红，等．不同农业生产托管主体的风险控制措施分析［J］．农业展望，2021，17（10）：76-79.

［4］杜洪燕，于峰．数字农业模式创新的基本特征与关键问题［J］．南方农业，2021，15（29）：214-215.

［5］杜洪燕，刘宝印，陈俊红，等．小农生产中的农业社会化服务需求调查［J］．农村经营管理，2021（8）：12-14.

［6］刘宝印，杜洪燕，赵姜．生态补偿对北京市延庆区农村就业及环境的影响分析［J］．南方农业，2021，15（22）：81-86.

［7］陈玛琳，陈俊红，龚晶．北京设施农业产业体系构建：现状、问题和对策［J］．中国瓜菜，2021，34（8）：102-108.

［8］刘宝印，杜洪燕．粤港澳大湾区建设农业大数据中心的必要性、可行性及相关建议［J］．河北北方学院学报（自然科学版），2021，37（7）：61-64.

［9］杜洪燕，陈俊红．乡村振兴背景下中国数字农业高质量发展路径研究［J］．南方农业，2021，15（21）：213-214.

［10］杜洪燕，刘宝印，陈俊红，等．国外家庭农场发展现状及经验借鉴［J］．河北北方学院学报（自然科学版），2021，37（5）：63-65.

［11］刘宝印，杜洪燕，周中仁，等．基于国际经验的北京首都非核心功能疏解再思考［J］．河北农业大学学报（社会科学版），2021，23（3）：9-14.

［12］杜洪燕，陈俊红，刘宝印，等．服务融合趋势下农业生产托管组织方式创新研究［J］．北方园艺，2021（7）：162-169.

［13］杜洪燕，陈俊红．江苏淮安区："一点五试"推进整村发展［J］．中

国农民合作社，2021（3）：72.

［14］陈俊红，陈慈，史佳林，等．产业技术联盟推进京津冀农业协同发展的对策研究［J］．河北农业大学学报（社会科学版），2021，23（1）：14-21.

［15］杜洪燕，陈俊红，李芸．推动小农户与现代农业有机衔接的农业生产托管组织方式和利益联结机制［J］．农村经济，2021（1）：31-38.

［16］杜洪燕，陈俊红，李芸．农业生产托管组织方式研究：以山西省为例［J］．农业经济，2021（1）：12-14.

［17］高庆生，陈永生，管春松，等．露地蔬菜机械化移栽作业现状及水平分析［J］．中国农机化学报，2021，42（11）：193-197.

［18］宗义湘，高一丹，吴雅琪，等．河北省蔬菜产业形势及“十四五”发展对策［J］．中国蔬菜，2021（11）：1-5.

［19］陈会英，刘晓晴，周衍平．我国蔬菜商业化育种现状与发展建议［J］．中国农业科技导报，2021，23（12）：1-6.

［20］张海洋，刘超，胡宝贵．农民专业合作社品牌建设行为影响因素研究：以北京市蔬菜专业合作社为例［J］．中国农业资源与区划，2021，42（10）：216-222.

［21］赵隆飞，桂琳．消费者视角下的北京农产品品牌资产研究：以“小汤山”蔬菜为例［J］．中国瓜菜，2021，34（1）：84-89.

［22］杨思雨，蔡海龙．农机社会化服务对小规模农户劳动力转移的影响研究［J］．农业现代化研究，2020，41（3）：417-425.

［23］冀名峰，李琳．农业生产托管：农业服务规模经营的主要形式［J］．农业经济问题，2020（1）：68-75.

［24］杜洪燕，陈俊红，龚晶，等．农业生产托管：模式、成效及风险分担机制：基于山西和黑龙江两省的调研［J］．价格理论与实践，2020（12）：10-13+74.

［25］杜洪燕，陈俊红，刘宝印，等．京津冀农业协同发展特征及路径研究［J］．河北农业大学学报（社会科学版），2020，22（2）：28-36.

［26］沈兴兴，段晋苑，朱守银．农业绿色生产社会化服务模式探析［J］．中国农业资源与区划，2020，41（1）：15-20.

［27］彭新宇．农业服务规模经营的利益机制：基于产业组织视角的分析［J］．农业经济问题，2019（9）：74-84.

［28］王玉斌，李乾．农业生产托管利益分配模式比较研究［J］．改革，

2019（8）：119-127.

［29］钟真．社会化服务：新时代中国特色农业现代化的关键：基于理论与政策的梳理［J］．政治经济学评论，2019（2）：92-109.

［30］芦千文，姜长云．日本发展农业生产托管服务的历程、特点与启示［J］．江淮论坛，2019（1）：59-66+88.

［31］芦千文．农业生产性服务业发展研究述评［J］．当代经济管理，2019（3）：38-44.

［32］仇童伟．自给服务与外包服务的关联性：对农业纵向分工的一个理论探讨［J］．华中农业大学学报（社会科学版），2019（1）：44-53+164.

［33］谌种华，蒋海舲．供给侧改革背景下农业龙头企业的价值链优化策略［J］．商业经济研究，2019（4）：109-111.

［34］阮文彪．小农户和现代农业发展有机衔接：经验证据、突出矛盾与路径选择［J］．中国农村观察，2019（1）：15-32.

［35］赵军洁，徐田华．新型农业经营体系的创新实践和改革思考［J］．现代经济探讨，2019（3）：93-100.

［36］刘同山，崔红志，孔祥智．从“大包干”到现代农业发展：安徽凤阳县的经验与启示［J］．中州学刊，2019，274（10）：32-38.

［37］张红宇．大国小农：迈向现代化的历史抉择［J］．求索，2019（1）：68-75.

［38］韩庆龄．小农户经营与农业社会化服务的衔接困境：以山东省 M 县土地托管为例［J］．南京农业大学学报（社会科学版），2019，19（2）：20-27+156.

［39］曾起艳，孙凯，仝志辉．基于农户选择视角的土地流转与土地托管比较分析［J］．世界农业，2019（9）：4-11.

［40］于爽．农产品价格波动对农户即期消费及福利的影响分析［J］．商业经济研究，2019（19）：134-138.

［41］朱侃，陈秋红，孙枭坤．近 20 年来国内农业经济研究：议题、脉络与走向［J］．华中农业大学学报（社会科学版），2019（1）：85-96+166-167.

［42］陈航英．小农户与现代农业发展有机衔接：基于组织化的小农户与具有社会基础的现代农业［J］．南京农业大学学报（社会科学版），2019（2）：10-19+155.

［43］傅春，赵晓霞．农业生产产业化战略的驱动因素及实现路径［J］．农

业经济，2019（10）：6-8.

［44］蔡键，刘文勇．农业社会化服务与机会主义行为：以农机手作业服务为例［J］．改革，2019（3）：18-29.

［45］穆娜娜，孔祥智．合作社农业社会化服务功能的演变逻辑：基于仁发合作社的案例分析［J］．财贸研究，2019，30（8）：64-75.

［46］杜志雄，肖卫东．农业规模化经营：现状、问题和政策选择［J］．江淮论坛，2019（4）：11-19+28.

［47］王颜齐，史修艺．组织化内生成本视角下小农户与现代农业衔接问题研究［J］．中州学刊，2019（9）：33-40.

［48］韦颖，王晶晶．休闲农业社会化服务体系构建及对策研究［J］．青海农技推广，2019（4）：34-37.

［49］沈辰，穆月英．基于产销关联的北京蔬菜市场流通时空特征分析：以大白菜、黄瓜、番茄为例［J］．中国蔬菜，2019（11）：10-15.

［50］孔祥智，穆娜娜．实现小农户与现代农业发展的有机衔接［J］．农村经济，2018（2）：1-7.

［51］崔红志，刘亚辉．我国小农户与现代农业发展有机衔接的相关政策、存在问题及对策［J］．中国社会科学院研究生院学报，2018（5）：34-41+145.

［52］冀名峰．农业生产性服务业：我国农业现代化历史上的第三次动能［J］．农业经济问题，2018（3）：9-15.

［53］常伟，王丽霞．农业生产托管中的风险配置研究：基于反向租佃视角［J］．农村经济，2018（9）：87-92.

［54］陈靖，冯小．农业服务规模化供给之道：来自国有农场的启示［J］．农村经济，2018（8）：90-97.

［55］杨彩艳，齐振宏，黄炜虹，等．农业社会化服务有利于农业生产效率的提高吗：基于三阶段 DEA 模型的实证分析［J］．中国农业大学学报，2018（11）：232-244.

［56］张红宇．中国现代农业经营体系的制度特征与发展取向［J］．中国农村经济，2018（1）：23-33.

［57］郑宏运，李谷成，周晓时，等．农机社会化服务有利于培育新型农业经营主体吗：以种植大户为例［J］．农业现代化研究，2018（2）：300-308.

［58］董欢．农机服务体系：模式比较与政策优化：基于农业经营主体分化视角的考察［J］．农村经济，2018（10）：116-122.

［59］陈俊红，田有国，龚晶，等．我国农业技术推广主体的行为实践研究［J］．农业现代化研究，2018（4）：567-575.

［60］张琛，孔祥智．农民专业合作社成长演化机制分析：基于组织生态学视角［J］．中国农村观察，2018（3）：128-144.

［61］黄祖辉．改革开放四十年：中国农业产业组织的变革与前瞻［J］．农业经济问题，2018（11）：61-69.

［62］白鹏飞，张仲宁．耕地托管服务模式风险识别与防范对策分析［J］．经济研究导刊，2017（16）：18-22+38.

［63］蒲娟，余国新，顾景枝，等．基于人口特征的农业社会化服务满意度研究［J］．北方园艺，2017（19）：189-197.

［64］杜志雄，刘文霞．家庭农场的经营和服务双重主体地位研究：农机服务视角［J］．理论探讨，2017（2）：78-83.

［65］陈义媛．土地托管的实践与组织困境：对农业社会化服务体系构建的思考［J］．南京农业大学学报（社会科学版），2017（6）：120-130+165-166.

［66］姜长云．关于发展农业生产性服务业的思考［J］．农业经济问题，2016，37（5）：8-15+110.

［67］胡新艳，杨晓莹，吕佳，等．服务外包与我国南方地区农业机械化发展：理论逻辑与经验分析［J］．中国农业资源与区划，2016，37（3）：162-168+183.

［68］黄宗智．中国的隐性农业革命（1980—2010）：一个历史和比较的视野［J］．开放时代，2016（2）：11-35+5.

［69］王定祥，李虹．新型农业社会化服务体系的构建与配套政策研究［J］．上海经济研究，2016（6）：93-102.

［70］党国英．中国农业发展的战略失误及其矫正［J］．中国农村经济，2016（7）：2-14.

［71］马惊鸿．农民专业合作社组织属性反思及法律制度创新［J］．政法论丛，2016（2）：80-87.

［72］张艳红，刘晓明，秦贵，等．北京市塑料大棚蔬菜生产机械化技术及装备调研［J］．农业工程，2016，6（S1）：49-57.

［73］姜长云．农户分化对粮食生产和种植行为选择的影响及政策思考［J］．理论探讨，2015（1）：69-74.

［74］李凌．平台经济发展与政府管制模式变革［J］．经济学家，2015

(7): 27-34.

[75] 徐斌，应瑞瑶. 基于委托—代理视角的农业社会化服务满意度评价研究：以病虫害统防统治为例 [J]. 中国软科学，2015 (5): 67-76.

[76] 张晶. 文化适应、制度距离与消费行为研究：以移居北京的韩国和美国人蔬菜消费为例 [J]. 人口与发展，2015，21 (5): 54-65.

[77] 蔡荣，蔡书凯. 农业生产环节外包实证研究：基于安徽省水稻主产区的调查 [J]. 农业技术经济，2014 (4): 34-42.

[78] 黄颖. 我国政策性农业保险财政补贴机制的偏差与改进：基于典型国家和地区的经验 [J]. 商业时代，2014 (35): 121-123.

[79] 孙凤莲. 土地托管服务的现状、可能影响及发展对策研究：基于吉林榆树市的调查 [J]. 农业经济，2014 (8): 74-76.

[80] 张社梅，冉瑞平，蒋远胜. 当前构建新型农业生产经营体系面临的问题与对策 [J]. 现代经济探讨，2014 (10): 49-52+56.

[81] 侯建昀，刘军弟. 交易成本对农户市场化行为影响研究 [J]. 农业技术经济，2014 (8): 25-36.

[82] 云振宇，刘文，孙昭，等. 浅析我国农业社会化服务标准体系的构建与实施 [J]. 农业现代化研究，2014 (6): 685-689.

[83] 陈别锐，刘晓辉，谭增夫. 现代农业园区培养新型职业农民的实践与启示 [J]. 西北农林科技大学学报（社会科学版），2014 (3): 58-61.

[84] 何伟，夏龙. 生产性服务的发展与都市农业社会化服务体系的构建 [J]. 中国农学通报，2014，30 (11): 72-77.

[85] 刘同山，孔祥智. 土地规模经营的实现形式及其比较 [J]. 现代管理科学，2013 (6): 5-7.

[86] 张照新，赵海. 新型农业经营主体的困境摆脱及其体制机制创新 [J]. 改革，2013 (2): 78-87.

[87] 谭中明，徐勇谋. 政策性农业保险参与主体博弈分析及风险防范策略 [J]. 保险研究，2009 (11): 52-58.

[88] 徐勇. “再识农户”与社会化小农的建构 [J]. 华中师范大学学报（人文社会科学版），2006 (3): 2-8.

[89] 赵西亮，吴栋，左臣明. 农业产业化经营中商品契约稳定性研究 [J]. 经济问题，2005 (3): 42-44.

[90] 刘洋，余国新. 农业社会化服务对土地规模经营的影响：基于棉花产

业的实证研究［J］. 经济问题，2022（1）：93-100.

［91］顾清. 试论新型农业社会化服务体系的构建［J］. 农业经济，2021（11）：20-21.

［92］刘玉，蒋治，王浩森. 北京农业地域功能空间分异及影响因素［J］. 自然资源学报，2020，35（10）：2444-2459.

重要术语索引

K

L

N

Q

R

S

后　记

本书在《2021年北京市农业社会化服务体系监测报告》基础上整理而成。2021年，课题组重点走访了平谷、通州、大兴、昌平等地区农业社会化服务典型。先后召开了多起由市、区两级相关业务处室负责人参加的研讨会，征询了领域相关专家、农业农村部分管领导的意见。监测显示，北京市农业社会化服务体系建设取得了显著的成效。公益性服务队伍服务内容不断丰富；经营性服务主体服务效能不断提升；农业生产托管、政府购买等农业社会化服务方式不断涌现。总的来说，农业社会化服务支撑了北京市都市型现代农业绿色高质量发展。下一步，应加强农业社会化服务基础研究、统计调查、监测分析，及时掌握发展动态。

本书的成果应用主要有两个方面，一是支撑了《关于推进首都特色新型农业社会化服务体系建设的若干意见》（京政农发〔2021〕127号）出台。该意见通过落实“五个五”工程，力争在“十四五”时期，建成主体支撑有力、手段安全高效、内容综合配套、服务覆盖全程、市场开放协同的首都特色新型农业社会化服务体系。二是为北京市申报国家农业社会化服务创新试点区和试点组织提供了研究支撑。经过农业农村部批复，北京市成功确立了平谷和通州两个试点区，以及中化现代农业有限公司、北京鑫城缘果品专业合作社、北京凤河联盈农业专业合作社联合社三个试点组织。

本书能够顺利出版，得益于北京市农业农村局的大力支持。此外，课题组依托北京市农林科学院数据科学与农业经济研究所、北京市农林科学院乡村振兴研究中心和农业农村部华北都市农业重点实验室，充分利用其积累的历史性资料，开展了典型调研、数据采集、资料分析等工作，在反复讨论、修改、整理基础上形成本成果。特别感谢农业农村部合作经济指导司社会化服务处李琳处长、北京市农业农村局产业发展处王英杰副处长、北京市农林科学院数据科学与农业经济研究所副所长龚晶研究员等提供的技术支持和宝贵意见。感谢北京市农学院的硕士研究生刘东悦同学，在课题调研和资料整理中做出的贡献。还要特别感谢江西省、陕西省、安徽省、甘肃省、河北省、辽宁省、黑龙江省、山东省、云南省、山西省等地农业农村厅相关部门领导对研究工作的支持和配合。

特别要说明的是，本书的研究结论只反映课题组成员个人观点，不代表任何官方或非官方机构立场。由于时间仓促和研究水平有限，偏颇、遗漏之处在所难免，恳请谅解和指正。

著　者

2022 年 3 月于北京